Buntbarsche des Tanganjikasees

Teil 1

Die Arten der Gattung Tropheus

Peter Schupke

Die folgenden Bildautoren trugen zur inhaltlichen Gestaltung dieses Buches bei:
The following photographers contributed to this volume:

F. Teigler
H.-J. Mayland
E. Schraml
Sch. Nakano
L. Seegers
B. Bender

F. Schäfer
H. J. Richter
H. W. Dieckhoff
A. Konings
P. Louisy
K. A. Ackerbauer

Ferner dankt der Autor in besonderer Weise den folgenden Personen für Tiere, die Vermittlung von Bildmaterial und/oder vielfältige sonstige Unterstützung.
Special thanks to the following persons for fishes and/or other help:

Helmut Löfflad, Marc Danhieux, Sven Danhieux, Thomas Lepel, Thorsten Reuter und Hans-Georg Emmerich für die von ihnen zur Verfügung gestellten Fische, sowie für die Zeit und Geduld, die sie mir bei meinen vielen Fragen entgegen gebracht haben

Wolfgang Staeck, Hans-Joachim Herrmann, Ad Konings, Patrick Louisy, Laif DeMason, Lothar Seegers, Horst W. Dieckhoff und Hans-Joachim Mayland für die von ihnen zur Verfügung gestellten Bilder.

Im besonderen Siegmund Janicki und Helmut Löfflad, die es ermöglicht hatten, neue Tropheus-Populationen im ehemaligen Zaire unter schwierigen Bedingungen zu fangen und zu exportieren, bzw. zu importieren.

Seinen Bekannten in der Aquaristik für die gemeinsamen Diskussionen und Anregungen in den ganzen Jahren.

Seiner Frau, die den Großteil des Textes eintippte und besonders seinen beiden Söhnen für ihr Verständnis, dass nicht sie, sondern er die meiste Zeit vor dem Bildschirm verbrachte.

Buntbarsche des Tanganjikasees, Teil 1:

Die Arten der Gattung *Tropheus* / Peter Schupke

[Übers. Dt.-Engl.: Mary Bailey]

Rodgau: A.C.S., 2003

(Aqualog)

Deutsche Ausgabe: ISBN 3-936027- 37-4

English edition: ISBN 3-936027- 38-2

© Copyright: Verlag A.C.S. GmbH

Liebigstr. 1, D-63110 Rodgau / Germany

http://www.aqualog.de

Fax: +49 (0) 6106 644 692

Text und fachliche Bearbeitung
Peter Schupke

Übersetzungen
Deutsch-Englisch: Mary Bailey

Redaktion
Frank Schäfer

Titelgestaltung
Verlag A.C.S.

Druck, Satz, Verarbeitung
Lithos: Verlag A.C.S.
Bildbearbeitung: Frank Schäfer

Druck: Westermann Druck, Zwickau
Gedruckt auf EURO ART glänzend,
100% chlorfrei von PWA, umweltfreundlich.

PRINTED IN GERMANY

Umschlagfotos / *Photographs on cover*

Front cover:
Tropheus sp. "Kirschfleck"

Back cover:
Tropheus sp. "Rutunga", *T.* sp. "Ikola", *T.* sp. "Mabilibili", *T.* sp. "Kachese"

Alle Fotos / *all photographs*: P. Schupke

Inhalt

* von Christian Sturmbauer

** von Frank Schäfer

Der See

Der Tanganjikasee gehört zu den größten Süßwasserseen unserer Erde. Es ist nicht nur seine enorme Größe, die ihn aquaristisch und wissenschaftlich so interessant erscheinen lassen, sondern auch sein Alter. Neueste Untersuchungen gehen von 12 Millionen Jahren aus, andere schätzen das Alter des Sees auf 40 Millionen Jahre. Das ist ein außergewöhnlich langer Zeitraum, in der sich eine Vielfalt von Lebewesen entwickeln konnte. Aufgrund der Artenfülle von Muscheln, Schnecken und Schwämmen vermutete man in früheren Jahren den Ursprung des Sees im Meer. Neuere Untersuchungen belegen aber zweifelsfrei, daß der Tanganjikasee, der sich inmitten des großen Grabenbruchs in Ostafrika befindet, durch das Auseinanderdriften zwei kontinentaler Platten sich allmählich mit Wasser gefüllt hat. Zu diesem Auffüllen haben der Malagarasi-Fluss und andere entschieden beigetragen. Da der Malagarasi mit seinen vielen Nebenarmen ein sehr großes Gebiet entwässert, sind ein Teil der Cichliden des Sees vermutlich aus ehemaligen Flusscichliden entstanden.

Ich möchte hier ein Beispiel aufführen. Flussgrundelbarsche (*Orthochromis*), die SEEGERS & DeVOS (1998) in Tansania gefunden haben, zeigen große Ähnlichkeit zu den Grundelbarschen des Tanganjikasees. Ein weiterer Grundcichlide (*Schwetzochromis neodon*), den BLEHER und ich 1991 mitbringen konnten, kommt in dem Fluss Lac Fwa im Zentralkongo endemisch vor. Dieser Fluss hat eine Verbindung zu dem Kongo, der vor der Entstehung des Tanganjikasees vermutlich mit dem Malagarasi vereint war. Die Flusscichliden des Kongo, aus Tansania und des Tanganjikasees sind sich in verschiedenen Punkten sehr ähnlich.

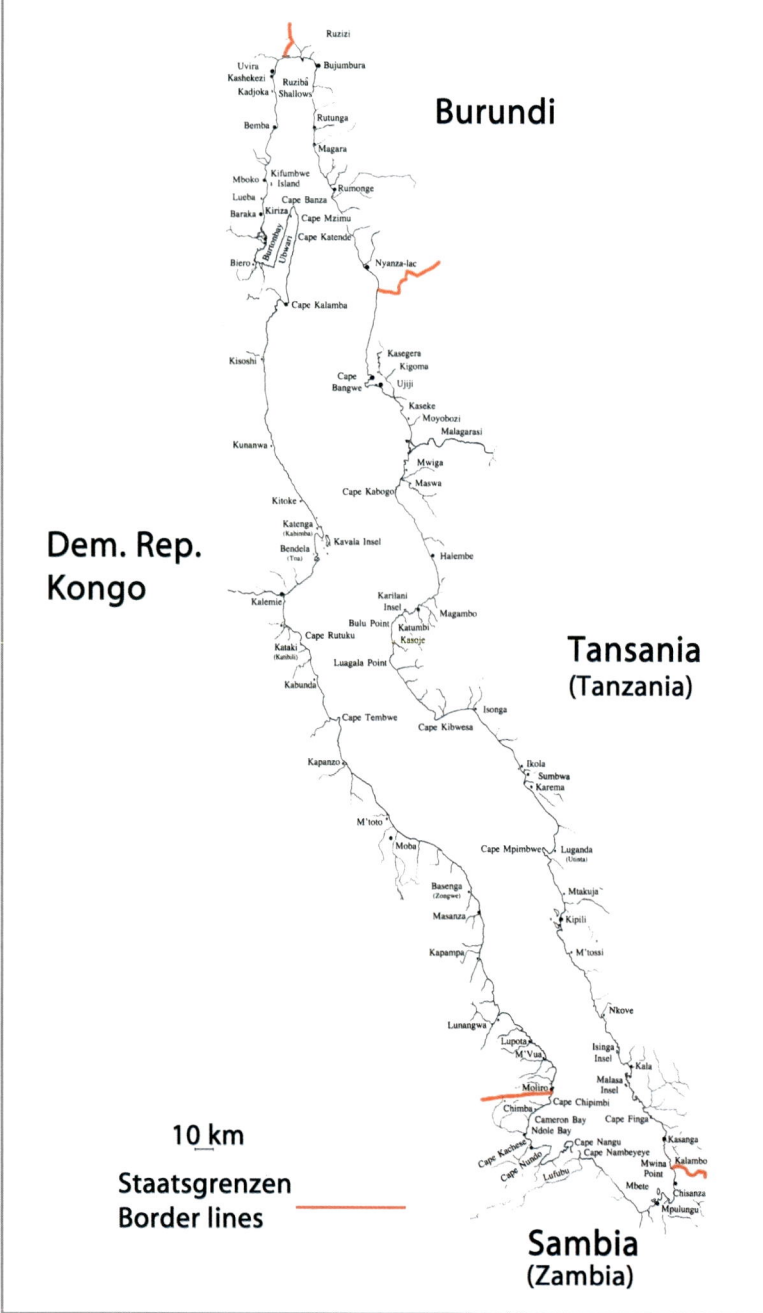

Orthochromis luichensis   photo: L. Seegers

Schwetzochromis neodon   photo: P. Schupke

Eretmodus cyanostictus   photo: P. Schupke

Das Wasser

Nun aber wieder zurück zum Wasser des großen Grabensees. Mit Ausnahme der Mündungskegel der Flüsse ist das Wasser des Sees als mittelhart zu bezeichnen und mit einem pH-Wert von 8 - 9 sehr alkalisch. Sein Leitwert ist mit über 600 Mikrosiemens relativ hoch, was durch die ständige Zufuhr von Mineralien der Flüsse zu erklären ist. Unter höherem Druck fallen bestimmte Mineralsalze im See aus und bilden in mehreren Metern Tiefe einen weißlichen dicken Belag, der das ganze Felslitoral überziehen kann. Magnesium ist einer der Haupthärtebildner im See. Viele Gewässer im süddeutschen Raum und anderswo eignen sich mit ihrem hohen Leitwert sehr gut für die Haltung der Fische des Tanganjikasees. Dieser hohe Leitwert beruht haupsächlich auf Calcium- und Magnesiumsalzen. Ob und wie der hohe Calciumgehalt unserer Gewässer den Cichliden des Tanganjikasees zuträglich ist, kann leider nicht beantwortet werden. Im See ist der Magnesiumgehalt mit 144 mg/l relativ hoch und der Kalkgehalt mit 30 mg/l entsprechend niedrig. Das Wasser zeigt durch den hohen pH-Wert, daß freies CO_2 kaum vorhanden ist. Diesen Umstand sollten wir im Aquarium beachten, da dort durch hohe Besatzdichte und verschmutzte Filter der Kohlendioxidgehalt stark ansteigen und den pH-Wert auf ein für die Fische nicht mehr tolerierbares Maß herabsetzen kann. Der Sauerstoffgehalt des Sees ist in den oberen Regionen durch die gute Durchmischung recht hoch. Erst in größeren Tiefen nimmt der Sauerstoffgehalt stark ab. In 200 - 250 m Tiefe ist der Sauerstoff so gering, dass nur noch anaerobes Leben existieren kann. Manchmal kann es passieren, dass wegen der Topographie des Seebodens schwefelwasserstoffhaltiges Tiefenwasser bei starken Stürmen aufsteigen und damit tieferlebende Fische erreichen kann (HERRMANN, 1997). Dann zeigt sich am See ein sehr trauriges Bild. Zehntausende von toten Fischen werden ans Ufer gespült. Laut HERRMANN bestanden die toten Cichliden zum großteil aus tiefer lebenden Arten wie *Cyphotilapia, Cyprichromis, Xenotilapia* und *Bathybates*. Die Temperaturen des Sees ändern sich an der Oberfläche saisonbedingt sehr stark und diese Schwankungen sollten wir nicht einfach ignorieren. Eigene Messungen ergaben im Februar/März, dem dortigen Herbst, eine Oberflächentemperatur von 28 - 30°C. Die Temperatur im August, dem dortigen Winter, wurden mit ca. 24°C in verschiedenen Veröffentlichungen angegeben. Diese Temperaturdifferenz hat vermutlich einen nicht unwesentlichen Einfluss auf den Stoffwechsel der Fische. In der dortigen Regenzeit scheint die Sonne an den ohnehin kurzen Tagen (ca. 12 Stunden) nur wenige Stunden. Die Aufwuchsbildung während dieser Zeit ist nicht sehr ergiebig. Ich habe in den vielen Geröllitoralen keinen nennenswerten Aufwuchs entdecken können. Die Steine waren sehr sauber. Zu bestimmten Jahreszeiten treten sehr starke Planktonblüten auf, von denen sich einige Arten ganz und andere teilweise und wenige Arten saisonbedingt ernähren. Stark mit Detritus belegte Felsbiotope meiden viele Aufwuchsfresser, da hier die Algenproduktion durch die ständige Ablagerung nicht genügend gewährleistet ist.

Wolken über Ndole Bay, Sambia.

photo: F. Schäfer

Das ufernahe Felslitoral ist mit einer Ausnahme der wichtigste Lebensraum der *Tropheus*-Arten. Nur hier ist eine ausreichende Ernährung der Fische gesichert. Die Felsküste kann in verschiedene Bereiche gegliedert werden. Kiesstrände beherbergen wegen ihren zahlreichen Verstecken eine große Anzahl an ganz jungen Cichliden vieler Arten. Das Wasser ist sauerstoffreich und warm. Wegen des niedrigen Wasserstandes gedeiht der Aufwuchs gut und liefert genügend Nahrung für die kleinen Fische. In diesem Bereich herrscht aber auch verstärkter Feinddruck. Entsprechend sind die Arten, die hier leben, meist tarnfarben. Das ändert sich bei den Arten, die dieses Biotop im Laufe ihrer Entwicklung wieder verlassen. Die heranwachsenden Fische wandern im Felslitoral und suchen sich ihrer Größe entsprechende Steingrößen. Halbwüchsige, ja sogar vereinzelt erwachsene *Tropheus* nehmen bereits mit etwa fußballgroßen Steinen vorlieb. Der Hauptteil der erwachsenen Aufwuchsfresser braucht jedoch den Verbund von größeren Felsbrocken, einmal um ihr Sicherheitsbedürfnis zu stillen, zum anderen besitzen diese größere Substratoberflächen, die zur Sättigung von zahlreichen großen Fischen notwendig sind. Die großen, mehrere Quadratmeter messenden Felsen, die zudem noch eng aneinander liegen und zahllose Höhlen beinhalten, werden von den größten Aufwuchsfressern der Gattung *Petrochromis* besiedelt. Sie haben einen enormen Nahrungsbedarf, der nur hier gedeckt werden kann. Sie verteidigen ihre Felsen auch auf's Schärfste. In diesem Teil des Felslitorals, der einen nicht geringen Teil der Küste des Tanganjikasees ausmacht, ziehen sich auch viele andere Fische aus den unterschiedlichsten Gattungen bei Gefahr gerne zurück. In diesen Biotopen werden wir alle Aufwuchsfresser antreffen, sowie Raubfische, die von Arten leben,

die im oder über dem Felslitoral leben. Als Beispiel kann hier *Cyphotilapia frontosa* gelten, der sich u.a. von Fischen ernährt, die er in der frühmorgendlichen Dämmerungsphase fängt.

Es gibt aber auch noch ein Biotop, das auf den ersten Blick nicht vermuten lassen würde, dass dort *Tropheus* und *Petrochromis* zu Hause sind. Es ist die Sandküste. Erst ein Blick unter Wasser zeigt uns die Erklärung. Verbackener Sand, sogenannter Sandstein, der von unzähligen Löchern und Spalten durchzogen ist, bietet auch Felslitoralbewohnern Schutz und etwas Nahrung. Die Individuendichte in diesem Randbiotop ist jedoch vergleichsweise niedrig. Für *Tropheus* scheint dieses Biotop nicht besonders geeignet zu sein, da die Individuendichte nicht sehr hoch ist. Ebenso sparsam finden sich *Petrochromis* ein. Für die Gattungen *Simochromis* und *Lobochilotes* ist dieser Bereich schon eher geeignet und entsprechend zahlreich trifft man hier auf sie. Die Sandflächen zwischen den Sandsteinen bieten auch reinen Sandflächenbewohnern ein Auskommen. In solchen Mischbiotopen treffen die von ihren Ansprüchen und Aussehen völlig verschieden Fische aufeinander. Das stets trübe Wasser läßt kaum eine ausreichende Algenproduktion zu. Die rauhe nicht besonders feste Oberfläche von Sandstein bietet den Algen keine optimalen Lebensbedingungen. Die Ndole-Bay im westlichen Sambia beinhaltet so ein Biotop. Diese Sandsteine bilden allerdings eine wunderbare Reisegelegenheit von einem Felsbiotop ins andere. Entsprechend ähnlich und z.T. auch fließend ist der Übergang an den Grenzen von einer Farbpopulation zur anderen, wenn derartige Sandsteinbiotope zwischen den Populationen existieren, wohingegen größere freie Sandflächen für *Tropheus* ein kaum zu überwindendes Hindernis darstellen.

In Ndole Bay besteht der Bodengrund hauptsächlich aus Sand, doch finden sich hier auch große Sandsteinplatten.   photo: P. Schupke

Fischgesellschaften

Die Artenvielfalt im Felslitoral ist sehr groß, bietet sie doch gleichzeitig ein hohes Maß an Sicherheit und Nahrung. Bis auf wenige Ausnahmen halten sich hier die meisten Arten entweder zeitweise oder dauernd auf. Zu den Dauergästen gehören natürlich fast alle Arten der Tropheini-Gattungsgruppe, die neben *Tropheus* noch die Gattungen *Petrochromis*, *Simochromis*, *Pseudosimochromis* und *Lobochilotes* umfasst und die im nächsten Band dieser Reihe behandelt werden. Es sind auch einige Arten der Gattungsgruppe Ectodini, die ich Ihnen ebenfalls später vorstellen werde, auf das Feldlitoral angewiesen. So treffen wir die Gattungen *Ophthalmotilapia*, *Xenotilapia*, *Asprotilapia*, *Cunningtonia* und am Rande *Cyathopharynx*, *Lestradea* und *Callochromis* regelmäßig an. Weiterhin sind die Lamprologini mit ihrer enormen Artenvielfalt, wie *Altolamprologus*, *Neolamprologus*, *Chalinochromis* und *Julidochromis* zu erwähnen. Ebenso regelmäßig treffen wir durch das hohe Nahrungsangebot auf viele fischfressende Cichliden, wie *Boulengerochromis*, *Bathybathes*, *Ctenochromis*, große *Lamprologus*-Verwandte, Stachelaale aus der Gattung *Afromastacembelus* und die sehr giftige Wasserkobra. Die größeren Fischräuber haben die Eigenart, meistens in kleinen Trupps zu jagen. Ich konnte dieses Schauspiel während meines Aufenthaltes am See täglich beobachten. Das erste Erlebnis dieser Art versetzte mich in einen Zustand, der von Furcht und Neugierde gleichzeitig geprägt war. Ich saß im ufernahen Wasser und schaute dem regen Treiben im Felslitoral zu. Von einer Sekunde auf die andere stellten alle Fische ihre Aktivitäten ein und verschwanden panikartig in den vorhandenen Höhlen und Ritzen. Irgend etwas veranlaßte die Fische zu ihrer Flucht. Angestrengt musterte ich die Umgebung. Da tauchte zuerst schemenhaft ein kleiner Schwarm langgestreckter Fische auf, der schnell näher kam. Sie schwammen sehr dicht an meinem Platz vorbei. Der kurze Augenblick reichte jedoch aus, um die Verursacher der Fischpanik zu identifizieren. Es waren halbwüchsige *Boulengerochromis microlepis*, die auf Futtersuche waren. So schnell diese Räuber sie zur Flucht veranlaßten, verließen die mutigsten Felsbewohner auch wieder ihre Verstecke um sich der Nahrungssuche zu widmen.

Wenn auch nicht in großer Stückzahl, aber doch immer präsent, stehen Schuppenfresser in etwas Abstand über dem Grund, immer darauf bedacht, ein Opfer zu finden. Mit etwas Geduld kann man diese Plagegeister bei ihrer Nahrungsaufnahme beobachten. Sonderlich beeindruckt schienen mir die leidtragenden Fische nicht zu sein. Sie gingen nach einem erfolgreichen Angriff der Schuppenfresser sofort wieder ihren Tagesgeschäften nach.

Auch in einer Tiefe von ca. 3 - 5 m ist das Litoral sehr artenreich. Setzt es sich bis in größeren Tiefen fort, können regelmäßig sonst viel tiefer lebende Fische gesehen werden. Diese Stellen werden von den Aquarienfischfängern oft genutzt, um die sonst nicht zu erreichenden Arten zu fangen. Im ufernahen Litoral kommen neben ausgewachsenen Aufwuchsfressern auch Nachwuchs der größeren Fischräuber wie *Bathybathes* vor. Des öfteren finden sich auch Arten wie *Haplotaxodon* ein, die sonst eher im tieferen Wasser und weiter vom Ufer entfernt zu finden sind.

Nahrungsangebot im Litoral

Das gesamte Felslitoral ist mit einer mehr oder weniger dicken Algenschicht überwachsen, die gebietsbedingt von einer Schicht Sediment überzogen ist. Viele Arten nutzen diesen Aufwuchs. Für die Aufwuchsfresser ist er die Lebensgrundlage schlechthin. Andere Arten nutzen ihn gelegentlich zur Vervollkommnung ihres Diätplanes. Eine Algenart, die mit den Cyanobakterien verwandt ist, schwimmt freischwebend im Wasser. Von ihr ernähren sich aber hauptsächlich freischwimmende Arten wie *Cyprichromis*, zeitweise *Ophthalmotilapia* und andere. Für die Gattungen der Tropheini-Gruppe sind diese freischwebenden Algen ohne große Bedeutung. Im Laufe ihrer Entwicklung paßten sich die Aufwuchsfresser an diese schwerverdauliche Kost bestens an. Ihr Verdauungssystem und hier speziell der Darm, stellte sich darauf ein, diese Kost zu verdauen. Dazu bedarf es eines langen Darmes und spezieller Verdauungssekrete, die diese Nahrung für den Fisch aufzuschließen imstande sind. Die Fische verbringen fast den ganzen Tag mit der Nahrungsaufnahme. Sie kennen kein Sättigungsgefühl, wie z. B. Fischfresser nach einer üppigen Mahlzeit. Diesen Umstand dürfen wir bei der Pflege dieser Fische nie außer acht lassen, sonst laufen wir Gefahr, dass sich die Tiere überfressen. Hier beginnt sonst der lange Leidensweg der Fische (und des Aquarianers), an dessen Ende der tote Fisch steht. Mit etwas Verständnis ersparen wir uns solche Schicksale. Wie schon erwähnt kann der Aufwuchs sehr viel Sediment enthalten, das sich aus verschiedenen Bestandteilen zusammensetzt. Ein Großteil besteht aus feinem Sand. Dieser Sand setzt sich aus vielerlei Mineralien zusammen und ist sicherlich für eine gute Verdauung unerläßlich. Wir können nach einem Wasserwechsel den feinen Sand, der sich immer in einem Aquarium befinden sollte, mit der Hand durchlüften und etwas über die Steine des Beckens streuen. So sind die Fische gezwungen, den Aufwuchs auf den Steinen mit dem Sand abzuweiden.

Cape Chaitika, in der Bildmitte ein Schuppenfresser.

photo: P. Schupke

Das Wasser im Aquarium

Cichliden sind im allgemeinen in Bezug auf viele Parameter des Wassers sehr tolerant. Das zeigt ihre große Anpassungsfähigkeit rund um den Globus. Wir finden sie in extremen Weichwässern, z. B. der Amazonasnebenflüsse in Südamerika sowie in sodahaltigen, d.h. in extrem harten Wässern in afrikanischen Seen.

Auf das Aquarium umgesetzt bedeutet diese Anpassungsfähigkeit, dass eine Hälterung in den meisten Leitungswässern unseres Landes möglich ist. Aquarianer mit größeren Ambitionen, etwa der Zucht, kommen jedoch nicht umhin, den Fischen Wasserbedingungen zu schaffen, die deren Heimatgewässern sehr nahekommen.

Speziell bei den Cichliden des Tanganjikasees bedeutet das einen pH-Wert über 8, wenngleich in einigen Fällen pH 6,5 ausreichen kann. Aber besser ist ein Wert um pH 8 und darüber, der sich bei harten Wässern und guter Belüftung, d. h. einem guten Ausblasen von CO_2, sowieso von alleine einstellt. Viele Pflanzen gedeihen in diesem alkalischen Millieu nicht sehr gut. Bei diesen Wässern kommt es zudem sehr leicht zu einer biogenen Entkalkung. In der Praxis bedeutet das, dass sich ein feiner Kalkfilm, der sehr fest sein kann, überall absetzt; speziell an den Stellen, an denen CO_2 besonders gut ausgetrieben wird. Das sind meistens Heizer, jedoch auch viele andere Gegenstände, die sich im Becken befinden. Um das zu verhindern genügt es meistens, den Ausströmerstein zu entfernen oder den Diffusor abzustellen. Diese CO_2-Austreiber bringen übrigens kaum merkbar Sauerstoff ins Becken. Dieser diffundiert viel mehr durch eine bewegte Wasseroberfläche hinein.

Für die längerfristige Pflege haben sich Leitwerte des Wassers ab ca. 100 µS/cm bis 1.000 µS/cm und teilweise mehr als praktikabel erwiesen. Ideal ist es natürlich, sich an dem Leitwert des Tanganjikaseewassers zu orientieren, der bei ca. 600 µS/cm liegt.

Der hohe Mineralgehalt vieler unserer Leitungswässer macht sie für die Hälterung von ostafrikanischen Buntbarschen sehr geeignet. Er gewährleistet auch eine gute pH-Pufferkapazität, was besonders bei stark besetzten Becken wichtig ist. Bei weichen Ausgangswässern sollte daher entsprechend aufgehärtet werden.

Bei extremen Weichwässern sollte man sich vielleicht grundsätzlich überlegen, ob man nicht Cichliden oder andere Fische aus weichen Ausgangswässern wie Süd- oder Mittelamerika oder Westafrika pflegen sollte.

Über Filterung ist schon viel geschrieben und diskutiert worden. Darunter fanden sich gute Hinweise aus der Praxis aber auch so manches Lächerliche. Ich möchte hier nur ein paar ganz wesentliche Dinge über die Filterung erläutern, die mir wichtig erscheinen.

Ein Filter muß zwei wichtige Dinge können:

1. Den sichtbaren Schmutz, wie Kot und Mulm sammeln. Dieser mechanische Teil des Filters muss bei Bedarf (in stark besetzten Becken: täglich) schnell zu reinigen sein. 2. Ein Filter muss Substrat für zusätzlich nitrifizierende Bakterien bereitstellen. Wir können diesen biologischen Teil des Filters auch Bakterienzuchtanlage oder Bakterienkulturbehälter nennen. Diese zwei Hauptaufgaben können herkömmliche Filter oft nur schlecht erfüllen. Es gibt zwar heute Mehrkammerfilter mit vorgeschaltetem, leicht zu reinigendem Vorfilter, aber sie haben nur einen geringen Marktanteil und entsprechend hohe Preise. Die allseits bekannten Filtertöpfe, die außerhalb des Aquariums stehen und mit Schläuchen eine Verbindung zum Becken besitzen taugen nur für eine Aufgabe. Wenn sie entsprechend vorgefiltert würden, könnten auch sie die gesamte Reinigung und Aufbereitung des Wasseres übernehmen, doch ist die sehr hohe Durchflussgeschwindigkeit einer guten bakteriellen Tätigkeit nicht sonderlich förderlich. In solchen Filtern werden sich zu Beginn auch Bakterien ansiedeln, aber in schon kurzer Zeit ist der Filter verschmutzt und verschlammt. Die Bakterien bekommen dann nicht mehr genügend Sauerstoff, um einwandfrei arbeiten zu können. Außerdem ist er umständlich zu reinigen. Ein guter Schmutzfilter zeichnet sich durch eine sehr schnelle und bequeme Reinigungsmöglichkeit aus. Die Reinigung eines umständlichen Filters wird immer wieder hinausgezögert. Das Füllmaterial eines Dreck- oder Vorfilters kann Schaumstoff oder Flies sein. Dieses sollte durchaus heiß gereinigt werden, um potentiell schädliche Keime, die hier ein gutes Substrat vorfinden, abzutöten. Bakterienkästen, auch Biofilter genannt, können aussehen wie sie wollen. Ob es nun sehr teure Rieselfilter (mit dem Nachteil einer hohen Wasserverdunstung), eingeklebte Innenfilter, Außenfilter oder aber Blumenkästen, wie sie bei mir im Keller über den Aquarien stehen, sind, ist völlig egal. Das Prinzip muss ausreichend funktionieren. Alle biologischen Filter sind Behälter, in denen Bakterien kultiviert werden. Die Beschaffenheit des Materials dieser Biofilter ist auch zweitrangig. Es muss den Bakterien lediglich möglichst viel Siedlungsfläche zur Verfügung stellen. Ich persönlich bevorzuge für meine Blumenkästen handelsübliche Filterwatte, die sehr gut alle paar Monate im Kasten kurz durchgeknetet wird, um tote alte Bakterien bzw. Mulm zu entfernen. Viel mehr sollte mit dem Material nicht angestellt werden, da sonst zuviele lebende Bakterien vernichtet werden.

Die Krönung der Bequemlichkeit sind blaue Schaumstoffmatten in meist 10 cm Stärke, die über die ganze Beckenbreite reichen. Links oder rechts zwischen Front- und Hinterscheibe eingeklemmt, haben sie eine unlösbare Aufgabe zu bewältigen. Sie müssen Dreck mit Hilfe von Bakterien "abbauen". Der im Laufe der Zeit entstehende Mulm in der Filterwand und die oftmals stärker atmenden Fische, deren Kondition nicht immer die beste ist, dokumentieren eine Unkenntnis, die in der Aquaristik leider weit verbreitet ist. Biofilter jeglicher Art dürfen keinerlei Dreck ansaugen. Sie sollten zweckmäßigerweise mit einer leistungsschwachen Turbelle oder mit Luft betrieben werden. Der Durchfluss sollte nicht mehr als ca.1/4 des Beckeninhaltes pro Stunde betragen, so dass das Wasser genügend lang mit den Bakterien reagieren kann. Im Betrieb sollte man auch gelegentlich die Wasserwerte im aktiven Filter messen. Der pH-Wert des ausfließenden Wassers sollte ungefähr mit dem des zulaufenden Wassers übereinstimmen. Auch der Sauerstoffgehalt sollte ungefähr dem des Aquarienwassers entsprechen. Ist er niedriger, muss die Durchlaufmenge erhöht werden. Hilft auch das nicht, arbeitet der Filter nicht mehr zufriedenstellend und muss eventuell etwas gereinigt oder das Material teilweise erneuert werden. Niemals darf das Material des Biofilters vollständig ausgewechselt werden, da sonst die meisten Bakterien fehlen. Neue Becken können schnell fischgerechtes Wasser erhalten, indem die Filtermasse eines eingelaufenen Filters in dem Wasser des neu zu besetzenden Becken ausgewaschen wird. Über Nacht filtert der Dreckfilter das Wasser wieder klar und wir haben schon einen kleinen Bakterienbesatz, der sich schnell vermehren wird. Unterstützen wir nach jedem Wasserwechsel das Wasser noch mit einem Bakterienstarter (nur in stark besetzten Becken mit zu gering dimensionierten Biofiltern notwendig), so erhalten wir kristallklares Wasser, Fische mit hervorragender Kondition und guter Krankheitsresistenz. Bei regelmäßiger Verwendung eines guten Bakterienstarters kann in normal bis stark besetzten Becken auch auf ein Biofilter verzichtet werden. Diese Becken sind aber sehr viel labiler als Becken mit Biofilter. Sind die Bakterien verbraucht, reagiert das Wasser schnell und kann trüb werden. Den Fischen merkt man diese Aussetzer der Bakterien auch an. Zuerst reagieren sie mit verstärkter Atmung, später mit Unwohlsein. In diesem Fall müssen wir dauernd nachdosieren. Derartiges kann keine Dauerlösung sein.

Wasserwechsel

Es gibt viele Mittel und Wege, einen Wasserwechsel zu umgehen. Wir können das Nitrat mit Austauscherharzen entfernen, um so einen Wechsel zu verzögern; ersetzen kann es den Wasserwechsel nicht. Die einzige Berechtigung haben diese Filter für starkbelastete Leitungswässer um überhaupt Aquaristik betreiben zu können. Die Nitratharze, so exezellent sie auch funktionieren, haben einen Nachteil. Was sie dem Wasser an Nitrat entziehen, geben sie an Chlorid (spezielle Austauscher für härtere Wässer) wieder ab. Oder aber sie entziehen, neben dem Nitrat, dem Wasser stetig Kalk, was ebenfalls unerwünscht ist. Der wöchentliche Wasserwechsel ist und bleibt die beste Methode Nitrat und verbrauchtes Wasser zu entsorgen.

Mir wurde einmal vorgehalten, durch den regelmäßigen Wasserwechsel (in der Regel wöchentlich und nach Besatzdichte bis zu 1/2 des Inhalts in Ausnahmefällen) denen meine Fische ausgesetzt sind, würde ihre Toleranz gegenüber stark belasteten Aquariumwasser merklich zurückgehen. Die Quelle dieses Vorwurfs war ein Händler, der mir nur dann wieder Fische abnehmen wollte, wenn ich bei den von ihm georderten Fischen mehrere Wochen keinen Wasserwechsel mehr durchführen würde. Das läßt erahnen, was unsere Fische aushalten müssen.

Die maximal vertretbare Besatzdichte eines Aquariums ist schwer zu bestimmen, denn sie hängt von zahlreichen Faktoren ab. Aber es muss ganz klar festgehalten werden, dass man nicht einen beliebig hohen Besatz ins Becken einbringen kann in der Hoffnung, umfangreicherer und häufigerer Wasserwechsel würde das Milieu schon stabilisieren. Das geht nur begrenzt! Das Ziel muss sein, sehr klares Wasser, gesunde Fische und ein sehr gut funktionierendes Becken zu besitzen. Dabei ist bei einem Anfangsbesatz mit Jungfischen auch einzukalkulieren, dass die Jungfische wachsen werden und später mit ihrem gestiegenen Stoffwechsel das Milieu zum Kippen bringen können! Man könnte meinen, man könne ja mehr Wasser wechseln, aber das funktioniert dann nicht mehr. Man darf, in jedem Becken ist das natürlich anders, über einen bestimmten Punkt nicht hinausgehen. Die Beziehung Wasservolumen und Fischmasse funktioniert nur bis zu einem bestimmten Punkt. Das ist das ganze Geheimnis.

In einem gut eingelaufenen Becken sollten auch neugekaufte *Tropheus*- und *Petrochromis*-Wildfänge oder Nachzuchten kaum krank werden. Auch für geplante Neuzugänge vorbereitete Becken sollten immer Fische enthalten haben. Andernfalls würden die Bakterien keine Nahrung mehr bekommen und beim Einsetzen der neuen Fische würde die nitrifizierende Arbeit der Bakterien erst zu spät auf volle Leistung kommen. Ein Nitritanstieg wäre unvermeidbar. Nitrit wird nun von keinem Fisch gut vertragen. Schon vergleichsweise geringe Mengen führen unweigerlich zum Tode.

Temperatur

Die Frage, bei welcher Wassertemperatur Tanganjikasee-Cichliden zu pflegen seien, wurde für meine Begriffe immer zu nachlässig gehandhabt. Der Tanganjikasee ist einem saisonellen Temperaturwechsel ausgesetzt, den wir bei der Haltung dieser Fische nicht außer acht lassen sollten. 24°C sagen den Fischen längerfristig nicht zu. Sie scheinen durch das kühlere Wasser wie gebremst. Ihr Stoffwechsel läuft auf Sparflamme. Hier entsteht nun ein weiteres vermeidbares Problem bei diesen Fischen. Bei zu reichlicher Fütterung kann der Fisch Verdauungsprobleme bekommen. Sein Organismus kann das sehr nahrhafte Futter, das meistens gereicht wird, nicht oder nur unvollständig verarbeiten. Es können sich Bakterien und andere Organismen im Darm einstellen, die den Nahrungsbrei negativ verändern und vermutlich durch ihre Tätigkeit toxische Stoffwechselprodukte entstehen lassen, die den Fischorganismus zusätzlich belasten können. Ein Fisch ist kein Warmblüter wie der Mensch und ist seiner Umgebungstemperatur auf Gedeih und Verderb ausgeliefert. Im See mag dieser Umstand eine untergeordnete Rolle spielen, da das Nahrungsangebot ein völlig anderes ist, als unser "Mastfutter" und hochwertiges Gefrierfutter. Koiliebhaber wissen schon lange um diese Zusammenhänge und die Zusammensetzung und Menge des Futters für diese Fische orientiert sich an der Wassertemperatur. Bei niedriger Temperatur reicht man z.B. ein Futter mit niedrigerem Proteingehalt als sonst. Im dortigen Winter mißt das Wasser des Tanganjikasees ca. 24°C und ist somit im Vergleich zum dortigen Sommer, der Wassertemperaturen von 27°C bis 30°C bringt, deutlich kühler. Das wirkt sich auf den Stoffwechsel der Tiere aus. Es entspricht also durchaus natürlichen Verhältnissen, wenn wir im Sommer die Temperatur höher einstellen und im Winter niedriger. Gleichzeitig sollte man darauf achten, bei gesenkter Temperatur sparsamer und ballastoffreicher zu füttern.

Besatzdichte

Über die notwendige Beckengröße gibt es so unterschiedliche Angaben wie über die Filterung. Grundsätzlich sind die Becken von uns Aquarianern, so groß sie auch sein mögen, nur "kleine Eimer" im Vergleich zum See. Aquarien mit 2 m³ Inhalt sind ohne Zweifel groß, aber wieder im Vergleich geradezu jämmerlich klein, wenn wir uns ein Unterwasserbiotop anschauen. Da aber bekanntlich unsere Cichliden sehr anpassungsfähig zu sein scheinen, reichen doch schon kleinere Becken für eine Gruppe *Tropheus* aus. Leider ist es oftmals so, dass wir sie eigentlich in zu kleine Becken stecken müssen, um den sozialen Frieden der Gruppe halbwegs zu gewährleisten. Ein Beispiel möchte ich etwas näher erläutern: Eine Gruppe von 14 *Tropheus* "Schwanzstreifen" (Pop. 7.5), die schon über ein Jahr bei einem Vorbesitzer zusammen untergebracht waren und sich bestens kannten und vertrugen, mussten, weil gerade kein größeres Becken frei war, mit einem Behälter von 100x50x50 cm Vorlieb nehmen. Die zwei Männchen bezogen die linke und die rechte Hälfte des Aquariums. Somit blieb für die Weibchen nur die Frontscheibe, was ihrer Beobachtung zwar dienlich war, aber ihr Schwimmraum wurde durch die Attacken der Männchen stark eingeschränkt. Das konnte natürlich nicht so weitergehen. Meine Auswahl an Aquarien ist zwar nicht klein aber in jedem Becken schwammen Fische. Nun musste, wie schon oft, ein größerer Umzug organisiert werden. Letztendlich landeten die 14 *Tropheus* in einem 250x80x60 cm-Aquarium. Nun, so dachte ich, war der Platz ausreichend. Aber weit gefehlt. Die Attacken der Männchen waren nun noch heftiger als vorher und ich musste noch schneller handeln als zuvor. Jetzt war guter Rat teuer. Nochmals mussten mehrere Beckengesellschaften umquartiert werden, was ihnen natürlich auch nicht immer gut bekommt. Schließlich und endlich war ein 150x60x50cm messendes Becken ihre Endstation, in dem sie lange Zeit ohne Probleme untergebracht waren. Das Fazit in diesem Fall war, für das 250-l-Becken war die Gruppe zu groß, für das 1.200-l-Becken zu klein und für das 450-l-Becken geradezu optimal. Das Verhältnis Fischanzahl und Beckengröße unterliegt offensichtlich bestimmten Regeln, die es zu beachten gilt. Ausnahmen bestätigen diese Regel. Da Tropheus relativ intelligente Fische sind und sich individuell sehr unterschiedlich verhalten, muss einfach solange ausprobiert werden, bis es klappt. Eines ist auf jeden Fall sicher, um die Fische längerfristig ohne Verluste zu pflegen, müssen wir sie entgegen den natürlichen Verhältnissen in einer engeren Gruppe halten. Oder aber man hält sie, wie ich es vor 20 Jahren aus Geldmangel praktizieren musste, paarweise. Meine

zwangsweisen Versuche damals bezogen sich allerdings auf größere Becken ab einer Länge von 1,50 m. Diese Methode eignet sich natürlich nur für den Liebhaber, der mit seinen Fischen kein Geld verdienen muss oder will. Die Weibchen der so gehaltenen Paare hatten regelmäßig Nachkommen, was man von Weibchen in großen Gruppen durch den vielen Streß nicht behaupten kann. Auch zeigen beide Partner dauernd Farbe, was wiederum in großen Gruppen nicht immer der Fall ist. Bei meinen Beobachtungen im Tanganjikasee konnte ich immer wieder festellen, dass Tropheus normalerweise einen bestimmten Individualabstand zu ihrem Nachbarn brauchen. Dort konnte ich nie ernsthafte Streitigkeiten beobachten, obwohl die Dichte von Tropheus in geeigneten Biotopen recht hoch sein kann. Gleiches konnte ich an heimischen Bachforellen beobachten. Auch sie brauchen im Bach Abstand zu ihren Nachbarn. Müssen sie näher zusammenrücken, gibt es dauernd Streitigkeiten, die mit dem Tod der schwächeren Tiere enden. Bringt man sie im Schwarm unter, gibt es kaum Differenzen. Ihr natürliches Verhalten ist aber dadurch erheblich gestört.

Große Flußkiesel sind zur Dekoration von Tropheus-Aquarien sehr geeignet und minimieren die Verletzungsgefahr.   photo: Archiv A.C.S.

Einrichtung

Die Einrichtung unserer Aquarien besteht meistens aus einem Kompromiss, der sich aus persönlichem Geschmack und praktischen Erwägungen ergibt. Viele Aufbauten und Höhlen mit zahlreichen Verstecken sehen oftmals sehr gut aus, können aber sehr schnell Probleme bereiten. Die verschiedenen Gründe möchte ich etwas näher erläutern. Viele Höhlen und Verstecke werden von den Fischen gerne angenommen. Bei den meisten Cichliden ist das gut verständlich, kommen sie doch aus Gebieten im See, die unzählige Höhlen und andere Verstecke bieten. Die Fische benötigen im See einen Schutz vor Freßfeinden und sichere Ablaichplätze, um sich in aller Ruhe fortpflanzen zu können. Im

Tanganjikasee gibt es für jeden Fisch mehrere Verstecke. Im Aquarium können wir das auch versuchen anzubieten, nur ist die vorhandene Grundfläche kaum ausreichend. In solchen engen Mietwohnungen gibt es über kurz oder lang sehr ernste Probleme. Die Leidtragenden sind immer die Kleinen und Schwächeren einer solchen Aquarienzwangsgemeinschaft. Die Reviere liegen viel zu dicht nebeneinander. Revierlose Fische halten sich praktisch immer in einem fremden Revier auf. Zum Glück geht es auch ohne Verstecke. Es reicht normalerweise völlig aus, durch große Steine oder andere Dekorationsgegenstände mehrere Sichtblenden zu schaffen, je höher, desto besser. Das hat den großen Vorteil, dass sich die Insassen nicht dauernd sehen. Ein Beispiel aus einer meiner Beckeneinrichtungen, in denen ich *Tropheus*-Arten ohne größere Probleme über einen längeren Zeitraum gehalten habe: Auf einer Bodenfläche von 150 cm x 60 cm liegen 3 - 4 fußballgroße Steine, die so plaziert sind, dass die Zwischenräume etwa gleich groß sind. Sie liegen in der hinteren Hälfte des Beckens, um den revierlosen Insassen vorne genügend Freiraum zu schaffen. Diese offenen Reviere sind vermutlich nicht attraktiv genug, um sie permanent zu verteidigen.

In dieser offenen Unterwasserlandschaft bilden Männchen zwar auch Reviere, nur sind sie hier von kurzer Dauer und werden meiner Erfahrung nach nur unmittelbar während der Balz verteidigt. Die Männchen tolerieren eine Revierverletzung außerhalb der Laichphasen fast immer. Viele Gruppenmitglieder einer *Tropheus*-Gruppe halten sich zwanglos in der freien, vorderen Hälfte des Beckens auf und werden nur selten vom Chef gemaßregelt. Sie sind daher viel weniger Streß ausgesetzt. Werden *Tropheus* in sehr kleinen Becken gehalten, was nur vorübergehend geschehen sollte, sollten aus denselben Gründen alle Deko-Materialien entfernt werden, was kurzfristig Ruhe ins Becken bringen kann.

Davon träumen viele Aquarianer: Eine Gruppe herrlicher *Tropheus* sp. "Kiriza" (Pop. 1.8) vor einer Felswand.   photo: E. Schraml

Dekorationsmaterialien

Je nach Geschmack und Geldbörse kann fast alles verwendet werden. Besonders gut, weil sehr natürlich, eignen sich polierte Steine aus Flüssen, die entsprechend gesäubert werden sollten, um einer Krankheitseinschleppung vorzubeugen. Außer einem guten Stand sollten die Felsen abgerundete Kanten besitzen. Auf keinen Fall dürfen wir scharfkantige Materialien, wie Lava oder gebrochenes Lochgestein verwenden, da die Verletzungsgefahr außerordentlich hoch ist. Sehr praktisch, wenn auch nicht stilecht, sind Ziegelsteine mit ihrem vielfältigen Aussehen. Sie können von kleineren Fischen gut als Versteckplätze genutzt werden oder dienen tragenden Weibchen als Zufluchtsort. Ich persönlich bevorzuge helle Kieselsteine, da sich an ihnen sehr schnell Algen bilden, die von allen Aufwuchsfressern sehr gerne abgeraspelt werden. An dunkleren Steinen ist der Algenzuwachs entsprechend geringer. Von Wurzeln jeglicher Art rate ich ab, da sie gelegentlich im Laufe der Zeit Stoffe abgeben, die wir nicht kontrollieren können. Im Einzelfall gibt es aber durchaus positive Erfahrungen beim Einsatz von Wurzelholz in Tanganjikaseeaquarien. Im See sah ich mehrmals *Lamprologus*-Arten, die in leeren Getränkedosen ein für sie geeignetes Versteck fanden. Sie fühlten sich hierin derartig wohl, dass sie darin sogar ablaichten.

Wenige, große Steine wirken dekorativer als viele kleine. photo: E. Schraml

Pflanzen

Der Tanganjikasee ist kein Pflanzenparadies. Einer von möglichen Gründen mag wohl an der hohen Alkalität und dem niedrigen CO_2-Gehalt des Seewassers liegen. Ein pH-Wert zwischen 8,5 und 9 behagt kaum einer Pflanze. Man findet im See vor allem Arten der Gattungen *Vallisneria, Ceratophyllum* und *Potamogeton*. Man findet sie vor allem in stillen Buchten, Häfen etc., nicht aber im Felslitoral. Aus diesem Grunde habe ich mich schon früh entschlossen, auf Pflanzen in meinen Becken zu verzichten. Frühere Versuche, Pflanzen in meinen Becken anzusiedeln, schlugen außerdem immer wieder fehl. Der pH-Wert kann zwar über Besatzdichte, Belüftung oder mit chemischen Reaktionen beeinflusst werden, aber diese Manipulationen am Wasser lehne ich zugunsten des für die Fischhaltung optimalen Milieus ab. Bei niedrigeren pH-und Sauerstoffwerten steht einer Bepflanzung nichts im Weg. Sie ist zwar nicht stilecht, ist aber in einer Wohnung schon ein gewisser Blickfang. Auf zu zarte Pflanzen sollte verzichtet werden, da sie sonst von Fischen allzuleicht als Nahrung verwendet werden.

Unterwasserpflanzen gibt es im Tanganjikasee nur selten. Fische, die Pflanzenbestände mögen, finden sich eher in Röhrichtzonen. Gut geeignet für eine biotopgerechte Bepflanzung ist das Hornkraut (*Ceratophyllum*), das zum einen im Tanganjikasee vorkommt und zum anderen bezüglich der Wasserzusammensetzung vollkommen anspruchslos ist.   photo: F. Schäfer; Zeichnung: Tropica, Dänemark

Bodengrund

Der Bodengrund sollte nicht aus grobem Kies bestehen, da sich in ihm viel Schmutz absetzt und zu faulen beginnt. Bewährt hat sich aus praktischen Gründen feiner, nicht zu weißer Sand, mit einer Schichtdicke von 0,5 - 1 cm Höhe. Bei diesem Bodengrund bleibt der anfallende Dreck oben liegen und kann von der Strömung dem Filter zugeleitet werden. Außerdem zeigen die Fische über einem relativ hellen, jedoch nicht weißen Untergrund ihre Farben besser. Bei insgesamt dunklen Becken passen sich viele *Tropheus* der Umgebung an und sehen dann mehr oder weniger wie "Eierkohlen" aus, das natürlich nicht in unserem Interesse liegt. Weißer Sand veralgt sehr schnell und sieht dann nicht mehr gut aus. Nach jedem Wasserwechsel durchkämme ich den Sand mit der Hand und lockere ihn wieder etwas auf. Die durch den Wasserwechsel reduzierte Bakterienflora wird durch die auch im Sand lebenden Bakterien wieder etwas aufgefrischt. Eine weitere Möglichkeit besteht darin, den Bodengrund einfach wegzulassen und den Fischen weitere Flächen zum Algenraspeln zur Verfügung zu stellen. Bei entsprechender Beleuchtungsstärke wachsen quantitativ und bei nicht zu starker Belastung des Wassers auch qualitativ recht ansehnliche Algenteppiche, die sehr gerne angenommen werden. Man kann deutlich die Fraßspuren sowie die verschiedenen Techniken des Abraspelns erkennen. Es versteht sich natürlich von selbst, dass algenfressende Welse in solchen Aquarien nichts zu suchen haben, da manche Arten praktisch über Nacht ganze Becken blitzblank putzen können. Da bleibt für unsere Barsche nichts mehr übrig. Aquarien ohne Bodengrund sind jedoch nicht unbedingt eine Augenweide und deshalb finden sie in der Praxis auch kaum Verwendung.

Vergesellschaftung mit anderen Fischen

Alle großen Aufwuchsfresser, wie *Petrochromis*- und *Tropheus*-Arten, prägen, wenn sie in größeren Stückzahlen gehalten werden, jede Aquariumgesellschaft. Da bleibt für Fische mit anderen Verhaltesmustern nicht mehr viel Freiraum. Es sind praktisch geschlossene Gesellschaften, in denen andere Fische auf Dauer keine Ruhe finden. Ich hatte zeitweise in fast allen Becken *Tropheus*-Varianten schwimmen, um sie zu fotografieren und zu beobachten. Meine vielen Fadenmaulbrüterarten und Sandfische stellten während dieser Zeit ihre Vermehrung ein und ich sah ihnen ihren Streß regelrecht an. Es gibt bei *Tropheus* Individuen, die anderen Fischen an die Flossen gehen. Speziel Fadenmaulbrüter mit ihren langen Bauchflossen werden von hinten vorsichtig angeschwommen, um sie um ein Stückchen Flosse zu erleichtern. Manchmal hatte ich schon den Eindruck, es ist von den *Tropheus* reine Bosheit. So etwas Hinterlistiges und Verstohlenes hatte ich bei keinen anderen Fischen beobachtet. Auch *Petrochromis* besitzen eine ähnlich, aber noch gefährlichere Art, andere Fische zu vertreiben. Sie raspeln anderen Fischen regelrecht die schützende Schleimhautschicht vom Körper ab. Die Kontinuität dieser Angriffe lässt die betroffenen Fische schnell eingehen. Ich dachte zuerst an eine unausgewogene Ernährung, die dieses Verhalten entstehen ließ, bis mir auffiel, dass sie es nur auf bestimmte Fische abgesehen hatten. Meine *Petrochromis* bevorzugten Weibchen von *Ophthalmotilapia*-Arten. Zuerst stand ich vor einem Rätsel. Später fiel mir die Fischgesellschaft im Tanganjikasee wieder ein und eine vermutliche Lösung dieser Unsitte. Die Weibchen der oben genannten Arten ziehen in größeren Schwärmen durch das Felslitoral und suchen die Kuppen der großen und kleinen Felsen zum Fressen auf. Meistens beheimaten die größeren Felsen je einen *Petrochromis*, der bestrebt ist, seine Nahrungsgrundlage mit allem Nachdruck zu verteidigen. Nahrungskonkurrenz kann im Aquarium Probleme bereiten. *Tropheus* sind in dieser Hinsicht problemlos. Fast alle *Petrochromis*-Arten reagieren aber sehr stark auf Mitinsassen und können in vielen Fällen den Aquarianer zur Verzweiflung treiben. Ich habe auch immer wieder Versuche unternommen, die aber bis auf einen Fall alle gescheitert sind. Vielleicht gelingt es ja bei diesen Arten nach einigen Nachzucht-generationen, dass sich diese Aggressivität allmählich abbaut. Eine ausreichende Fütterung beugt diesem angeborenen Verhalten

etwas vor. Die Gruppe der Eretmodini, die die Gattungen *Spathodus*, *Eretmodus* und *Tanganicodus* enthält, wird von *Tropheus*- und *Petrochromis*-Arten kaum beachtet. Sie eignen sich für jedes Becken. Leider können sie untereinander, besonders die *Spathodus*-Arten, sehr ruppig werden. Bei paarweiser Haltung in Becken ab 1,50 m Kantenlänge sollte es aber keine Probleme mit ihnen geben. Leider ist die Auswahl an Mitinsassen für *Tropheus*, *Petrochromis*, *Simochromis* und anderen aus dieser Gruppe nicht nur aus Wesens-gründen dieser Fische nicht ganz einfach, sondern auch aus nahrungsspezifischen Überlegungen problematisch. Aber hierzu gehe ich im Kapitel "Ernährung" ausführlicher ein.

Recht geeignet sind *Julidochromis* und andere Kleinbrockenfresser aus der *Lamprologus*-Verwandtschaft. Sie können sich gegenüber Rauhbeinen wie *Tropheus* und *Petrochromis* sehr gut durchsetzen, vorausgesetzt die Becken sind groß genug. Sie bilden meistens Paare und verteidigen ihr Revier mit Nachdruck. Es eignen sich praktisch alle Arten, die genügend Durchsetzungsvermögen besitzen und mit ähnlicher Nahrung gefüttert werden können. Nahrungsspezialisten wie *Altolamprologus compressiceps* u.a. sollten in einer solchen Gesellschaft nicht gepflegt werden, da ihr krebsähnliches Futter für Aufwuchsfresser nicht geeignet ist. Ruhige Fische bekommen zu wenig Nahrung und magern ab. In Großbecken mit mehreren m³ Inhalt können durchaus Fische der Ectodini- und *Cyprichromis*-Gruppe dazugesetzt werden. In manchen Fällen mag diese Kombination auch in kleineren Becken funktionieren, wenn diese nicht zu stark besetzt sind. Wem der Stilbruch nichts ausmacht, kann Cichliden aus den beiden anderen großen ostafrikanischen Seen hinzusetzen. Speziell Mbunas aus dem Malawisee und viele Haplochrominen aus dem Viktoriasee eignen sich vom Charakter ausgezeichnet. Es sind allesamt streit-süchtige Rauhbeine, die mit ihresgleichen ganz gut auskommen. Bei einer vorsichtigen Mischkost sind alle Arten zufriedenstellend ernährt und können lange Zeit miteinander gepflegt werden. Aus Platzgründen musste ich diese bunte Gesellschaft in manchen Aquarien aufeinander loslassen. Es gab keine größeren Probleme, die mich veranlaßten, sie wieder auseinanderzunehmen. Eine wahrlich bunte Gesellschaft, die mit so manchen Meerwasser-becken durchaus konkurrieren konnte.

Julidochromis-Arten (hier ein jugendlicher *J. marlieri*) eignen sich recht gut als Gesellschaft für *Tropheus*.   photo: Sch. Nakano

Vergesellschaftung gleicher Arten

Die Vergesellschaftung miteinander ist ein Kapitel für sich. Es gibt viele Möglichkeiten diese Fische untereinander zu halten. Was bei Aquarianer Müller funktioniert, lässt Herrn Maier verzweifeln. Theoretisch die einfachste Methode besteht darin, Nachzuchten zu erwerben und sie gemeinsam in das künftige Becken zu setzen. So haben alle genügend Zeit, sich aneinander zu gewöhnen. Diese Methode verlangt dem Aquarianer etwas Geduld ab, ohne die man in der Aquaristik längerfristig allerdings ohnehin nicht auskommt.

Viele *Tropheus*- und so manche *Petrochromis*-Arten habe ich mir selber großgezogen. Von fremden ausgewachsenen Fischen oder Wildfängen habe ich mich regelmäßig getrennt, wenn ich von ihnen genügend Nachzuchten hatte, um eine größere Gruppe zusammenzustellen. Ich traute den fremden Fischen aus Erfahrung nicht. Oftmals begangen sie noch nach vielen Monaten zu kränkeln, was mir mit den eigenen Nachzuchten nie passierte. Nicht selten tritt in allen Aquarien erst Ruhe ein, wenn fremde Fische abgegeben sind. Diese Unpäßlichkeiten übertragen sich auch auf andere Fischarten. Es verlangt von dem Importeur schon sehr viel Erfahrung und Fingerspitzengefühl, Wildfänge sach- und artgerecht einzugewöhnen. Aber auch dann kann es zu Problemen kommen. Dann müssen auffällige Fische für eine richtige Diagnose zu den bekannten Fischuntersuchungsstellen geschickt werden, um ggf. alle Fische fachgerecht behandeln zu können. Viele Medikamente wirken nicht mehr, da sie schon allzuoft unsachgemäß oder auf einer falschen Diagnose beruhend angewendet wurden oder durch Dauerbehandlungen des einen oder anderen Wirkstoffes resistent geworden sind. Möchte man, aus welchen Gründen auch immer, große Fische erwerben, sollte man die neue Gesellschaft alleine in das vorgesehene Becken setzen. Bei Ausgewachsenen oder Halbwüchsigen gilt ganz besonders: lieber mehr als zu wenig. Wie schon erwähnt, müssen wir *Tropheus*, *Petrochromis* und manch andere in größeren Gruppen halten, um die Individualität der einzelnen einzudämmen. Das ist natürlich eine Preisfrage, ob ich 10 oder 20 *Tropheus* sp. "Kirschfleck" (Pop. 12.3) kaufen muss. Bereits für

ein 1,50-m-Becken sind erfahrungsgemäß 10 große *Tropheus* zu wenig. Besser wären sicherlich 15 oder noch einige mehr. Empfehlungen, dass sich ein Männchenüberschuß stabilisierend auf die Gruppe auswirken soll als ein Weibchenüberschuß, kann ich nur bedingt bestätigen. Meistens etabliert sich ein starkes Männchen im Laufe der Zeit und empfindet alle Artgenossen, die nicht ablaichen möchten, als störend. Das Geschlecht spielt dabei kaum eine Rolle. Können mehrere Männchen in entsprechend großen Becken Reviere besetzen, ist das für die restlichen Beckenbewohner eine noch größere Katastrophe. Nun haben sie überhaupt keine Rückzugsmöglichkeiten mehr. In solchen Fällen dienen dann z.B. die grünen Säulen eines Innenfilters als letzte Rettung.

Müssen fremde Tiere zusammengesetzt werden, sollten die ersten 2-3 Wochen abgewartet werden. Oftmals arrangieren sich die Tiere noch untereinander. So viel Zeit brauchen fremde Tiere, um einander kennenzulernen. Oft lassen Beißereien nach dieser Zeit wieder nach.

Weiße Mäuler sind bei *Tropheus* ein Anzeichen für intensiv geführte Rangordnungskämpfe.   photo: Archiv A.C.S.

Die Vergesellschaftung mehrerer Farbpopulationen

Die Vergesellschaftung mehrerer Farbpopulationen muss vorher gut durchdacht werden, um eine Hybridisierung zu vermeiden. Wir können grundsätzlich davon ausgehen, dass sich benachbarte Populationen der gleichen Linie meistens eine Kreuzungsbereitschaft zeigen. Genauso verhalten sich Populationen, deren Verbreitungsgebiet zwar durch einen längeren Küstenabschnitt getrennt sind, so aber der gleichen Linie angehören. Dies geschah vor vielen Jahren bei mir mit den als *Tropheus* sp. "Ikola" (Kaiser, Pop. 11.1) und *Tropheus* sp. "Bulu Point" (Kirschfleck, Pop. 12.3). Das Produkt dieses Seitensprungs war dem äußeren Erscheinungsbild nach ein *Tropheus* sp. "Ikola". Erst bei näherer Betrachtung fiel mir in dem gelben Band dieser Fische die hellrote Schuppenbasis auf. Da damals wie heute solche Kreuzungen als nicht wünschenswert angesehen werden, beließ ich es bei diesem ungewollten Versuch. Die vielen Farbpopulationen würden sicherlich ein interessantes Betätigungsfeld in diese Richtung bieten. Ein neuer Versuch mit einer Gruppe *Tropheus* sp. "Moliro" (Pop. 7.4) und einem einzelnen Weibchen eines *Tropheus* sp. "Nangu" (Pop. 7.14, gelber Regen-

bogen) dauerte über ein Jahr und brachte insofern ein Ergebnis, als diese Populationen augenscheinlich wie auch genetisch nicht so eng verwandt zu sein scheinen wie *Tropheus* sp. "Bulu Point" und *T.* sp. "Ikola" - es kam zu keiner Kreuzung. Laut P. BRICHARD soll sich das Verbreitungsgebiet von *T.* sp. "Nangu" und der Stirnstreifenpopulation, zu der *T.* sp. "Moliro" sowie die *Tropheus* der Sumbu-Bay und die Grünroten der Nkamba-Bay gehören, in der Nkamba-Bay überschneiden und keine Kreuzungen bilden. Dieses nachzuprüfen und zu dokumentieren, wäre noch eine von vielen anderen notwendigen Untersuchungen, die Aquarianer wie auch Wissenschaftler durchführen könnten, um Näheres über die Evolution dieser großen Speziesgruppe zu erfahren. Als leicht zu kreuzen entpuppten sich *T.* sp. "Bulu point" und *T.* sp. der Linie 5, die vor mehreren Jahren aus dem damaligen Zaire in sehr geringen Stückzahlen importiert wurden.

Normalerweise können weitentfernte Populationen, wie *Tropheus* spp. aus dem Norden und *Tropheus kasabae* (Regenbogenvarianten) aus dem Süden zusammengehalten werden. Da

Ausnahmen auch hier die Regel bestätigen, muss jeder Aquarianer selbst entscheiden, ob er eingreifen muss oder nicht. Keinerlei Probleme bezüglich unerwünschter Kreuzungen sollten die verschiedenen Tropheus-Arten wie T. polli, T. brichardi, T. moorii, T. kasabae, T. sp. (verschiedene Populationen nördlich und südlich von Kalemie, Kongo) und T. duboisi miteinander machen. Zeitweise habe ich über 30 verschiedene Populationen miteinander gepflegt und keiner dieser Fische hat eine Bereitschaft erkennen lassen, sich zu kreuzen. Ich muss dazu ergänzen, dass ich nur Tropheus-Populationen verschiedener Linien zusammengesetzt hatte. Im Gegenteil - von den verschiedenen Populationen, von einer Linie abgesehen, verstanden sie sich nicht mehr genügend. Oftmals ignorierten sie sich ganz einfach.

Nachfolgend möchte ich einige Beispiele aufzeigen, die ich ausprobiert habe:

T. sp. "Minago" (Pop. 1.2) mit T. kasabae (Regenbogenvarianten)
T. moorii (Pop. 8.9) mit T. sp. "Kipili" (Pop. 9.3)
T. sp. "Moba" (Pop. 4.2) mit allen anderen Tropheus-Arten
T. duboisi mit allen anderen Tropheus-Arten (bei dieser Besetzung sollten schon Kreuzungen vorgekommen sein, die ich allerdings nie gesehen habe und somit nicht bestätigen kann.)

Folgende Beispiele sollten mit größter Vorsicht miteinander vergesellschaftet werden:

- alle Populationen nahe verwandter Linien, wie T. sp. "Kiriza" (Pop. 1.8) mit T. sp. "Rutunga" (Pop. 1.1) oder Tropheus sp. der Linie 7 (Stirnstreifen, Sambia-Kongo) mit T. moorii und T. kasabae (Linie 8, Sambia)
- T. sp. "Ikola" (Pop. 11.1) mit T. sp. "Bulu point" (Pop. 12.3).

Nicht miteinander vergesellschaftet werden sollten alle Populationen einer Linie.

Um es auf einen Nenner zu bringen: es sollten die Fundplätze der einzelnen Populationen, die man zu vergesellschaften gedenkt, soweit entfernt wie möglich voreinander liegen. Gegen Kreuzungen an sich ist im Grunde nichts einzuwenden, da auch sie pflegewürdige Fische sind. Nur müssen sie als solche deklariert werden. Die Ergebnisse solcher Kreuzungen dürften in den meisten Fällen farblich uninteressant sein. Sie vererben in den mir bekannten Fällen entweder intermediär, d. h. von jeder Elternform die Hälfte oder aber ein Farbschlag verhält sich sehr dominant, d. h., er verdrängt den anderen fast vollständig (z. B. T. sp. "Ikola" und T. sp. "Bulu Point"). Viel interessanter erscheint mir die Selektionszucht von einzelnen Populationen. So bekommen wir beispielsweise T. sp. "Ikola" mit sehr breitem Band oder mit zwei schmäleren Bändern (Doppelfleck), T. sp. "Bemba" (Pop. 2.4) mit breitem Band, T. duboisi mit breiteren Bändern. Sehr lohnenswert wären sauber gezeichnete T. sp. "Brabant" (Pop. 1.1) oder auf viel Rot selektierte T. sp. "Karamba" (Pop. 1.9). Oder aber wir konzentrieren uns nur auf die natürliche Farbe und auf die Vitalität der verschiedenen Populationen, was schon Schwierigkeiten genug bereitet. So eine Selektionszucht, wie immer sie auch in Erscheinung treten mag, setzt züchterisches Können und - was mir ganz wichtig erscheint - Kontinuität voraus. Leider werden viele Tropheus noch von Einsteigern oder aber Jungunternehmern erworben, die von der Materie "Aquaristik" zu wenig wissen oder aber sich überhaupt nicht dafür interessieren, außer fürs Geldverdienen.
Nun haben wir gesehen, dass es durchaus möglich ist, verschiedene Populationen miteinander zu pflegen. Jetzt stellt sich natürlich noch ein anderes Problem. Alle Tropheus verhalten sich, wie viele andere Cichliden auch, ungefähr nach dem Motto "zuerst

ich und dann du". Ein sehr selbstbewußtes Männchen eines Farbschlages kann durchaus auch einen völlig entfernt verwandten Tropheus unterdrücken und terrorisieren. Wie schon eingangs erwähnt, umgehen wir diesen nicht erfreulichen und auf Dauer nervenaufreibenden Umstand, indem wir alle künftigen Insassen eines Beckens in etwa gleicher Größe zusammen in ihr neues Zuhause setzen. Auch dann können später noch Korrekturen notwendig sein. Bei gleich großen T. sp. "Moliro" (Pop. 7.4) und T. sp. "Kabimba" (Pop. 3.3), die allerdings erst als Erwachsene zusammengesetzt wurden, klappte das vorzüglich. Ein mit eingesetztes Weibchen T. sp. "Nangu" (Pop. 7.14) wurde dagegen von den "Moliros" nicht akzeptiert. Wir müssen verschiedene Konstellationen einfach ausprobieren. Manchmal ist uns das Glück hold und alles klappt vorzüglich.
Bei einigen Petrochromis-Arten und Farbschlägen verhält es sich anders. Sie sind als große Tiere nur mit einigen Tricks zusammen zu halten. Dieser Umstand liegt in ihrer Natur begründet. Wie schon erwähnt, besetzen fast alle Arten dieser Gattung immer oder zeitweise feste Reviere, die in ihrer Ausdehnung dem Nahrungsanspruch des Tieres genügen müssen. Sie verjagen rigoros jeden Fisch, der in die Nähe kommt. Kleine Fische aus anderen Verwandtschaftskreisen werden oftmals toleriert, wie Lamprologus-, Julidochromis- und Chalinochromis-Arten. Petrochromis fasciolatus mit seinen sich sehr ähnelnden Farbschlägen treten im See zeitweise in teilweisen großen Schwärmen auf und ziehen durch das Felslitoral. Sie sind im Aquarium leichter miteinander zu vergesellschaften, als ihre Vetter der anderen Arten. Manche Arten kommen bis zu ihrer Geschlechtsreife auch gut miteinander aus. Dies konnte ich an meiner zehnköpfigen Gruppe von Petrochromis sp. "Gold" aus dem Grenzgebiet von Kongo und Sambia beobachten. Sie zogen im Schwarm durchs Becken und kannten bis zu einer bestimmten Größe keine Raufereien. Genaugenommen ist die Gattung Petrochromis für das Aquarium ungeeignet. Hat sich ein Liebhaber dennoch für eine der sehr farbenprächtigen Rassen entschieden, gibt es Mittel und Wege, ihre starke Aggressivität in Grenzen zu halten. Wer genügend Geld zur Verfügung hat, ersteht eine sehr große Gruppe von vielleicht 20 bis 30 Tieren und hält sie, wie schon bei der Vergesellschaftung von Tropheus-Arten erwähnt, in nicht zu großen aber auch nicht zu kleinen Becken. Man probiert es am besten aus. Diese Zwangslösung ist zwar die einfachste aber sie befriedigt auf Dauer nicht, da die Fische praktisch zusammengepfercht sind und der Streß ihnen auch nicht bekommt. Eine oft praktizierte Lösung besteht darin, vorausgesetzt die Weibchen vertragen sich untereinander, eine Gruppe von einem Männchen und mehreren Weibchen zu halten. Streiten die Weibchen miteinander, können wir, vorausgesetzt die Weibchen haben verschiedene Größen, ihnen passende Höhlen zur Verfügung stellen, in die die größeren nicht hineinpassen. Eine andere Lösung könnte aus verschieden starken Gittern bestehen, die für größere Fische nicht passierbar sind. Bieten wir ihnen verschiedene Höhlen an, sollte der kleinste Fisch mit der für ihn bestimmten Höhle zuerst eingesetzt werden. Wenn wir ihm mehrere Tage Zeit geben, gewöhnt er sich an seine Umgebung. Dann erst sollte der nächst größere Fisch dazugesetzt werden, der evtl. auch eine größere Höhle bekommt usw. Diese oder andere Methoden sind oftmals die einzigen Möglichkeiten, Nachzuchten zu bekommen und von Generation zu Generation die Aggressivität etwas abzubauen.
Simochromis-Arten bereiten bei ihrer Vergesellschaftung ähnliche Schwierigkeiten wie die bereits erwähnten Arten. Simochromis curvifrons gilt allgemein als nicht haltbar, obwohl diese Art teilweise sehr hübsche Farbschläge ausgebildet hat (UW-Fotos). Ähnliches gilt für Lobochilotes labiatus. Auch sie sind untereinander schwer zu vergesellschaften.
Unter Berücksichtigung der Kreuzungsbereitschaft sowie der

Aggressivität untereinander, lassen sich Fische der Tropheini-Gruppe sehr gut miteinander pflegen, ohne dass es größere Reibereien geben muss. Es ist schon ein herrlicher Anblick, diese farbenprächtige und verhaltensreiche Gesellschaft im Aquarium beobachten zu können. Dieser Anblick erinnert mich immer wieder an meine Naturerlebnisse im Felslitoral des Tanganjikasees.

Nahrung im Aquarium

Mit wenigen Ausnahmen leben alle Mitglieder der Tropheini- Gruppe im Felslitoral und ernähren sich dort ihren Bedürfnissen entsprechend in verschiedenen ökologischen Nischen. Den Hauptbestandteil der Nahrung stellt der Aufwuchs in seinen vielfältigen Erscheinungsformen dar. Entsprechend der Algenvielfalt ist der Fressapparat der Fische ausgebildet. Es gibt unter ihnen Picker, Raspler, Zupfer, Schaber usw.. Sie sind die meiste Zeit des Tages mit der Nahrungsaufnahme beschäftigt, da der teilweise mit Sediment belegte Aufwuchs nicht sehr nahrhaft ist und in nur geringen Mengen zur Verfügung steht. Sie müssen, um sich ausreichend Energie zu verschaffen, ihn in großen Mengen zu sich nehmen. Viel Energie geht mit diesem Freßvorgang bereits verloren. *Tropheus* z.B. unterbrechen ihre Nahrungsaufnahme meistens nur bei der Fortpflanzung. Danach wird kräftig weiter geraspelt, um das Versäumte nachzuholen. Energiezehrende Revierstreitigkeiten sind mir bei Unterwasserbeobachtungen nie aufgefallen. Der Aufwuchs wird gebietsweise mehr oder weniger vom Sediment überlagert, das noch schwerer zu verdauen ist. Diese Kost verlangt einen speziellen Verdauungsapparat. Allen Arten gemeinsam ist der sehr lange und dünne Darm. Er ist darauf eingestellt, hauptsächlich pflanzliche Bestandteile zu verdauen. Das bedeutet auch einen hohen Ballastanteil, auf den der Darm eingestellt ist. Der Nahrungsbrei ist immer weich und sehr geschmeidig, dadurch wird die Darmmotorik aufrecht erhalten. Hier beginnen die Hauptprobleme bei der Pflege von spezialisierten Aufwuchsfressern. Eine Ernährung, die zuviel tierische Eiweiße und Fette enthält, begleitet von einem sehr geringen Ballaststoffanteil, bringt den Darm völlig durcheinander. Unter Schwierigkeiten mag er vielleicht Nahrung tierischen Ursprungs verdauen, aber der Ballaststoffanteil ist zu gering. Dieser Nahrungsbrei wird fest und ungeschmeidig. Er bleibt in den Darmschlingen hängen und verursacht eine Verstopfung, die meist den Tod des Fisches nach sich zieht. Bei unserer Ernährung ist es ja ähnlich. Wenig Ballaststoffanteil ergibt einen harten Nahrungsbrei mit seinen vielfältigen Krankheitsformen. Ein hoher Ballastanteil verursacht keinerlei Probleme. Ähnliche Probleme ergeben sich bei Kunstfutter, wie Flocken, Sticks, Granulat usw.. Diese angeblich so wertvolle Nahrung ist aus einer Anzahl von Rohstoffen zusammengemixt. Dieses Kunstprodukt hat jedoch nicht die ausgewogenen Inhaltsstoffe, wie eine Alge oder eine Insektenlarve. Die Verdauungssysteme der Fische haben sich mit dieser natürlichen Nahrung entwickelt und sind auf ihre prozentualen Verhältnisse ihrer Inhaltsstoffe angewiesen. Nun mag ja jemand einwenden, diese Stoffe sind im Kunstfutter auch enthalten. Aber wieviel Inhaltsstoffe kennen wir eigentlich? Wie viele Enzyme beispielsweise, die im Körper als Katalysator dienen, sind in dieser Kunstnahrung noch funktionstüchtig? Die natürliche Nahrung enthält viele, in ihrer Wirkung noch unbekannte Stoffe, die z. Zt. als "Vitalstoffe" zusammengefaßt werden. Es soll nicht der Eindruck entstehen, dass ich das Kunstfutter total ablehne. Ich kenne viele Aquarianer, die es aus Zeit- und anderen Gründen ausschließlich verfüttern. Als Beifutter hat das Flocken-, Granulat- und Sticksfutter durchaus seine Berechtigung. Als Argument wird immer wieder aufgeführt, dass Gefrierfutter wesentlich teurer als Kunstfutter sei. Ziehen wir nach wenigen Jahren Bilanz, sieht die Sache schon anders aus. Den Aufwand, den wir bei hauptsächlich mit Kunstfutter ernährten Fischen betreiben müssen, ist schon beachtlich. Das Wasser wird mit Naturfutter minimal belastet. Die zu wechselnde Wassermenge verringert sich dadurch, ein heute nicht mehr zu vernachlässigender Faktor. Die Gesundheit der Fische muss nicht dauernd mit Medikamenten und Apparaturen teuer erkauft werden. So mancher Aquarianer würde sich wundern, mit wie wenig Aufwand Aquaristik betrieben werden kann! Vor vielen Jahren habe ich einem im bestimmten Turnus wiederkehrenden Vertreter eines großen deutschen Futtermittelherstellers wiederholt versucht klarzumachen, wie wichtig ein Kunstfutter mit wesentlich höherem Ballaststoffanteil wäre. Das jetzige Futter ist praktisch Mastfutter. Leider wurde dieses Problem damals nicht erkannt und heute nicht genügend ernst genommen. Auch die Grünfuttersorten aller Firmen enthalten jetzt zwar einen wertvollen Bestandteil, die Spirulinaalge, aber der Ballastanteil ist immer noch viel zu gering oder anders ausgedrückt, dieses Futter ist immer noch zu nahrhaft. Argumente, wie "der Markt für solches Futter sei zu gering", kann ich nicht gelten lassen. Seit geraumer Zeit werden Gefrierfuttermischungen angeboten, die wir, bevor wir sie verfüttern, erst einmal genauer ansehen sollten. Befriedigt uns ein solches Futter auch nicht, besteht die Möglichkeit, uns selber Futtermischungen zusammenzustellen. Wir können aber auch ohne größeren Aufwand unsere Fische über viele Jahre hindurch gesund ernähren. In diesem Fall sollte auch unkonventionelles Futter ausprobiert werden. So kann man geschälte Kartoffeln *Petrochromis*-Arten anbieten, die nach einer Eingewöhnungszeit von ihnen mit der Zeit abraspelt werden. Ebenso eignen sich Gurken, Erbsen, Karotten, Haferflocken u.ä.. Ein tägliches Menü für unsere Aufwuchsfresser kann folgendermaßen ausschauen:

Zuerst sollte Grünfutter in Form von Spinat (es gibt ihn in handlichen, nußgroßen Stücken eingefroren, leider ist er blanchiert), Löwenzahn, Salat und ähnliches, am besten gefroren oder aber, wenn es gefressen wird, roh (dies erfordert meistens eine mehrwöchige Gewohnungszeit) verfüttert werden. Ein Überbrühen sollte vermieden werden, da durch die Erhitzung wichtige Inhaltsstoffe Schaden nehmen. Ein sehr wertvolles Grünfutter stellt Löwenzahn dar. Etwas aufbereitet könnte er Hauptbestandteil einer Gefrierfuttermischung für Aufwuchsfresser sein. Er lässt sich ohne Aufwand zerkleinern und einfrieren. Grünfutter solcher Art wird von den Fischen nicht sofort akzeptiert. Haben sie sich einmal daran gewöhnt, wird es sehr gierig gefressen. Da die Fische Grünfutter bei freier Auswahl zu anderen Futtersorten, wenn überhaupt, nur zum Schluß fressen, bekommen sie es bei uns zuerst. Danach folgen immer beliebtere Sorten, wie Wasserflöhe, Cyclops und zum Schluß das Futter, das sie sonst zuerst fressen würden, wie große Artemien. Genauso reduzieren wir die Menge der Sorten. Artemien bekommen sie nur noch wenige. Das gleiche gilt für Mysis und Bachflohkrebse. Ein *Tropheus* oder *Petrochromis* sollte nie mehr als ca. 1 bis 2 Stückchen von den zuletzt genannten Futter oder ähnlichem pro Mahlzeit fressen können. Diese geringen Mengen an tierischem Protein kann ein Aufwuchsfresserdarm sehr gut verkraften. Füttern sie keinerfalls mehr von diesen Sorten! Verstopfungen können sonst die Folge sein. Die Verdauungssysteme der Fische können sich auf längere Zeit (viele Monate bis Jahre auf nicht artgerechtes Futter in gewissen Grenzen) einstellen. So hatte ich selber einige Exemplare von *Tropheus* und *Petrochromis*, die sich ihrer Partner entledigt hatten, in einem extra Becken. Es enthielt hauptsächlich auch Einzeltiere von Haplochromiden aus dem Victoriasee. Ihre Fütterung enthielt mehr tierisches Eiweiß. Neben dem obligaten Spinat bekamen sie viel Mysis und Mückenlarven aller Art. Sie hatten genügend Zeit, sich an das andere Futter anzupassen. Von einigen Säugetieren und Vögeln ist bekannt, wenn sie in mehreren Generationen in Gefangenschaft gezüchtet worden sind, dass sich ihr Verdauungssystem, hauptsächlich der Darm, an das andere Futter angepaßt hatte, indem er kürzer wurde. Solche Tiere eignen sich dann nicht mehr zur Auswilderung! Die Fütterung wird immer eine Art Gratwanderung sein. Füttern wir viel Grünzeug, ist die Laichbereitschaft nicht die beste, füttern wir viel tierisches Eiweiß, bekommen die Fische in der ersten Zeit große Verdauungsprobleme. Wenn Kunstfutter beigefüttert wird, ist es vorteilhafter, ausschließlich solche Sorten mit dem meisten Grünfutteranteil zu verwenden. Eine andere natürliche Grünfutterquelle stellen unsere Algen im Aquarium dar. In ausreichender Quantität wie auch Qualität wachsen sie allerdings nur in mäßig besetzten Becken mit guter Beleuchtung. *Petrochromis* eignen sich als Gesellschaft kaum, da diese hochspezialisierten "Rasenmäher" den Algenbewuchs in einem Becken innerhalb weniger Stunden bis Tage radikal abweiden. Algenbewachsene Steine aus eigener Produktion eignen sich nur für Besitzer weniger Becken.

Zu unserem Glück sind die meisten Fische sehr anpassungsfähig. Wir müssen ihnen nur eine Chance geben mit unserem Ersatzfutter, das so abwechslungsreich wie möglich sein sollte, genügend lebenswichtige Nährstoffe, bekannte wie unbekannte, aufnehmen zu können. In die Praxis umgesetzt bedeutet das folgendes:

- immer nur kleine Mengen mehrmals am Tag füttern (Berufstätige können auf Fütterungsautomaten zurückgreifen, die allerdings täglich neu befüllt werden sollten, weil empfindliche Inhaltsstoffe des Kunstfutters sehr schnell verderben).
- nach Möglichkeit nur persönlich füttern, da Familienmitglieder oder Verwandte oft zu reichlich füttern.
- zuerst ein ballaststoffreiches Futter mit hohem Grünanteil (z.B. Spinat) reichen, danach erst das Grundfutter, wie Flocken mit hohem Spirulinaanteil verwenden, eventuell selber ein entsprechendes Futter herstellen und einfrieren.
- Frostfutter, wie Insektenlarven, Plankton u.a. nur als Leckerbissen und in kleinsten Mengen verabreichen.
- es sollte kein Futter auf den Boden fallen, lieber noch einmal eine kleine Menge nachreichen.
- unkonventionelles Futter wie verschiedene Gemüsesorten ausprobieren.

Bei der Eingewöhnungszeit nicht die Geduld verlieren. Es kann manchmal mehrere Wochen dauern, bis die Fische das für sie unnatürliche Futter akzeptieren Wir können uns den Hunger der Fische zum Verbündeten machen. Besonders Spinat wird später sehr gerne gefressen. Eine sehr wichtige Erkenntnis, mit der ich täglich konfrontiert werde und deren Umsetzung in die Praxis mich immer wieder etwas Überwindung kostet, ist: Nur ein hungriger Fisch bleibt ein gesunder Fisch! Gerade Aufwuchsfresser dürfen sich niemals sattfressen.

Dieser *Petrochromis* sp. "Texas" zeigt eindrucksvoll das Maul eines Aufwuchsfressers.
photo: H. J. Mayland

Die Eingewöhnung: Grundsätzliches

Die Eingewöhnung fremder Fische wie auch von Wildfängen, auf die der Anfänger prinzipiell verzichten sollte, erfordert einige Maßnahmen, die das Weiterleben in einer fremden Umgebung nicht gerade garantieren, aber doch eine größere Chance bieten, die Verluste so gering wie möglich zu halten. Wildfänge haben, bedingt durch die Prozedur des Fanges, des Auskotens in Hälterungsbecken beim Exporteur, dem Versand und die ersten Tage beim Importeur, längere Zeit nichts gefressen. Ihre Darmmotorik steht still. Schaffen wir es, dass sie mit für den Darm geeignetem Futter wieder langsam auf Touren kommen, liegt der schwierigste und verlustreichste Teil der Eingewöhnung bereits hinter uns. Bis es aber soweit ist, müssen verschiedene Punkte, die ich teilweise schon angesprochen habe, berücksichtigt werden.

Ein Blick in die Hälterungsanlage der Firma A.C. Aquaculture in Sambia.   photo: F. Schäfer

Auswahl beim Händler

Die spätere Gesundheit der Fische steht und fällt mit der Professionalität der Ex- und Importeure. Werden die Wildfänge nicht fachgerecht bei der Hälterung am See versorgt, nicht in kürzester Zeit verschickt und schließlich beim Importeur nicht ihren Bedürfnissen entsprechend untergebracht, kommt es schon einmal vor, dass ganze Sendungen buchstäblich "versaut" sind. Die Fische sterben bei unterschiedlichsten Hälterungsbedingungen verschiedener Aquarianer und professioneller Züchter noch nach Monaten an den unterschiedlichsten Symptomen. Eines oder mehrere Glieder der oben genannten Kette hatte bei solchen Sendungen Mängel. Schauen Sie sich die zu erwerbenden Fische lange Zeit aus etwas größerer Distanz an. Achten sie auf den Allgemeinzustand. Leicht eingerissene Flossen heilen meistens sehr schnell wieder aus. Trübe Augen heilen ebenfalls schnell wieder, wenn das Wasser in Ordnung ist. Diese Trübung kann aber auch der Beginn einer schwer zu heilenden bakteriell bedingten Linseneintrübung sein, die oftmals den Verlust des Auges nach sich zieht. Die Augen sollten nicht aus ihren Höhlungen heraustreten, was ein untrügliches Zeichen für ein schlechtes Wasser ist. Bei sich verbes-serten Bedingungen treten die Augen wieder in ihre Ausgangsposition zurück und es bleiben keine Schäden zurück. Achtung: bei der Bauchwassersucht der Fische können die Augen ebenfalls hervortreten. Dabei ist allerdings auch der Leib der Fische stark aufgetrieben. Diese Krankheit ist unheilbar. Sind die Augen jedoch eingefallen, lassen Sie die Fische dort, wo sie sind. Der Bereich zwischen Augen und Rückenflosse muss abgerundet und niemals spitz sein. Eine "Bügelfalte" auf dem Kopf zeigt uns unmißverständlich an, dass dieser Fisch bereits irreversibel geschädigt ist und nicht mehr lange leben wird. Der Bauch darf dann eingefallen sein, wenn die Fische erst wenige Tage im Becken schwimmen, da sie längere Zeit nichts mehr zum Fressen bekommen haben. Fragen Sie den Importeur, was die Fische bei ihm zu fressen bekommen haben. Besorgen sie sich einen kleinen Vorrat dieses Futters, um die Fische in der ersten Zeit damit zu füttern. Sie sparen sich in der Eingewöhnungsphase bei Ihnen eine erneute Futterumstellung. Abseits vom Schwarm stehende Fische und solche, die sich, verglichen mit ihren Beckenmitbewohnern, abnorm verhalten, sollten Sie besser nicht erwerben.

Die Bora Kula wurde gechartert, um für den Export bestimmte Fische vom Ostufer zum Westufer des Sees zu bringen.   photo: F. Schäfer

Futter während der Eingewöhnung

Viele Fische kommen im Herbst, Winter und Frühjahr zu uns und kühlen oftmals während des Versandes stark aus. Dadurch ist auch der Stoffwechsel auf Sparflamme geschaltet. Deswegen dürfen wir sie zu Hause auf keinen Fall mit zu nährstoffhaltigem Futter anfüttern. Überhaupt ist es besser, dem Importeur die Eingewöhnungsphase der Fische zu überlassen. Wenn Sie diese Eingewöhnung trotzdem selber vornehmen und sichergehen wollen, steigern Sie die Temperatur in Ihrem Becken über einen längeren Zeitraum (ca. 1 -2 Woche) und geben Sie die Fische in ein stark veralgtes Becken. Dort haben die Fische die Möglichkeit, nach ihrem individuellen Bedarf wieder mit der Nahrungsaufnahme zu beginnen. Bemerken wir, dass die Fische Algen abraspeln, sollte auch der Kot von normaler Konsistenz sein. Ist das der Fall, können wir in geringsten Mengen das spätere Futter zufüttern. In dem Fall, dass das Futter angenommen wird, sollte es in wenigen Sekunden gefressen sein. Um auch einigen Nachzüglern unter den Fischen eine Chance zu geben, lassen wir evtl. nicht gefressenes Futter kurze Zeit im Aquarium liegen. Wird es nicht innerhalb einer halben Stunde gefressen, muss es unbedingt abgesaugt werden, da es sehr leicht bei hohen Aquarientemperaturen verdirbt. Schon so manches nicht mehr frische Futter hat seinen Teil zu Fischverlusten beigetragen. So gewöhnen sich die neuen Fische nach und nach an unsere Ersatznahrung. Während dieser Zeit sollte die Temperatur nicht unter 26° liegen. Wir können sogar bis 28° gehen. Die Temperaturerhöhung sollte schrittweise über mehrere Tage erfolgen. Fragen sie den Händler nach seiner Hälterungstemperatur. In relativ warmem Wasser steigt der Stoffwechsel entsprechend an und die Fische dürften uns das in Form eines guten Appetits zeigen. Die Menge des Futters darf nur langsam gesteigert werden, da sich der Organismus auf das neue Futter erst einstellen muss. Lassen Sie sich nicht durch die Gier der Fische an der Frontscheibe beeindrucken, bleiben Sie hart. Sie werden nicht verhungern, auch wenn ihre Bäuche noch etwas eingefallen sind. Ein ausgezeichnetes Beifutter in der Eingewöhnungsphase sind frisch geschlüpfte Artemien. Sie sind mit den Algen im Aquarium das beste Futter für die erste Zeit der Eingewöhnung. Die Artemien sollten allerdings aus einer hygienischen Kultur stammen. Das heißt in der Praxis, dass täglich angesetzt und gereinigt werden muss. In Flaschen, die mehrere Tage ungereinigt laufen, bilden sich unzählige Keime, die mit den Krebschen ins Aquarium gelangen und unter Aufwuchsfressern Darmprobleme verursachen können.

Filterung während der Fütterung

Vorteilhaft ist es, mit einer Schaltuhr bei Beginn der Fütterung die Filter auszuschalten. Diese Schaltuhr wird so eingestellt, dass sich die Filter nach ca. einer halben Stunde oder etwas weniger automatisch wieder einschaltet. Wir vergessen es ja doch meistens. Der Grund liegt klar auf der Hand. Der Filter saugt während der Fütterung kein Futter an, das dann unnötig das Wasser belastet.
Wir sollten für ein Wasser sorgen, das so keimarm wie möglich ist. Die meisten Aufwuchsfresser reagieren besonders bei Streß sehr empfindlich auf hohe Keimzahlen. Eine hohe Keimdichte wird schnell (innerhalb weniger Stunden) durch verderbendes Kunstfutter erreicht. Bei einer guten Bakterienkultur, die mindestens mehrere Monate alt sein sollte, einer knappen Fütterung und regelmäßigem Wasserwechsel sollte die Keimzahl sehr niedrig bleiben. Der Anfänger, der noch nicht das Gespür für ein gutes Wasser haben kann, sollte besser auf eine UV-Lampe in den ersten Wochen zurückgreifen. Diese Lampe muss ausreichend dimensioniert sein, um auch eine entsprechende Wirkung zu erzielen. Eine andere Möglichkeit besteht darin, bei neu eingerichteten Aquarien Bakterienstarter zu verwenden. In diesem Fall darf natürlich keine UV-Lampe verwendet werden, da diese auch die für uns wichtigen Bakterien vernichtet. Diese Bakterien sorgen dafür, dass die Stoffwechselzwischenprodukte schneller umgebaut werden können. Sie arbeiten bereits nach wenigen Stunden. Auf dem Markt gibt es mittlerweile mehrere Anbieter solcher Produkte. Sie können leicht einen Test durchführen, ob der von Ihnen erworbene Starter auch funktioniert. In einem überbesetzten Becken und ohne extra Bakterienkulturen in einem Biofilter trübt sich das Wasser nach reichlicher Fütterung kurze Zeit später ein. Die Fische zeigen Unbehagen, indem sie die Flossen klemmen und scheuern. Ein tauglicher Bakterienstarter schafft, richtig dosiert, einige Stunden später wieder klare Verhältnisse und die Fische zeigen ebenfalls keine Symptome mehr. In diesen Becken ohne Biofilter muss in regelmäßigen Abständen nachdosiert werden. Das funktioniert hervorragend, solange wir es tun. Solche Aquarien sind sehr instabil, jedoch als zeitlich begrenzte Hilfe sehr brauchbar. Trotz meiner Bakterienkulturen in meinen Biofiltern gebe ich in stark besetzten Becken zusätzlich nach jedem Wasserwechsel diese nicht gerade billigen Produkte in meine Becken. Gerade mit dem Wasserwechsel entfernen wir viele für uns wichtige Bakterien. Eine Futterpause von einem Tag gibt dem System wieder die Chance zufriedenstellend zu arbeiten. Der Schnellfilter sollte in stärker besetzten Becken mehrmals in der Woche gereinigt werden. Umständlich zu reinigende Schnellfilter eignen sich nicht, da die Reinigung dann zu oft hinausgeschoben wird.

Temperatur

Ein anderer vermeidbarer Fehler, der längerfristig Verluste verursacht, ist die Angewohnheit, aus Kostengründen oder Unverständnis die Temperatur bei 24°C zu halten. Kurzfristig, z. B. über den Winter bei gleichzeitig reduzierter Ernährung, kommen wir den Fischen und unserem Kostenbudget damit etwas entgegen. Diese kleine saisonelle Verschaufpause lässt die leider oftmals nur zum Geldverdienen gekauften Fische sich etwas erholen. Ein saisoneller Temperaturwechsel sollte sich über mehrere Wochen hinziehen. In der Natur vollzieht sich dieser Wechsel auch sehr langsam. Wie gesagt ist diese Maßnahme nur vorübergehender Natur und sollte nicht übertrieben werden. Genausowenig dürfen wir sie dauernd bei höheren Temperaturen (28°C - 30°C) pflegen, da sich sonst ihre Lebenserwartung stark verkürzt. Anfang März habe ich in der Ndole-Bay in Sambia eine Wassertemperatur von 28 - 30°C gemessen. Ein saisoneller Wechsel der Temperatur gehört zu einer artgerechten Haltung der Cichliden in den oberen Bereichen des Felslitorals des Tanganjikasees und sollte auch im Aquarium durchgeführt werden.

Dekoration während der Eingewöhnung

Verzichten sie in der Eingewöhnungsphase auf eine Dekoration des Beckens, es sei denn, Ihr Aquarium ist sehr groß. Zu schnell hat sich der fitteste Fisch ein Revier abgesteckt und tyrannisiert die anderen Beckeninsassen, was häufig zu Verlusten führt.

Krankheiten im Aquarium

Von wenigen Ausnahmen abgesehen, werden unsere Fische nur krank, wenn wir ihnen Anlaß dazu geben. Werden die Bedingungen, die verschiedene Fischgattungen stellen, erfüllt, und das ist oftmals nicht besonders aufwendig oder schwer, treten kaum Schwierigkeiten auf. Viele Fische, und das ist seit langem bekannt, tragen permanent viele Krankheiten sozusagen mit sich herum. Erst wenn die Mindestbedingungen für ein Individuum unterschritten werden und infolge dessen das Immunsystem geschwächt wird, schlagen sie zu. Die Parasiten warten praktisch auf für sie bessere Bedingungen. Manchmal konnte ich mich des Eindruckes nicht erwehren, dass so mancher Aquarianer, natürlich unwissend, der Pflege und der Schaffung von Bedingungen für die Parasiten mehr Zeit widmete, als ihren Fischen lieb war. Ist so ein Fall eingetreten, geraten viele in Panik und treffen meistens die falschen Entscheidungen. Sie zählen im Laufe der Zeit zur Stammkundschaft des ortsansässigen Apothekers. Man bekommt, und das ist sehr häufig der Fall, viele Medikamente, die im Normalfall nur ein Veterinär nach gestellter Diagnose des kranken Fisches verschreiben darf. Da man meistens zu lange wartet, weil die Symptome nicht rechtzeitig erkannt wurden, geht es den Fischen oftmals schon sehr schlecht. Nach dem Motto "Viel hilft viel", wird nicht nach dem Beipackzettel dosiert, sondern mehrfache und sogar zigfache Dosierungen angewendet. Danach kann man mit Stolz sagen, "Operation gelungen, Patient tot". Oder aber der umgekehrte Fall, dass eine ständige schwache Medikamentenzugabe ins Becken gegeben wird, ist für die Aquaristik weitaus gefährlicher. Es sind schon bei einigen Krankheiten Resistenzen aufgetreten, die es dann sehr schwierig oder unmöglich machen, Krankheiten mit den altbekannten Mitteln zu bekämpfen. Oft genug kommen aber Medikamente zum Einsatz, wo kein Bedarf bestanden hat. Sie werden nach einer unnötigen und überdosierten Behandlung nicht selten erst einmal krank. Ich möchte nicht wissen, wieviel Fische an den Folgen einer falschen Behandlung nach Monaten noch an Nieren- und/oder Leberversagen eingehen. Es ist äußerst wichtig, die erkrankten Fische in eine Untersuchungsanstalt zu bringen oder bei zu langen Anfahrtswegen sie bei einer vorausgegangenen telefonischen Absprache mit dem Fischdoktor mit der Post abends zu verschicken. Von dort bekommt der Aquarianer die nächsten Tage den Befund zugeschickt oder in eiligen Fällen eine telefonische Auskunft. Von dort wird ihm dann ein Behandlungsplan empfohlen. Das ist die einfachste Methode, um eine Krankheit los zu werden. Die Untersuchungskosten betragen gerade die Hälfte von dem Kaufpreis eines nicht gerade teuren *Tropheus moorii*. Es gibt mehrere gute Bücher über Fischkrankheiten. Jeder Aquarianer sollte so ein Buch im Regal stehen haben.

Um den Bestand eventuell zu retten und sich die hohen Kosten für mehrere Medikamente, die dann doch nichts helfen, zu sparen ist so eine Untersuchung unverzichtbar. Leider kommt es viel zu häufig vor, dass zu lange gewartet wird. Die Fische sind in vielen Fällen schon so stark geschädigt und eine Medikamentierung hilft dann auch nichts mehr. Leider kommt es auch vor, dass die primären Krankheitserreger nicht mehr vorhanden sind oder gar nicht erkannt werden (können). Oftmals erkranken solche geschwächten Fische an Tuberkulose, die dann diagnostiziert wird. Tbc kann normalerweise nur bei geschwächten Fischen Fuß fassen. Die eigentliche Krankheit bleibt unerkannt und somit unbehandelt. Das trifft häufig bei *Tropheus* auf. Nicht selten sind sie mit Einzellern wie *Trypanosoma* (Blutflagellat), *Cryptobia* (sehr gefährlich) oder *Hexamita* infiziert. In schlimmen Fällen haben sie sogar mehrere Erreger.

Haben wir unseren Bestand gerettet, geht es daran herauszufinden, wo die Krankheit ansetzen konnte. Es gibt eigentlich nur zwei Möglichkeiten. Werden unsere Fische erst nach Monaten krank, müssen wir selbstkritisch mit einem erfahrenen Aquarianer die Ursachen dieser Krankheit zu lokalisieren versuchen. Oftmals sind es nur Hälterungs- und Fütterungsfehler, die relativ leicht abgestellt werden können. Werden Fische jedoch die ersten Tage krank, haben wir sie beim Händler oder Importeur nicht ausreichend beobachtet. Um solchen Unannehmlichkeiten aus dem Weg zu gehen, habe ich meine Fische stets unmittelbar nach Eintreffen einer Importsendung abgeholt oder höchstens ein paar Tage später. Normalerweise werden kränkelnde Fische bereits beim Fang oder spätestens beim Versand durch den Exporteur ausgelesen. Mit frisch importierten Fischen habe ich selten Probleme gehabt. Alle neu erstandenen Fische, ob Import oder Nachzucht, gehören ohne Ausnahme in ein Quarantänebecken. Dieses Becken darf nicht im letzten Winkel stehen, sondern soll sich in Augenhöhe befinden und normal beleuchtet wie gefiltert sein. Ein kleiner Innenfilter mit Schwamm ist völlig ausreichend. Wie schon erwähnt, wäre es von großem Vorteil, wenn in diesem Aquarium ein guter Algenrasen vorhanden wäre. Zweckmäßigerweise sollte es keine Einrichtungsgegenstände enthalten, allerhöchstens in der Mitte des Beckens einen größeren Stein (ohne Höhlen). So können kaum Reviere gebildet werden und die Aggressionen halten sich in Grenzen. Die ersten ein bis zwei Tage sollten wir auf die Fütterung verzichten, da beim gestressten Fisch die Sorgen auch auf den Magen schlagen. Die nächsten Tage wird dann mit leichtverdaulicher Kost in geringsten Mengen, wie Wasserflöhe, Cyclops und wenigen frisch geschlüpften Artemien, Flocken oder Granulat gefüttert. Wasserflöhe sind häufig Zwischenwirte verschiedener Fischparasiten. Bei Lebendfütterung dieser Tierchen besteht eine akute Ansteckungsgefahr für unsere Pfleglinge. Dieses Risiko sollten wir auf keinen Fall eingehen, da wir unseren gesamten Fischbestand in Gefahr bringen können. Auch der kleinste Gartenteich wird durch zutrauliche Wildenten besucht und so durch deren Kot mit Krankheitserregern infiziert. Eine andere große Gefahr, die bis heute kaum oder gar nicht in Betracht gezogen wurde, ist eine Ansteckung durch gefrorene Futtertiere. Cyclops und Wasserflöhe sind dafür bekannt, dass sie Zwischenstadien von verschiedenen Fischparasiten enthalten können, die mit dem Verzehr der Fische ihren Entwicklungskreislauf schließen. Wie erst jüngst bekannt wurde, können bestimmte Entwicklungsstadien dieser Parasiten erst ab -70°C als gesichert abgetötet betrachtet werden. Bei fachgerecht schockgefrosteten Futter dürfte die Überlebungschance geringer sein, als bei Billigfutter aus dem In- und Ausland. Ein gewisses Restrisiko bleibt jedoch erhalten. Jeder Aquarianer oder Händler muss natürlich selber entscheiden, wie wertvoll sein Bestand ist und wie weit er sich einer Gefahr aussetzen möchte. Aber Vorsicht!

Regelmäßige Todesfälle, die sich über mehrere Monate erstrecken und deren Ursache nicht identifiziert werden kann oder aber diagnostizierte Krankheiten, die nach fachgerechter Behandlung immer wieder auftreten, sollten uns mißtrauisch werden lassen. Bei meiner Sammeltätigkeit für dieses Buch gab es trotz Quarantäne immer wieder Todesfälle, die vor keiner Art halt machten. Auch relativ unempfindliche Fische aus der Lamprologini-Gruppe starben vereinzelt. Untersuchungen der Toten brachten außer den üblichen Krankheiten wie verschiedene Hauttrüber, Kiemenwürmer und anderer, relativ harmloser Krankheiten, nichts Handfestes zu tage. Nach einer Absetzung von Cyclops und Wasserflöhen vom Speiseplan verringerten sich die Ausfälle über viele Wochen und blieben schließlich ganz aus. Cyclops und Wasserflöhe kamen deshalb in Verdacht, da sie von mir, mangels

ständiger Verfügbarkeit beim Lieferanten, nur immer sporadisch verfüttert wurden. Ebenso sporadisch tauchten die Krankheiten auf. Seitdem ich die Verfütterung dieser Krebschen einstellte kenne ich nur noch vereinzelte Suizidopfer, die durch kleinste Löcher oder Unachtsamkeiten meinerseits entweichen und in den nächsten Tag durch ihren unverwechselbaren Geruch zum letztenmal auf sich aufmerksam machten.

Ein anderer, vielleicht sogar wichtigerer Punkt scheint eine speziell bei Aufwuchsfressern vorhandenen Überempfindlichkeit gegenüber Keimen zu bestehen. Das Wissen darum, ob diese Keime selbstproduziert sind oder aus der Leitung kommen, wäre im Einzelfall sicher sehr hilfreich. Überbesetzung der Becken, gepaart mit unzureichendem Biofiltervolumen und mangelndem Wasserwechsel lassen sich eventuell abstellen, ungeeignetes Leitungswasser jedoch hat schon manchen Aquarianer verzweifeln lassen und in letzter Konsequenz einen Wechsel des Hobbys bewirkt.

Von Vorteil wäre es, wenn das Quarantänebecken auch das künftige Zuhause der neuen Fische wäre. Der erneute Streß beim Umsetzen würde dann entfallen. Die Dekoration könnte nach der Eingewöhnungszeit komplettiert werden.

Nach wenigen Monaten dürfte sich der Allgemeinzustand der Fische vollständig stabilisiert haben. Erst dann zeigen die Fische uns, was in ihnen steckt. Wir werden über die Leuchtkraft der Farben vieler Populationen erstaunt sein. Haben die Fische diesen Zustand einmal erreicht, werden sie kaum mehr krank und erfreuen uns, wenn wir das wollen und können, 10 Jahre und mehr an ihrem speziellen Wesen und ihren fantastischen Farben. Ich kann mich jedenfalls an einer Gruppe *Tropheus* sp. "Kirschfleck", *Petrochromis* sp. "Kaiser" oder den kleinen Tanganjikaclowns nie satt sehen und bin jeden Tags aufs Neue begeistert.

Krankheitsprophylaxe

Fragen Sie den Importeur oder Vorbesitzer, ob medikamentöse Behandlungen durchgeführt wurden. Unterlassen Sie es, die neuerworbenen Fische auf Verdacht mit den in der Fischszene üblichen starken Medikamenten zu behandeln. Das schadet immer mehr als es hilft. Sollten sich doch einmal für Sie unlösbare Probleme in den Weg stellen, wenden Sie sich an erfahrene Aquarianer, deren Anlage gepflegt und deren Fische gesund sind. Nur das zählt. Das müssen nicht unbedingt "Alte Hasen" sein. Lassen Sie sich von Ihnen beraten und sich erklären, was falsch gemacht wurde. Im Zweifelsfall opfern wir einen Fisch und schicken ihn an eine der bekannten Fischuntersuchungsstellen. Haben Sie neue Fische erworben, sollte das Wasser im Transportbeutel langsam mit Ihrem Wasser vermischt werden. Der pH-Wert unterscheidet sich oftmals erheblich. Sind die Fische an das Wasser angepaßt, behandeln Sie sie noch im Transportbeutel mit Salz (reines Kochsalz ohne Jod- oder Flourzusätze). Wir geben 10 - 15 g Salz auf 1 Liter Wasser. Dieses Kurzbad sollte nicht länger als 20 Minuten dauern. Eine spätere dauernde Aufsalzung des Wassers ist abzulehnen. Das Salzkurzbad ist immer noch die beste und einfachste Methode, neu erworbene Fische von lästigen Ektoparasiten zu befreien und gibt uns die Gewähr, keine neuen Parasiten in unseren Fischbestand einzuschleppen. Bei Seitenlage der Fische muss diese Behandlung abgebrochen werden. Im Allgemeinen verkraften unsere Cichliden aus der Tropheini-Gruppe diese Behandlung ohne Schwierigkeiten. Das Transportwasser muss danach weggeschüttet werden.

Unabdingbar ist es natürlich, dass die neuerworbenen Fische die

ersten Wochen in ein Quarantänebecken gesetzt werden. Dort können gegebenenfalls weitere Behandlungen durchgeführt werden. Die eingelaufenen Becken werden nicht mit Medikamenten belastet.

Wenn unsere Fische sach- und fachgerecht gefangen, zwischengehältert, transportiert und eingewöhnt wurden, sehen sie in unseren Aquarien einem längeren Leben, als in ihrer natürlichen Umgebung entgegen. In dieser Zeit zeigt sich, ob der Importeur sein Handwerk verstanden hat. Wenn unser alter Fischbestand allerdings kontaminiert ist, was unserem alten Bestand nichts ausmachen muss, trifft den Händler an einer Ansteckung von Neuzugängen durch diese Erreger natürlich keine Schuld. Deshalb sollten Aquarianer und Importeure ihre Becken beim Hinzusetzen von neuen Fische zu einem Altbestand (nach der Quarantäne!) gegen die bei ihnen am häufigsten auftretenden Krankheiten prophylaktisch behandeln. Hat ein Importeur einen Erreger in seinen Becken, der viele Wochen oder sogar Monate braucht, um auszubrechen oder sogar schleichender Natur ist, kann das für die Aquaristik langfristig großen Schaden anrichten, zumal diese Krankheit oft gar nicht als solche erkannt wird. Verschiedene Flagellaten infizieren gern Aufwuchsfresser wie *Tropheus* und *Petrochromis*-Arten und schon so mancher Aquarianer verzweifelte an diesem Problem. Leergewordene Becken müssen bei Importeuren und Händlern desinfiziert werden, um eine Verseuchung der Neuzugänge zu vermeiden. Schon mit einer nassen Hand wechselte so mancher Erreger die Becken.

Gelegentlich gehen *Tropheus* epidemieartig an einer nicht klassifizierbaren Krankheit auch nach Wochen oder Monaten der Pflege bei den verschiedensten Haltern ein. In solchen Zeiten habe ich bei mir im Falle eines Verdachtes folgende Behandlung angewendet, die sich bestens bewährt hat:

a) Im Transportbeutel ein Kurzbad nach Anweisung mit einem nifurpirinolhaltigem Medikament.

b) Im Quarantänebecken ein mehrtägiges Salzbad (3 g/10 l bei Werten über 12°dH) mit anschließendem Wasserwechsel.

c) Wenige Tage später eine Behandlung gegen *Hexamita*- und ähnliche Endoparasiten nach Anweisung.

Bezüglich der Behandlung gegen *Hexamita* haben sich Flutbeutel mit Medikamenten als besonders praktisch erwiesen. Danach völliger Wasserwechsel. Man kann zum Wiederauffüllen aus einem eingelaufenen Becken Wasser verwenden und hat so dort gleich einen Wasserwechsel getätigt. Voraussetzung ist natürlich, dass der eigene Bestand frei von Parasiten ist, sonst ist die ganze Mühe umsonst. Es ist dringend anzuraten, eine *Hexamita*-Behandlung nach 2 Wochen zu wiederholen. Gleichfalls sollte während dieser Breitbandquarantäne gegen *Ichthyophthirius* behandelt werden.

Bei manchen Krankheiten ist es nötig, Medikamente in den Fisch zu bekommen. Man kann eine Lösung anrühren und mit einer Blumenspritze Sticks oder Flocken überspritzen und einweichen lassen. Lassen Sie das Ganze etwas antrocknen, um es dann zu verfüttern. Am besten kombiniert man Futter- und Wassermedikamentierung. Es ist immer sehr wichtig, die Medikamente, wenn man über Wasser behandeln muss, nach der Behandlung vollständig aus dem Wasser zu bekommen. Das kann mit einem Totalwasserwechsel oder mit Filterkohle geschehen. Ich habe den Totalwechsel aus Sicherheitsgründen immer der Kohle vorgezogen, da ich nie überprüfen konnte, ob die Kohle einwandfrei arbeitet. Die Organe der Fische brauchen Zeit, um sich von dem Medikament wieder zu befreien. Schon so mancher Fisch ist wegen zu hoher Medikation an Nieren- oder Leberversagen eingegangen und nicht an einer Krankheit. Deswegen sollte die im vorherigen Absatz beschriebene Methode auch nur in Ausnahmefällen angewendet wrerden. Lesetipps mit Büchern über Fischkrankheiten finden Sie im Anhang dieses Buches.

In den folgenden Kapiteln werden die einzelnen Gattungen der Tropheini (Band 1: *Tropheus*; übrige Gattungen in Band 2) und Eretmodini (Band 2) vorgestellt.

Cameron Bay.

photo: P. Schupke

Die Gattung *Tropheus*

Anfang der 90er Jahre brachte mich mein Hobby wieder einmal mit der Gattung *Tropheus* zusammen. Einer der Gründe waren die zahlreichen neuen Farbrassen, die angeboten wurden. Aber auch "alte" Bekannte wie "Kirschfleck" und "Kaiser" imponierten mit kaum zu überbietender Farbenpracht und Fitneß. Aus allen vier Anrainerstaaten des Tanganjikasees erreichten uns damals *Tropheus*, was großteils auf ein starkes Engagement einiger Importeure zurückzuführen war. Besonders erwähnenswert waren die Erfolge im damaligen Zaire. Viel persönlicher Einsatz und Geld führten schließlich zum Erfolg. Wer den Kongo kennt, weiß, dass dort immer ein hohes Risiko mit im Spiel ist. Umso anerkennungswürdiger ist die Arbeit der dortigen Fängermannschaften einzuschätzen. Pierre Brichard hat schon in den 1980er Jahren zahlreiche Erkundungsreisen an der Westküste unternommen. Er veröffentlichte seine Ergebnisse in seinem Buch "Tanganjikacichliden". Weitere Teams unterschiedlichster Nationalität folgten Brichard. Ihnen verdanken wir es hauptsächlich, dass auch weniger spektakuläre Farbrassen einen Weg in unsere Aquarien fanden. Anhand der zahlreichen Rassen, die nach und nach auch meine geliebten Fadenmaulbrüter aus den Becken verdrängten, ergab sich in Verbindung mit deren Fangorten ein immer vollständigeres Bild von der Verbreitung und ihren Grenzen bzw. Überlappungen verschiedener Linien (Unterarten, Arten) im Tanganjikasee. Anhand gemeinsamer Merkmale verschiedener Rassen zeichnete sich ein immer genaueres Bild ab. Durch diese Gemeinsamkeiten, wie Grundfarbe, Sekundärfarbe, Muster, Flossenproportionen u. a. Mehrmale, sowie bestimmte Verbreitungsgebiete zeigte sich, dass die Gattung *Tropheus* mehr Arten enthält, als die sechs beschriebenen Taxa.

Nach langjährigen Beobachtungen an fast 90 verschiedenen Populationen und Recherchen bin ich zu dem Ergebnis gekommen, dass die Fische, die heute zu der Gattung *Tropheus* gezählt werden, ob unbeschrieben oder beschrieben, in mindestens 10 verschiedene Linien eingeteilt werden sollten. Vermutlich sind es aber mehr. Ob die einzelnen Linien zu Unterarten, Arten oder vielleicht sogar zu neuen Gattungen gehören, werden weitere Untersuchungen zeigen müssen. Dazu dienen auch gentechnische und andere Untersuchungen. Mit Sicherheit gehören aber Beobachtungen am lebenden Tier, ob in Gefangenschaft oder im See, mit zu den wichtigsten Informationsquellen.

Meine hier publizierten Beobachtungen sehe ich als eine Art Bestandsaufnahme und sie sind sicherlich nicht der Weisheit letzter Schluß. Sie sollen dazu dienen, über einen bestimmten Wissensstand zu informieren.

Bevor ich auf die einzelnen Linien und deren Populationen eingehe, möchte ich meine Einteilung erläutern: Beginnend im Norden nahm ich die schwarzen Tropheus in die Linie 1, die mit dem beschriebenen Taxon *Tropheus moorii* viele Gemeinsamkeiten besitze. Die dazu gehörigen Nachbarpopulationen erhielten eine Zahl rechts vom Punkt.

Um ein Beispiel zu nennen: Nehmen wir den *Tropheus* sp. aus Kiriza. Diese Population trägt die Zahl 1.8. Die erste Zahl gibt die Linie an (in diesem Fall Linie 1) und die zweite Zahl gibt die Populationszahl an (in diesem Fall die Nummer 8). Eine eventuelle dritte Zahl, die nach der Populationszahl steht, gibt eine Subpopulation innerhalb einer Population an, z. B. *Tropheus* sp. von Lueba 1.5.1. Die Tiere im nördlichen Teil zeigen einen gelben Streifen auf schwarzem Grund und andere sind völlig schwarz. Im südlichen Vorkommensgebiet sind alle Tiere schwarz gefärbt.

Linie 1: vermutlich unbeschriebene Art(en)
Schwarze Grundfärbung, Sekundärfarben rot, orange, gelb, adulte Tiere zeigen keine Querstreifung, Flossen immer Grundfärbung, nur Dorsale kann Sekundärfarbe zeigen, Caudale leicht konkav eingeschnitten, Anale 5 Hartstrahlen. Sie kommen mit den Linien 2 und 5 teilweise syntop vor.

Linie 2: beinhaltet *Tropheus brichardi* NELISSEN & THYS VAN DEN AUDENAERDE, 1975
Eine heterogene, stark an Linie 1 erinnernde Linie. Der Hauptgrund, die *Tropheus* der Linie 2 wie hier vorgeschlagen zu führen, war die Untersuchung von STURMBAUER und MEYER (1992). Sie fanden heraus, dass der *Tropheus* aus Bemba mit dem *Tropheus brichardi* aus Nyanza Lac nahe verwandt sein soll. Die Grundfärbung dieser *Tropheus* ist dunkelbraun und nicht schwarz wie bei den Tieren der Linie 1. Flossenfärbung wie Grundfärbung, dazu ein orangenes Band, undeutliche oder verwaschene braunorangene Streifen, ein weißlichen Sattelfleck am Rücken oder ohne Markierung, beige Streifen nur bei Jungtieren, 6 Analstachen. Sie kommen mit den Linie 1, 3 und 5 teilweise syntop vor.

Linie 3: vermutlich unbeschriebene Art(en)
Die Merkmale der Linie 3 sind wieder leichter von denen anderer Linien zu unterscheiden. Die Grundfärbung geht von dunkelgrau bis zu dunkelbraun. Die gelbe Sekundärfarbe zeigt sich, außer in der Caudale, in allen Flossen. Sie besitzen 6 Analstacheln. Nur dominante Tiere verlieren vorübergehend ihre Streifen. Sie kommen mit den Linien 2, 4, 5, 10, 11 teilweise syntop vor.

Linie 4: beinhaltet *T. annectens* BOULENGER, 1911 und *Tropheus polli* AXELROD, 1977
Die Linie 4 ist sehr einfach von den anderen *Tropheus*-Linien zu unterscheiden. Alle Populationen zeigen stark ausgezogene Schwanzflossenspitzen, die an einen Wimpel erinnern. Grundfärbung dunkelgrau bis dunkelbraun, dominante Tiere verlieren die weißlichen Streifen, unterlegene Tiere zeigen gut sichtbare Streifen, gelblich graue Dorsale, tief eingeschnittene Caudale, die im Alter an den Enden sehr schmal auslaufen, größere Endgröße, juvenile, sehr kontrastreiche Streifen, mehr oder weniger blauer Augenring, juvenile Tiere zeigen große Ähnlichkeit zu juvenilen Tieren der Linie 9. 4 Analstacheln. Tiere dieser Linie kommen mit den Linien 3, 5, 8 (?),10 und 11 teilweise syntop vor.

Linie 5: vermutlich unbeschriebene Art(en)
Die Linie 5 unterscheidet sich durch die grünliche Grundfärbung, die gelbliche bis gelblich grüne Sekundärfarbe, der blauen Augeniris und den etwas längeren und stärker eingeschnittenen Caudale mit zwei kurzen Zipfeln an den Enden, juvenil gelbliche Streifen, gelbe Farben in Anale, Bauch, Kehle, Fleck oder Band hinter dem Kiemendeckel, 6 Analstacheln. Diese Linie kommt mit den Linien 1, 2, 3, 4, und 10 teilweise syntop vor.

Linie 6: vermutlich unbeschriebene Art(en)
Die Linie 6 zeigt eine braunbeige bis braunrötlich Grundfärbung, Unterseite hell, eine deutliche Zeichnung in Form von Streifen auf der Nase und der Stirn eine bläuliche bis bläulichgraue Farbe von Dorsale, Anale und Ventralen. Ein kleiner orangener Bereich hinter dem Kiemendeckel und hinter der Pectorale, 6 Analstacheln. Die Linie kommt mit den Linien 7 und 8 in Berührung.

Linie 7: vermutlich unbeschriebene Art(en)

Die Linie 7 besitzt eine braunrote, rotbraune bis ockerbraune Grundfärbung, Dorsale, Anale und Ventralen zeigen die Sekundärfarben von dunkelrot, hellrot, orangerot und gelb. Allen gemeinsam sind Stirnstreifen, die nicht ganz so ausgeprägt sind wie die der Linie 6. Juvenile Tiere mit schmalen, hellen und unterbrochenen Streifen, auch bei adulten Tieren können die Streifen oftmals noch leicht erkennbar sein, besonders am Rücken. Caudale leicht eingeschnitten, 6 Analstacheln. Diese Tiere kommen mit den Linien 6 und 8 in Berührung.

Linie 8: beinhaltet *Tropheus moorii* BOULENGER, 1898, und *T. kasabae* NELISSEN, 1977

Die Linie 8 variiert durch ihr großes Verbreitungsgebiet recht beträchtlich. Allen gemeinsam sind feine, dünne unterbrochene Querstreifen, die oft nur eine halbe Schuppe breit sind. Es können auch noch dünnere, stark unterbrochene Zwischenstreifen auftreten. Ebenso besitzen alle eine mehr oder weniger stark aufgehellte untere Körperhälfte. Die Caudale ist fast gerade geschnitten. Bei allen Tieren sind am Rücken noch Reste der Streifen vorhanden. Viele Populationen zeigen eine feine Punktierung am Kopf. Weibchen und revierlose Männchen zeigen Streifen, juvenile Tiere zeigen noch schmalere Zwischenstreifen. 6 Analstacheln. Diese Linie kommt mit den Linien 4, 6, und 9 zusammen vor.

Linie 9: vermutlich unbeschriebene Art(en)

Die Linie 9 zeichnet sich durch eine dunkelgraugrüne bis dunkelbraunrote Grundfärbung, sowie durch ein auffälliges, breites Streifenmuster aus. Die Iris ist blau, dominante Tiere verlieren ihre Streifung je nach Fangort völlig oder es bleiben 2 - 3 gelbe Streifen hinter den Kiemen vorhanden, die dann als Signal für Balz und Revier benutzt werden. Die Flossen zeigen die Körpergrundfärbung, alle juvenilen Tiere besitzen ein außergewöhnlich stark kontrastierendes Streifenmuster von weißlich gelb über gelb zu orange, sie gleichen juvenilen *Tropheus*

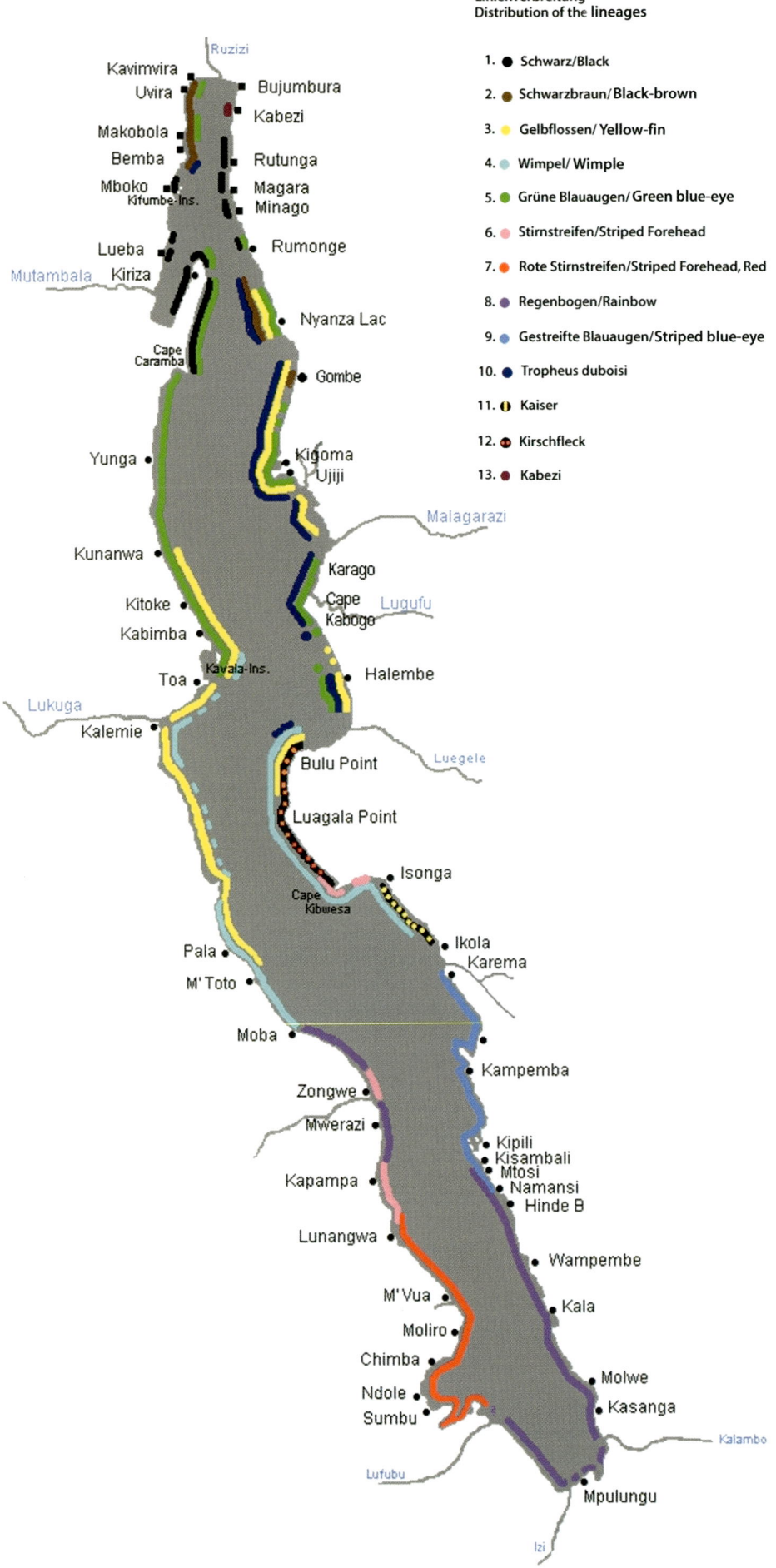

Linienverbreitung
Distribution of the lineages

1. ● Schwarz/Black
2. ● Schwarzbraun/Black-brown
3. ● Gelbflossen/Yellow-fin
4. ● Wimpel/Wimple
5. ● Grüne Blauaugen/Green blue-eye
6. ● Stirnstreifen/Striped Forehead
7. ● Rote Stirnstreifen/Striped Forehead, Red
8. ● Regenbogen/Rainbow
9. ● Gestreifte Blauaugen/Striped blue-eye
10. ● Tropheus duboisi
11. ◐ Kaiser
12. ◉ Kirschfleck
13. ● Kabezi

polli bis auf den Gabelschwanz, die Caudale ist nur leicht eingeschnitten. Meist 6 (5) Analstachen. Diese Linie kommt über einen mehrere Kilometer langen Küstenstreifen gemeinsam mit der Linie 8 zusammen vor.

Linie 10: beiinhaltet *Tropheus duboisi* MARLIER, 1959
Grundfärbung schwarz, Kopf blauweißlich, mehr oder weniger gelbliches, gelblichweißes oder weißes Band in unterschiedlicher Stärke, Caudale leicht konkar, juvenile Tiere zeigen auffälliges Kleid, schwarz mit zahlreichen weißen Punkten; meist 5 Analstachen. Die Linie kommt mit den Linien 2, 3, 4, 5 und 11 gemeinsam vor.

Linie 11: vermutlich unbeschriebene Art
Diese Tiere, es gibt nur eine Population, wurden in der Aquaristik als *Tropheus* "Ikola" bekannt. Sie passen meiner Meinung nach in keine andere bekannte Linie. Sie zeigen eine braunschwarze Grundfärbung, ein sehr breites zitronengelbes Band am Körper,

eine rote Marginalbinde in der Dorsale und eine dunkle Iris mit rotem oberen Rand. Ob sie die Linie 9 im Süden berühren, ist noch nicht geklärt. Im nördlichen Teil werden sie von *T. polli* in tieferes Wasser abgedrängt (STURMBAUER, pers. Mitt.). Die Tiere haben 5 Analastacheln.

Linie 12: vermutlich unbeschriebene Art
Diese *Tropheus* umfassen nur eine Form, die keiner anderen Linie zugeordnet werden konnte. Es handelt sich um Tiere der Population, die als *Tropheus* "Kirschfleck" oder "Doppelfleck" bekannt wurden. Sie leben in einem ca. 70 km langen Küstengebiet und kommen im nördlichen Gebiet mit 3 anderen Linien (3, 4, 10) in Berührung. 5 Analastacheln.

Linie 13: vermutlich unbeschriebene Art
Das Wenige, was zu dieser bislang nur aus einer Population bekannten Linie zu sagen ist, findet sich auf Seite125.

Vorkommen der Linien

Ein sehr gewichtiges Argument, das für die evolutionäre Verschiedenartigkeit der Linien spricht, sind die Berührungszonen mehrerer Linien. Die Linie 2 lebt im äußersten Nordwesten im Kongo mit *Tropheus* der Linie 5 zusammen. Die Situation vor Ort ist geprägt von einem langsam durch die Sedimente, die der Ruzizi in den See einbringt, versandenden Felsbiotop. Die Linie 2 überwiegt bezüglich der Individuenzahl die Linie 5 sehr stark. Die Ubwari-Halbinsel beherbergt in ihrer südlichen Hälfte auch zwei Linien. Es sind dies die Linie 1 und die Linie 5. An der Südspitze des Ubwari endet das Verbreitungsgebiet der Linie 1 am Westufer. Sie hat dort ihre südlichste Verbreitung. Am Ostufer beginnt das Vorkommen der Linie 1 einige km nördlich von Rutunga und endet bei Minago und erreicht hier seine südlichste Verbreitung am Ostufer.
Das Vorkommen der Linie 5 geht über die Südspitze des Ubwari weiter. Es reicht bis in die Toa-Bucht, einige km nordöstlich von Kalemie. Bis ungefähr zur Mitte des Gebietes zwischen Ubwari-Süd und Toa-Bay, exakt gegenüber des Mündungskegels des Malagarasi, kommt die Linie 5 alleine vor. Danach trifft sie mit der Linie 3 zusammen, die noch bis M'toto vorkommt. Bei Rumonge in Südburundi leben ebenfalls zwei Linien zusammen, wiederum die Linie 5 und 1. BRICHARD spricht von einer großen Varibilität dieser *Tropheus*! Eine vergleichbare Situation finden wir bei Nyanza Lac. Hier gibt es *Tropheus* der Linien 5, 3 und 2. Hier endet das Vorkommen der Linie 2. Wenige Kilometer südlich der tansanischburundischen Grenze, bei Gombe, leben Linie 5, 3 und *Tropheus duboisi* (Linie 10) zusammen. Die Linie 3 kommt noch bis zur Malagarasi-Mündung vor. Erst wieder ein ganzes Stück im Süden ist das Vorkommen bei Halembe belegt und endet zunächst südlich der Bulu-Insel, wo sie mit drei anderen Linien zusammentrifft.
Die Linie 5 geht weiter über den Malagarasi hinaus und endet nach heutigem Wissensstand (Ende 2001) bei der Ortschaft Halembe. Die Wahrscheinlichkeit ist groß, daß südlich dieser Ortschaft weitere Vorkommen existieren. Der in der Literatur angegebene Fundort bei Isonga, einem Dorf südöstlich der Mahale Berge, hat sich als Fehlinformation erwiesen.
Im Gebiet der Bulu-Inseln, leben vier *Tropheus*-Linien zusammen. Es sind dies die Linien 10, 12, 4 und 3.
Am südwestlichen Ende der Mahale -Berge liegt das Cape Kibwesa. Dort leben *Tropheus* der Linie 12, 6 und 4 zuammen. Vor kurzem wurde durch Zufall zwischen Kap Kibwesa und Isonga von Helmut Löfflad eine weitere Population entdeckt, (6.4) die dem *Tropheus* sp.

Kibwesa (Pop. 6.3) sehr ähnlich ist und in die gleiche Linie genommen wurde. Weitere *Tropheus* der Linie 6 kommen am Westufer bei Zongwe und Kapampa vor.
Gegenüber der Kungwe-Berge im Kongo zieht sich die Linie 3 bis nach M'toto, die in diesem Gebiet mit der Linie 4 zusammenstößt. Das Vorkommen der Linie 4 reicht z.Zt. im Kongo von der Toa-Bucht bis über Moba hinaus und gegenüber am Ostufer vom Cape Kungwe bis weit in das Gebiet nördlich von Ikola. Ab Pala, das fast zentral an der Westküste des Tanganjikasees liegt, leben *Tropheus* der Linie 8. Ihr Verbreitungsgebiet erstreckt sich noch einige Kilometer in den Süden bis zur Kapampa-Bay, wo sie von der Linie 6 abgelöst wird. Erst weit im Süden, auf sambischem Gebiet, beginnt die Linie 8 wieder in der südöstlichen Nkamba-Bay. Das Vorkommen verläuft über den Süden des Sees bis nach Kisambali, das gegenüber der Kapampa-Bay in Tansania liegt. Bei Kisambali trifft die Linie 8 auf die Linie 9, mit der sie einige Kilometer zusammen vorkommt.
Am südlichen Ende der Kapampa-Bay im Kongo beginnt das Vorkommen der Linie 7, wo sie mit der Linie 6 zusammentrifft. Die Tiere der Linie 7 finden ihre Verbreitungsgrenze in der südöstlichen Nkamba-Bay, wo sie mit der Linie 8, deren Verbreitung hier wieder beginnt, zusammentreffen. Der *Tropheus*, der bei Ikola vorkommt, konnte keiner bekannten Linie zugeordnet werden und wurde in eine eigene Linie, der Linie 12, gestellt. Das Verbreitungsgebiet der Linie 12 reicht von der Ortschaft Ikola bis zu dem Küstenknick bei Isonga Im Süden kommt die Linie 9 bis auf einige Kilometer an das Vorkommen bei Ikola heran.

Unterwasser-Riff in der Nkamba Bay.   photo: P. Schupke

Die Evolution der Gattung *Tropheus*

Christian Sturmbauer und Mitarbeiter untersuchen seit geraumer Zeit mit Hilfe der DNS-Sequenzanalyse die Verwandtschaftsverhältnisse der Populationen der Gattung *Tropheus*. Er war so freundlich, uns für diesen Übersichtsband zur Gattung *Tropheus* eine Originalarbeit zur Verfügung zu stellen.

Die Evolution der Gattung Tropheus

Christian Sturmbauer*

Die systematische Einteilung der Gattung Tropheus

Die Gattung *Tropheus* umfasst derzeit sechs beschriebene Arten: *T. annectens*, *T. brichardi*, *T. duboisi*, *T. kasabae*, *T. moorii* und *T. polli*. Wie bei vielen anderen Buntbarschen des Tanganyikasees beinhalten fünf der sechs *Tropheus*-Arten eine Reihe von unterschiedlich gefärbten Populationen, die bei Aquarianern als geographische Rassen oder Morphen bekannt sind. Die weitaus größte Zahl dieser Populationen ist formal wissenschaftlich unbeschrieben. Im letzten Jahrzehnt ist die Gattung *Tropheus* mehrfach molekulargenetisch untersucht worden, was interessante Einsichten in ihre Geschichte, aber auch einige Befunde erbracht hat, die im Gegensatz zur derzeit gültigen Taxonomie stehen. Klar ist, dass die heute gültige taxonomische Einteilung der Gattung *Tropheus* nicht den tatsächlichen Verwandtschaftsverhältnissen entspricht. Dies hat mehrere Gründe. Erstens wusste George Boulenger, der die erste *Tropheus*-Art im Jahre 1898 beschrieb, nicht, dass von diesen Fischen hunderte räumlich isolierte Populationen existieren, die sich zum Teil erheblich hinsichtlich Körperbau und Farbe unterscheiden. Später wurden einzelne Populationen in den Artstatus erhoben, die sich bei genauerer Untersuchung als deutlich unterschiedlich von den bisher beschriebenen Arten erwiesen. In der Zwischenzeit wurde eine Vielzahl neuer Populationen entdeckt. So stehen wir derzeit vor der Situation, dass die tatsächliche Vielfalt der Gruppe nicht systematisch erfasst ist, weil bis heute noch keine repräsentativen vergleichend-anatomischen Studien durchgeführt wurden, um die Vielzahl der geographischen Rassen in enger verwandte evolutionäre Linien zu gruppieren. Derartige Gruppierungen sind bisher nur auf Grund von Ähnlichkeiten in der Färbung und dem Verbreitungsmuster dieser Linien versucht worden. Die in diesem Buch enthaltene Einteilung ist mit Sicherheit die bislang genaueste Klassifizierung auf Basis der Färbung und Verbreitung. Die vollständigste molekulargenetische Studie wurde wenige Wochen vor diesem Buch publiziert. Jeder Ansatz hat seine Vor- und Nachteile: Ähnlichkeiten in der Färbung können zufällig entstehen, so dass eine Einteilung der Gattung nach diesem Kriterium in die Irre leiten kann. Auch genetische Merkmale haben ihre Grenzen. Aus diesem Grund kann eine verlässliche Theorie nur durch die Analyse vieler Merkmale entstehen. Im folgenden wird erst die Technik der molekularen Stammbaumforschung erläutert und dann ein Überblick über den derzeitigen Wissensstand gegeben.

Rekonstruktion der evolutionären Geschichte mit Hilfe von DNA-Sequenzen

Das Genom jedes Lebewesens beinhaltet neben der gesamten Information zur Ausformung des Körperbaus, der Organe und aller Verhaltensweisen auch wertvolle Informationen über die evolutionäre Verwandtschaft. Dem ist so, weil sich mit voranschreitender Zeit immer mehr Mutationen in den Genomen unterschiedlicher Arten anhäufen. Deshalb kann aus dem Grad der genetischen Unterschiedlichkeit zweier Arten der Grad der evolutionären Verwandtschaft errechnet werden. Durch die Berechnung molekularer Stammbäume kann der Werdegang, also die evolutionäre Geschichte der Lebewesen, mit bislang unerreichter Genauigkeit rekonstruiert werden. Die Rekonstruktion der Entstehung von Arten ist möglich, weil die genetische Information aller Organismen seit der Entstehung des Lebens von Generation zu Generation übertragen wird. Jede Gruppe, die zu einem gegebenen Zeitpunkt Gene durch freie Partnerwahl austauscht, hat ein gemeinsames evolutionäres Schicksal. Diese Gruppe wird als Population bezeichnet. Wenn sich eine Population freiwillig oder unfreiwillig in zwei Tochterpopulationen spaltet, haben sie fortan ein eigenständiges evolutionäres Schicksal, da sie nach ihrer Trennung keine Gene mehr austauschen. Durch das zufallsbedingte Auftreten von Mutationen werden die Populationen genetisch und anatomisch zunehmend unterschiedlich, bis sie schließlich eine unsichtbare Grenze überschreiten, die sie zu zwei neuen Arten macht. Eine Artgrenze ist dann entstanden, wenn sich zwei Individuen nicht mehr erfolgreich fortpflanzen können. Die Entstehung von neuen Arten bedingt letztlich eine Verzweigung in der Erbfolge des genetischen Informationstransfers und formt so den Stammbaum des Lebens.

Die Entstehung neuer Arten durch geographische Trennung

Die meisten Modelle zur Artentstehung fordern eine zumindest temporäre räumliche Isolation, durch die zwei oder mehr Populationen genetisch und körperlich divergieren können, bis sie in getrennte Fortpflanzungsgemeinschaften zerfallen, auch wenn sie wieder in Kontakt kämen. Der Prozess der Artentstehung wird beeinflusst durch die Wechselwirkung zwischen bestimmten biologischen Eigenschaften der Mutterart und Umweltfaktoren: Als biologische Voraussetzung ist eine begrenzte Verbreitungskapazität einer Art gefordert, damit eine sich bildende räumliche Trennung zweier Lebensräume zu einer unüberwindlichen Barriere werden kann. Man kann sich leicht vorstellen, dass *Tropheus* als aufwuchsfressender Buntbarsch so eng an das Leben im Schutz der Unterwasser-Felsen angepasst ist, dass eine Sandküste von 2 km zur unüberwindlichen Barriere wird. Somit sind es bestimmte biologische Eigenschaften der Arten, die darüber entscheiden, ob eine gegebene physische Distanz zu einer Barriere für den Genfluss wird, oder nicht. Es ist einsichtig, dass bei Spezialisten eher geringere Distanzen ausreichen, während Generalisten größere Distanzen überbrücken können. Der zweite bestimmende Faktor der Artentstehung ist eine Veränderung des Lebensraums. Auf diese Weise können Barrieren entstehen und auch wieder verschwinden. Man kann sich leicht vorstellen, dass ein klimatisch bedingtes Absinken des Seespiegels im Tanganyikasee eine Sandküste formen kann, die eine *Tropheus*-Population in zwei fortan getrennte Fortpflanzungseinheiten aufspaltet. Die Auswirkungen von Schwankungen des Seespiegels sind oft kleinräumig, manchmal jedoch gravierend, etwa nach der Aufspaltung eines Sees in mehrere Teilseen, oder nach einer fast vollständigen Austrocknung.

Wie sehr Schwankungen des Seespiegels das Schicksal einer Art beeinflussen können, wurde für die Gattung *Tropheus* aufgezeigt, von dem bislang etwa 70 Populationen bzw.

*Christian Sturmbauer, Institut für Zoologie, Karl-Franzens-Universität Graz, Universitätsplatz 2, A-8010 Graz, Österreich, E-mail: christian.sturmbauer@uni-graz.at

Sturmbauer, Chr. (2003). Die Evolution der Gattung *Tropheus*. in Schupke, P. (2003): AQUALOG Buntbarsche des Tanganjikasees, Teil 1: Die Arten der Gattung *Tropheus*. Rodgau. 26-29

Schwesternarten beschrieben wurden (in diesem Buch ca. 120). *Tropheus* ist durch sein interessantes Verhalten und seine enorme Farbenvielfalt einer der beliebtesten Aquarienfische aus dem Tanganyikasee. Unsere Untersuchungen mit Hilfe molekulargenetischer Methoden zeigen, dass sich diese Gattung seit etwa 1,5 Millionen Jahren körperlich nahezu nicht verändert hat, obwohl sich große genetische und farbliche Unterschiede zwischen Populationen herausgebildet haben. Besonders interessant ist, dass *Tropheus duboisi* kein "*Tropheus*" ist und nur entfernt mit den anderen Mitgliedern der Gattung verwandt ist. Diese Art ist wahrscheinlich näher mit *Simochromis* und *Lobochilotes* verwandt als mit den anderen Mitgliedern der Gattung. Wir konnten weiterhin acht genetische Linien nachweisen, die mit großer Wahrscheinlichkeit als eigenständige Arten angesehen werden müssen (Abbildung 1). Die Muster der genetischen Verwandtschaft zwischen den geographischen Formen und Schwesternarten lassen den Schluss zu, dass sich diese spezialisierten Felsbewohner vorwiegend passiv ausbreiteten, da *Tropheus* für ihn ungeeignete Küstenabschnitte nicht aus eigener Kraft überwinden kann. Schwankungen des Seespiegels sind der Motor, der Felshabitate zeitweise verschmelzen lässt und wieder trennt. Aus den Mustern der genetischen Verwandtschaft der Gattung *Tropheus* lassen sich mindestens zwei große Verbreitungswellen nachweisen: Eine erste, in der sich die neu entstandene Art, der "Ur-*Tropheus*", sehr schnell auf alle geeigneten Felshabitate des gesamten Sees ausbreitete, um sich später in jeder zusammenhängenden Felszone eigenständig genetisch und farblich zu verändern. Das Verbreitungsmuster dieser "primären Radiation" wurde durch eine zweite Verbreitungswelle überlagert, die mit hoher Wahrscheinlichkeit durch eine massive Schwankung des Seespiegels ausgelöst wurde. Die "sekundären Radiationen" überlagerten dann mehr oder weniger lokal begrenzt das bestehende Verbreitungsmuster. Populationen, die sich während der zweiten Verbreitungswelle gebildet haben, unterscheiden sich von den in der primären Radiation entstandenen durch ihre wesentlich geringeren genetischen Distanzen. Ein jähes Absinken des Seespiegels muss also viele Populationen in seichteren Uferzonen des Sees ausgelöscht oder zusammengeführt haben, um danach durch den erneuten Anstieg eine neue Welle der Verbreitung auszulösen. Der Spiegel des Tanganyikasees muss dabei so tief gesunken sein, dass er gemäß seiner drei tiefen Becken in drei Teilseen zerfiel. Da sich während der Aufsplitterung des Sees eine kontinuierliche Küstenlinie quer durch den See formte, konnten auch so strikt auf das Leben in Felsbiotopen angepasste Arten wie *Tropheus* auf die gegenüberliegende Seite des Sees gelangen. In den Überschneidungszonen der Seebecken sind somit verschiedene genetisch alte Linien in Kontakt gekommen, um sich teils zu vermischen, oder aber als neue Arten im selben Habitat einzunischen. Unsere genetischen Analysen zeigen in manchen Fällen die Präsenz zweier alter Erblinien in derselben Population an, was auf eine Vermischung zweier lange getrennter evolutionärer Linien nach einem sekundären Kontakt schließen lässt. Die Doppelfleck-*Tropheus* entlang des Kungwe-Gebirges (Linien E und F in Abbildung 1) tragen noch die genetischen Spuren zweier alter Linien in sich: Die erste ist relativ nahe verwandt mit *T. polli* (Linie E), die zweite Linie reiht sich in die Verwandtschaft der *Tropheus*-Rassen aus der Cameron-Bay und dem angrenzenden Kongo bis etwa Mvua ein (Linie F). Dasselbe gilt für die Population bei Katoto, die zu jeweils 50 % Genotypen zweier Hauptlinien beinhaltet, die sich in Katoto getroffen und vermischt haben. Diese Population bildet die Grenze zwischen der Linie A4 im Südosten des Sees und der Linie G im Südwesten (siehe Abbildung 1) In anderen Küstenbereichen leben zwei oder drei *Tropheus*-Arten zusammen im selben Lebensraum. Diese haben sich nach ihrem Zusammentreffen nicht mehr vermischt, weil sie die unsichtbare Grenzlinie zu einer biologischen Art bereits überschritten haben.

Weiterführende Literatur

Sturmbauer, C., & A. Meyer (1992) Genetic divergence, speciation and morphological stasis in a lineage of African cichlid fishes. *Nature* Band 358, S. 578-581.

Sturmbauer, C., E. Verheyen, L. Rüber & A. Meyer (1997) Phylogeographic patterns in populations of cichlid fishes from rocky habitats in Lake Tanganyika. In: Molecular Systematics of Fishes (T. D. Kocher & C. A. Stepien, Eds.), Academic Press, Seite 97-111.

Sturmbauer, C. (1998) Explosive speciation in cichlid fishes of the African Great Lakes: a dynamic model of adaptive radiation. Journal of Fish. Biology Band 53, Supplement A, Seite 18-36.

Baric, S., W. Salzburger & C. Sturmbauer (2002) Phylogeography and evolution of the Tanganyikan cichlid genus *Tropheus* based upon mitochondrial DNA sequences. Journal of Molecular Evolution 56: 54-68

Zum Autor

Christian Sturmbauer, geb. 1960 in Linz. Ab 1979 Studium der Biologie an der Universität Innsbruck, Sponsion 1986, Promotion 1990, 1991-1993 Postdoc-Aufenthalt am Department of Ecology and Evolution an der State University of New York in Stony Brook, 1993-1995 Vertragsassistent, 1995-1998 Universitätsassistent und Leiter des molekulargenetischen Labors am Institut für Zoologie und Limnologie der Universität Innsbruck, 1998 Habilitation, danach Außerordentlicher Universitätsprofessor an der Universität Innsbruck, seit 2002 Ordinarius für Zoologie an der Karl-Franzens-Universität Graz.

Sturmbauer, Chr. (2003). Die Evolution der Gattung *Tropheus*. in Schupke, P. (2003): AQUALOG Buntbarsche des Tanganjikasees, Teil 1: Die Arten der Gattung *Tropheus*. Rodgau. 26-29

Molekularer Stammbaum und Verbreitungskarte (gegenüberliegende Seite) von 55 Populationen der Gattung *Tropheus*. Auf Basis dieses Stammbaumes können acht genetische Linien ("Lineages" A bis H) definiert werden, die durch Blöcke symbolisiert sind. Die 55 untersuchten Populationen sind in der Seekarte durch den ihrer Fangstelle am nächsten liegenden Ortsnamen eingezeichnet. Die heutige Verbreitung der acht genetischen Linien ist das Resultat von mindestens zwei Verbreitungswellen, die mit hoher Wahrscheinlichkeit von starken Schwankungen des Seespiegels induziert wurden. Im Laufe der primären Radiation hat sich die neu entstandene Art sehr schnell auf alle Felszonen verbreitet, um sich dort eigenständig weiter zu evolvieren. Das Verbreitungsmuster wurde dann durch mindestens zwei spätere Verbreitungswellen (sekundäre Radiationen) überlagert. Vor der sekundären Radiation muss der Tanganyikasee vorübergehend etwa 600m unter sein heutiges Niveau gefallen und in drei Teilseen zerfallen sein, so dass zwei Linien den See in der Mitte überqueren konnten. Eine der acht genetischen Linien (Lineage A) war bei dieser zweiten Radiation besonders erfolgreich und hat viele *Tropheus*-Bestände aus der ersten Radiation ersetzt.

Sturmbauer, Chr. (2003). Die Evolution der Gattung *Tropheus*. in Schupke, P. (2003): AQUALOG Buntbarsche des Tanganjikasees, Teil 1: Die Arten der Gattung *Tropheus*. Rodgau. 26-29

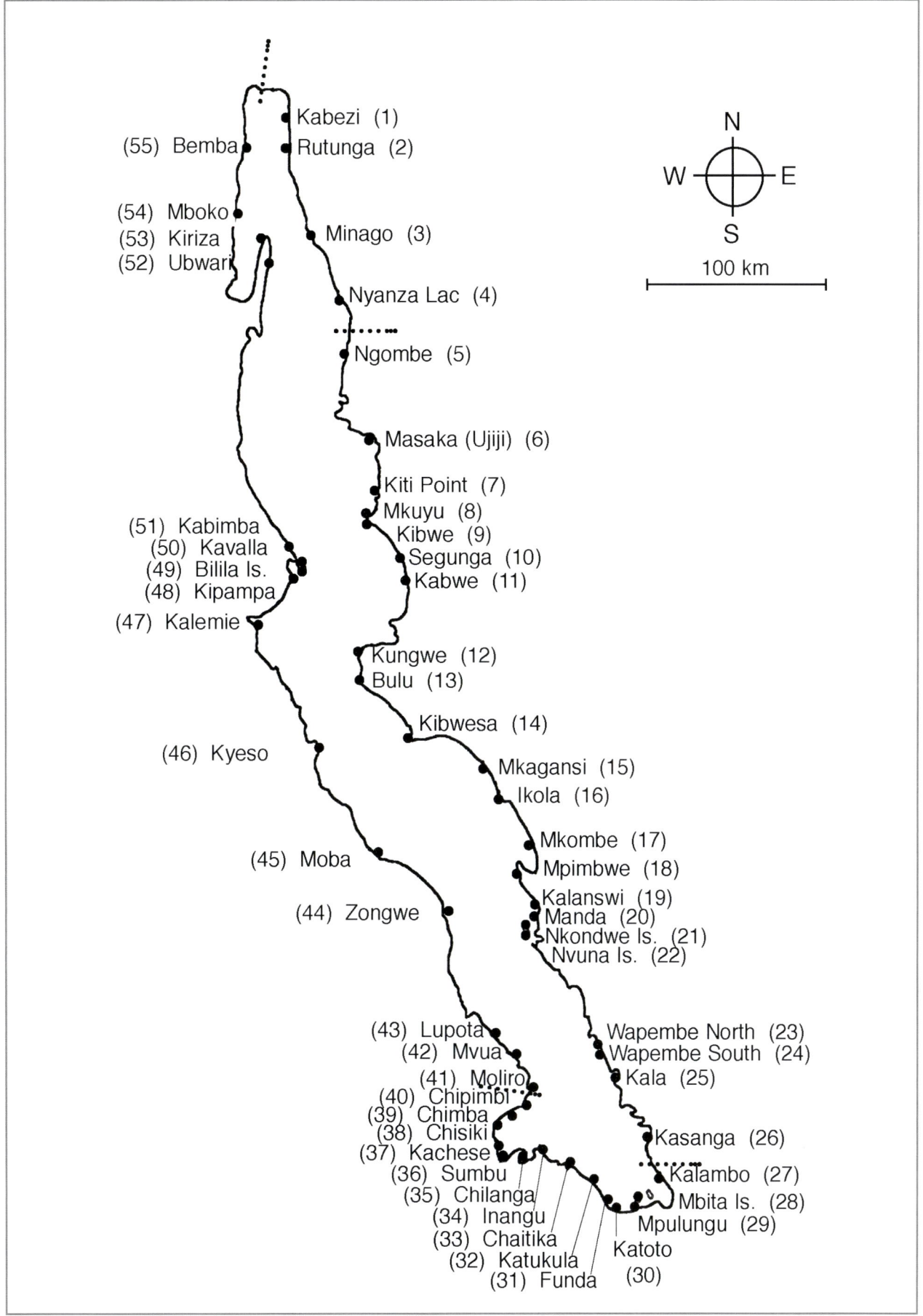

N
W — E
S

100 km

Kabezi (1)
(55) Bemba
Rutunga (2)

(54) Mboko
(53) Kiriza
Minago (3)
(52) Ubwari

Nyanza Lac (4)

Ngombe (5)

Masaka (Ujiji) (6)

Kiti Point (7)
Mkuyu (8)
(51) Kabimba
Kibwe (9)
(50) Kavalla
Segunga (10)
(49) Bilila Is.
Kabwe (11)
(48) Kipampa

(47) Kalemie
Kungwe (12)
Bulu (13)

Kibwesa (14)

(46) Kyeso
Mkagansi (15)
Ikola (16)

Mkombe (17)
(45) Moba
Mpimbwe (18)

Kalanswi (19)
(44) Zongwe
Manda (20)
Nkondwe Is. (21)
Nvuna Is. (22)

(43) Lupota
Wapembe North (23)
(42) Mvua
Wapembe South (24)
(41) Moliro
Kala (25)
(40) Chipimbi
(39) Chimba
(38) Chisiki
Kasanga (26)
(37) Kachese
Kalambo (27)
(36) Sumbu
Mbita Is. (28)
(35) Chilanga
Mpulungu (29)
(34) Inangu
(33) Chaitika
(32) Katukula
Katoto
(31) Funda (30)

Die taxonomische Situation in der Gattung *Tropheus* BOULENGER, 1898

von Frank Schäfer

Es scheint an dieser Stelle angebracht, die Zuordnung der sechs beschriebenen Taxa in der Gattung *Tropheus* zu den hier verwendeten Populationsnummern zu diskutieren.

Die zuerst beschriebene Art der Gattung ist *Tropheus moorii* BOULENGER, 1898. Sie ist gleichzeitig Typusart der Gattung *Tropheus* BOULENGER, 1898. Die formell gültige Originalbeschreibungen der Gattung wie der Art erfolgte in BOULENGER, 1898a. Ausführlich und mit Bildtafeln erfolgte aber die Beschreibung in BOULENGER, 1898b. Da beide Publikationen im gleichen Jahr erfolgten kam es nicht zu der sonst in solchen Fällen häufigen Verwirrung um das korrekte Publikationsdatum der Erstbeschreibung.

Zum Zeitpunkt der Erstbeschreibung ahnte BOULENGER nichts von dem Formenreichtum der Gattung *Tropheus*. Als Typuslokalität gibt BOULENGER an: Kinyamkolo. Dieser Ort ist bis heute mysteriös. Denn es gibt keine Ortschaft/Lokalität dieses Namens mehr. Aufgrund des ähnlich klingenden Namens der Missionsstation Niamkolo am zentralen Südende des Sees nahm NELISSEN (1977) an, dass die typische Population von *T. moorii* im Gebiet des heutigen Mpulungu, das später nahe der Niamkolo-Kirche gegründet wurde, zu suchen sei. HERRMANN (1997) verweist ferner auf eine Karte in BOULENGER (1906), aus der klar hervorgeht, dass die Insel, die heute Kumbula Island genannt wird, früher auch Niamkolo Island und Mbity Rocks genannt wurde bzw. wird.

V. DRACHENFELS (1995) weist darauf hin, das die Beschreibung des Küstenstreifens, die der Sammler MOORE liefert, in Widerspruch zu der Topographie des Küstenstreifens beim heutigen Mpulungu steht: Moore spricht von "craggy ledges" (Geröllufer), während der Uferstreifen der Mbete Bay, an der Mpulungu lokalisiert ist, zumindest heute schilfbestanden ist. Zudem interpretiert v. DRACHENFELS die Aussage MOORES "Nearly all the new forms which I obtained were killed by dynamite from the craggy ledges of the west coast of the lake ...." so, dass die Typuslokalität von *T. moorii* ebenfalls im südwestlichen Küstenstreifen, nicht aber im extremen Süden des Tanganjikasees zu suchen sei. Er weist auf eine Karte hin, die in BOULENGER (1901) beigefügt ist, und die ein "Kinyamkolo" am Südwestufer des Sees zeigt, macht jedoch auch deutlich, dass andere Ortschaften auf dieser Karte (Bete und Abercor (Mbala)) eindeutig falsch eingezeichnet sind, was den Wert der Karte deutlich schmälert. Ich denke, die diffuse Aussage "**Nearly** all...." lässt es nicht zu, die konkrete Angabe MOORES über den Sammelpunkt von *T. moorii* bei Kinyamkolo in Frage zu stellen.

Wo lag also nun dieses Kinyamkolo und welcher der zahlreichen *Tropheus*-Formen, die wir heute kennen, ist der "echte" *T. moorii* zuzuordnen? BOULENGER erhielt seine Informationen von MOORE. Die Karten, die BOULENGER zur Verfügung standen und auch solche, die er in Publikationen verwendete, wurden mit Sicherheit nicht von BOULENGER persönlich angefertigt. Also bergen sie immer die Gefahr eines Übertragungsfehlers. Viel verlässlicher sind da direkte Aussagen des Autors. Und in der Arbeit "Third contribution to the Ichthyology of Lake Tanganyika. - Report on the Collection of Fishes made by Mr. J. E. S. Moore in Lakes Tanganyika and Kivu during his Second Expedition, 1899-1900" macht BOULENGER (1901a) genau eine solche Aussage: auf Seite 138 listed er die Sammelorte dieser Expedition, darunter "Kinyamkolo, extreme south end of Lake Tanganyika". Die Farbbeschreibung der Typusexemplare ist außerdem sehr charakteristisch. Fünf von MOORE gesammelte Exemplare lagen BOULENGER vor, von denen eines als Skelet

präpariert wurde. Heute gibt es noch das Skelet (nicht katalogisiert), drei der Syntypen in London (BMNH 1898.9.9.53-55) und einen der Syntypen in Paris (MNHN 1898-0700). Die von V. DRACHENFELS geäußerte Befürchtung, die Syntypen im Britischen Museum gehörten zwei verschiedenen Populationen an, weil BOULENGER später noch Tiere der Cunnington-Expedition vom sambischen Westufer (Sumbu) in die Beschreibung von *T. moorii* im "Catalogue of the Fresh-Water Fishes of Africa in the British Museum" einbezog, ist unbegründet. Die Farbbeschreibung BOULENGERS ist wie folgt: "Dark brown; a large bluish-white blotch on each side; belly reddish brown; fins blackish." Jeder, der einigermaßen mit der Bewertung der Färbung von Fischen in Alkohol vertraut ist, weiß, daß auf Farbdetails (rot, gelb, blau) keinerlei Wert gelegt werden darf. Aber obwohl dunkle Farbkontraste im Laufe der Zeit (manchmal geht das innerhalb weniger Jahre) ausbleichen, sind bei relativ frisch konservierten Tieren helle und dunkle Farbzonen immer sehr gut gegeneinander auszumachen. Somit steht außer Frage, dass BOULENGER Exemplare der Linie 8 vorgelegen haben, denn nur diese zeigen im in Frage kommenden Sammlungsgebiet (egal ob im Süden oder im Südwesten) einen großen hellen Fleck auf der Körperseite. Der Vergleich mit der Abbildung des einen Syntypen in BOULENGER 1898b erlaubt es sogar, die in Frage kommenden Formen noch weiter einzugrenzen. Es handelt sich um die Populationen, die hier mit 8.8 - 8.12. bezeichnet werden.

Es sollte, legt man die hier geführte Argumentation über den Typusfundort in Kombination mit der Farbbeschreibung, die BOULENGER liefert, zugrunde, zukünftig davon ausgegangen werden, dass BOULENGER bei der Beschreibung von *Tropheus moorii* Exemplare aus dem extremen Süden des Tanganjikasees vorlagen. Dort schwimmen Fische der Population 8.9., deren Farbkleid perfekt zu der Farbbeschreibung passt, die BOULENGER liefert. Die Mbete-Population von *Tropheus moorii* ist also die einzige, der man den Namen *Tropheus moorii* bedenkenlos zuordnen kann.

Nicht viel einfacher stellt sich die Situation des zweiten Taxons dar. BOULENGER beschrieb 1900 die zweite Art der Gattung als *Tropheus annectens*. Als Typuslokalität ist Albertville (heute Kalemie) angegeben, doch gibt es dort keine *Tropheus* mit nur vier Hartstrahlen in der Anale, wie das außer bei *T. annectens* nur noch bei *T. polli* auftritt. Recht einfach ist hingegen die Zuordnung zu einer der Linien, denn die Kombination von Sexualdichromatismus, vier Hartstrahlen in der Anale und tief eingebuchteter Caudale mit lang ausgezogenen Spitzen ist sehr charakeristisch. Diese Fische werden in diesem Buch der Linie 4 zugeordnet. KONINGS (1999) synonymisiert die Arten *Tropheus annectens* und *T. polli* miteinander. Er argumentiert, dass es keine morphologischen Unterschiede zwischen beiden Formen gibt. Das mag sein (wenngleich mir ausführliche Untersuchungen zu diesem Thema nicht bekannt sind). Vom Westufer des Tanganjikasees (von wo *T. annectens* beschrieben wurde), nennt KONINGS als einzige Population mit 4 Analstacheln eine Form, die einen 15-25 km langen Küstenstreifen bei M'toto besiedelt. Auch wenn Zweifel bestehen bleiben, dass diese M'toto-Population exakt die Population war, die BOULENGER vorlag, so gehört sie doch mit an Sicherheit grenzender Wahrscheinlichkeit der Art an, die BOULENGER beschrieb, also *T. annectens*. Die politische Situation in der Demokratischen Republik Kongo macht es nicht sehr wahrscheinlich, dass sich die Frage über die Existenz weiterer Populationen von *T. annectens* bald beantworten liesse.

Bleibt die Frage offen, ob die vom Ostufer beschriebene, extrem ähnliche Art *T. polli* (t.t.: South of Bulu Isl., 6°01´S, 29° 45´E, Kigoma district, Tansania; hier Population 4.1.) tatsächlich mit *T. annectens* identisch ist. Nach allem, was wir über *Tropheus* bisher wissen, ist das aber eher unwahrscheinlich, da bereits der Augenschein lehrt, dass *Tropheus* bei geographischer Isolation zu schneller Ausbildung zumindest von Phänotypen neigt. Wenn die Ostuferpopulation nicht anthropogenen Ursprungs ist oder durch ganz außergewöhnliche Umstände erst vor historisch sehr kurzer Zeit (weniger als 500 Jahre) vom Westufer hierher kam (oder umgekehrt), liegt die Wahrscheinlichkeit höher, dass die West- und die Ostuferpopulation unterschiedlichen Arten angehören, als dass sie identisch sind. Bis hierzu abschließende Untersuchungen vorliegen, ist es sinnvoller, von zwei verschiedenen Arten zu sprechen. Die Wimpeltropheus vom Westufer müssen demnach als *Tropheus annectens* BOULENGER, 1900 (hier Population 4.3.) und die Wimpeltropheus vom Ostufer als *Tropheus polli* AXELROD, 1971 (hier: Population 4.1.) bezeichnet werden, bis eine formelle Arbeit, die mehr Merkmale, als nur Flossenstrahlen und Morphometrie berücksichtigt und in der großflächige Aufsammlungen zugrunde gelegt werden können, vorliegt. Der Minimumanspruch an eine Art aus systematischer Sicht ist die Unterscheidbarkeit von anderen Arten ohne Kenntnis der Herkunft. Dies ist im Falle der Wimpeltropheus gegeben, wenngleich die Unterschiede zugegebenermaßen nur geringfügig sind. So weit bisher bekannt, ist bei den Westlichen Wimpeltropheus (*T. annectens*) der Irisring adulter Exemplare immer schwarz oder grau, der Östlicher Wimpeltropheus (*T. polli*) immer leuchtend blau gefärbt.

Wesentlich einfacher stellen sich die weiteren Taxa der Gattung *Tropheus* dar:

Tropheus duboisi MARLIER, 1959 wurde mit der Population Bemba (hier: 10.1) erstbeschrieben. Die bisher bekannt gewordenen 4 weiteren Standortformen der Linie 10 stehen dieser Art sehr nahe.

Tropheus brichardi NELISSEN & THYS VAN DEN AUDENAERDE, 1975 stammt von Nyanza Lac, 4°21´S, 29°36´E, in Burundi. Die Typuspopulation ist hier mit 2.1. bezeichnet. Es handelt sich um eine unverwechselbare Form, deren Artstatus derzeit von niemandem angezweifelt wird. Allerdings sind einige weitere Populationen der Linie 2 durchaus sehr unterschiedlich gefärbt, was die Beschreibung weiterer Arten aus diesem Formenkreis in Zukunft wahrscheinlich macht.

Tropheus kasabae NELISSEN, 1977 aus der Kasaba Bay, 8°31´S, 30°42´E, Sambia wird von verschiedenen Autoren, wie z.B. KONINGS, 1999, mit *T. moorii* synonymisiert, u.a deshalb, weil es nicht klar ist, welche Population NELISSEN als "typische" *T. moorii* ansah. Da es sich bei *T. kasabae* jedoch unzweifelhaft um eine von der Population 8.9., also der hier als typischen Population von *T. moorii* festgelegten Population, stark abweichende Form handelt, ist dieses "technische" Kritik ohne große Bedeutung. In der Kasaba Bay kommen "Gelbe Regenbogen" der Linie 7 vor.

Wie viele Arten oder Unterarten von *Tropheus* wirklich existieren lässt sich derzeit kaum sagen. Es lassen sich die sechs bisher bekannten Taxa nach dem folgenden Schlüssel trennen (gilt nur für erwachsene (=adulte) Tiere):

1 - Anale in der Regel mit 5 -7 Hartstrahlen 3
 - Anale in der Regel mit 4 Hartstrahlen 2

2. - Irisring schwarz oder grau . . . .*T. annectens*
 - Irisring blau . . . .*T. polli*

3. Auf der Körperflanke adulter Tiere ein großer gelber Fleck, der nicht in Form einer Binde angelegt ist. Der Fleck beginnt hinter dem Ansatz der Pectoralen und endet vor dem Ende der Dorsalen . . . .*T. moorii*
 - Andere Färbung 4

4. Kopf blau, restlicher Körper blauschwarz. Eine weiße oder gelbliche Binde zieht sich quer über den Körper. Der Ansatz dieser Binde ist immer im Bereich des Rückenfirsts, niemals in der Rückenflosse, die keinerlei Zeichnung aufweist und die Farbe des Körpers hat . . . .*T. duboisi*
 - Andere Färbung 5

5. Ausgeprägter Sexualdichromatismus: Männchen ohne, Weibchen mit Streifenzeichnung; Männchen einfarbig dunkel mit einem sattelförmigen Fleck unterhalb des vorderen Drittels der Rückenflosse, der nur wenig in die Dorsale reicht . . . . .*T. brichardi*
 - Kein Sexualdichromatismus, Männchen und Weibchen im Wesentlichen gleich gefärbt. Niemals mit sattelförmigem Fleck im Rückenbereich . . . .*T. kasabae*

Diese taxonomische Situation ist natürlich äußerst unbefriedigend. Etwa 120 verschiedene Phänotypen von *Tropheus* wurden bislang bekannt und umfangreiche vergleichend-anatomische Untersuchungen gibt es nicht. Peter SCHUPKE unterscheidet hier 13 Linien, die Artenzahl dürfte noch etwas höher liegen, ich schätze nach der mir vorliegenden Datenlage etwa 14-16. Die farblich verschiedenen Populationen von *Tropheus*, die sich durch Übergangsformen verbinden, sind wahrscheinlich Unterarten und müssten im Rahmen einer längst überfälligen Revision der Gattung auch als solche beschrieben werden. Hoffen wir, dass sich die politische Situation in den Staaten Burundi und Demokratische Republik Kongo bald stabilisiert. Vor allem wegen der Menschen, die dort leben, aber auch, damit das große Rätsel *Tropheus*, das die Wissenschaftler jetzt schon über 100 Jahre beschäftigt, endlich gelöst werden kann.

Zitierte Literatur:

Axelrod, G. S. (1977): A new species of Tropheus (Pisces: Cichlidae) from Lake Tanganyika. J. L. B. Smith Inst. Ichthyol. Spec. Publ. No. 17: 1-12

Boulenger, G. A. (1898a): Report on the fishes recently obtained by Mr. J. E. S. Moore in Lake Tanganyika. Proc. Zool. Soc. Lond. 1898 (pt 3): 494-497

Boulenger, G. A. (1898b): Report on the collection of fishes made by Mr. J. E. S. Moore in Lake Tanganyika during his expedition, 1895-96. Trans. Zool. Soc. Lond. v. 15 (pt 1, no. 1): 1-30, Pls. 1-8

Boulenger, G. A. (1900): Matériaux pour la faune du Congo. Poissons nouveaux du Congo. Sixième Partie. Mormyres, Characins, Cyprins, Silures, Acanthoptérygiens, Dipneustes. Ann. Mus. Congo (Ser. Zool.) v. 1 (fasc. 5): 129-164, Pls. 48-56

Boulenger, G. A. (1901): Les poissons du Bassin du Congo. Publication de l´État Indépendant du Congo. Bussels. i-lxiii + 1-532, 25 pl., 1 map.

Boulenger, G. A. (1915): Catalogue of the fresh-water fishes of Africa in the British Museum. Vol. 3: i-xii + 1-526.

Eschmeyer, W.: Catalog of Fishes (On-Line, ver. November 12, 2002)

Herrmann, H.-J. (1997): Tropheus. Dähne Verlag, Ettlingen, 112 pp.

Konings, A. (1999): Tanganjika-Cichliden in ihrem natürlichen Lebensraum. Cichlid Press, El Paso, 272 pp.

Marlier, G. (1959): Observations sur la biologie littorale du Lac Tanganyika. Rev. Zool. Bot. Afr. v. 59 (nos. 1-2): 164-183, Pls. 1-2

Nelissen, M. H. J. and D. F. E. Thys van den Audenaerde (1975): Description of Tropheus brichardi sp. nov. from Lake Tanganyika (Pisces, Cichlidae). Rev. Zool. Afr. v. 89 (no. 4): 974-980.

Nelissen, M. H. J. (1977): Description of Tropheus moorii kasabae n. sspec. (Pisces, Cichlidae) from the south of Lake Tanganyika. Rev. Zool. Afr. v. 91 (no. 1): 237-242.

v. Drachenfels, E. (1995): Was ist Tropheus moorii Boulenger, 1898? DCG-Info 26 (11): 255-260.

Typusexemplare von *Tropheus moorii* (oben, BMNH 1898.9.9.53-55) und *T. annectens* (unten BMNH 1900.12.13.31).   photos: F. Schäfer

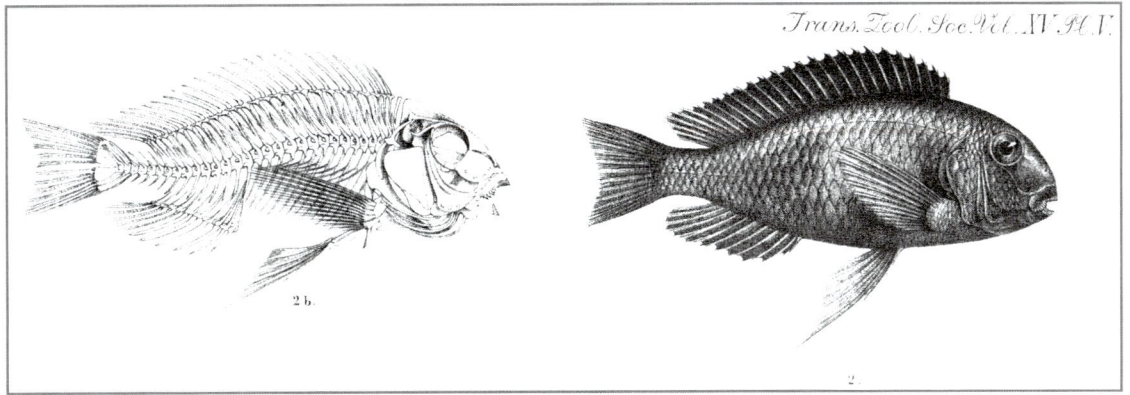

Links: Abbildung zweier Typusexemplare von *T. moorii* aus BOULENGER, 1898b.

Versuch einer Interpretation der Linienverbreitung

Es war für mich überraschend, wie sehr sich oft meine Beobachtungen und Recherchen, z. T. bis in kleinste Einzelheiten, mit den Ergebnissen von Dr. Sturmbauer et al. , die die Arbeitsgruppe mit DNA-Untersuchungen erhielt, deckten. Es darf aber nicht unerwähnt bleiben, dass die doch sehr unterschiedlichen Methoden und Arbeitsweisen auch gelegentlich zu widersprüchlichen Ergebnissen führte. So erlaubt die Untersuchung mitochondrialer DNA einen Blick in die Vergangenheit. Sie offenbart den unmittelbaren Verwandtschaftsgrad zweier untersuchter Individuen und lässt dadurch Rückschlüsse auf die verwandtschaftliche Beziehung verschiedener Populationen zu.

Hingegen ist die Beobachtung am lebenden Fisch und dessen Lebensraum ein Blick in die Gegenwart. Am lebenden *Tropheus* findet man, wie schon bei der Beschreibung der einzelnen Linien erwähnt, Merkmale, wie Farben und Farbverteilung, die am toten Tier nicht mehr zu erkennen sind.

Die morphometrischen Unterschiede zwischen den verschiedenen *Tropheus* sind nur gering, so weit man das bis heute weiss. Gute Beobachtungmöglichkeiten ergeben sich dort, wo im See verschiedene Populationen zusammen vorkommen. Es ist jedoch im Feld nicht immer leicht zu erkennen, ob man es mit *Tropheus* verschiedener Linien zu tun hat. Oberflächlich betrachtet ähneln sich die Fische verschiedener Linien von einem Fundort sehr. Das hat weniger mit verwandtschaftlichen Beziehungen zu tun als mit einer konvergenten optimierten Farbanpassung an den jeweiligen Lebensraum. Kombiniert man jedoch die beobachteten Phänomene der Linieneinteilung mit verschieden hohen Wasserständen im Tanganjika-See, wie sie im Laufe der Erdgeschichte aufgetreten sein mögen, so erhält man einen interessanten Ansatzpunkt für zukünftige Untersuchungen.

Durch verschiedenen Wasserstände des Sees im Laufe seiner Geschichte teilte er sich in bis zu 3 Teilseen auf. Möglicherweise gab es unterhalb des heutigen Kivusees, der einstmals noch keinen Abfluss hatte, einen vierten Teilsee, der heute von dem Sediment des Ruzizi aufgefüllt ist. Dieser Vorgang soll sich in der Geschichte des Sees mehrmals widerholt haben. Durch diese Ereignisse trafen einige Populationen auf andere und formten neue Populationen oder zogen weiter und hinterließen Spuren im Erbmaterial der Überwanderten. Die oben erwähnte dritte Hauptlinie hinterließ im gesamten See ihre Spuren und bildete neue Linien aus (z.B. Linie 8). Der erst kürzlich entdeckte *Tropheus* sp. von Kabezi (13.0), das etwas südlich von Bujumbura liegt, stellt eine sehr alte Linie dar, die vielleicht im jetzt aufgefüllten vierten Teilsee weiter verbreitet war. Die vom neu entstandenen Ruzizi mitgeführten Sedimente zwangen die dort lebenden *Tropheus* immer weiter in den Süden und wo das wegen der Topografie des Geländes nicht möglich war, starben

sie aus. Selbiges passiert heute im Norden des Sees mit den dort lebenden Populationen an der Westküste. So gesehen ist die früher oder später vom Aussterben bedrohte kleine Population des *Tropheus* sp. von Kabezi (13.0) ein Relikt aus früheren Zeiten. Er hatte keinen Kontakt mit anderen Populationen, da er in genetischer Hinsicht sehr homogen ist. Das Gleiche gilt für die *Tropheus* der Linie 1. Die Gene der Linie 12 (*T.* "Kirschfleck") sind besonders im südlichen Verbreitungsgebiet sehr heterogen, was auf die Überwanderung einiger anderer Populationen im Laufe der Zeit hindeutet. So bestehen in dieser Linie verwandtschaftliche Beziehungen zu der Linie 7 und dort speziell zum *T.* sp. von Lupota (7.2). Im nördlichen Teil wurden genetische Übereinstimmungen mit den Linien, die südlich von Kigoma vorkommen, gefunden. Das konnte z. B. beim Vereinigen des oberen und des mittleren Teilsees geschehen.

Die heutige Linie 8 ist auch sehr heterogen, da sie aus mehreren Unterlinien und Linien von zwei Hauptlinien im Süden enstanden sind. So enstand ein Teil der Linie 8 aus einer Aufspaltung der Linie 3, zu der die *T.* sp. Kavala (3.4) und Kalemie (3.6) gehören. Ein anderer Teil der Linie 8 entstand in der gleichen Hauptlinie (3), aber in einer anderen Nebenlinie. Es sind dies der Wampembe (8.18) - und der Mpulungu Typ (8.9). Aus einer Unterlinie einer anderen Hauptlinie entstand der Chaitika- Typ (8.6), der einen weiteren Teil in die Linie 8 einbrachte und so das heutige Erscheinungsbild der Linie 8 mitgeprägt hat. Durch den wechselnden Wasserstand hat nun der *Tropheus* von Wampembe genetische Übereinstimmungen mit dem *Tropheus* vom Chaitika und umgekehrt. Auch die Populationen vom Süden sind an dieser Sippschaft beteiligt.

Der Kibwesa-*Tropheus* (6.3) stammte vermutlich ursprünglich vom mittleren Westufer. Ein Wiederansteigen des Seespiegels muss ihn an die südlichen Kungwe- Berge verfrachtet haben, wo er mit den dort lebenden *T.* "Kirschfleck" (Linie 12) oder dessen Vorgängern in Kontakt kam. So hat jeder vom anderen einige Gene bekommen. Heute leben sie zusammen und stellen zwei unterschiedliche Arten dar, die, wenn man so will, um mehrere Ecken miteinander verwandt sind.

Die heutigen *Tropheus* der Linie 5 gehören neben *T. duboisi* zu den ältesten *Tropheus* des Sees. Sie konnten sich sehr früh über den ganzen Nordsee verbreiten Sie haben sich nur z. T. erfolgreich dem Überwandern anderer Populationen zur Wehr setzen können., doch sie hybridisierten nicht mit anderen *Tropheus*. Das lag vielleicht an ihren Verhaltensmustern, die überwandernde *Tropheus* nicht mehr verstanden und sich mit ihnen nicht kreuzten. Sie werden heute von den *Tropheus* der Linie 3 im südlichen Teil des ehemaligen Nordbeckens langsam verdrängt. Ab Kunanwa bis

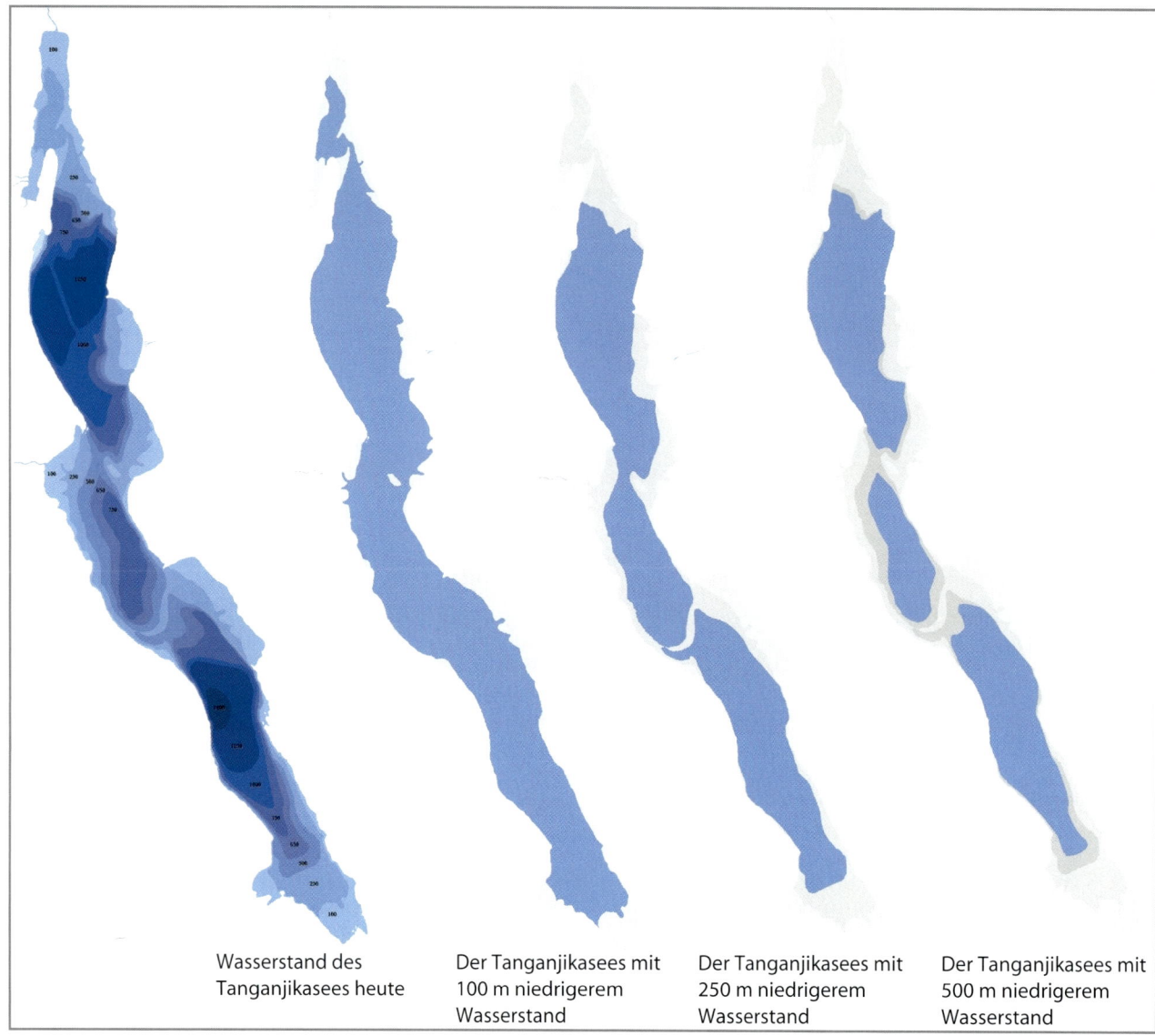

Wasserstand des
Tanganjikasees heute

Der Tanganjikasees mit
100 m niedrigerem
Wasserstand

Der Tanganjikasees mit
250 m niedrigerem
Wasserstand

Der Tanganjikasees mit
500 m niedrigerem
Wasserstand

zur Kasimia-Bay leben sie noch unter sich und zeigen dort eine hohe Individuendichte. Gegenüber an der tansanischen Küste, zwischen dem Cape Kabogo und dem Malagarasi, wo sie offensichtlich auch noch unter sich sind, wurden erst kürzlich drei Populationen untersucht, mit Ergebnissen, die meine Überlegungen zu bestätigen scheinen. Von den *Tropheus* der Westseite konnten noch keine Untersuchungen getätigt werden. Zu Beobachtungszwecken ließ ich mir 1994 *Tropheus* von der zentralen Westküste bei Yunga schicken. Leider dachte niemand daran, Tiere für Untersuchungen zu konservieren. Damals fuhren die Fänger schon ungerne diese Küste an, aber sie taten es. Heute ist die Situation dort unberechenbar. Das wird sich in nächster Zeit wahrscheinlich nicht ändern.

Zu der ältesten *Tropheus* gehört der Formenkreis um *T. duboisi* (Linie 10). So wie das heutige Verbreitungsgebiet dieser Art ausschaut, kann man davon ausgehen, dass es sich, besonders bei Bemba (der nordwestlichsten bekannten Population) und bei der Karilani Insel (der südöstlichsten bekannten Population), um Reliktpopulationen handelt. Das heutige Verbreitungsgebiet reicht von Gombe nach Kigoma und über die Malagarasimündung hinaus bis an das Kap Karago. An diesem Küstenstreifen sollen *T.* der Linie 10 relativ häufig zu beobachten sein. Vielleicht kam ihr Urahn über den Malagarasi ins frühere Tanganjikabecken. Von hier aus erreichte er beim Wiederanstieg des Sees die Küste bei Bemba und im Süden das Cape Kungwe. Von Gombe über Kigoma bis nach Karago kommen *Tropheus* der Linie 10 noch häufiger vor. BRICHARD hoffte an der

gegenüberliegenden Küste auch *T. duboisi* zu finden. Das ist ihm in der damals zur Verfügung stehenden Zeit nicht gelungen. Die dortige Küste ist aus verschiedenen Gründen schlecht untersucht und vielleicht findet man in der Nähe der Kavala- Inseln und der Ubwari Halbinsel eines Tages doch noch *Tropheus* der Linie 10.

Aufgrund der langen Zeiträume, in der eine Verdrängung stattfindet, lässt sich diese nicht immer erkennen. Mit hoher Wahrscheinlichkeit ist es aber so, dass die Linie 3 sich erfolgreich ausgebreitet hat, es immer noch tut und alte Linien aus ihren angestammten Gebieten langsam verdrängt. Die Linie 5 scheint sich bei jüngeren Linien nicht mehr so stark durchsetzen zu können und weicht dem Druck der Linie 3. Genauso ergeht es offenbar der Linie 10, die im Nordwesten nur noch ein kleines Vorkommen hat. Weit im Süden des Sees überschneiden sich zwischen Kisambali und Namansi die Linien 8 und 9, wobei die Tiere der Linie 9 im Felslitoral unterhalb der von den Tieren der Linie 8 bevölkerten Zone leben sollen.

Von den Berührungspunkten anderer Linien liegen keine Erkenntnisse bezüglich einer möglichen gegenseitigen Verdräng ung vor.

Es gibt heute noch einige Populationen, wie der *T.* aus Kapampa (Pop. 6.1.), alle westlichen Populationen der Linie 5 aus dem Kongo, einige der nordöstlichen *Tropheus* der Linie 8, wie die Tiere von Namansi, von Hinde B und Kisambali, die wenig oder schlecht untersucht sind. Diese Untersuchungen werden zwar vermutlich keine großen Veränderungen an den heutigen Erkenntnissen erbringen, diese aber noch vervollständigen und die eine oder andere Liaison ans Tageslicht bringen.

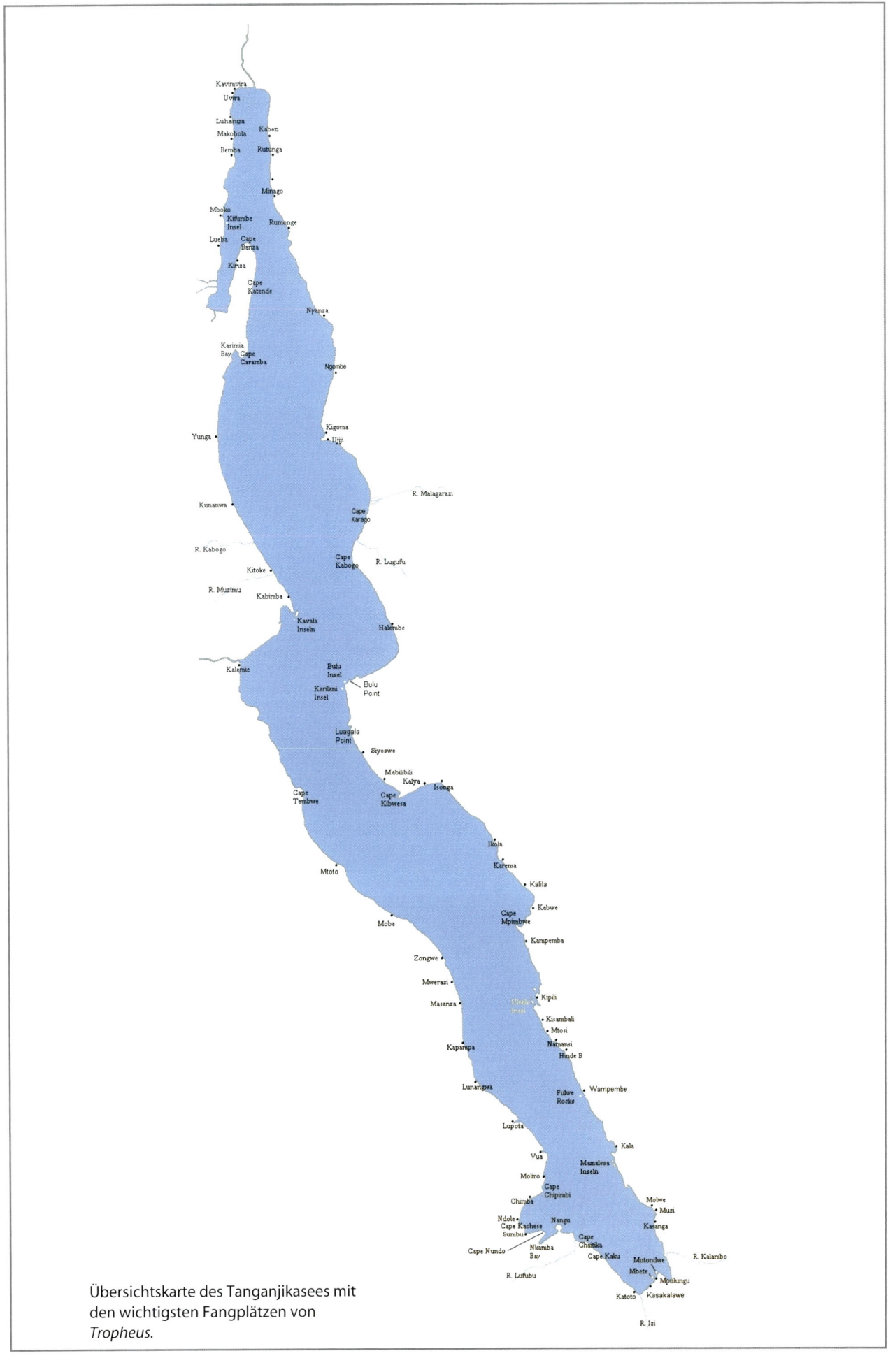

Kavimvira
Uvira
Luhanga
Makobola   Kabezi
Bemba   Rutunga

Minago

Mboko
Kifumbe   Rumonge
Insel
Lueba   Cape
Baraza
Kiniza

Cape
Katende

Nyanza

Kasimia   Cape
Bay   Caramba

Ngombe

Kigoma
Yunga   Ujiji

Kunanwa   R. Malagarazi

Cape
Karago
R. Kabogo

Kitoke   Cape
Kabogo   R. Lugufu
R. Muzimu
Kabimba

Kavala   Halembe
Inseln

Kalemie   Bulu
Insel
Karilani   Bulu
Insel   Point

Luagala
Point
Siyeswe
Mabilibili
Kalya   Isonga
Cape   Cape
Tembwe   Kibwesa

Ikola
Karema
Mtoto
Kalila

Kabwe
Moba   Cape
Mpimbwe
Kampemba

Zongwe
Mwerazi   Kipili
Masanza   Kisambali
Mtosi
Kapampa   Nahansi
Hinde B

Lunangwa   Wampembe
Fulwe
Rocks
Lupota
Kala
Vua
Mamalesa
Moliro   Inseln
Cape   Molwe
Chimba   Chipimbi   Muzi
Ndole   Kasanga
Cape Kachese   Nangu
Sumbu   Cape
Cape Nundo   Chaitika
Nkamba   Cape Kaku   Mutondwe   R. Kalambo
Bay   Mbete
R. Lufubu   Mpulungu
Katoto   Kasakalawe
R. Izi

Übersichtskarte des Tanganjikasees mit
den wichtigsten Fangplätzen von
Tropheus.

Die *Tropheus* dieser Linie unterscheiden sich in einigen Merkmalen von den anderen Linien im See: Die Grundfarbe besteht aus einem sehr dunklen schwarzbraun. Mit Ausnahme der Dorsale zeigen alle Flossen Grundfärbung. Die Sekundärfarben sind gelb und rot. Sie zeigen sich in Form von Flecken oder Bändern in Bereich der Körpermitte oder der Dorsale. Mit einer Ausnahme wird auch Farbe am Kopf (Caramba 1.9) gezeigt. Es gibt zwei Populationen die völlig schwarz gefärbt sind (Lueba, Pop. 1.51 und Minago, 1.2). Adulte Tiere zeigen niemals eine Streifenzeichnung. Jungtiere verlieren ihre Streifen im Vergleich zu anderen Linien schon sehr bald. Diese Linie besitzt fünf Analstacheln. Nach einer Untersuchung von Pierre BRICHARD hatten von 172 gefangenen Fischen 170 5 Analstacheln, 1 Fisch 4 und ein weiterer 6 Analstacheln. Die Caudale ist bei adulten Tieren leicht konkav eingeschnitten. Stimmungsbedingt können die vorderen 2/3 des Fisches stark aufhellen. Das hintere Drittel bleibt dagegen schwarz.

Diese Linie besiedelte früher einmal den nördlichsten Teil des Sees, der heute vom Sediment des Ruzizi - Flusses bedeckt ist. Der See soll früher fast den heutigen Kivusee gereicht haben, der damals noch nicht existierte. Dieser Zustand soll ca. 10.000 Jahre zurückliegen. Erdgeschichtlich gesehen ist dieser Zeitraum nicht sehr groß und viele der heutigen Farbformen dürften damals schon existiert haben. Die damaligen Felsbiotope sind heute durch die Ablagerungen des Ruzizi- Flusses überdeckt und die dort existierenden Populationen verschwunden. Diese ältere Linie wird heute vom Sediment des Ruzizis weiter in den Süden gedrängt. Viele ihrer Biotope versanden immer stärker. Einige der dortigen Populationen leben schon unter schlechten Bedingungen und sind relativ individuenarm. Sie besiedeln heute noch den äußersten Nordosten des Sees bis Rumonge und im Westen von Mboko bis ans Cape Caramba im Süden der Ubwari -Halbinsel.

Es sind z. Z. 10 Populationen bekannt. Sie könnten eventuell auch in zwei Linien aufgeteilt werden, doch ist das vorliegende Datenmaterial für diesen Schritt zu dürftig.

Die Linie lebt an der Südostseite der Ubwari -Insel mit der Linie 5 zusammen. Laut STURMBAUER und MEYER sind der *Tropheus* aus Rutunga (1.1) und der *Tropheus* aus Kiriza (1.8) näher miteinander verwandt, als mit dem *Tropheus* bei dem ehemaligen Dorf Bemba (2.4). Bei der Ortschaft Kabezi, die wenige Kilometer südlich von Bujumbura liegt und nicht weit von der Population des Rutunga-*Tropheus* entfernt ist, wurde erst kürzlich ein schwarzer *Tropheus* gefunden und untersucht. Es stellte sich heraus, das er zu einer anderen, sehr alten Linie (13) gehört und mit den "Schwarzen" aus der Linie 1 nicht verwandt ist.

Die *Tropheus* aus der Linie 2 sehen den "Schwarzen" ähnlich, sind aber mit ihnen nicht verwandt und stammen aus einer anderen Hauptlinie.

Die Linie 1 enthält die Populationsnummern 1.1, 1.2, 1.3, 1.4, 1.51,1.52, 1.6, 1.7, 1.8, 1.9.

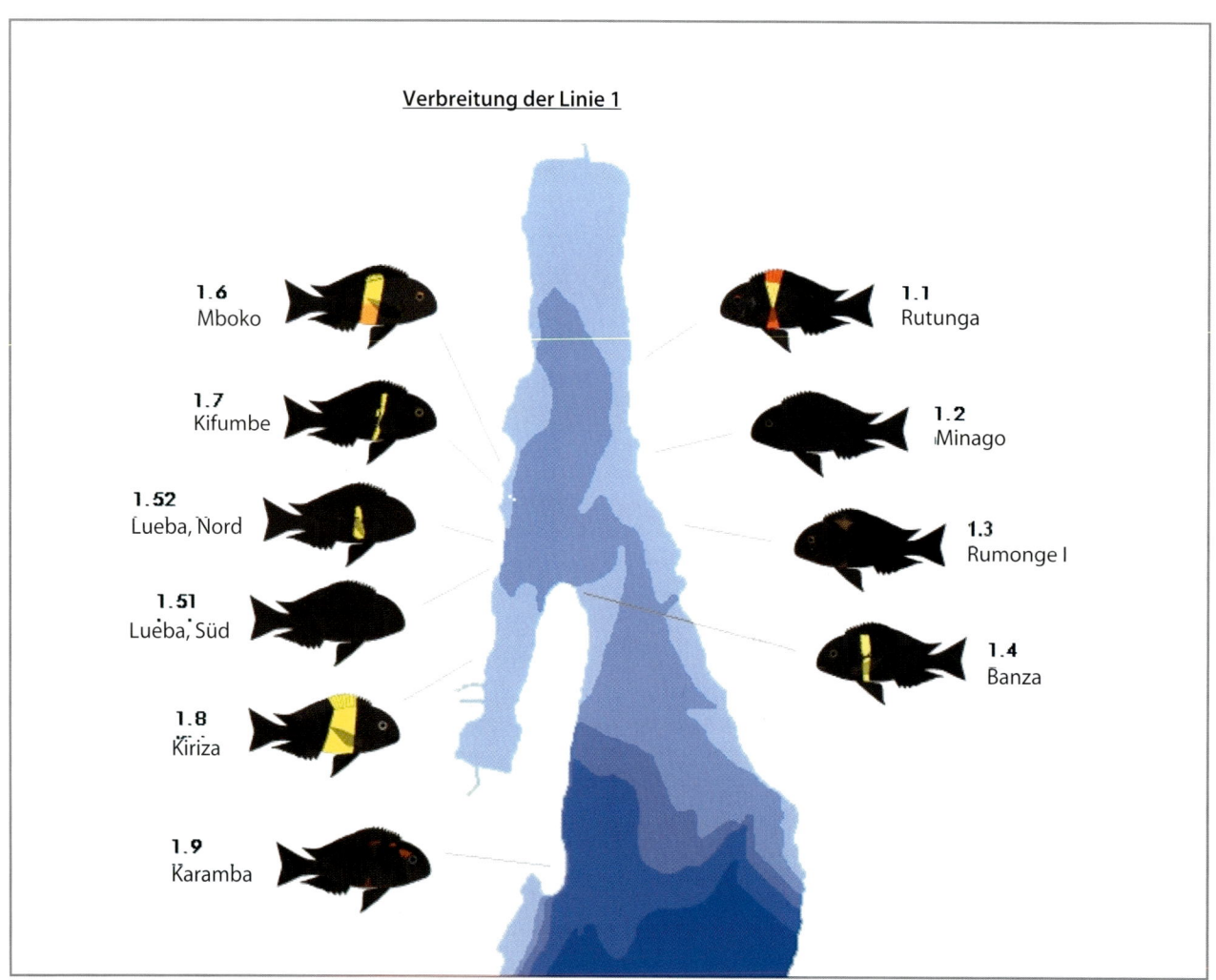

Verbreitung der Linie 1

1.6 Mboko

1.7 Kifumbe

1.52 Lueba, Nord

1.51 Lueba, Süd

1.8 Kiriza

1.9 Karamba

1.1 Rutunga

1.2 Minago

1.3 Rumonge I

1.4 Banza

Tropheus sp. Rutunga; Population 1.1

Handelsname: Brabant - Tropheus, Tropheus Rutunga

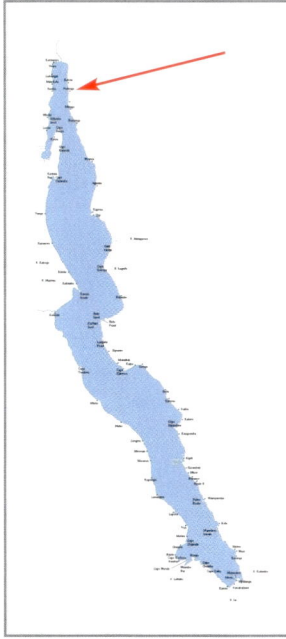

Vorkommen: Südlich von Kabezi, das wenige km südlich von Bujumbura liegt, bis Magara. Eine insgesamt 20 km lange Küstenlinie, die nur von der Mutumba - Mündung unterbrochen wird.

Entdeckt: Die erste Beschreibung erfolgte von MARLIER im Jahre 1959.

Erstimport: Der Erstimport erfolgte 1958. Danach erst wieder 1971 von Pierre BRICHARD exportiert.

Farbe: Die Grundfärbung ist schwarz. Der Bereich des 5 - 9 (10) Hartstrahls der Dorsale ist rot gefärbt. Direkt darunter befindet sich ein mit der Spitze nach unten zeigendes goldgelbes Dreieck mit rotem Netzmuster. Unmittelbar darunter gibt es ein rotes Dreieck dessen Spitze nach oben weist, so das sich beide Spitzen der Dreiecke berühren. Hinter den Dreiecken kann stimmungsbedingt eine schmale aufgehellte Zone entstehen, in der rote Schuppenbasen erkennbar werden. Stimmungsbedingt kann die schwarze Farbe des vorderen 2/3 des Körpers bis zum Hellgrau aufhellen. Die schwarze Farbe im hinteren 1/3 und die farbigen Dreiecke werden nicht verändert. Alle Flossen sind ebenfalls schwarz. Der obere Augenrand ist dunkelrot.

Interessantes: Diese Farbform wurde unter dem Namen Brabantbuntbarsch bekannt und wurde meherere Jahre als einzige Art in größeren Stückzahlen importiert. Leider findet man ihn heute kaum noch in den Aquarien der Liebhabern, da seine Popularität durch die heute vielen anderen Farbvarianten gelitten hat. Das ist eigentlich nicht ganz verständlich, da gut gepflegte Gruppen durch ihren hohen Rotanteil und der gelben Farbe sehr attraktiv sind. Alte Männchen können eine Größe von 16 cm erreichen.

Halberwachsenes (= semiadultes) Männchen mit zahlreichen roten Schuppen am Körper. Auch das schwarze Körperende und der rote obere Teil des Auges sind gut zu erkennen. **photo:** P. Schupke

Tropheus sp. Minago; Population 1.2

Handelsname: Tropheus Minago, Schwarzer Tropheus

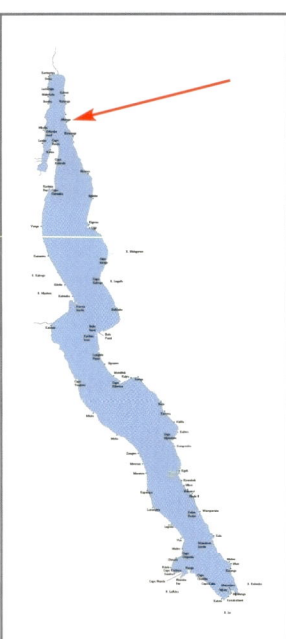

Vorkommen: In mehreren Populationen südlich der Ortschaft Minago in Burundi auf einer Länge von 10 km.

Erstimport: Das Datum des Erstimports ist nicht bekannt. Diese Farbrasse ist äußerst selten in sehr geringen Stückzahlen importiert worden.

Farbe: Diese Farbform ist am gesamten Körper völlig schwarz gefärbt. Lediglich die Bauchgegend soll einen leichten bläulichen Schimmer aufweisen und die Flanken eine kaum erkennbare gelbliche Tonung besitzen. Manchmal können hellere verwaschene Farbzonen in der Bauch- und Rückenregion auftreten. Sie erinnert stark an die Uvira-Population im äußersten Nordwesten vom Kongo.

Interessantes: Wie Brichard berichtet, wird das Überleben dieser Population durch die Versandung ihrer Biotope immer schwieriger. Beim Cape Magara soll es eine große, aber weit verstreut lebende Population geben. Durch die unscheinbare Färbung stieß dieser Fisch bei den Aquarianern auf wenig Beachtung. Vermutlich dürften keine *Tropheus* dieser Farbrasse mehr in unseren Becken schwimmen.

Tropheus sp. Rumonge I; Population 1.3

Handelsname: Ein Handelsname von dieser *Tropheus*-Population ist nicht bekannt.

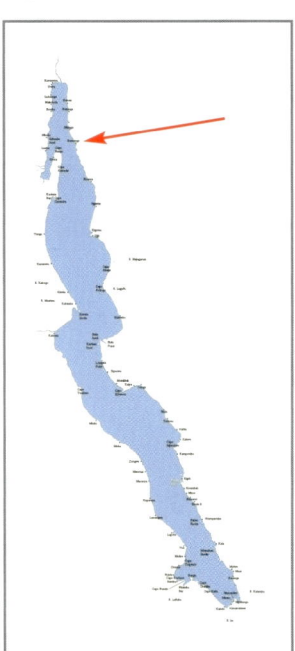

Entdeckt: Matthes beschrieb schon 1962 diesen *Tropheus*.

Erstimport: Von einem kommerziellen Import wurde nichts bekannt.

Vorkommen: Matthes nennt als Fundort ein wenige Kilometer nördlich der Ortschaft Rumonge gelegenes Küstengebiet an der zentralen Ostküste Burundis.

Farbe: Laut Brichard soll die Grundfärbung schwarzbraun sein. Auf dem vorderen Bereich des Rückens und direkt darüber in der Dorsale zeigen sich schwach braune und am Bauch beigebraune Bereiche. Die Iris ist silbrigweiß und zeigt im oberen Bereich einen gelben Saum. Die vorderen 2/3 dieser *Tropheus* können sich stimmungsbedingt zu beigebraun aufhellen. Die Aufhellung in diesem Körperbereich ist den Tieren der Linie 1 eigen. Besonders auffällig kann man das beim *T.* aus Rutunga und beim *T.* vom Cape Caramba sehen, allerdings auch beim *T.* von Bemba, der nicht in diese Linie gehört.

Interessantes: Seit 1960, als Matthes diese Tiere beschrieb, sind sie nicht mehr gefangen worden. Pierre Brichard unternahm 1984 eine Fangreise in dieses Gebiet, um diese *Tropheus* mit dem sehr ähnlichen und nicht weit entfernten "Schokomoorii" zu vergleichen. Er kam dabei zu dem Schluß, dass es sich bei beiden untersuchten *Tropheus* um unterschiedliche Arten handeln müßte. Diese Population ist durch einen viele Kilometer breiten Sandstrand von dem "Schokomoori" von Nyanza Lac getrennt. Brichard gibt an, dass die Anzahl der Analstacheln meistens 5 beträgt, wie die *Tropheus* aus der Linie 1. *Tropheus brichardi* besitzt aber 6 Hartstrahlen in der Anale. Diese *Tropheus* zeigen in Stresssituationen die gleiche Aufhellung am Vorderkörper, wie die anderen Tiere der Linie 1. Im gleichen Küstenabschnitt lebt nach Konings ein *Tropheus* mit einem grüngelben Band, der offensichtlich zu der Linie 5 (Pop. 5.14) gehört und als *T.* sp. Rumonge II bezeichnet wird.

Tropeus sp. Banza; Population 1.4

Handelsname: Tropheus Banza

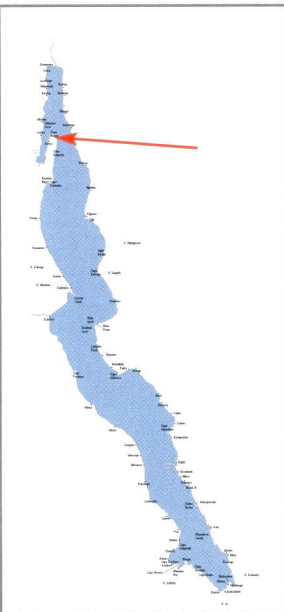

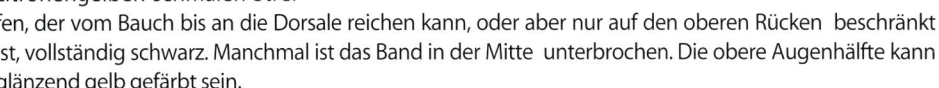

Vorkommen: Von der Ortschaft Manga, die etwas süwestlich von der Nordspitze der Ubwari- Halbinsel liegt bis zum Cape Muzimo. Das entspricht ungefähr einer Küstenlänge von 50 km.

Erstimport: Ein Import ist leider noch nicht erfolgt.

Farbe: Der Körper ist bis auf einen zitronengelben schmalen Streifen, der vom Bauch bis an die Dorsale reichen kann, oder aber nur auf den oberen Rücken beschränkt ist, vollständig schwarz. Manchmal ist das Band in der Mitte unterbrochen. Die obere Augenhälfte kann glänzend gelb gefärbt sein.

Interessantes: Diese *Tropheus* ähneln der Kiriza-Form (1.8) sehr stark. Das liegt vielleicht an der räumlichen Nähe der Kiriza-Tiere. Banza-*Tropheus* sind, wie die Lueba-Form in ihrer Färbung etwas variabel. Vielleicht waren die beiden Formen (Banza und Lueba) bei einem früheren nierigeren Wasserstand eine Population, die beim Ansteigen des Seespiegels getrennt wurden.

Tropheus sp. Lueba; Populationen 1.51 und 1.52

Handelsname: Keiner bekannt

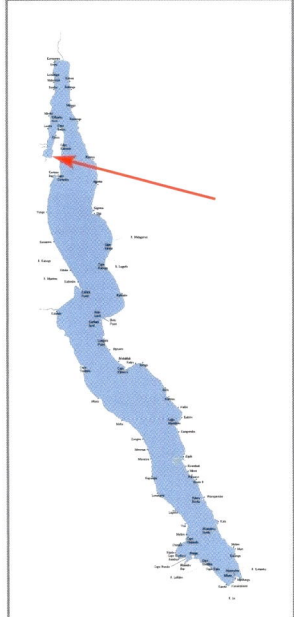

Vorkommen: Diese *Tropheus* leben in getrennten Arealen, die ungefähr 3 km voneinander entfernt sind.

Erstimport: Vermutlich wurde diese Farbform noch nicht importiert.

Farbe: Die nördliche Population ist variabler als die südliche und kann einen tropfenförmigen Fleck auf der Seite zeigen. Manche Tiere besitzen zusätzlich noch zwei gelbe Flecken auf den Flanken. Viele Exemplare sind vollständig schwarz. Die direkt bei Lueba vorkommenden Tiere sollen vollständig schwarz sein.

1.51

Interessantes: Diese von MATTHES und MARLIER entdeckten *Tropheus* teilen sich in zwei Populationen auf, die durch ein ungefähr 3 km langes, stark mit Sediment überlagertes Felsareal getrennt sind. Die nördlichere Population hat Kontakt zu der einige km weiter nördlich lebenden Mboko-Population. BRICHARD erwähnt, dass es um den Fortbestand der Form schlecht bestellt ist. Es wäre daher sinnvoll, einige Exemplare zu entnehmen, um sie, wo auch immer, für die Aquaristik zu vermehren.

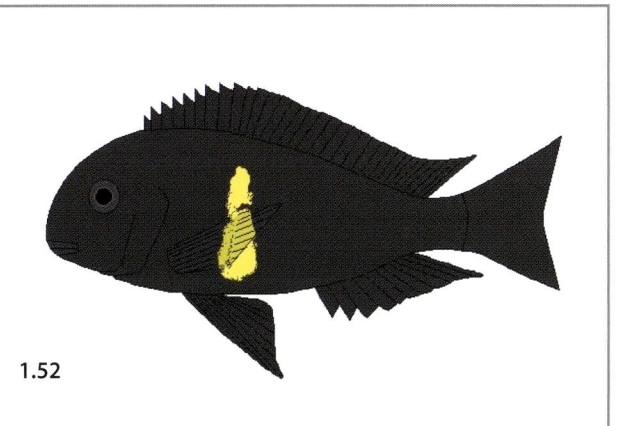

1.52

Tropheus sp. Mboko; Population 1.6

Handelsname: Orange-Moorii I

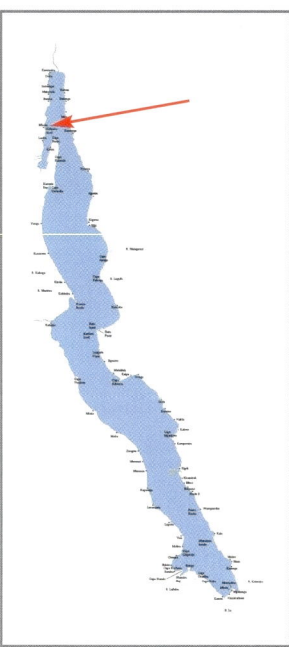

Vorkommen: Der Fundort dieser Population liegt wenige Kilometer südlich von Cap Munene (Bemba) nördlich der Ortschaft Mboko.

Farbe: Die Grundfärbung ist schwarzbraun. Das Band dieser *Tropheus* ist bis zur Hälfte schmaler, als das der Tiere von Bemba. Der obere Teil des Bandes ist fast zitronengelb, wogegen die untere Hälfte an das Orange der Bemba-Population errinnert. Oftmals reicht die Farbe des Bandes nicht in die Dorsale. Das Auge ist bis auf einen kaum sichtbaren oberen braunroten Rand dunkel.

Interessantes: *Tropheus* sp. Mboko kann mit dem *Tropheus* sp. Kiriza (1.8) verwechselt werden, der ein leichtes orangenes Netzmuster in dem unteren Teil der zitronengelben Binde aufweist. Der *Tropheus* sp. Kiriza aus dem südlichsten Verbreitungsgebiet zeigt ein vollständiges gelbes Band in der Dorsale und der *Tropheus* sp. Mboko nicht. *Tropheus* sp. Mboko wird nur selten importiert.

Tropheus sp. Kifumbwe; Population 1.7

Handelsname: Tropheus Zitronenstrich

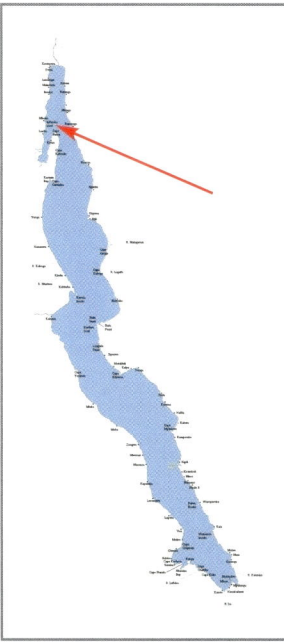

Vorkommen: Diese Form lebt an mehreren Inseln, die der Ortschaft Mboko vorgelagert sind. Zum Festland besteht eine unterseeische Passage, wo ebenfalls verstreut *Tropheus* leben.

Erstimport: Die ersten Sendungen trafen Anfang der achtziger Jahre bei uns ein.

Farbe: Bis auf einen schmalen zitronengelben Querstreifen ist dieses Farbform vollständig schwarz gefärbt. Der obere Augenring zeigt etwas Dunkelrot. Das gelbe Band ist nur auf den Körper beschränkt. Die Rückenflosse bleibt schwarz. Der Bereich um Maul und Kehle kann einen leichten Blauschimmer zeigen.

Interessantes: BRICHARD schätzte die Anzahl der freilebenden *Tropheus* dieser Variante auf nicht mehr als wenige tausend Exemplare. Dieser *Tropheus* wird in seiner Station in Burundi in Teichen für den Handel gezüchtet. Leider ist die Nachfrage gering und entsprechend selten wird diese Farbform in unseren Aquarien angetroffen.

Tropheus sp. Kiriza; Population 1.8

Handelsname: Tropheus Kiriza, Tropheus Kaiser II

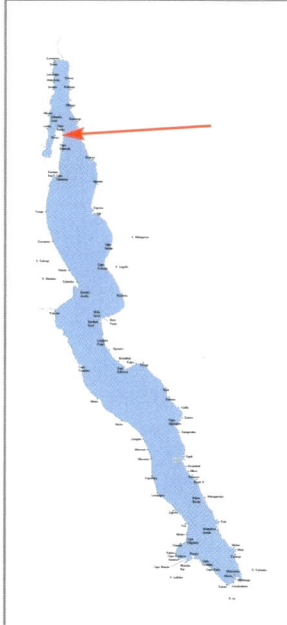

Vorkommen: Nahe der Nordspitze der Ubwari- Halbinsel bis 35 km am Westufer südwärts.

Erstimport: Vermutlich Mitte der achtziger Jahre.

Farbe: Die schwarze Grundfärbung wird durch ein breites, gelb-orangenes Band unterbrochen und setzt sich in die Dorsale fort. Männliche Tiere besitzen ein etwas breiteres Band. Innerhalb des relativ großen Verbreitungsgebiets gibt es geringfügige Farbunterschiede, die sich in der Intensität des Bandes bemerkbar machen. Die Tiere im südlichen Areal zeigen im unteren Teil des gelben Bandes ein orangfarbenes Netzmuster. Stimmungsbedingt kann der schwarze Vorderteil des Fisches stark aufhellen und ist dann hellgrau. Ebenfalls stimmungsabhängig kann sich das Band verschmälern. Der obere äußere Augenrand ist etwas orange gefärbt. Der Rest ist dunkel.

Interessantes: Nach der Untersuchung von STURMBAUER und MEYER sollen der *Tropheus* sp. aus Kiriza und der *Tropheus* sp. aus Rutunga (1.1) näher verwandt sein und einer älteren Linie angehören. Diese Verwandtschaft soll enger sein, als die zum *Tropheus* sp. von Bemba (2.4). Diese sehr hübsche Farbform von Kiriza wird von der Firma BRICHARD in Burundi in Teichen für den Handel gezüchtet. Die Nachzuchttiere erreichten nicht immer die Größe und Qualität, wie man sie sich wünschen würde. Mitte der neunziger Jahre wurden vom CJ Aquarium größere Stückzahlen dieses *Tropheus* im See gefangen und exportiert. Die Farbintensität der Bänder war kaum noch zu übertreffen. Die paarweise Hälterung verursachte Probleme wegen der hohen Aggressivität der Männchen. In einer größeren Gruppe gab es dagegen weniger Probleme.

Adultes Männchen in voller Färbung mit breitem Band.

photo: P. Schupke

Tropheus sp. Caramba; Population 1.9

Handelsname: Kirschkopf-Tropheus, Tropheus Caramba, Tropheus Katende.

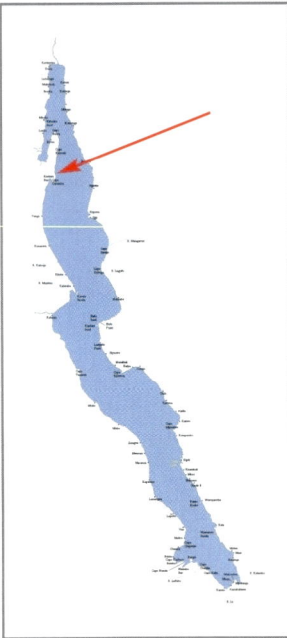

Vorkommen: Das Verbreitungs-gebiet beginnt am Cape Muzimo und reicht bis zum Cape Caramba an der Südspitze der Ubwari-Halbinsel. Das entspricht einer Küstenlinie von ca. 50 km.

Erstimport: Der kommerzielle Erstimport begann zu Beginn der achtziger Jahre von der Firma "Fishes of Burundi", dessen Leiter Pierre BRICHARD war.

Farbe: Die Grundfärbung, einschließlich Flossen, besteht aus einem Schwarzbraun. Der hintere Bereich des Kopfes, die Wangen, der Rücken im Bereich unter dem 5.-9. Hartsrahl der Dorsale sowie deren Basis zeigen eine rote Farbe, die, je nach Fangort, heller oder dunkler ausfallen kann. Schemenhaft können bei eingen Individuen zwei Dreiecke gesehen weren, die sich mit ihren Spitzen in der Körpermitte treffen. Dieses Muster zeigt große Ähnlichkeit zu *Tropheus* sp. Rutunga (1.1). Der obere Augenrand zeigt ein hübsches Rot und der Rest der Iris kann einen hellblauen Schimmer besitzen. Der untere Kiemendeckel kann leichte Türkistöne zeigen. Jungtiere zeigen deutlich größere rote Bereiche dort, wo adulte Tiere ihre Farbe haben.

Interessantes: Dieser *Tropheus* wird leider selten exportiert. Untereinander können sie sehr unverträglich sein. Für den Handel werden sie in Burundi in Teichen gezüchtet. Durch die bei manchen Tieren schemenhaft zu sehenden farbigen Dreiecke sind sie dem *Tropheus* aus Rutunga sehr ähnlich. Bei Jungtieren sind die Dreiecke des Rutunga-*Tropheus* deutlicher zu sehen. Diese Ähnlichkeit deutet sicherlich auf eine nähere Verwandtschaft dieser Populationen hin. *Tropheus* sp. Caramba lebt am Ostufer der Ubwari-Halbinsel mit einem *Tropheus* der Linie 5 (Pop. 5.4) zusammen, deren Dichte in der Mitte der Halbinsel am stärksten ist und zum Süden hin abnimmt. Dort soll *Tropheus* sp. Caramba die höhere Populationsdichte erreichen.

Tropheus der Linie 2

Die Linie 2 beinhaltet mit *Tropheus brichardi* eine der wenigen beschriebenen *Tropheus*-Arten. Leider wurde *Tropheus brichardi* in Unkenntnis vieler anderer Populationen beschrieben. STURMBAUER und MEYER haben 1990 mit der Gensequenzierung, die sie an 54 Individuen von 21 Populationen vorgenommen haben, ein über-raschendes wie auch für Manche unverständliches Ergebnis erzielt. Ihrer Ansicht nach ist der *Tropheus brichardi* mit dem *Tropheus* aus Bemba genetisch identisch. Ob man das Resultat dieser Untersuchung nun akzeptiert oder nicht ist im Grunde unwichtig. Eine solches Ergebnis lässt sich auch bei einer Antipathie gegenüber der Untersuchungsmethode nicht völlig unter den Teppich kehren. Bei meinen Überlegungen kam mir dieser Sachverhalt gelegen, da die braunen *Tropheus* aus Nyanza Lac (*Tropheus brichardi*) und weiter südlicher bei Gombe zu keiner anderen Linie passen wollten. Weiterhin schienen mir der *Tropheus* aus Uvira (nicht die Linie 5, die auch dort vorkommt), der *Tropheus* aus Makobola (nicht die Linie 5), und der *Tropheus* aus Bemba nicht so recht zu der Linie 1 (Schwarze Linie) zu gehören, da sie ein etwas abweichendes Äußeres aufwiesen. Beide Linien unterscheiden sich im äußeren Erscheinungsbild in einigen Punkten. Die Grundfärbung der Linie 2 (beinhaltet *Tropheus brichardi*) besteht hauptsächlich aus einem dunklen Braun und nicht aus Schwarz wie bei der Linie 1.
Das bekannte Verbreitungsgebiet der Linie 2 erstreckt sich nördlich von Nyanza Lac bis nach Ngombe, das einige Kilometer südlicher liegt und im Nordwesten von Uvira bis nach Bemba. Die Mboko-Population der Linie 1 (1.6) hat laut BRICHARD Kontakt zu der Bemba-Population. Die Linie 2 ist den Ergebnissen der mDNA-Untersuch-ungen zufolge nach der Linie 1 entstanden, also stammes-geschichtlich jünger. Das Enstehungsgebiet der "braunen" Linie könnte im Bereich nördlich von Kigoma zu suchen sein.
Es scheint mir hinreichend gerechtfertigt zu sein für diese Popu-lationen ein eigene Linie aufzustellen, da neuere Untersuchungen dies bestätigen. Die äußere Ähnlichkeit zur Linie 1 ist zwar ge-geben, darf aber nicht darüber hinwegtäuschen, dass eine ungefähre Übereinstimmung des Farbkleides auch durch die Evolution, wie Feinddruck, Wasserbeschaffenheit und Habitat-beschaffenheit, geprägt werden kann. Die früheren wechselnden Wasserstände des Tanganjikasees erschweren eine genauere Einschätzung dieser Faktoren erheblich.
Diese Linie beinhaltet die Populationen 2.1, 2.2, 2.3, 2.4, 2.5

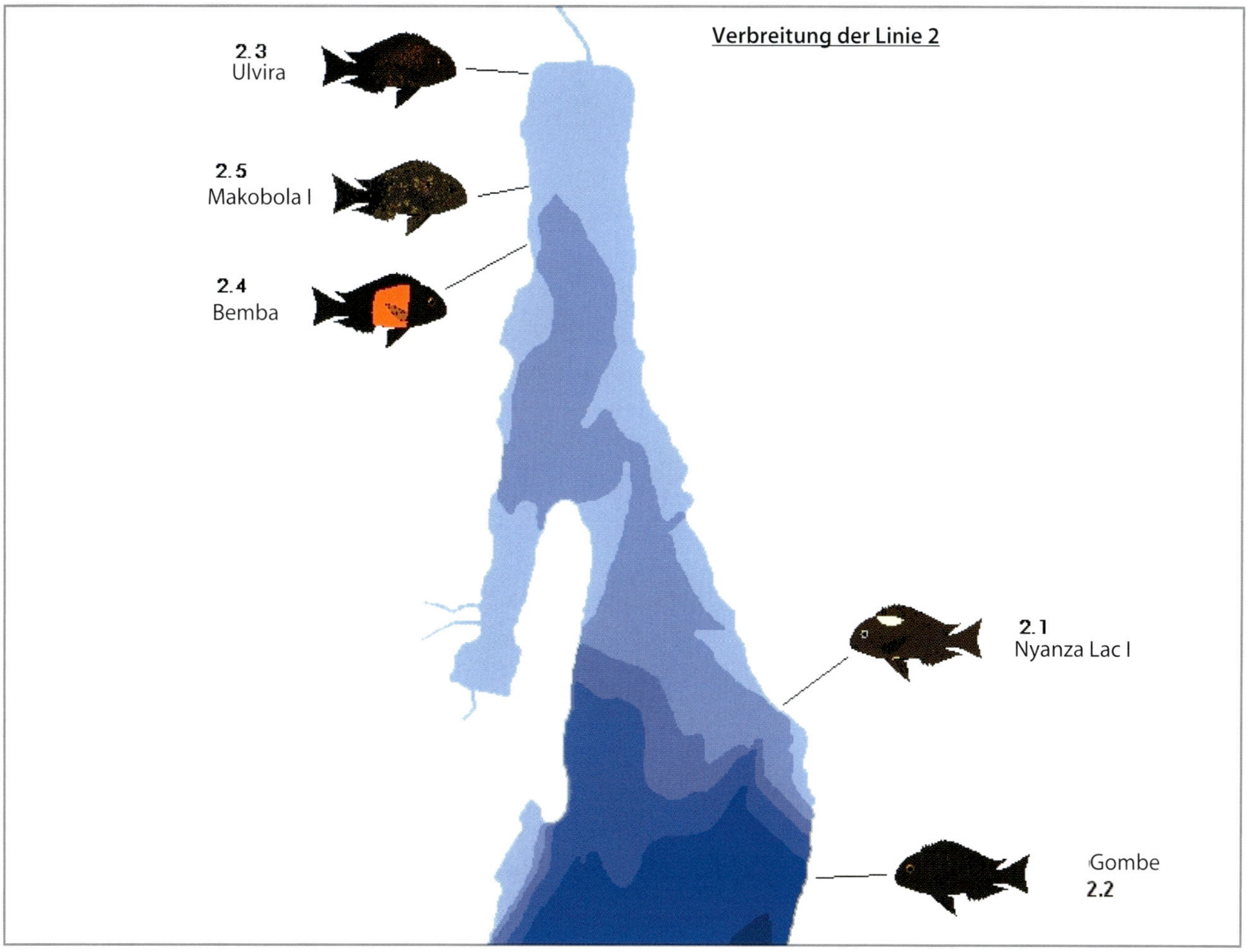

2.3
Ulvira

2.5
Makobola I

2.4
Bemba

2.1
Nyanza Lac I

2.1
Nyanza Lac I

Gombe
2.2

Tropheus brichardi Nᴇʟɪssᴇɴ & Tʜʏs, 1975; Population 2.1

Handelsname: Schokomoorii, Sattelfleckmoorii , Tropheus
Nyanza Lac I

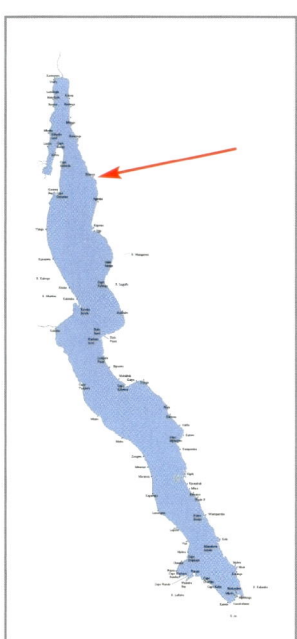

Vorkommen: Das bekannte Vorkommen liegt wenige km nördlich von Nyanza Lac und erstreckt
sich über ungefähr zehn Kilometer Küstenlinie.

Erstimport: Der Schokotropheus
wird seit 1972 von der Firma
"Fishes of Burundi" ausgeführt.

Farbe: Der gesamte Fisch ist
dunkelbraun mit einem weißlichgelben Sattelfleck, der sich unter dem vierten bis dreizehnten
Dorsalstachel am Rücken befindet. Am vorderen Teil des Bauches kann sich ebenfalls einen kleinerer,
mehr gelblicher Fleck befinden. Der obere Teil der Iris ist gelb gefärbt. Juvenile Tiere zeigen auf
dunkelbraunem Körper weißlichgelbe Querstreifen.

Interessantes: An der Küste von Nyanza Lac gibt es, wenn man den Ausführungen von Bʀɪᴄʜᴀʀᴅ u.a. folgt,
drei unterschiedlich gefärbte *Tropheus*-Populationen. Bʀɪᴄʜᴀʀᴅ allerdings spricht von einer hohen
Varibilität der dort lebenden *T. brichardi*. Gleiches gilt für die Küste bei Rumonge (siehe dort). Es werden
dort die regulären Schokotropheus (Linie 2) gefunden, dann gibt es Tiere, die grünbraun gestreift sind und
eine blaue Iris besitzen (Linie 5, Pop. 5.13) und einen braunweißlichgelb gestreiften *Tropheus* mit
gelblicher Dorsale (Linie 3). Es ist im Tanganjikasee nicht immer einfach, *Tropheus* schnell und sicher einer bestimmten Population
zuzuordnen, da die Farben der Fische den dortigen Unterwasserverhältnissen und dem Untergrund gut angepasst sind. Bei Ngombe, das ca.
auf halbem Weg von Nyanza Lac nach Kigoma liegt, wurde ebenfalls ein *Tropheus* gefunden, der genetisch zu der Linie 2 gehört (Pop. 2.2).

Tropheus sp. Gombe; Population 2.2

Handelsname: Von dieser Population ist kein Handelsname bekannt geworden.

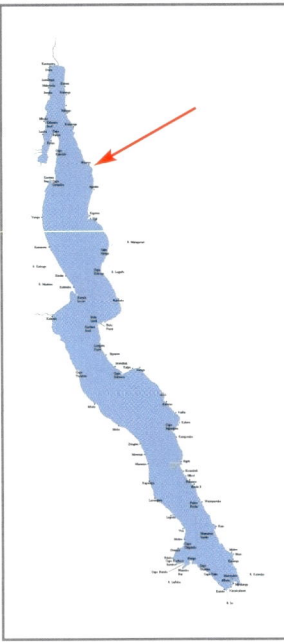

Vorkommen: Das Verbreitungsgebiet dieser *Tropheus* liegt wenige Kilometer südlich von Nyanza Lac über der Grenze in Tansania. Man findet sie in entsprechend felsigen Biotopen nahe der Oberfläche.

Entdeckt: In der Literatur fand ich keine Angaben wann diese Form erstmals gefunden wurde.

Erstimport: Für den Aquarienfischhandel wurde diese Population noch nicht importiert. Als Untersuchungsmaterial in Alkohol fanden sie jedoch den Weg nach Europa.

Farbe: Der gesamte Fisch zeigt am Körper ein dunkles Braun, das die Flossen mit einschließt. Eine kaum wahrnehmbare Querstreifung ist bei dem Tier auf dem Unterwasserbild zu erkennen. Anhand des Fotos ist nicht zu erkennen, ob es sich bei dem Fisch um ein Männchen oder Weibchen handelt und in welcher Stimmung es sich befindet. Von einem Fleck im Rücken, der farblich auf die Nähe zu *T. brichardi* hinweisen könnte, ist allerdings nichts zu erkennen. Die dunkle Iris ist oben etwas mehr gelb getönt als unten.

Interessantes: Diese *Tropheus*-Population ist erst vor ein paar Jahren entdeckt worden. Die ersten Bilder sah ich 1994, die von Patrick LOUISY stammten. Die äußere Ähnlichkeit zu *T. brichardi* von Nyanza Lac ist nicht zu übersehen. Die "innere" Verwandtschaft ist anhand von Genuntersuchungen ebenfalls zweifelsfrei belegt. Im selben Uferstück leben *T. duboisi* in ihrem nördlichsten Verbreitungsgebiet an der Ostküste. Der Weg nach Nyanza Lac ist für die Tiere von Gombe heute offensichtlich durch einen Mündungskegel mit kilometerlangen Sandstränden ein unüberwindbares Hindernis. Ob an diesem Küstenstück noch weitere *Tropheus*- Linien leben ist nicht bekannt.

Tropheus sp. Uvira; Population 2.3

Handelsname: Kein Name bekannt

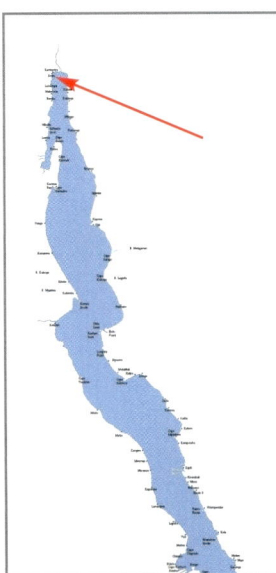

Vorkommen: Das Vorkommensgebiet erstreckt sich vom äußersten Nordwesten des Tanganjikasees bei Kavimvira über Uvira bis zur Kivovo- Mündung.

Erstimport: Eine Einfuhr erfolgte wegen der trüben Farben laut BRICHARD noch nicht.

Farbe: Der Hauptteil der Population ist braunschwarz gefärbt. Wenige Exemplare zeigen ein dunkelorangenes, unvollständiges Band an den Seiten. Meistens sind sie jedoch rußig schwarz. Die obere Augenhälfte ist braun.

Interessantes: Diese Population teilt sich in zwei Gebiete auf. Eins liegt in der Nähe von Uvira, das andere liegt im äußersten Nordwesten bei Kavimvira. Dort lebt sie mit *Tropheus* zusammen, die der Linie 5 (Pop. 5.1) angehören.

Tropheus sp. Bemba; Population 2.4

Handelsname: Tropheus Bemba, Orangeband Tropheus, Orange Moorii II.

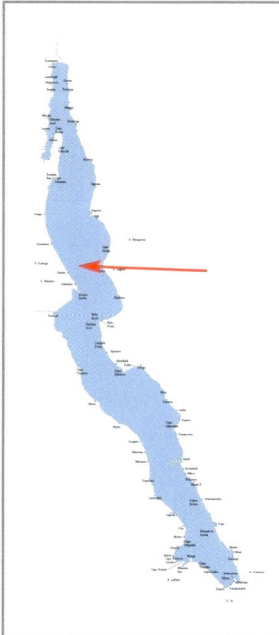

Vorkommen: Das Verbreitungsgebiet dieser Population liegt an einem ca, 1 Kilometer langen Uferstück beim Cap Munene an der Nordwestküste des Kongo.

Entdeckt: Dieser *Tropheus* wurde schon 1959 von MARLIER beschrieben.

Erstimport: Die ersten Tiere erreichten schon 1958 Europa. Weitere Importe folgten erst im Jahr 1976.

Farbe: Die braunschwarze Grundfärbung wird in der Körpermitte von einem leuchtend rotorangenen Band unterbrochen, das in seiner Ausdehnung sehr variabel ist. Es reicht bis an die Oberkante des Rückens. Stimmungsbedingt kann das vordere Körperdrittel stark aufhellen und eine orange Färbung annehmen. Nach BRICHARD soll es Individuen geben, die auch im vorderen Teil rotorange gefärbt sind. Das hintere Drittel bleibt dagegen immer dunkel. Der obere Augenrand ist ebenfalls orange. Juvenile Tiere zeigen helle Querstreifen. Schon mit einigen cm Länge beginnt sich das Band bei den Kleinen zu zeigen.

Interessantes: Diese *Tropheus*-Population lebt bei Cap Munene mit *Tropheus duboisi* zusammen. *Tropheus* sp. Bemba wurde viele Jahre nicht mehr importiert. Erst zu Beginn der neunziger Jahre erreichten uns wieder regelmäßig Sendungen mit diesen hübschen Fischen. Ihr zinnoberrotes Band war von besonderer Leuchtkraft und begeisterte viele Aquariner. Damals erwarb ich vierzig Winzlinge von den ersten Nachzuchten und zog sie in einem 1.200 Liter fassenden Becken bis zur Geschlechtreife groß. Das war eine Augenweide besonderer Art. Obwohl die Eltern ausgesucht breite Bänder aufwiesen, gab es zahlreiche schmälere und unvollständigere Bänder bei den Nachzuchten. Auch die Farbintensität schwankte. In ihrem Heimatbiotop zeigen längst nicht alle Tiere breite leuchtende Bänder. Ein interessantes Bild ergab sich morgens, wenn die Fische aufwachten. Manchen Tieren schien das Band abhanden gekommen sein, andere wiederum waren auch am Kopf orange geworden. Nach wenigen Minuten hatte sich das Melanin in den Schuppen aber wider auf seinen angestammten Platz begeben. Der Fundort müsste übrigens, Robert ALLGAYER zufolge, korrekt als "Pemba" bezeichnet werden.

Adultes, balzaktives Männchen von *Tropheus* sp. Bemba.

photo: P. Schupke

Tropheus sp. Makobola I; Population 2.5

Handelsname: Von dieser Population gibt es keinen Handelsnamen.

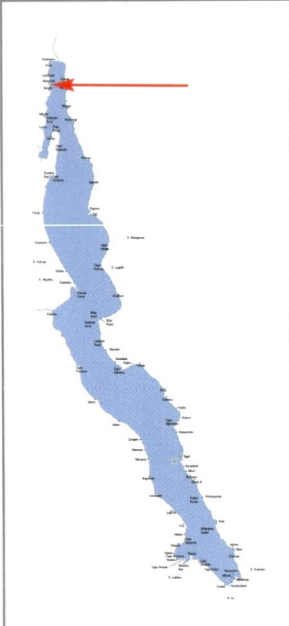

Vorkommen: Das Verbreitungsgebiet dieser *Tropheus* beginnt
bei Makobola und endet kurz vor
der Kivovo-Mündung.

Farbe: Das Zeichnungsmuster ist
sehr unterschiedlich. Von dünn
und schwach orange gebändert,
oder kupferorange auf schwarz
gefleckt, bis zu völlig schwarz,
reicht die Bandbreite dieser
Lokalform.

Interessantes: Die *Tropheus* dieses Küstenabschnittes sind noch nicht von dem Gebiet des *Tropheus* sp.
Bemba getrennt. Im Norden sollen diese *Tropheus* laut BRICHARD noch Kontakt zu der Uvira-Population
(2.3) haben, der aber durch die Kivovo-Mündung immer stärker unterbunden wird. Die ehemalige
Makobola-Luhanga-Population wurde vermutlich durch die Bemba- und Uvira-Population unter-
wandert und zeigt jetzt eine hohe Varibilität. Bei Makobola lebt auch ein *Tropheus* der Linie 5 (Pop. 5.2),
der als *T.* sp. Mabokola II bezeichnet wird.

Tropheus der Linie 3

Diese *Tropheus*-Linie besiedelt im ehemaligen Zaire einen 200
Kilometer langen Küstenabschnitt. Er beginnt im Norden am Zinzia-
Creek, der sich auf halber Strecke zwischen der Südspitze der
Ubwari-Halbinsel und den Kavala- Inseln nördlich von Kalemie
befindet und endet nach neuesten Angaben bei M´toto an der
zentralen Kongoküste. In Tansania beginnt das Vorkommen dieser
Linie im Süden in Höhe der Karilani-Insel. Es reicht aber nach
ungesicherten Angaben noch weiter in den Süden. Die Felsküste
setzt sich in südlicher Richtung weiter fort. Die nördliche Verbreitungsgrenze ist heute bei Nyanza Lac zu suchen, das sich im Süden
von Burundi befindet. Auf tansanischer Seite lebt die Linie 3 mit
mehreren anderen *Tropheus*-Linien zusammen. Es sind dies *Tropheus* von der Linie 10, die grünen Blauaugen der Linie 5, die Gabel-
schwänze der Linie 4 und die *Tropheus* Kirschfleck, der Linie 12.
Die Grundfärbung tendiert, sowohl in Tansania, wie auch im Kongo,
im nördlichen Bereich zu grau oder graubraun und in südlichen
Bereichen mehr zu braun. Die Flossen sind bis auf Pectorale und
Caudale mehr oder weniger gelb, gelbbraun oder braun gefärbt.
Die weichen Teile der Dorsale und Anale zeigen oft einen blauen
bis türkisblauen Metallschimmer. Juvenile Tiere sowie Weibchen
besitzen eine gelblichweiße Querstreifung am ganzen Körper.
Dominante Tiere verlieren ihre Streifung, können sie aber in
anderer Stimmungslage wieder bekommen. Alle Fische der Linie 3
zeigen am Kopf oder Körper meist gelbe, aber auch orangegelbe
Töne. Die Fische der Linie 3 besitzen 6 Hartstrahlen in der Anale.
Das Auge zeigt im oberen Bereich gelbe, gelbliche oder
orangegelbliche Töne. Allen gemeinsam ist das starke Abdunkeln
bei der Balz, das bei kräftigen Männchen in ihrem Revier dauernd
gezeigt werden kann.
Über die Lokalformen südlich von Kalemie gibt es wenig Informationen. Mehr als 100 Kilometer Küstenlinie liegen zwische

Kalemie und M´toto, die unzureichend untersucht wurden. Nur
beim Cape Tembwe, das ungefähr in der Mitte dieser Strecke liegt,
ist noch eine Lokalform der Linie 3 die letzten Jahre bekannt geworden, die einfarbig braun gefärbt ist. Laut BRICHARD wechseln sich
an dieser Küste Felslitoral und Sandbuchten ab. Dieser Bereich
enthält sicherlich noch mehrere Populationen der Linie 3, die dem
Tropheus sp. Kalemie, dem *Tropheus* sp. M´toto und dem *Tropheus*
sp. vom Cape Tembwe ähnlich sein werden. Vielleicht findet sich
aber auch ein noch unentdeckter *Tropheus* einer älteren Linie in
diesem Gebiet, der von den *Tropheus* der Linie 3 auf kleine Restbestände verdrängt oder in tiefere Wasserschichten abgedrängt
wurde. Die Linie 3 scheint relativ jung zu sein und ist vermutlich
noch dabei, weitere für sie geeignete Felsküsten auf Kosten anderer
Tropheus-Linien zu besiedeln. Die Linie 3 kommt in ihrem großen
Verbreitungsgebiet mit mehreren anderen Linien zusammen. Bei
Nyanza Lac im Norden sind das die Linie 2 und die Linie 5. Bei
Kigoma kommt noch ein *Tropheus* dazu, der der Linie 10 angehört.
In ihrem südöstlichsten Vorkommen am Fuße der Kungwe-Berge
bei Bulu Point leben sie mit *Tropheus polli*, die zur Linie 4 gehören
und mit dem *Tropheus* Kirschfleck, der zur Linie 12 gehört,
zusammen. Im Südwesten zwischen Kunanwa und Toa leben sie
mit den grünen Blauaugen, die zu Linie 5 gehören und mit dem
Tropheus sp. Kongole, der *Tropheus polli* stark ähnelt und zur Linie 4
gehört, zusammen. Weiter im Süden, in dem Bereich Pala und
M'toto stoßen sie mit einem weiteren Mitglied der Linie 4
zusammen. Auch sie besitzen einen Gabelschwanz. In früheren
Zeiten, als der Tanganjikasee in drei Teilseen unterteilt war, besaß
die Linie 3 vermutlich im Südteil des Nordsees eine gemeinsame
Küstenlinie.
Diese Linie enthält die Populationsnummern: 3.1 - 3.15.

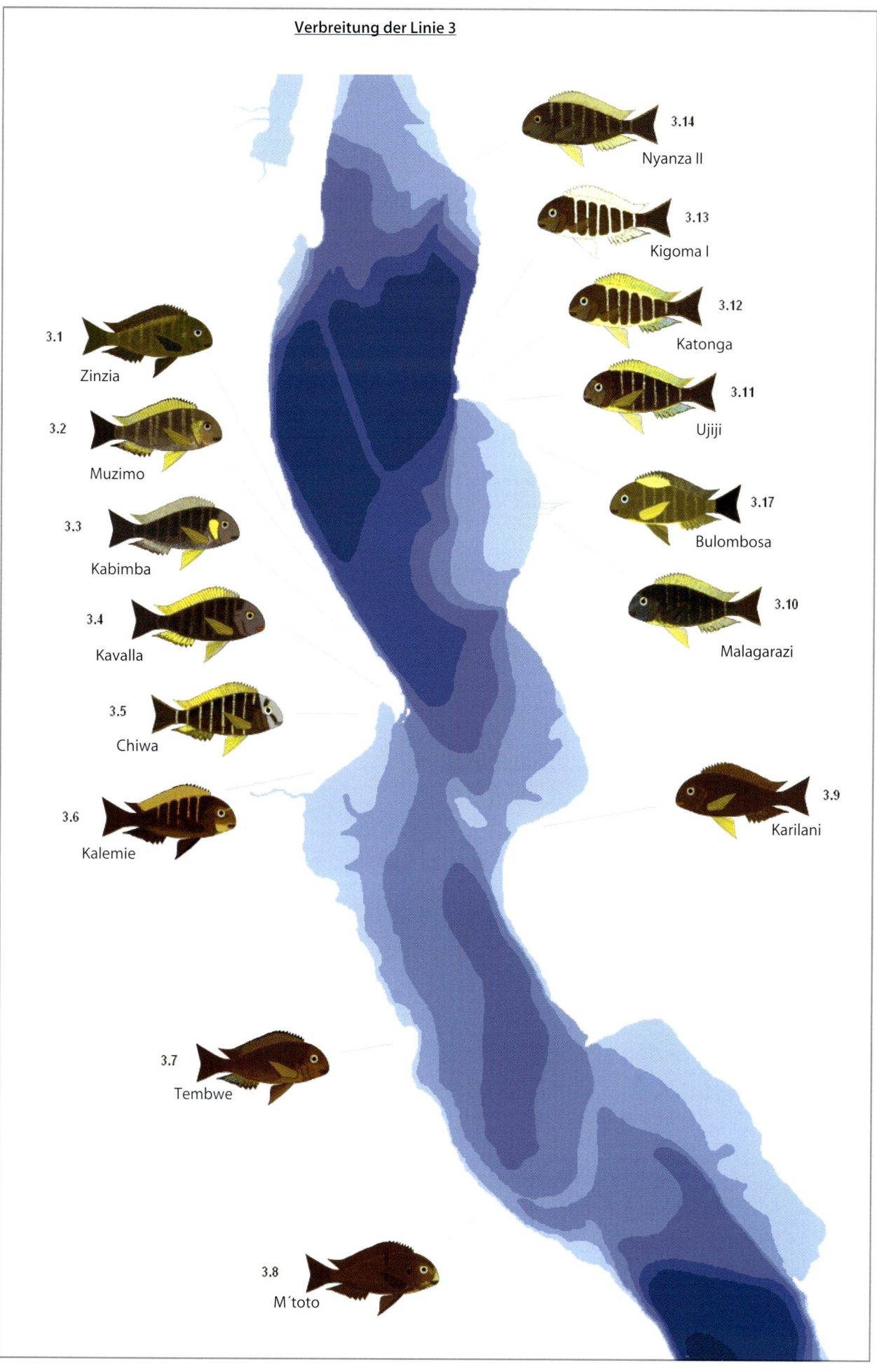

Verbreitung der Linie 3

3.14 Nyanza II

3.13 Kigoma I

3.12 Katonga

3.11 Ujiji

3.17 Bulombosa

3.10 Malagarazi

3.1 Zinzia

3.2 Muzimo

3.3 Kabimba

3.4 Kavalla

3.5 Chiwa

3.6 Kalemie

3.9 Karilani

3.7 Tembwe

3.8 M´toto

Tropheus sp. Zinzia; Population 3.1

Handelsname: Diese *Tropheus* sind noch nicht importiert worden.

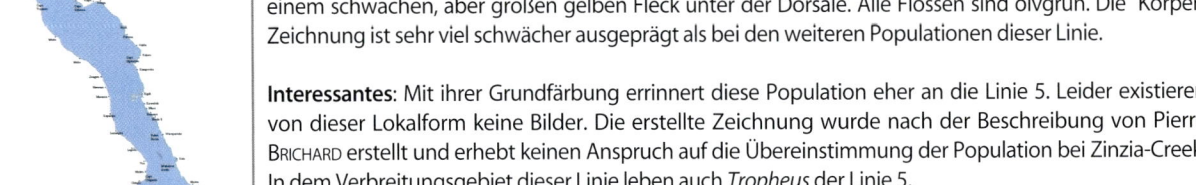

Vorkommen: Das Verbreitungsgebiet dieser *Tropheus* beginnt nördlich des Kabogo-Flusses und dem Zinzia-Creek.

Entdeckt: Pierre BRICHARD und sein Fangteam haben diese Population auf einer ihrer vielen Expeditionen am See entdeckt.

Farbe: BRICHARD spricht von einer dunkelgrünen Grundfärbung mit einem schwachen, aber großen gelben Fleck unter der Dorsale. Alle Flossen sind olvgrün. Die Körper-Zeichnung ist sehr viel schwächer ausgeprägt als bei den weiteren Populationen dieser Linie.

Interessantes: Mit ihrer Grundfärbung errinnert diese Population eher an die Linie 5. Leider existieren von dieser Lokalform keine Bilder. Die erstellte Zeichnung wurde nach der Beschreibung von Pierre BRICHARD erstellt und erhebt keinen Anspruch auf die Übereinstimmung der Population bei Zinzia-Creek. In dem Verbreitungsgebiet dieser Linie leben auch *Tropheus* der Linie 5.

Tropheus sp. Kabogo; Population 3.2

Handelsname: Ein Handelsname dieser Lokalform existiert nicht.

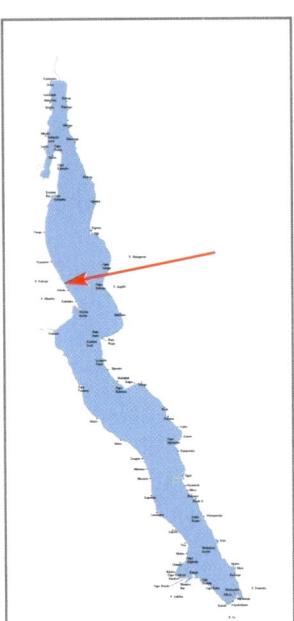

Vorkommen: Zwischen dem Kabogo-Fluss und dem Muzimo-Fluss lebt diese Population an einem ca. 20 Kilometer langen Küstenabschnitt. Sie schließt sich südlich an die vorhergehende Population an.

Entdeckt: Diese *Tropheus* wurden ebenfalls von Pierre BRICHARD und seinem Tauchteam entdeckt.

Erstimport: Dieser *Tropheus* tauchte Anfang der neunziger Jahre bei einem Importeur auf.

Farbe: Die Grundfärbung besteht aus einer faden mausgrauen Farbe, die etwas rosa überhaucht scheint und von weißlichen Querstreifen durchzogen wird. Außer der Caudale sind alle Flossen gelblich gefärbt, wobei die Pectoralen und Ventralen ein intensiveres Gelb besitzen. Die Dorsale zeigt einen schwarzen Saum. Ein sehr schwach ausgeprägter Wangenfleck erinnert an die Nachbarpopulation, deren Wangenfleck leuchtend gelb gefärbt ist. Der untere Teil des Auges ist heller gefärbt, als der obere Teil.

Interessantes: Der Verfasser hat Anfang der neunziger Jahre bei einer Importsendung der im Folgenden vorgestellten *Tropheus* sp. Kabimba oder Canary Cheek (3.3) einen einzigen Fisch der Kabogo-Form entdeckt. Vermutlich wurde dieser einzelne *Tropheus* als Muster mitgeschickt oder aber er kam aus welchen Gründen auch immer zur Nachbarpopulation, wo er dann mit anderen *Tropheus* als Canary Cheek gefangen wurde. Es wäre interessant herauszufinden, warum Nachbarpopulationen so unterschiedliche Farbmuster aufweisen können. Sicherlich fordert das Felslitoral mit seinen verschiedenen Farben der Felsen und des Aufwuchses, sowie der Feinddruck unter und über Wasser seinen Tribut. Aber das gilt schließlich für alle Populatioen, die in Nachbarschaft zueinander leben. Trotz ihrer auffälligen Farben im Aquarium sind die verschiedenen *Tropheus* Populationen in ihrem heimatlichen Biotop eher unauffällig.

Tropheus sp. Kabimba; Population 3.3

Handelsnahme: Tropheus Canary Cheek, Tropheus Kabimba, Kanarienwangen- Tropheus.

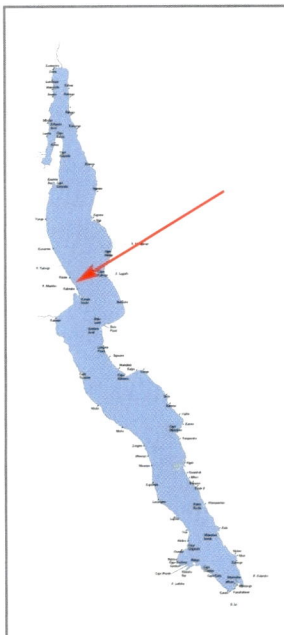

Vorkommen: Das Areal dieser Lokalform liegt an einem etwa 10 Kilometer langen Küstenstreifen zwischen dem Muzimo- Fluss und der Kabimba- Bay.

Entdeckt: Diese hübschen *Tropheus* sind von Pierre BRICHARD und seinem Tauchteam entdeckt worden.

Erstimport: Die ersten Importe dieser Tiere tauchten Anfang der neunziger Jahre im Handel auf.

Farbe: Die Grundfärbung besteht aus einem dunklem Mausgrau, das von hellen Querstreifen durchzogen wird. Streifen und Kopf zeigen stimmungsbedingt die gleiche Farbe und Helligkeit. Dorsale, Pectoral und Anale sind in einem schlichten Gelblichgrau gehalten. Die Ventralen leuchten dagegen in einem kräftigen Zitronengelb. Am auffälligsten ist der grellgelbe Fleck auf dem Kiemendeckel, der einem auf dem Kopf stehenden Tropfen ähnelt. Die Streifen können stimmungsbedingt völlig der dunkelgrauen Farbe weichen. Hauptsächlich sieht man das bei dominanten Tieren. Balzende Fische werden am Körper fast schwarz. Der gelbe Kiemenfleck zeigt dann seine intensivste Farbe.

Interessantes: Der Canary Cheek-*Tropheus* ist erst die letzten Jahre exportiert worden und hat sofort Liebhaber gefunden. Er ist durch seine dunkle Farbe und den grellgelben Wangenfleck sehr kontrastreich gefärbt. Wie bei vielen anderen *Tropheus* verblasst die Intensität der Farbe bei belastetem Wasser deutlich. Ein Erlebnis besonderer Art stellen balzende oder konkurrierende Männchen in unbeleuchteten Becken dar, deren Untergrund und Einrichtung auch dunkel gehalten sind. Dann ist nur noch der gelbe Wangenfleck zu sehen. So oder so ähnlich dürfte es im heimatlichen Biotop ausschauen, wenn die Fische in dunklen Winkeln des Felslitoral ablaichen. Aus mehreren Metern Entfernung zum Aquarium sieht der Betrachter nur noch einen tanzenden gelben Fleck.

Tropheus sp. Kavala; Population 3.4

Handelsname: Tropheus Kavala, Tropheus Kipampa.

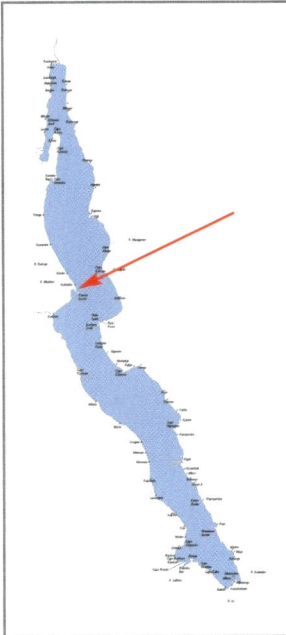

Vorkommen: Das Verbreitungsgebiet dieser Farbform beginnt an der Kabimba-Bay und erstreckt sich einschließlich der Kavala-Inseln bis zum Cape Bwana Denge, dass sich einige Kilometer nördlich des Lukuga-Flusses befindet, des einzigen Abflusses des Tanganjikasees.

Entdeckt: Wie viele andere *Tropheus*-Populationen in diesem Gebiet wurde auch *Tropheus* sp. Kavala von Pierre BRICHARD und seinem Fangteam in den achtziger Jahren entdeckt.

Erstimport: Diese Lokalform von den Kavala-Inseln wurde von Sigmund JANICKI Anfang der neunziger Jahre gefangen und importiert.

Farbe: Die *Tropheus* von den Kavala-Inseln zeigen eine dunkelmausgraue Grundfärbung, die von weißlichgelben Querstreifen am ganzen Körper durchzogen wird. Außer der Caudale und Anale zeigen alle Flossen eine mehr oder weniger gelbe Färbung. Die ersten beiden Strahlen der Ventralen und die Basis der Dorsale sind hellgrau. Die Anale hat mehr bläuliche Töne vorzuweisen, die im hinteren Bereich zahlreiche gelbe Eiflecken enthält. Das obere Drittel der Augen ist kräftig und die Kehle und Brust weniger kräftig gelb gefärbt. Beim Balzen verschwinden die Streifen völlig.

Interessantes: Innerhalb ihres Verbreitungsgebietes variiert die Färbung an verschiedenen Fangplätzen etwas. Die schönsten Exemplare sollen an einem nur 300 Meter langen Küstenstreifen bei Kipampa vorkommen, den sie mit einer großen Population Krokodilen teilen sollen. Scheinbar sind Krokodile auch *Tropheus*-Liebhaber, da sie sich oftmals die hübschesten Populationen aussuchen. Diese *Tropheus*-Lokalform zeigt mit seinen kräftig gelb gefärbten Flossen und dem dunklen Grau des Körpers einen herrlichen Kontrast. Sie ähneln den Populationen an der gegenüberliegenen Küste in Tansania sehr.

Tropheus sp. Chiwa; Population 3.5

Handelsname: Tropheus Chiwa.

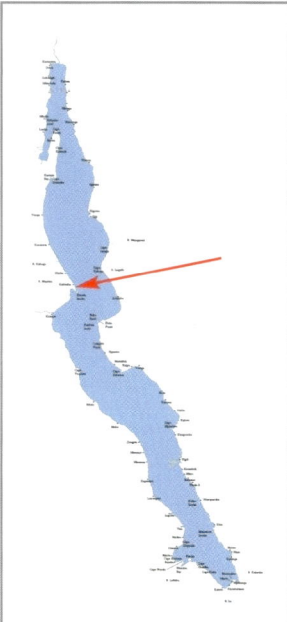

Vorkommen: Das Verbreitungsareal liegt nördlich der großen Kavala-Insel am Festland in einer kleinen Bucht südlich der Kabimba-Bucht.

Entdeckt: Diese Population wurde von Pierre BRICHARD und seinem Fangteam entdeckt.

Erstimport: Der Erstimport erfolgte Anfang der neunziger Jahre durch Sigmund JANICKI.

Farbe: Die Grundfärbung besteht aus einem Schokoladenbraun, das von weißlichgelben Querstreifen durchzogen wird. Dorsale, Pectoralen und Ventralen zeigen ein kräftiges Gelb mit einem grünlichen Schimmer, das sich auch auf den äußeren Bereich der Caudale wiederfindet. Die Anale zeigt nur im hinteren Bereich ein kräftiges Gelb, im vorderen Teil ist sie mehr braun überhaucht. Die vordere Hälfte des Kopfes ist hellgrau. Vom Auge verläuft ein schmaler brauner Streifen zum Mundwinkel. Das obere Drittel sowie ein sehr schmaler äußerer Rand vom Auge sind kräftig gelb gefärbt. Die äußeren Enden der Dorsalspitzen sind orange, was den Eindruck einer schmalen Marginalbinde vermittelt. Stimmungsbedingt kann die helle Farbe des Vorderkopfes verschwinden. Dann wird die obere Hälfte des Kopfes schokoladenbraun und die untere Hälfte bekommt dann einen dunklen Bronzeglanz. Die gelbe Farbe der Flossen lässt etwas in ihrer Intensität nach.

Interessantes: Diese hübsche Population wurde erst Anfang der neunziger Jahre importiert. Das lag u. a. auch daran, dass diese *Tropheus* nur an einem sehr kurzen Küstenabschnitt zu finden sind. BRICHARD kannte die Stelle sicherlich, bewahrte aber über den Fangplatz Stillschweigen und so dauerte es seine Zeit, bis andere Fangteams diesen Ort wiederfanden. Das Territorialverhalten ist bei diesem Fisch leider sehr ausgeprägt und es gibt bei einem zu geringen Besatz ernste Probleme bei der Vergesellschaftung untereinander. Die Durchschnittsgröße der Tiere lag weit unter dem, was man von anderen Populationen gewöhnt ist. Die Wildfänge maßen 8-9 cm und wuchsen innerhalb weniger Monate nur unwesentlich. Es dürfte sich um den kleinsten *Tropheus* handeln, der bis heute bekannt wurde.

Der hübsche *Tropheus* sp. Chiwa erreichte uns erst Ende 1995 aus dem damaligen Zaire. Er kommt nur wenige Kilometer von der Kavala-Population entfernt vor. Weibliche Tiere (rechts) zeigen keine helle Stirn. *Tropheus* sp. Chiwa ähnelt der Kigoma- Population in Tansania sehr.

photo: P. Schupke

Tropheus sp. Kalemie; Population 3.6

Handelsname: Tropheus Kalemie, Tropheus Kaniosha, Tropheus Kioshi.

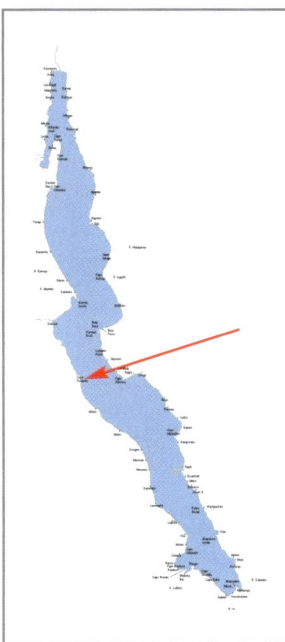

Vorkommen: Das Verbreitungsgebiet beginnt beim Cape Bwana Denge und geht über den Lukuga-Ausfluss über Kalemie hinaus.

Erstimport: Die ersten *Tropheus* dieser Farbform erreichten uns Ende der achtziger Jahre und wurden von Sigmund JANICKI importiert.

Farbe: Der Körper ist braun bis dunkelbraungrau mit einer schmutziggelben Unterseite. Der Kopf hat einen undeutlichen Orangeschimmer. Subadulte und revierlose Tiere zeigen schmale hellorangene Querstreifen. Die Dorsale kann je nach Fundort braun oder matt orange gefärbt sein. Weichteile der Dorsale und Anale schimmern metallisch blau bis blaugrün. Der Großteil des Kiemendeckels ist auffällig glänzend orange, ebenso der obere Teil des Augenringes. Die Anale trägt eine Anzahl von Eiflecken, die auch auf den Ventralen erscheinen können. Juvenile Tiere sind bis auf die dunklen Zwischenräume der Querstreifen hauptsächlich orange gefärbt. Diese hübsche Färbung verliert sich bei älterwerdenden Tieren leider immer mehr.

Interessantes: *Tropheus* sp. Kalemie kann einen sehr hohen Orangeanteil zeigen und farblich sehr attraktiv aussehen. Leider wird er sehr selten importiert. Innerhalb seines relativ großen Verbreitungsgebietes hat die Form mehrere kleine Farbunterschiede ausgebildet. BOULENGER beschrieb im Jahr 1900 *Tropheus annectens* anhand von Tieren, die von Kalemie stammen sollten. Diese *Tropheus annectens* besitzen nur 4 Analstacheln. *Tropheus* sp. Kalemie oder *Tropheus* sp. Kaniosha, wie er auch noch genannt wird, besitzt aber 6 Analstacheln. Die einzigen *Tropheus* mit 4 Analstacheln, die bei Kalemie gefangen werden, sehen *Tropheus polli* zum Verwechseln ähnlich. Leider werden aus Unkenntnis dieser Situation die *Tropheus* sp. Kaniosha respektive *Tropheus* sp. Kalemie immer noch als *Tropheus annectens* angesprochen.

Tropheus sp. Tembwe; Population 3.7

Handelsname: Diese Lokalform hat meines Wissens noch keinen Handelsnamen.

Vorkommen: Das Verbreitungsgebiet dieser Farbform wurde beim Cape Tembwe im früheren Zaire nachgewiesen. Die genauen Grenzen ihres Areals sind nicht bekannt.

Entdeckt: Diese Population der Linie 3 wurde von Pierre BRICHARDS Fangteam Mitte der achtziger Jahre entdeckt.

Erstimport: Für den Aquarienfischhandel wurden diese *Tropheus* meines Wissens noch nicht importiert. Möglicherweise sind die Tiere auf Privatinitiative von Aquarianern mitgebracht worden.

Farbe: Die Grundfärbung dieser Population ist, einem Bild nach zu urteilen, dunkelbraun. Sämtliche Flossen zeigen das gleiche Braun des Körpers. Im Bereich der Nase und Augen werden kleinere gelbliche Flecken sichtbar. Stimmungsbedingt hellt der Körper vermutlich genauso auf, wie die der Population bei M´toto. Die Tiere bekommen dann eine gelblichgraue Färbung am Körper. Die Dorsale hellt in den gleichen Farben auf. Die Iris ist im oberen Teil gelb gefärbt. Pectoralen und Ventralen zeigen eine eher bräunliche Tönung.

Interessantes: Die Küste südlich von Kalemie besteht laut Pierre Brichard nicht aus einer zusammenhängenden Felsküste. Es gibt zwischendurch immer wieder längere Sandstrände und Flusseinläufe. Das hielt die *Tropheus* der Linie 3 offensichtlich nicht davon ab, diese Küste zu besiedeln. Neueste Untersuchungen von Christian Sturmbauer und seinen Mitarbeitern zeigen, dass in früherer Zeit diese *Tropheus* Kontakte zu den *Tropheus* bei Cape Kungwe hatten. Das ist nicht weiter verwunderlich, verlief doch die Südküste des damaligen Mittelsees von den Mahale-Bergen hinüber an die Westküste. Die Untersuchungen wurden an Tieren bei Kyeso getätigt, das wenige Kilometer südlich des Cape Tembwe liegt.

Hoher Feinddruck, wie hier durch fischfressende Vögel, kann einen starken Einfluss auf die Farbigkeit der einzelnen *Tropheus*-Populationen haben.

photo: P. Schupke

Tropheus sp. M´toto; Population 3.8

Handelsname: Tropheus Gelbnase, Tropheus Mikonga.

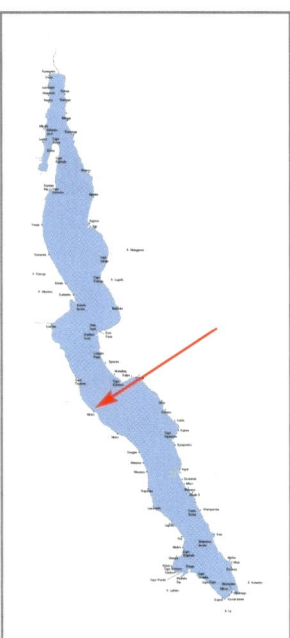

Vorkommen: Diese Population lebt in der Nähe von M´toto und Pala. Wie weit sich ihr Verbreitungsgebiet in den Norden ausweitet, ist nicht bekannt.

Entdeckt: Pierre Brichard hat mit seinem Fangteam diese *Tropheus*-Lokalform Anfang der achtziger Jahre entdeckt.

Erstimport: Diese *Tropheus* wurden Mitte der achtziger Jahre von Sigmund Janicki in nicht sehr großen Stückzahlen importiert. Weitere Importe blieben wegen mangelnder Nachfrage aus.

Farbe: Diese Population errinnrt stark an den *Tropheus* sp. Kalemie. Seine Grundfärbung ist braun bis dunkelbraun. Auf den wenigen existierenden Bildern sind adulte Tiere abgebildet, die keine Streifung zeigen. Stimmungs- oder Fundortbedingt können die Tiere am Körper aufhellen und zeigen dann graue bis graubraune Bereiche am Kopf und Vorderrücken. Gelbliche Bereiche findet man auf der Stirn, im Brust und Bauchbereich. Pectoralen und Ventralen sind gelblich gefärbt, wogegen Dorsale und Anale braungrau oder braun sind. Die Anale ist sehr dunkel, zeigt aber wie bei anderen Formen der Linie 3 auch bläuliche Bereiche in dem weichen Teil mit vereinzelten Eiflecken. Der obere Teil des Auges ist auffällig gelb und der Rest des Auges stark silbrig gefärbt. Pierre Brichard erwähnt, das diese *Tropheus* im hinteren Teil des Körpers und der unpaaren Flossen gelblicher werden. Diese Färbung kann standortbedingt, aber auch stimmungsbedingt, auftreten.

Interessantes: Der *Tropheus* sp. M´toto oder *Tropheus* Gelbnase hat das südlichste Verbreitungsgebiet der Linie 3. Nach Brichard soll sein Verbreitungsareal zwischen M´toto und Pala liegen. Dort kommt er mit einem *Tropheus* der Linie 4 zusammen, die 4 Analstacheln und einen Gabelschwanz besitzt. Nördlich dieses Gebietes liegen noch über 100 Kilometer Küstenlinie, die noch nicht untersucht worden sind. Es ist aber stark anzunehmen, dass in diesem Küstenabschnitt noch weitere *Tropheus* der Linie 3 vorkommen, die vermutlich ähnlich wie der *Tropheus* von Kalemie oder der *Tropheus* von M´toto aussehen werden.

Tropheus sp. Karilani; Population 3.9

Handelsname: Tropheus Karilani

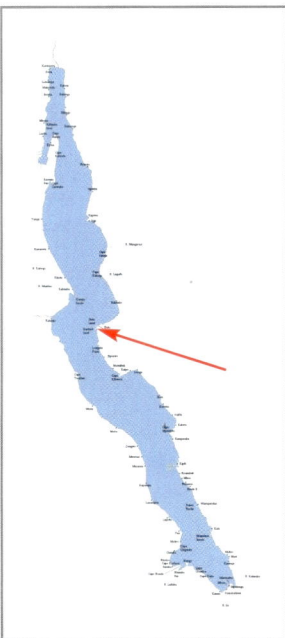

Vorkommen: Das bekannte Verbreitungsgebiet liegt an der Nordwestseite der Kungwe-Berge in Tansania und soll bis Halembe reichen, das ca. 40 Kilometer nordöstlich liegt.

Erstimport: Ende der 1980er Jahre.

Farbe: Die Grundfärbung besteht aus einem dunklen Graubraun. Adulte Tiere besitzen stimmungsbedingt im Vergleich zu juvenilen und weiblichen Tieren keine Streifung mehr. Die sehr dunkle Caudale hebt sich etwas von der helleren Dorsale, die im weichen Teil gelblich ist, und Anale ab, die braungrau gefärbt ist. An der Dorsale ist eine orangene schmale Marginalbinde zu erkennen. Stimmungsbedingt können die Tiere am Körper hellgrau werden und am Kopf sind bräunlichrosa Töne zu sehen. Die Lippen sind dann dunkel eingefasst. Im Gegensatz zu den gelblichen Pectoralen sind die Ventralen auffällig gelb. Der untere Teil des Augenringes ist silbrig, der obere dagegen gut sichtbar gelb.

Interessantes: Der *Tropheus* sp. Karilani zeigt eine große Ähnlichkeit zu dem *Tropheus* sp. Kavala (3.4). Sie bewohnten wahrscheinlich früher eine gemeinsame Küstenlinie, als der Tanganjikasee in drei Teilseen aufgeteilt war. Nach Angaben eines Importeurs soll *Tropheus* sp. Karilani erst einige Kilometer nördlich der Karilani-Insel vorkommen. An der Insel selbst wird neben *T. polli, T.* sp. Kirschfleck und *T.* der Linie 10 ein *Tropheus* gefunden, den die Fänger "Karilani Red" nennen und der, abgesehen von dem roten Balken im Schwanzstiel, dem *Tropheus* sp. Chipimbi (7.5) gleicht. Diese Lokalform war wegen ihren düsteren Farben bei den Aquarianern nicht sehr beliebt und wurde deshalb nur wenige Male importiert. Ihr aggressives Verhalten trug ebenfalls nicht zu ihrer Popularität bei. Es ist durchaus denkbar, dass *Tropheus* sp. Karilani noch weiter südlich von Bulu Point vorkommt, da die Felsküste noch weiter in den Süden reicht. Auf tansanischer Seite hat die Linie 3 bei Bulu Point nach bisherigem Wisensstand jedoch ihre südlichste Verbreitungsgrenze erreicht.

Tropheus sp. Malagarasi; Population 3.10

Handelsname: Kein Handelsname bekannt

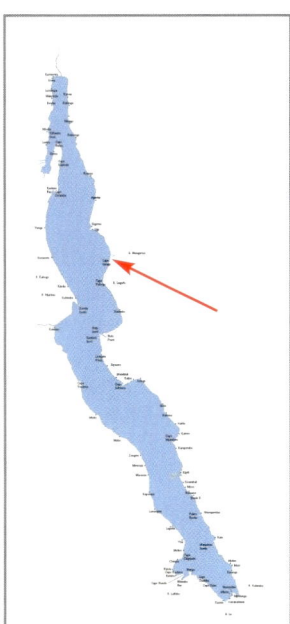

Vorkommen: Das heute bekannte Verbreitungsgebiet dieser Lokalform beginnt nördlich des Malagarasi-Deltas im nördlichen Tansania. Wie weit sich sein Areal in den Norden zieht, ist noch nicht bekannt.

Entdeckt: Anfang der achtziger Jahre tauchten A. KONINGS und H. W. DIECKHOFF an diesen Küsten in Tansania und fanden noch zahlreiche andere *Tropheus*- Lokalformen. Ad KONINGS erwähnt diesen *Tropheus* zum erstenmal 1988.

Erstimport: Vermutlich ist diese Lokalform noch nicht für den Handel importiert worden.

Farbe: Die Grundfärbung zeigt ein dunkles Graubbraun mit einem leichten graublauen Schimmer, wie man es bei anderen Lokalformen der Linie, z.B. *Tropheus* sp. Kavala (3.4), finden kann. Nur dominante und adulte Tiere zeigen keine Streifen mehr am Körper. Die hellgelbe Dorsale weist im hinteren weichen Bereich bläuliche Töne auf, dagegen sind die Ventralen, sowie Brust und Bauch auffällig einfarbig gelb. Die Pectoralen zeigen nicht so kräftige Töne und sind eher unscheinbar. Die kräftig gelb gefärbte Anale besitzt im hinteren Bereich bläuliche

Bereiche und zeigt einige orangefarbene Eiflecken auf. Der Augenring ist silbrig, zeigt aber im oberen Teil gelbe bis orangene Töne.

Interessantes: Über diese Lokalform ist wenig bekannt, da sie vermutlich noch nicht importiert wurde. Ob sie mit anderen *Tropheus*- Linien oder Arten vorkommt ist nicht bekannt. Einige Kilometer südlich kommen bereits *Tropheus* der Linien 5 und 10 vor. *Tropheus* sp. Malagarasi zeigt eine große Ähnlichkeit zu den weiter nördlich vorkommenden *Tropheus* dieser Linie. Männchen dunkeln beim Balzen am Körper stark ab und zeigen in dieser Phase keine Streifen mehr. Die Streifen können über längere Zeit verschwunden bleiben. Erst wenn sich die Situation des Fisches längerfristig ändert, tritt wieder eine leichte Streifung zutage.

Tropheus sp. Ujiji (Katonga); Populationen 3.11 und 3.12

Handelsname: Tropheus Ujiji, Tropheus Katonga

3.11. (Ujiji)

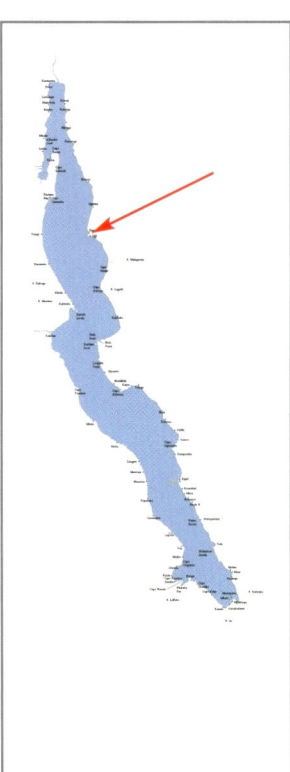

Vorkommen: Das Verbreitungsgebiet beginnt wenige Kilometer südlich von Kigoma und endet ein paar Kilometer südlich Ujiji, wo sich im Mündungsbereich mehrerer kleiner Flüsse ein Sumpf gebildet hat.

Erstimport: Diese außerordentlich hübschen Lokalformen wurden bereits ab Ende der achtziger Jahre in größeren Abständen eingeführt.

Farbe: Dominante Männchen zeigen eine dunkelgraubraune Grundfärbung mit Resten der weißlich gelben Vertikalstreifung. Bei balzaktiven Tieren kann die Streifung fast ganz zurückgehen. Ein heller zitronengelber Fleck erstreckt sich unter der eher gelblichen Dorsale, die eine orangenen Marginalbinde besitzt, bis weit über die Mitte des Rückens hinaus. Die Ventralen, die Anale, sowie Brust und Bauch zeigen das gleiche helle Zitronengelb der Dorsale. Die Anale hat im weichen Bereich eine hübsche bläulich türkisfarbene Zone, die mit zahlreichen orangenen Eiflecken

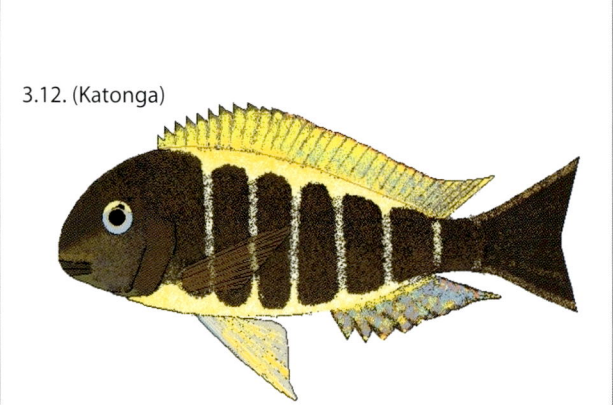

3.12. (Katonga)

übersät ist. Die Spitzen der Hartstrahlen sind ebenfalls orange abgesetzt. Der silbrige Augenring besitzt einen leichten hellblauen Schimmer und ist im oberen Bereich gelblich. Juvenile und Weibchen zeigen wie alle *Tropheus* dieser Linie weißliche bis weißlichgelbe Querstreifen.

Interessantes: Die schönsten Tiere (Population 3.12) sollen bei Katonga gefangen werden. Im südlichen Areal dieser Farbform Richtung Ujiji (3.11) geht der schöne Rückenfleck und die hellgelben Farbzonen am Bauch stark zurück. Nur der Brust bleibt das grelle Gelb erhalten. Leider haben sich diese hübschen *Tropheus* als sehr streitsüchtig erwiesen, was bei ihrer Haltung in unseren Becken manchmal kaum lösbare Probleme bereiten kann. Aber für eingefleischte *Tropheus*-Fans und solche, die es werden wollen, ist das kein Hindernis, sondern eher eine Herausforderung. An diesem Küstenabschnitt lebt in etwas tieferem Wasser *Tropheus* der Linie 10. Ob noch andere *Tropheus*-Linien vorkommen, ist nicht bekannt. Aller Wahrscheinlichkeit nach dürften *Tropheus* der Linie 5 (Grüne Blauaugen) in diesem Bereich vorkommen. Die beiden Populationen 3.11 und 3.12 sind einander sehr ähnlich und scheinen durch Übergangsformen miteinander verbunden zu sein, weshalb sie hier, ebenso wie die beiden folgenden Population, gemeinsam abgehandelt werden.

Tropheus sp. Kigoma I (Nyanza Lac II); Populationen 3.13 und 3.14

Handelsname: Tropheus Kigoma, gestreifter Tropheus, Tiger-Tropheus

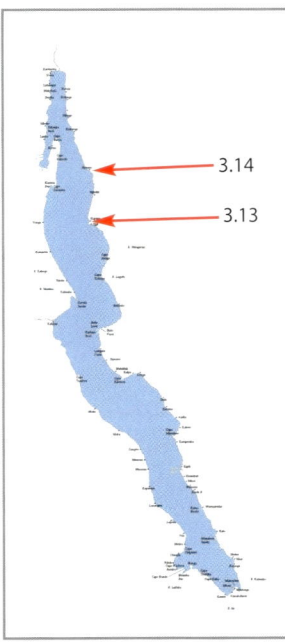

Vorkommen: Das Areal dieser Lokalform beginnt etwas südlich von Kigoma und endet bei Nyanza Lac im äußersten Süden Burundis.

Entdeckt: Die *Tropheus* bei Kigoma wurden von W. STAECK 1974 entdeckt und im selben Jahr beschrieben.

Erstimport: Für den Aquarienfischhandel wurde sie erstmals im Herbst 1975 importiert.

Farbe: Die Grundfärbung besteht aus einem braungrau mit gelben Ventralen und fast farblosen Pectoralen. Dorsale und Anale sind mehr grau mit einem leichten gelblichen Schimmer. Die mehr zu graugelb tendierende Anale zeigt einen leichten bläulichen Hauch und besitzt im weichen Teil einige orangegelbliche Eiflecken. Balzaktive Männchen sind im Gegensatz zu den graubraunen inaktiven Tieren sehr auffällig gefärbt. Ihre weißen Rücken-, After- und Bauchflossen sind auf größere Distanzen gut sichtbar. Juvenile Tiere und Weibchen zeigen bis zu acht Querbinden, die oft auch bei Männchen noch zu sehen sind. Der Augenring ist silbrig hell mit einem leichten bläulichen Anflug, der obere Teil ist gelblich. Die Population bei Nyanza Lac zeigt etwas mehr Farbe. Die Dorsale, die Ventralen, der Bauch, die Kehle und die Anale sind etwas gelblicher gefärbt, verglichen mit den Tieren aus der Nähe von Kigoma.

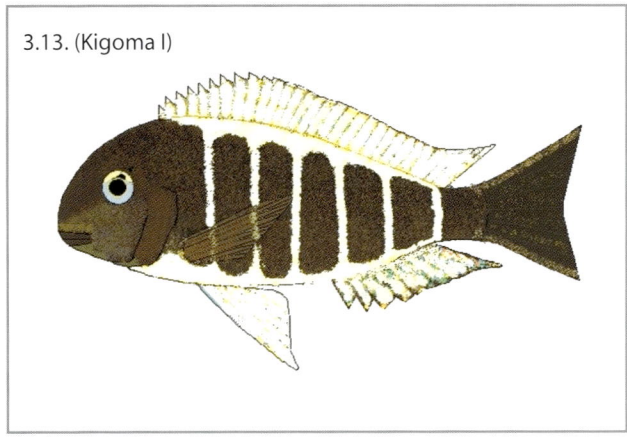

3.13. (Kigoma I)

3.14. (Nyanza Lac II)

Interessantes: In Nyanza Lac wie in Kigoma leben neben der Linie 3 auch *Tropheus* der Linie 5, die "Grünen Blauaugen". In Nyanza Lac kommt noch der *Tropheus* "Schoko" oder Sattelfleck-*Tropheus* dazu, der zur Linie 2 gehört. Er wurde wissenschaftlich als *Tropheus brichardi* beschrieben. Diese drei Linien unterscheiden sich im Aquarium eigentlich recht gut voneinander (siehe Linienschlüssel). BRICHARD geht von einer Art aus und spricht von einer außergewöhnlichen Varibilität der *Tropheus* bei Nyanza Lac. Im See kann es jedoch Probleme bereiten, diese *Tropheus* auseinander zu halten oder überhaupt zu bemerken, dass es sich um verschiedene Arten handelt. Die neutralen Färbungen können sich sehr ähnlich sein und ob ein Tier grünlichbräunliche Streifen zeigt oder bräunlichgelbliche ist oft nur in einem Aquarium festzustellen.

Tropheus sp. Bulombora, Population 3.15

Handelsname: Tropheus Bulombora

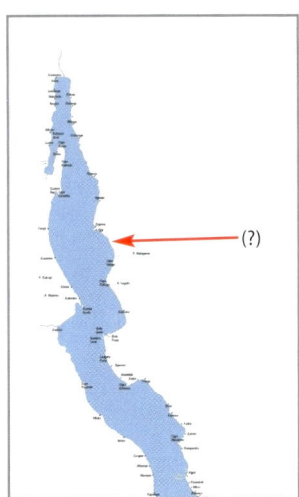

Vorkommen: Von den Importeuren wird der Fangort mit Bulombora angegeben. Eine Ortschaft dieses Namens ist mir unbekannt. Ungefähr in der Mitte der Strecke Malagarasi-Delta und Kigoma gibt es jedoch eine sehr ähnlich klingende Ortschaft mit dem Namen Ulombola.

Entdeckt: Erst im Jahr 2001 wurde diese Farbrasse vermutlich von einer der dortigen Fangfirmen entdeckt.

Erstimport: Der Erstimport erfolgte meines Wissens im Herbst 2001.

Farbe: Die Grundfärbung des Körpers geschlechtreifer Tiere besteht aus einem bräunlichen gelbgrün. Die Unterseite ist gelb. Die Männchen besitzen in der vorderen Rückenhälfte einen gelbweißen Sattelfleck. Bis auf die dunkle Caudale sind bei Weibchen und Jungtieren alle Flossen grellgelb gefärbt, hingegen braun überlagert bei den Männchen, mit Ausnahme des gelbweißen Flecks in dem Bereich über dem Sattelfleck. Dominierende Tiere beiderlei Geschlechts zeigen am Körper gelbe bis gelbweiße Querstreifen. Weibchen zeigen diese in der Regel nur andeutungsweise. Ihr Körper ist von gelblichgrüner Farbe. Die helle Iris zeigt im oberen Drittel einen gelblichen Ton, der von einem schwarzen Balken durchtrennt sein kann. Der Bereich der Unter- und Oberlippe ist schwärzlich. Die Stirn des Männchen kann grüntürkis gefärbt sein.

Interessantes: Diese Standortvariante gehört zu den wenigen *Tropheus*-Arten und deren Farbrassen, bei denen die Geschlechter anhand der Färbung unterschieden werden können. Männliche Tiere zeigen immer ihren Sattelfleck, wogegen die meist gelbgrün aussehenden Weibchen diesen nicht besitzen. Erst im Herbst 2001 wurde dieser farblich hübsche *Tropheus* zum erstenmal für den Handel exportiert.

Paar beim Laichen. Links das Männchen.

Paar beim Laichen. Links das Weibchen.   **photo**: P. Schupke

Tropheus der Linie 4

Diese *Tropheus*-Linie kommt an der zentralen Ost- und Westküste vor. Ihr heutiges Verbreitungsgebiet soll im Kongo von den Kavala-Inseln (ca. 30 Kilometer nordwestlich von Kalemie) bis hinunter nach Moba reichen. Auf tansanischem Gebiet beginnt das Vorkommen ca. 20-30 Kilometer nördlich von Ikola bis mindestens zur Bulu-Insel, die nordwestlich der Kungwe-Berge liegt.

Sie kommen in ihrem Lebensraum mit verschiedenen anderen Linien in Berührung. Wenn sie im Nordwestbereich bei den Kavala-Inseln vorkommen, teilen sie sich die Küste mit *Tropheus* der Linie 5 und der Linie 3. Bei Kyeso, südlich vom Cape Tembwe ist ihr Vorkommen belegt. Bei Moba im Süden kommen sie mit den nördlichen "Regenbogen"-*Tropheus* in Berührung. Auf tansanischer Seite wurden die ersten *Tropheus* (Pop. 4. 1) dieser Linie entdeckt und später als *Tropheus polli* von AXELROD 1977 beschrieben. Sie leben an einem langen Küstenabschnitt, der die Kungwe-Berge umschließt und weiter bis in die große Bucht reicht, in deren Zentrum das Dorf Ikola liegt. Im nördlichen Bereich dieser Bucht ist ihr Vorkommen erst kürzlich entdeckt worden, wo sie mit dem *Tropheus* sp. Ikola (Linie 12) gemeinsam gefunden worden sind. Im nördlichen Teil der großen Bucht lebt *T. polli* im oberen Felslitoral und hat *T.* sp. Ikola in tiefere Wasserschichten abgedrängt. Von Kalia, das am Ende der Bucht liegt, bis zum Cape Kibwesa, leben sie mit einer *Tropheus*-Population zusammen, die hier als 6.3 bezeichnet wird. Im Nordteil der Kungwe-Berge besiedeln sie mit *Tropheus* der Linie 10, mit *Tropheus* sp. Karilani (3.9) und mit *Tropheus* sp. Kirschfleck (Linie 12) ein gemeinsames Küstengebiet, jedoch in getrennten Habitaten. An der Westküste im Kongo ist das Vorkommensgebiet der beiden anderen Populationen (Pop. 4. 3 und 4. 2) nur unvollständig bekannt. Das Aussehen dieser Tiere gleicht denen an der Ostküste, die als *Tropheus polli* beschrieben wurden. Sie sind nur etwas dunkler, mehr braunschwarz, während

Tropheus polli insgesamt heller und mehr grau erscheint. Juvenile Tiere der Populationen 4.1 und 4.3 gleichen sich und können verwechselt werden. Auch die Weibchen zeigen ausgeprägte Querstreifen, die sie in der Regel beibehalten. Dominante und balzaktive Tiere werden dunkel und verlieren ihre Streifen. Verliert ein Tier sein Revier kehren die Streifen wieder zurück.

Die Tiere dieser Linie zeichnen sich durch eine Caudale aus, die tief sichelförmig eingeschnitten ist und deren Enden lang und spitz ausgezogen sind. Bei den Tieren von Moba (4. 2) ist die Caudale ebenfalls sichelförmig, nur die Enden sind nicht (bei noch nicht ausgewachsenen Tieren) ganz so lang ausgezogen. Das Erscheinungsbild ist im Vergleich zu denen im Norden aber sehr ähnlich. Allen gemeinsam sind die vier Hartstrahlen der Anale. Der von BOULENGER 1900 beschriebene *Tropheus annectens* besitzt ebenfalls nur vier Hartstrahlen und soll in der Nähe von Kalemie gefangen worden sein. Lange Zeit waren aus dem Gebiet um Kalemie nur die braunen *Tropheus* der Linie 3 bekannt. Sie wurden fälschlicherweise von verschiedenen Autoren als *Tropheus annectens* angesprochen. Erst viel später wurden, zwischen Kalemie und Moba, *Tropheus* mit vier Hartstrahlen entdeckt. Die *Tropheus* der Linie 4 werden durchschnittlich größer als andere *Tropheus*. Mit ihren lang ausgezogenen Caudalen können männliche Tiere der Populationen 4.1 und 4.3 die 20 cm Marke erreichen. Über die Endgröße der Population 4.2 bei Moba ist mir zum gegenwärtigen Zeitpunkt nichts bekannt.

Tropheus polli wurde schon Anfang der achtziger Jahre für den Aquarienfischhandel gefangen. Die beiden anderen *Tropheus* dieser Linie wurden erst später entdeckt und in kleineren Stückzahlen importiert.

Diese Linie enthält die Populationsnummern 4. 1 - 4. 3.

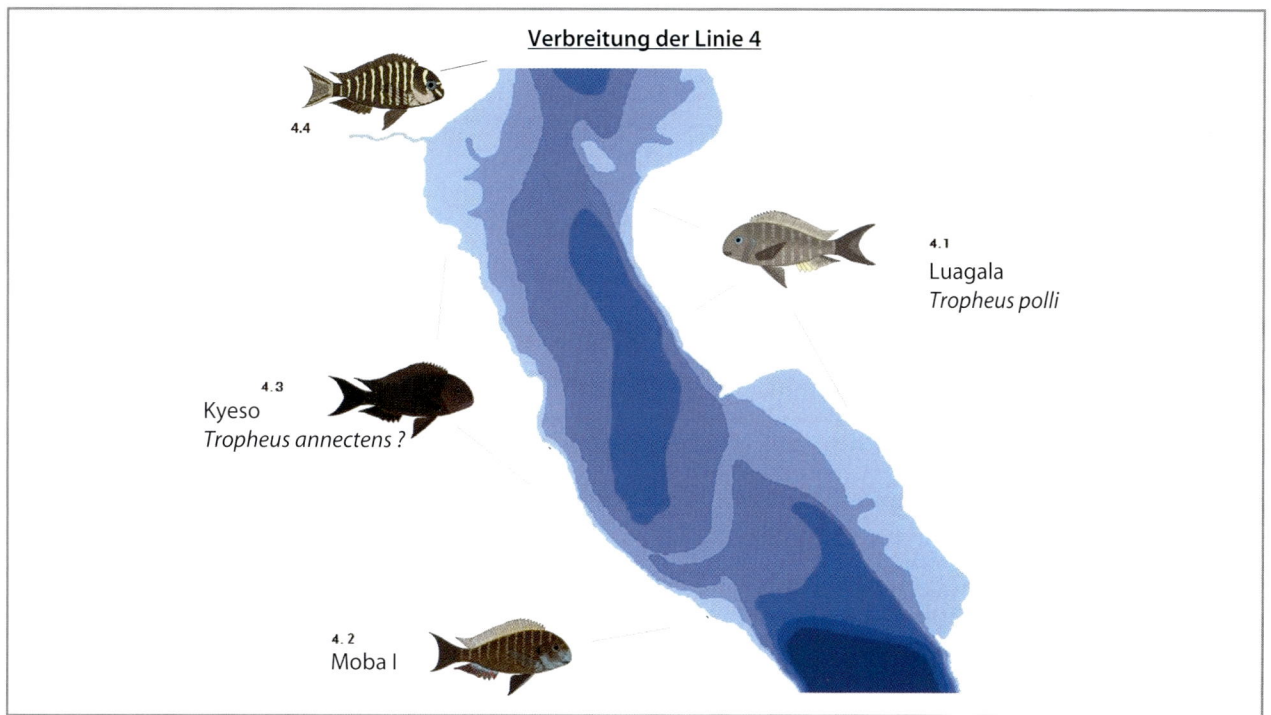

Verbreitung der Linie 4

4.4

4.1
Luagala
Tropheus polli

4.3
Kyeso
Tropheus annectens ?

4.2
Moba I

Tropheus polli AXELROD, 1977 Population 4.1

Handelsnamen: Tropheus polli, Gabelschwanz Tropheus, Wimpel- Moorii

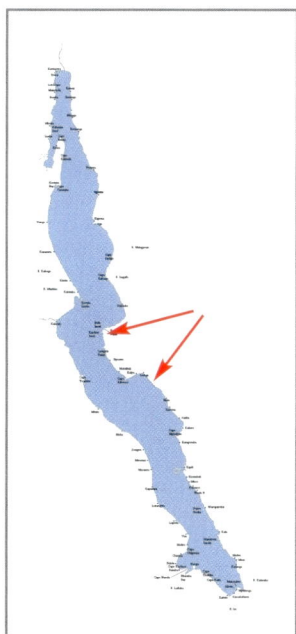

Vorkommen: Das heute bekannte Verbreitungsareal in Tansania reicht von der Nordseite der Kungwe-Berge, wo sich die Bulu-Insel befindet, über Luagala-Point bis ins nördliche Verbreitungsgebiet des *Tropheus* sp. Ikola (11.1).

Entdeckt: Dieser *Tropheus* wurde 1975 von FAINZILBER entdeckt und von Herbert AXELROD 1977 als *Tropheus polli* beschrieben.

Erstimport: Für den Handel wurde *Tropheus polli* zum erstenmal Ende der siebziger - Anfang der achtziger Jahre importiert. Bis heute wird er in größeren Abständen immer wieder einmal im Fachhandel angeboten.

Farbe : Die Grundfärbung besteht aus einem helleren Grau, das stimmungsbedingt abdunkeln kann. Brust, Bauch, Ventralen, Anale und die Enden der Caudale können einen mehr oder weniger gelben Hauch zeigen. Bei manchen Individuen kann die Anale auch stärker gelb gefärbt sein. Nur dominante Tiere verlieren ihre Streifen vorübergehend ganz. Im allgemeinen sind die Streifen bei Männchen aber weniger ausgeprägt als bei Weibchen und juvenilen Tieren, die sehr kontrastreich gestreift sind. Dorsale, Pectoralen und Caudale zeigen normalerweise die Farbe des Körpers. Caudale und Anale können manchmal schwach rote Striche und Punkte zeigen. Bis auf einen kleinen dunkleren Fleck an der oberen Iris ist diese durchgehend hellblau gefärbt.

Interessantes: *Tropheus polli* ist in der Aquaristk schon länger bekannt und gilt als etwas ruhiger als seine Gattungsverwandten. Auffällig an diesen Tieren ist die große Wimpelschwanzflosse. Nordwestlich vom Luagala-Point im Kongo lebt ein Linienverwandter, der statt grau mehr dunkelbraun gefärbt ist. Im juvenilen Alter können beide leicht verwechselt werden, da die Streifung und deren Kontrast praktisch identisch sind. Diese *Tropheus* wurden bei uns als *Tropheus* Kongole (siehe 4.3) angeboten. Die beiden Formen hatten vermutlich in früherer Zeit, als der Tanganjikasee in drei Teilseen aufgeteilt war, eine gemeinsame Küstenlinie im mittleren Teilsee. Dadurch lässt sich die große Ähnlichkeit erklären. *Tropheus polli* lebt vorzugsweise in einer Tiefe zwischen 5 und 10 Meter, was deutlich unterhalb der Tiefe liegt, die andere *Tropheus*, mit Ausnahme von *Tropheus duboisi*, bevorzugen. Nördlich von Ikola hat *T. polli T.* sp. Ikola (11.1) in tieferes Wasser verdrängt. Zwischen Isonga und Cape Kibwesa lebt er ohne andere *Tropheus*-Arten. Ob und wie weit sich *Tropheus polli* in seinem doch recht großen Verbreitungsgebiet farbliche Lokalformen ausgebildet hat, ist nicht bekannt. Groß können die Unterschiede nicht sein, da sie sonst vermutlich bekannt geworden wären. Das Gebiet, in dem er vorkommt, ist eingermaßen gut untersucht worden.

Tropheus sp. Moba I; Population 4.2

Handelsname : Tropheus Moba

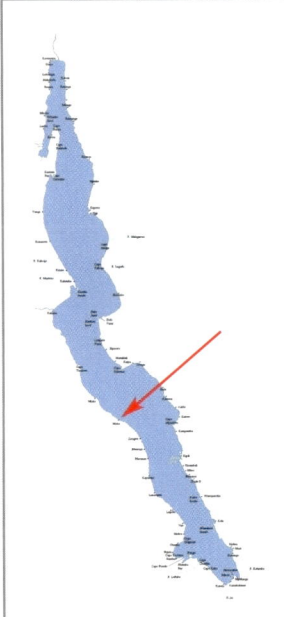

Vorkommen: Das heute bekannte Verbreitungsgebiet erstreckt sich von der Moba-Bay nordwärts bis nach Pala.

Entdeckt: Dieser *Tropheus* wurde vermutlich von Pierre Brichards Fangteam Anfang der achtziger Jahre entdeckt.

Erstimport: Die ersten Tiere wurden für den Handel Anfang der neunziger Jahre als Seenachzuchten von Pierre Brichard exportiert.

Farbe: Die Grundfärbung reicht von bräunlich bis bräunlichgrün. Tiere in neutraler Stimmung zeigen schmale, weißliche bis ockerfarbene Querstreifen, die bei Erregung zurückgehen können. Der Bereich Nase, Maul, Wange, Kehle und Brust, sowie die Basis der Pectoralen sind auffällig blautürkis gefärbt. Die Dorsale ist schwach gelblichgrau und somit etwas heller als der restliche Körper. Der Bereich der Wangen gibt es kleinere rosa Fleckchen. Die Anale besonders im Hartstrahlbereich kleinere orangene Flecken und Striche. Caudale, Ventralen und Pectoralen sind farblich unauffällig. Die schwärzliche Iris zeigt keine weitere Farbe. Die Färbung und besonders die Zeichnung juveniler Tiere sind mir nicht bekannt.

Interessantes: Der *Tropheus* sp. Moba I lebt zwischen M'toto und Pala mit dem *Tropheus* sp. M'toto von der Linie 3 (3.8) zusammen. Es ist anzunehmen, dass die beiden *Tropheus*-Arten in verschiedene Tiefen des dortigen Felshabitats leben. Es läge durchaus im Bereich des Möglichen, dass *Tropheus* sp. Moba I im Süden der Moba-Bay mit der Linie 8, den nördlichen "Regenbogen"-*Tropheus*, zusammentrifft. Leider macht Brichard diesbezüglich keine Angaben. Die von mir beobachteten Seenachzuchten wuchsen leider kaum noch, so dass hinsichtlich der Endgröße keine Angaben gemacht werden können. Diese Tiere erreichten nur eine Länge von ca. 10 cm. Möglicherweise ist dieser *Tropheus* eine Farbform der *Tropheus*-Population 4.3.

Flusspferde sind die für den Menschen gefährlichsten Großtiere Afrikas. Wo sie leben, ist ein Aquarienfischfang unmöglich. Diese Aufnahme entstand am Cape Nundo. **photo:** P. Schupke

Tropheus sp. Kyeso; Population 4.3

Handelsname: Kein Handelsname bekannt.

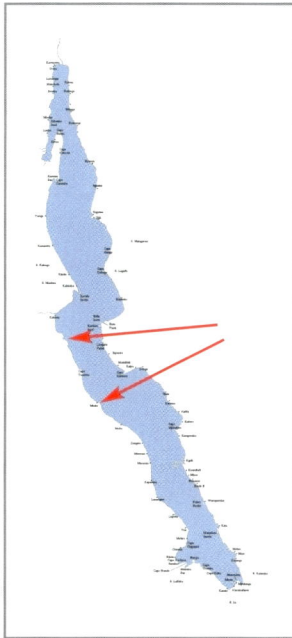

Vorkommen: Das heute bekannte Verbreitungsgebiet dieser *Tropheus* liegt zwischen der Ortschaft Kyeso unterhalb Cape Tembwe und reicht bis einige Kilometer südlich von M´toto.

Entdeckt: Ob es sich bei diesen Tieren um die von BOULENGER beschriebenen *Tropheus annectens* handelt, ist nicht mit Sicherheit zu sagen, da die Herkunft der damals gesammelten *Tropheus*, die BOULENGER von Kapitän HEQUE erhielt, nicht sicher geklärt ist.

Erstimport: Die ersten Verteter dieser *Tropheus* kamen als Seenachzuchten von Pierre BRICHARD zu uns. Kurze Zeit später folgten dann auch Wildfänge, die vom CJ- Aquarium importiert wurden.

Farbe: Die Grundfärbung ist bei großen Tieren dunkelbraun, wobei jede Schuppe am Ende aufgehellt ist. Helle Querstreifen sind nur am Rücken unter der Dorsale vorhanden. Der Kopf ist heller und leicht rosa überHAUCHT. DAS MAUL, DIE ANALE UNd der hintere Kiemenrand, sowie die Membranen der Caudale und die Basis der Dorsale zeigen graublaue Töne. Die Iris ist dunkel mit einem leichten bläulichen Schimmer. Juvenile Tiere besitzen ein kontrastreiche Zeichnung in Dunkelbraun und Weißlichbeige. Ihre Iris ist hauptsächlich hellblau mit einem kleinen roten Bereich am oberen Augenrand.

Interessantes: Leider ist über diesen *Tropheus* nicht viel bekannt. Da sein Verbreitungsgebiet direkt an dem Zugang des ehemaligen Nordsees befindet, wäre es interessant zu wissen, ob und wie weit sich dieser *Tropheus* nach Norden ausbreiten konnte. Das gleiche gilt für den südlichen Teil über Kalemie hinaus. Dieser Küstenbereich enhält viel Sandstrände und nur kleine, nicht zusammenhängende Felsküsten. Noch weiter im Süden werden die Felsküsten wieder häufiger. Dort lebt der dritte *Tropheus* der Linie 4. Sie sehen dem *T.* "Kongole" sehr ähnlich. Die Küste zwischen Kalemie und Moba birgt sicherlich noch so manches Geheimniss. Die politische Lage im Kongo macht es nicht gerade einfach, dort unbehelligt zu reisen und dem Land die Aufmerksamkeit zu widmen, die es verdient. Die Küstelinie des ehemaligen Zaire ist fast so lang, wie der gesamte Tanganjikasee. Kurz nach Redaktionsschluss wurde bekannt, dass Mitte der 1980er Jahre bei den Kavalla-Inseln im Kongo von Pierre BRICHARD eine weitere Population der Linie 4 gesammelt wurde, die zuvor nicht als eigenständige Population erkannt wurde. Sie wird hier als **4.4 Kavalla "Kongole"** bezeichnet.

Tropheus der Linie 5

Diese Linie besiedelt einen sehr langen Küstenabschnitt. Es reicht vom äußersten Norden bei Kavimvira im Kongo bis zu den Kavala-Inseln. Auf tansanischem Gebiet beginnt es im Norden bei Nyanza Lac, möglicherweise sogar von Rumonge im südlichen Burundi und reicht nach heutigem Kenntnisstand mindestens bis Halembe. Mit wenigen Ausnahmen werden an fast allen Standorten dieser "Grünen Blauaugen", wie ich diese *Tropheus* nennen möchte, Vertreter anderer *Tropheus*-Linien (Arten) gefunden. Bei Kavimvira im äußersten Nordwesten treffen sie auf *Tropheus* der Linie 2. Im Süden der Ubwari- Halbinsel und bei Rumonge leben sie mit der Linie 1 zusammen. Von der Kasimia- Bay bis nach Kunanwa sind sie unter sich. Dort soll, laut BRICHARD, ihre Individuendichte sehr hoch sein. Ab Kunanwa begleitet sie die Linie 3 bis an die Kavala-Inseln, wo ihr Vorkommen im Süden enden soll. Von Nyanza Lac in Tansania bis nach Kigoma wird diese Linie von der Linie 3 und der Linie 10, zu der *Tropheus duboisi* zählt, begleitet. In Nyanza Lac kommt noch eine weitere Linie hinzu, die *Tropheus* der Linie 2, zu denen *Tropheus brichardi* gehört. Er ist als "Schokomoorii" bekannt geworden. Bei KONINGS (1988; S. 124, Bild 3, linke Reihe von oben) wird der südlichste Fundort mit Isonga angegeben. Wissenschaftler der Uni Innsbruck konnten besagten *Tropheus* bei Isonga nicht finden.

Der Grund, diese *Tropheus* in einer Linie zusammenzufassen, liegt in ihrer Färbung. Die Grundfärbung besteht aus verschiedenen Grüntönen, die stimmungsbedingt manchmal etwas ins Braungrüne gehen können. Die zweite wichtige Farbe ist Gelb. Diese Farbe findet man in den Streifen, als Flecken oder schmale Bänder. Die Iris ist bei allen Populationen von blauer Farbe. Ein sehr wichtiger Punkt, der diese *Tropheus* von anderen unterscheidet, ist die andersartige Caudale. Die größere, tief eingeschnittene Caudale besitzt leicht verlängerte Spitzen. Bei frisch importierten Tieren ist dieses Merkmal oft nicht festzustellen, doch die Flossenspitzen wachsen im Aquarium in kurzer Zeit nach. Es scheint so, als wenn die "Grünen Blauaugen" in den Gebieten , wo sie mit der Linie 3 zusammentreffen, zahlenmäßig unterlegen sind. BRICHARD hat in seinem Buch "Großes Buch der Tanganjikacichliden" von 1989 mehrmals darauf hingewiesen. Zwischen der Kasimia-Bay und Kunanwa leben sie ohne andere *Tropheus*. Dort soll ihre Individuendichte sehr hoch sein. Das könnte den Schluß zulassen, dass es sich bei der Linie 5 um eine ältere Linie handelt und sie von der jüngeren Linie 3 langsam verdrängt werden. Neueste Untersuchungen der Uni Innsbruck zeigten zumindest für die "Grünen" *Tropheus,* die zwischen dem Malagarasi und Kape Kabogo gefunden wurden, dass es sich um die zweitälteste Linie handelt. Das könnte bedeuten, dass diese *Tropheus* vor langer Zeit mit *Tropheus duboisi* die einzigen *Tropheus* gewesen sind, die diesen Teil des Tanganjikasees bewohnten. Die Linien 1, 2 und 3, die heute dort leben, sind jünger. "Grüne" *Tropheus* vom Westufer

konnten noch nicht untersucht werden. Die Linie 5 dürfte sich nach heutigem Wissensstand im ehemaligen Nordsee der drei Teilseen entwickelt haben. Leider wird das westliche zentrale Verbreitungs-gebiet zwischen Kasimia- Bay und Kabimba von den Fangteams nicht gerne angesteuert. Sie meiden nach Möglichkeit diesen Küstenabschnitt, da hier wie auch in vielen anderen Teilen Kongos das Militär oftmals sehr willkürlich reagiert und die Freiheit ganz unverhofft an einem dünnen Faden hängen kann, wie der Autor in Kananga, das im zentralen Kongo liegt, selbst miterleben durfte. Diese Linie enthält die Populationsnummern 5.1 - 5.14.

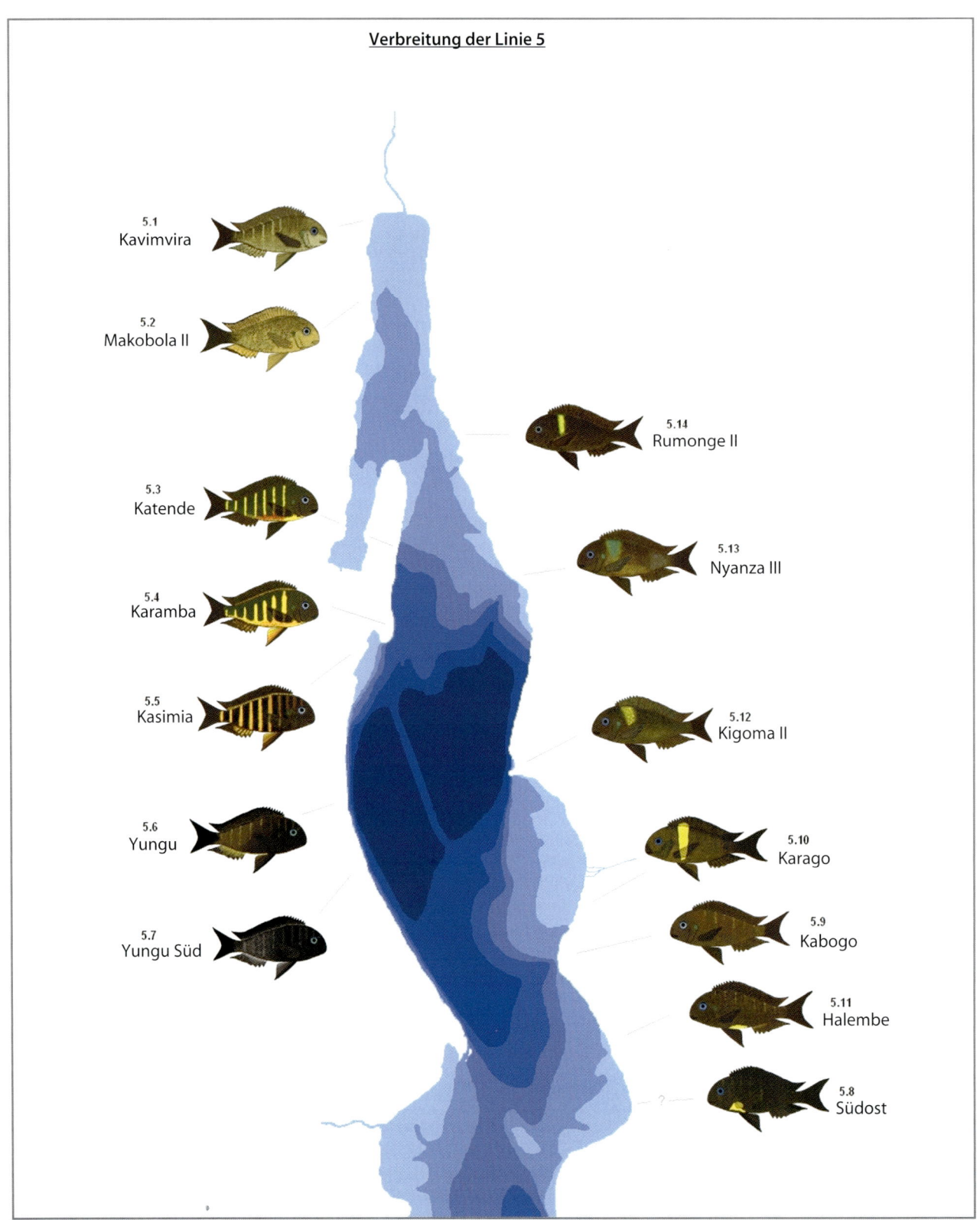

Verbreitung der Linie 5

5.1 Kavimvira
5.2 Makobola II
5.3 Katende
5.4 Karamba
5.5 Kasimia
5.6 Yungu
5.7 Yungu Süd
5.8 Südost
5.9 Kabogo
5.10 Karago
5.11 Halembe
5.12 Kigoma II
5.13 Nyanza III
5.14 Rumonge II

Tropheus sp. Kavimvira; Population 5.1

Handelsname : Tropheus Kavimvira green

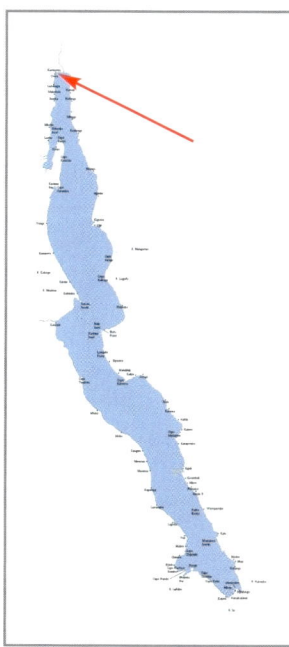

Vorkommen: Dieser *Tropheus* lebt im äußersten Nordwesten des Sees bei Kavimvira im Kongo.

Entdeckt: Diese Lokalform wurde zu Beginn des Jahres 1984 von Pierre BRICHARDS Fangteam entdeckt.

Erstimport: Wann der Erstimport erfolgte ist nicht mit Sicherheit zu sagen. Es dürfte aber Mitte der achtziger Jahre gewesen sein.

Farbe: Die Grundfärbung setzt sich aus einem hellen Grünbeigegelblich zusammen. Die untere Körperhälfte, sowie Kiemendeckel und Wangen sind stärker aufgehellt. Diese Farbe ist am treffendsten mit einem faden Beigegelblich zu beschreiben. Querstreifen besitzt diese Lokalform gut sichtbar nur in der hinteren Körperhälfte. Sie sind hellgelb und häufig unterbrochen. Außer der strohgelben Anale und den gelblichen Ventralen zeigen die Flossen die Grundfärbung des Körpers. Charakteristisch für die Linie 5 ist die hellblaue Iris, die alle Populationen tragen. Stimmungsbedingt dunkelt der Körper bei dominanten Tiere stark ab. Die Fische erscheinen dann dunkelgrün mit hellerer Bauchgegend, die gelblich überhaucht wirkt. Die gelben Streifen bleiben erhalten. Die Caudale ist bei adulten und unverletzten Tieren stark gegabelt, was allen *Tropheus* dieser Linie gemein ist. Juvenile Tiere sind beigegelblich bis gelblichgrün und zeigen am ganzen Körper gelbliche Streifen.

Interessantes: Der *Tropheus* sp. Kavimvira lebt mit *Tropheus* der Linie 2 (*T.* sp. Uvira, 2.3) zusammen. Er ist zahlenmäßig der Linie 2 stark unterlegen und wird, so darf man vermuten, von der jüngeren Linie 2 verdrängt. Die Sedimente des Ruzizi-Flusses und (oder) der wechselnde Wasserstand des Tanganjikasees in früherer Zeit brachten die beiden unterschiedlichen Linien in diesem Teil der Nordwestküste zusammen. Der *Tropheus* der Linie 5 scheint das Nachsehen zu haben. Mitte der neunziger Jahre wurden sie im deutschen Aquarienfischhandel kurzfristig in den Stocklisten geführt. Die Nachfrage hielt sich bei den Aquarianern in Grenzen und so wird diese Lokalform entsprechend selten importiert.

Tropheus sp. Makobola II; Population 5.2

Handelsname : Tropheus Makobola

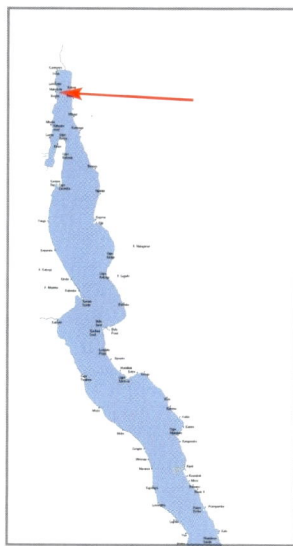

Vorkommen: Diese *Tropheus*-Lokalform lebt im Nordwesten des Sees bei Makobola, von wo ihr Verbreitungsgebiet in nördlicher Richtung weiter verläuft.

Entdeckt: Das Fangteam von Pierre BRICHARD hat diese *Tropheus*-Farbform Anfang der achtziger Jahre entdeckt.

Erstimport: Ein Erstimport erfolgte erst Anfang der neunziger Jahre.

Farbe: Die Grundfärbung besteht aus einem gelblichgrünbeigen Ton, der etwas an Bronze errinnert. Wangen, Kiemendeckel, Bauch und Anale sind gelblicher gefärbt. Die Dorsale zeigt Körperfärbung. Durch den helleren Rand jeder Schuppe entsteht ein leichtes Netzmuster auf dem Körper. Die Iris zeigt einen hellblauen Ton.

Interessantes: Der *Tropheus* sp. Makobola II zeigt, was die äußere Erscheinung anbelangt, eine große Übereinstimmung zum *Tropheus* sp. Kavimvira (5.1). Auf den wenigen (nicht sonderlich guten) existierenden Bildern ist bei beiden Lokalformen die große, tiefgegabelte Caudale zu erkennen, die für die Linie 5 so charakteristisch ist. *Tropheus* sp. Makobola II lebt in dem Gebiet nördlich von Makobola mit *Tropheus* der Linie 2 (Population 2.5), die weiter vorne bereits behandelt wurde. Die *Tropheus* der Linie 2 sind farblich hochvariabel, so dass die andersartige Färbung der Linie 5 nicht besonders auffiel. BRICHARD spricht von einem Variantenschmelztiegel bei Makobola. Angesichts der andersartigen Caudale hätte er aber stutzig werden können. Es handelt sich bei den *Tropheus* bei nördlich von Makobola sich nicht um eine Art oder um Hybriden verschiedener Varianten. Wenn sich fremde *Tropheus*-Populationen so leicht kreuzten, sollte es wegen der erdgeschichtlich jüngsten, wenigstens mehrere Jahrtausende gleichen Bedingungen am See, nur noch ein uniformes Erscheinungsbild der ehemals verschiedenen Formen an dieser Stelle geben. Dem ist aber offensichtlich nicht so. Laut BRICHARD gibt es von Makobola noch eine Verbindung nach Bemba. Das ist interessant, denn dadurch ist es theoretisch möglich, dass auch dort noch *Tropheus* der Linie 5 leben, die bis jetzt noch nicht gefunden wurden. Bei Bemba wurden bis jetzt nur *Tropheus duboisi* und *T.* sp. Bemba (Pop. 2.4) gefunden.

Tropheus sp. Ubwari; Populationen 5.3 und 5.4

Handelsname : Tropheus Ubwari green

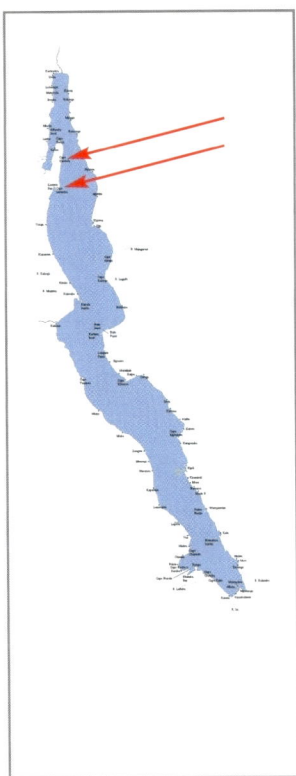

5.3 Katende

Vorkommen: Das Verbreitungsgebiet erstreckt sich vom Cape Banza bis zum Cape Karamba. Sie bewohnen eine ca. 60 Kilometer lange Felsküste.

Entdeckt: *Tropheus* sp. Ubwari wurde von Pierre BRICHARDs Fangteam schon 1981 entdeckt.

Erstimport: Ein Erstimport von Wildfängen ist mir nicht bekannt. Die ersten *Tropheus* sp. Ubwari sah ich Anfang der neunziger Jahre als Seenachzuchten bei der Firma MalTaVi von Marc DANHIEUX.

Farbe: Die Grundfärbung besteht aus einem günlichen Braun, das stimmungsbedingt stark abdunkeln kann und dann eher dunkelbraun wirkt. Die Tiere in der Nähe von Cape Katende sind grünlicher. Die vorhandenen gelben Querstreifen werden bei adulten Männchen deutlich nur in der hinteren Hälfte des Körpers gezeigt.

5.4 Karamba

Im vorderen Bereich sind die Streifen nur noch schemenhaft zu erkennen. Auch bei weiblichen Tiere kann das in abgeschwächter Form beobachtet werden. Fundortbedingt sind die gelben Streifen von orangeroten Schuppen durchsetzt oder werden ganz orange. Es gibt aber auch Situationen, wie bei der Balz, in denen die Streifen ganz verschwinden können. Die Flossen sind mit Ausnahme der Dorsale und Anale, die an ihrer Basis gelb sind, dunkel gefärbt. Die Iris ist blau. Die Caudale ist, wie bei der Linie 5 obligatorisch, bei adulten Tieren stark eingeschnitten und intakte Enden etwas verlängert. Juvenile Tiere zeigen gelbliche und dünne Querstreifen.

Interessantes: *Tropheus* sp. Ubwari kann sehr attraktiv ausschauen und braucht den Vergleich mit anderen *Tropheus* nicht scheuen. Das hat auch Pierre BRICHARD schon früh erkannt. Er fing sich Alttiere und züchtete sie in großen Teichen in seiner Freilandanlage. Wildfänge waren bei ihm nicht zu bekommen. In seinen Büchern findet sich kein Bild dieser hübschen Fische. Er war stets darauf bedacht, der Konkurrenz keine Informationen zu liefern. Das ging auf Kosten der Aquarianer, die sich mit Seenachzuchten herumärgern mussten, da diese oft Entwicklungsschwierigkeiten hatten. Die Reinrassigkeit mancher Tiere schien mir auch nicht immer gewährleistet gewesen zu sein. Eine anderer interessanter Punkt erscheint mir zu sein, dass die Ubwaris der leider manchmal sehr hartnäckigen "Tropheuskrankheit" gegenüber, was immer auch dahinterstecken mag, sehr empfänglich zu sein schienen. Unverständlicherweise wurden diese hübschen *Tropheus* derzeit kaum importiert. Sie zeigten sich bei mir nicht sonderlich aggressiv.

Dieses *Tropheus*-Weibchen könnte eventuell ein Hybride zwischen *Tropheus* sp. Ubwari und dem dort lebenden *Tropheus* sp. Karamba (Pop. 1.9) der Linie 1 sein. Der grüne Glanz, die Streifung und der Farbansatz der Dorsale und der Anale deuten auf den *Tropheus* Ubwari und der hohe Rotanteil besonders auf den Kiemen weisen auf den Tropheus der Linie 1 hin Dieses Tier stammt aus Seenachzuchten aus Burundi.

photo: P. Schupke

Tropheus sp. Kasimia; Population 5.5

Handelsname: Ein Handelsname dieses *Tropheus* ist mir nicht bekannt.

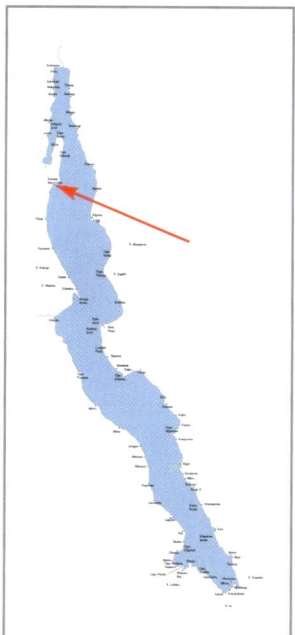

Vorkommen: Nach Angaben des Importeurs werden diese *Tropheus* in der Kasimia-Bay gefangen, die die Südspitze der Ubwari-Halbinsel von dem Festland trennt.

Entdeckt: Vermutlich wurden diese *Tropheus* von Pierre BRICHARD entdeckt, da sie als Seenachzuchten im Handel auftauchten.

Erstimport: Anfang der neunziger Jahre fand ich die Tiere bei einem Importeur. Ob von dieser Lokalform später auch Wildfänge unter diesem oder einem anderen Namen importiert wurden , konnte nicht in Erfahrung gebracht werden.

Farbe: *Tropheus* sp. Kasimia ähneln stark der Ubwari-Lokalform. Ihre Körperzeichnung und Farbe wirkt vergleichsweise gleichmäßiger aufgeteilt. Die Grundfärbung besteht ebenfalls aus einem grünlich-bräunlichen Ton, der stimmungsbedingt eher hell sein kann, jedoch während verschiedener Aktivitäten, wie der Balz, auch stark abdunkeln kann. Die Intensität der Grundfarbe lässt zum Körperende stark nach, im Gegensatz zu den gelben Streifen, die erst in Körpermitte beginnend, nach hinten intensiver werden. Dieses Phänomen tritt bei den Weibchen des Kasimia-*Tropheus* ebenfalls auf. Die hellblaue Iris und die gegabelte Caudale findet man bei diesen Tieren ebenso, wie bei allen Vertretern der Linie 5.

Interessantes: Wie mir der Importeur mitteilte, ist diese Lokalform nur in unmittelbarer Nähe der Kasimia-Bay anzutreffen. Ihr Verbreitungsgebiet ist demnach nicht sehr groß. Auch in diesem Fall stammte die von mir gepflegten Fische aus der Zuchtanlage von BRICHARD. Wie schon bei anderen *Tropheus* dieser Herkunft wuchsen diese *Tropheus* nur noch unwesentlich. Sie erreichten nur eine Endgröße von knapp 8 cm. Die Bereitschaft, sich zu reproduzieren, war nur minimal ausgebildet und so gab es innerhalb eines Jahres lediglich 3 Jungtiere. Die Wahrscheinlichkeit, dass dieser *Tropheus* wieder einmal importiert wird, ist gering, da die politischen Lage im Kongo nach wie vor chaotisch ist und eine Fangreise zum unkalkulierbaren Risiko würde.

Handelsname: Tropheus Yungu (5. 6); Anthrazitmoorii (5. 7)

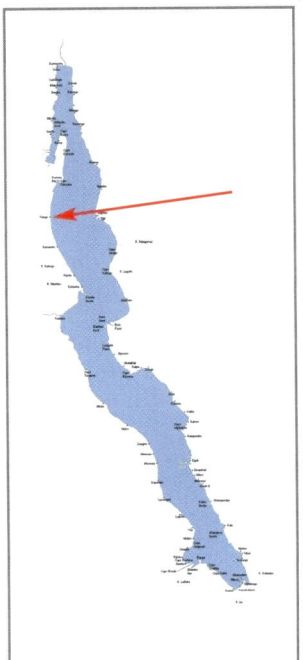

5.6

Vorkommen: Das Verbreitungsgebiet des *Tropheus* sp. Yungu liegt nahe der gleichnamigen Ortschaft. Der Fundort des "Anthrazit"-*Tropheus* ist nicht bekannt.

Entdeckt: Diese Lokalform (Pop. 5. 6) wurde von Pierre BRICHARD und seinem Fangteam 1984 entdeckt.

Erstimport: Der Erstimport wurde 1995 von der Firma C. J. Aquarium und Helmut LÖFFLAD durchgeführt. Der Anthrazitmoorii wurde schon 1986 importiert.

5.7

Farbe: Die normale Grundfärbung besteht aus einem grünlich bräunlichen Ton, der von bis zu neun gelblichen Querstreifen, die bei adulten Tieren mehr in der oberen Körperhälfte vorhanden sind, unterbrochen wird. Bei juvenilen Tieren dehnen sie sich auch auf die untere Hälfte aus. Stimmungsbedingt kann der bräunliche Ton verschwinden und es bleibt eine grünlich bis jadegrünliche Farbe übrig. Die Dorsale zeigt einen kupfergrünlichen bis kupferbräunlichen Ton. Bis auf die fast schwarze Caudale und die kräftig gelb gefärbte Anale sind die restlichen Flossen unscheinbar. Balzaktive Männchen dunkeln vom Kopf her stark ab. Die farbliche Trennlinie verläuft nicht senkrecht, sondern beginnt ungefähr am ersten Dorsalstachel und verläuft dann schräg bis knapp vor den ersten Stachel der Anale. In dieser Phase leuchtet die hellblaue Iris regelrecht. Der hintere restliche Bereich bleibt heller. Auffällig ist die stark gegabelte Caudale. Die Population 5. 7 hat keine Gelbanteile. Balzende Männchen zeigen statt der dunkel braunen Farbe ein Schwarz, das sich nach hinten etwas zu Anthrazit aufhellt. Die Iris dieser Form ist ebenfalls hellblau.

Interessantes: Zwischen der Kasimia-Bay und den Kavala-Inseln gibt es nur über diese Population bei Yunga ein paar Informationen. Über den Rest der Küste weiß man nur insofern Bescheid, als dass dort *Tropheus* der Linie 5 von der Kasimia-Bay bis Kunanwa alleine vorkommen und eine recht hohe Dichte erreichen. Von Kunanwa bis zu den Kavala-Inseln und noch einige Kilometer südlicher kommen sie mit *Tropheus* der Linie 3 in Berührung. Dort soll ihre Dichte niedriger sein. Es ist anzunehmen, dass an diesem ungefähr 80 Kilometer langen Küstenabschnitt das farbliche Erscheinungsbild dieser *Tropheus* mindestens etwas variiert. An der Population 5. 7 ist das gut zu sehen. Sie wurde als Anthrazitmoorii 1986 importiert, fand aber wegen ihres unscheinbaren Äußeren keine Anhänger. Der *Tropheus* sp. aus der Gegend von Yungu wurde eigens für die Untersuchungen zu diesem Buch gefangen. An dieser Stelle möchte ich mich nochmals bei Siegmund JANICKI und Helmut LÖFFLAD bedanken, die den Import ermöglichten und den Großteil der Tiere übernahmen.

Nahaufnahme eines Männchens in neutraler Stimmung. Der zarte rosa Glanz der unteren Kopfhälfte und der grüne Kiemendeckelfleck sind gut zu erkennen.   **photo:** P. Schupke

Semiadulte und juvenile Tiere besitzen gelbliche Streifen. An diesem semiadulten Weibchen ist die gegabelte Caudale schon zu sehen.   **photo:** P. Schupke

Tropheus sp. Südost; Population 5.8

Handelsname: Tropheus Yellow Chest

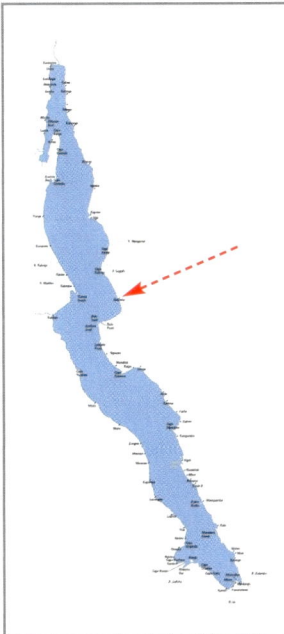

Vorkommen: Das Verbreitungsgebiet wurde irrtümlich mit Isonga angegeben. Dort wurden aber keine *Tropheus* dieser Population gefunden. Sein Verbreitungsgebiet liegt vermutlich nördlich oder südlich von Halembe.

Entdeckt: Dieser *Tropheus* wurde das erste Mal bei Konings (Tanganjikacichliden, 1988) erwähnt und vermutlich von H.W. Dieckhoff bei seinen zahlreichen Tauchgängen am See entdeckt.

Erstimport: Der Erstimport erfolgte Ende der achtziger Jahre.

Farbe: Die Grundfarbe besteht aus einem dunklen Olivbraun. Im Gegensatz zu adulten Tieren, die ihre gelblichweiße Querstreifung stimmungsbedingt ganz verlieren können, zeigen juvenile Tiere sie vollständig und adulte weibliche Tiere mehr im oberen Rückenbereich. Charakteristisch für diesen *Tropheus* ist ein unregelmäßig geformter, strahlend gelber Bereich am Körper in unmittelbarer Umgebung der Pectoralbasis. Das untere Drittel der Pectorale ist ebenfalls gelb. Die Ausdehnung überschreitet selten 1 cm. Bei stark abgedunkelten, balzaktiven Tieren steht der gelbe Fleck in starkem Kontrast zum Körper. Schon semiadulte Tiere zeigen einen im Umfang noch kleinen, gelben Fleck unmittelbar an der Basis der Pectorale. Die Iris ist, wie bei den anderen Lokalformen der Linie 5, blau. Nicht zu übersehen ist auch die gegabelte Caudale.

Interessantes: Das tansanische Dorf Isonga ist weit von dem Hauptverbreitungsgebiet der Linie 5 entfernt. Wissenschaftler der Uni Innsbruck befanden sich kürzlich in dieser Gegend, konnten dort aber keinen *Tropheus* finden, der auf die Beschreibung des *Tropheus* sp. Südost gepasst hätte. Konings erwähnt als Coautor in dem Buch "Geheimnisse des Tanganjikasees" (1992, S. 175 unten) einen Fundort "in der Nähe des Malagarasi- Deltas". Es ist schon öfter vorgekommen, dass Neuentdeckungen, die farblich interessant waren, mit falschen Fundortangaben versehen wurden. Der nächste Fundort einer Population dieser Linie an der tansanischen Küste liegt ca 100 Kilometer nördlich von Isonga bei der Ortschaft Halembe (Pop. 5. 11).

Semiadultes Männchen in Normalfärbung. Auch in diesem Alter ist die gegabelte Caudale schon gut sichtbar. **photo:** P. Schupke

Handelsname: Ein Handelsname ist von beiden Lokalformen nicht bekannt.

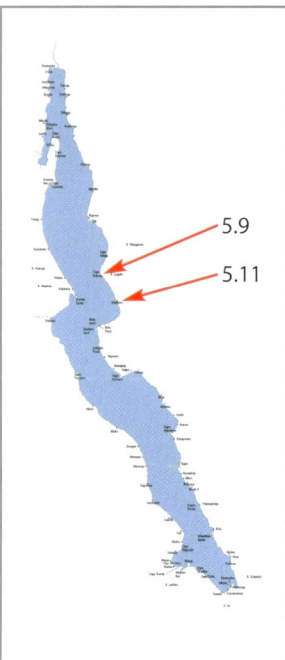

5.9

Vorkommen: Die Population 5.9 wurde am Cape Kabogo gefunden. Ihre genauen Verbreitungsgrenzen sind nicht bekannt. Die Population 5.11 lebt in der weiteren Umgebung und südlich der Ortschaft Halembe.

Entdeckt: A. KONINGS und H. W. DIECKHOFF fanden diese *Tropheus* bei ihren Tauchgängen Mitte der achtziger Jahre.

Erstimport: Beide *Tropheus*-Lokalformen wurden für den Aquarienfischhandel noch nicht importiert.

5.11

Farbe: Die Grundfärbung ist olivgrün. Stimmungsbedingt hellt die dunkle Farbe zu grünlichbeigen Ton mit gelbem Anflug auf. Querstreifen werden von juvenilen Tieren und Weibchen gezeigt. Adulte Weibchen und dominante Männchen verlieren ihre Streifen normalerweise ganz. Bei einer Schreckfärbung können die Streifen jedoch schemenhaft wieder auftreten. Die Iris ist hellblau und die Caudale gegabelt. Ein gelber Seitenfleck ist nicht vorhanden. *Tropheus* sp. Halembe sieht dem *Tropheus* sp. Kabogo äußerst ähnlich. Nur der unterste Bereich des Bauches ist gelb. Die Grundfärbung ist die gleiche. Die Iris ist ebenfalls hellblau und die Caudale ist gegabelt. Auch hier fehlt der gelbe Seitenfleck.

Interessantes: Der *Tropheus* sp. Kabogo schließt sich an das Verbreitungsgebiet des *Tropheus* sp. Karago (5.10) im Süden an. Die Grenze zwischen beiden Lokalformen ist der Lugufu- Fluss wenige Kilometer südlich des Malagarasi- Deltas. Diese Grenze verursacht einen nicht gerade unauffälligen Zeichnungswechsel. Südlich des Cape Kabogo gibt es weitere Felsstrände, die durch mehrere Sandstrände unterbrochen sind. Am Cape Kabogo kommt auch *Tropheus duboisi* vor. Vermutlich gibt es auch ein Vorkommen der Linie 3 in diesem Bereich, da nördlich wie südlich *Tropheus* der Linie 3 vorkommen. Der *Tropheus* sp. Halembe könnte auch weiter südlich noch vorkommen. Interessant wäre es, herauszufinden, warum *Tropheus* sp. Karago mit seinem hübschen gelben Seitenfleck von zwei *Tropheus* flankiert wird, die wie er ausschauen, jedoch keinen gelben Fleck besitzen.

Flußmündungen, hier des Lufubu, können für *Tropheus* aufgrund des starken Sedimenteintrags zu unüberwindlichen Ausbreitungsbarrieren werden.

photo: P. Schupke

Tropheus sp. Karago; Population 5.10

Handelsnamen: Tropheus Malagarasi, Goldtropheus, Grüner
Moorii, Tropheus Lugufu, Grüner Wimpel

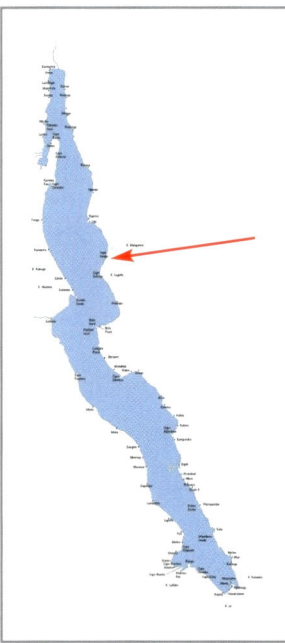

Vorkommen: Das Verbreitungsgebiet beginnt südlich des Malagarasi-Deltas und endet nur wenige Kilometer südlich an der
Mündung des Lugufu-Flusses.

Entdeckt: Der *Tropheus* sp.
Karago wurde 1974 von Wolfgang STAECK entdeckt.

Erstimport: Die ersten *Tropheus*
dieser Form trafen schon 1975 bei
uns im Aquarienfischhandel ein.

Farbe: Die Grundfärbung ist olivgrün. Stimmungsbedingt hellt der dunkle Ton zu grüngelb auf, was
hauptsächlich beim Fang oder in Schreckfärbung geschieht. Kurz hinter dem Kopf beginnt ein
zitronengelbes, fingerdickes Band, das den Bauch nur selten erreicht. Dieser Fleck ist in seiner
Ausdehnung sehr variabel. Bei den Männchen ist er auffälliger und größer. Manche Tiere zeigen in der
hinteren Körperhälfte zusätzlich eine gelbliche Zone. Die Iris ist hellblau und Caudale stark gegabelt. Bei
adulten Tieren ist von der gelblichweißen Querstreifung nicht mehr viel zu sehen. Sie kann noch
andeutungsweise vorhanden sein. Alle Flossen zeigen Körperfärbung. Juvenile und semiadulte Tiere
zeigen eine gelblichweiße Querstreifung am Körper.

Interessantes: Der *Tropheus* sp. Karago wurde schon früh importiert, als es bei uns nur sehr wenige Arten aus dem Tanganjikasee gab.
Damals waren Informationen vom See kaum erhältlich und über die richtige Hälterung fast nichts bekannt. Entsprechend hoch waren die
Verluste. Irgendwie muss sich die schlechte Erfahrung mit diesem *Tropheus* über Jahre gehalten haben, denn weitere Importe waren
selten. Sie tauchten im Handel nur sehr sporadisch auf. In seinem Verbreitungsgebiet lebt *T.* sp. Karago mit *Tropheus duboisi* zusammen.
Von weiteren Arten ist noch nichts bekannt geworden. Durchaus warscheinlich wäre der Fund von *Tropheus* der Linie 3, die ja südlich bei
Halembe (Pop. 3. 9) und nördlich des Malagarasi-Deltas vorkommen. Karago sind hübsche *Tropheus*, die aber nur in größeren Becken und
in ausreichender Stückzahl gehalten werden sollten, da es bei Unterbesetzung unvermeidbar zu starker Revierbesetzung einzelner
Männchen oder großer Weibchen kommt und die restliche Tiere das Nachsehen haben.

Tropheus sp. Kigoma II; Population 5.12

Handelsname: Keiner bekannt

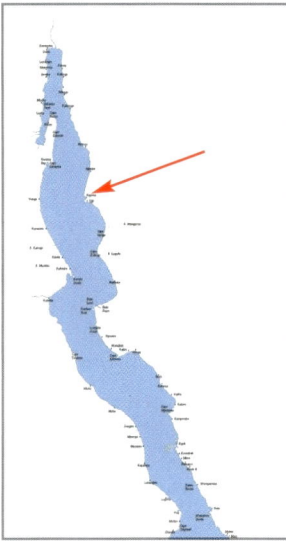

Vorkommen: Das Vorkommen
beginnt nördlich von Kigoma und
erstreckt sich die Ngombe-Berge
entlang nordwärts.

Entdeckt: Vermutlich durch Pierre
BRICHARD und seinem Fangteam
Anfang der achtziger Jahre.

Erstimport: Ein Import für den
Aquarienfischhandel erfolgte
meines Wissens noch nicht.

Farbe: Die Grundfärbung dieser Lokalform besteht aus einem Olivbraun, das aber stimmungsbedingt
aufhellen kann und dann einen grünlichgrauen Ton annimmt, der leicht gelblich überhaucht sein kann.
Am vorderen, oberen Rücken befindet sich ein gelblichgrünes Band, das in der Ausdehnung
unterschiedlich ausfallen kann. Es reicht meistens nur bis zur Körpermitte. Adulte Männchen zeigen in
aller Regel keine Streifen mehr. Alle Flossen zeigen die Färbung des Körpers. Wie bei allen Lokalformen

der linie 5 besitzen auch diese *Tropheus* eine hellblaue Iris. Die Caudale ist bei adulten Tieren mit intakten Flossen stark gegabelt.

Interessantes: Diese *Tropheus* sind bislang als eigene Form noch nicht zur Kenntnis genommen worden. BRICHARD spricht bei den *Tropheus* von Kigoma von einer Art mit außergewöhnlicher Varibilität. Er berichtet von *Tropheus* mit einer weißlichen, gelblichen und hellblauen Iris. Die Körperfarben reichen von grün bis zu braun mit hellgelben, schiefergrauen und hellgrünen Streifen. Hier begegnen sich, wie auch an anderen Küstenstreifen, die Linie 3 und die Linie 5. *Tropheus* der Linie 3 zeigen eine weißlichgelbe und die *Tropheus* der Linie 5 eine hellblaue Iris. Beide Linien haben sich im Laufe der Zeit an die dortigen Gegebenheiten angepasst und ähneln sich farblich etwas. Im Aquarium würde man den Unterschied sehr schnell bemerken. Vermutlich werden die beiden *Tropheus* verschiedene Habitate bevorzugen, da sie sonst gegeneinander um Nahrung und Reviere konkurrieren würden, was sicherlich nicht so lange gut gegangen wäre. Es wäre weiter interessant, welche Art in der Überzahl auftritt. Durch eventuelleUnterschiede in der Besiedlungsdichte könnte man Rückschlüsse in Bezug auf die Anpassungsfähigkeit der beiden Arten ziehen.

Der Fisch auf dem Foto links wurde im Areal der Linie 5 in Tansania gefangen. Der Fisch zeigt starke Übereinstimmungen mit Tieren der Population 5.10.
photo: H. J. Mayland

Tropheus sp. Nyanza III; Population 5.13

Handelsname: Gelbgrüner Tropheus

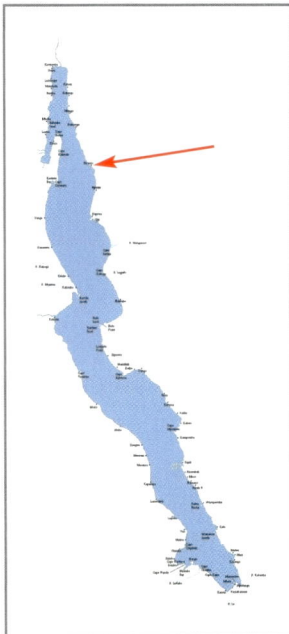

Vorkommen: Das bisher bekannte Verbreitungsgebiet soll nördlich von Nyanza beginnen und einige Kilometer weiterreichen.

Entdeckt: Diese Lokalform der Linie 5 ist 1962 von MATTHES entdeckt und beschrieben worden.

Erstimport: Diese *Tropheus* wurden nur in den siebziger Jahren mehrmals importiert.

Farbe: Die Körpergrundfärbung ist ein dunkles Braunoliv, das stimmungsbedingt sehr aufhellen kann. Die Tiere sehen dann mehr grünlichgraubraun aus, mit einem leichten gelblichen Hauch. Adulte Tiere zeigen keine Streifen mehr. Unter dem Beginn der Dorsale beginnt ein in seiner Ausdehnung sehr variables grünes Band, das bis in die Bauchregion reichen kann. An den Kiemendeckeln können auch grünliche Flecken schimmern. Bei manchen Tieren hellt sich die grünliche Binde auf und es kommen Gelbtöne zum Vorschein. Die Iris ist leuchtend hellblau. Juvenile Tiere und Weibchen zeigen auf braunem Grund smaragdgrüne Querstreifen.

Interessantes: Gegenüber von Nyanza leben auch *Tropheus* der Linie 5, die ebenfalls smaragdgrüne Töne aufweisen. Es ist die Population 5.3 bei Katende. Wenn wir uns die verschiedenen Tiefen der Seekarte anschauen, sehen wir auch warum sich diese beiden Lokalformen von der Farbe etwas ähneln. Bei niedrigerem Wasserstand treffen die beiden Populationen genau aufeinander. An der Küste nördlich von Nyanza kommen die *Tropheus* dieser Lokalform mit anderen Linien zusammen. Das sind zuerst einmal die *Tropheus* der Linie 3 mit der Population 3.13, die als gestreifte Kigoma-*Tropheus* bekannt wurden. Dann gibt es noch den *Tropheus* mit der Populationsnummer 2.1, dem Schokomoorii, der als *Tropheus brichardi* 1975 beschrieben wurde. Da kann es unter Wasser, aber auch im Aquarium zu Verwechselungen kommen, wenn die Tiere noch nicht ausgefärbt sind. BRICHARD schreibt: "An beiden Seiten einer Bucht können sowohl der reguläre Schokomoorii (Anm.: Pop. 2. 1) als auch eine Variante mit abwechselnd schokoladenbraunen und prächtig smaragdgrünen Streifen (Anm.: Pop. 5. 13) gefunden werden". Dazu kommen noch *Tropheus* der Linie 3, die auf bräunlichgrauen Grund gelblichweiße Streifen tragen und eine helle Dorsale besitzen. Das Durcheinander ist perfekt.

Tropheus sp. Rumonge II; Population 5.14

Handelsname: Keiner bekannt

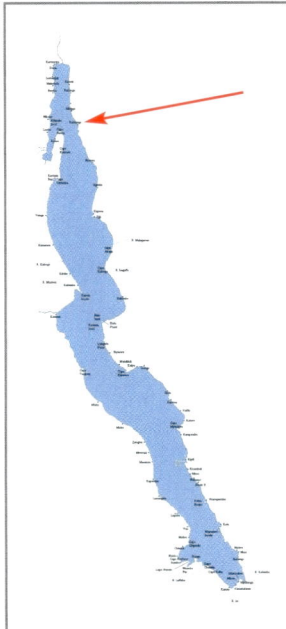

Vorkommen: Das heute bekannte Verbreitungsgebiet soll ein paar Kilometer nördlich der Ortschaft Rumonge liegen, die schräg nordöstlich von der Nordspitze der Ubwari-Halbinsel im südlicheren Teil von Burundi liegt.

Entdeckt: Es konnte nicht nachgeprüft werden, wann diese *Tropheus* entdeckt wurden. A. KONINGS erwähnt sie meines Wissens zum ersten Mal in seinem Buch "Tanganjikacichliden" von 1988.

Erstimport: Ein komerzieller Import von dieser Lokalform erfolgte meines Wissens noch nicht.

Farbe: Die Grundfärbung dieses *Tropheus* soll braunoliv sein. Im Bereich des Vorderrückens befindet sich ein grüngelbes Band, das in seiner Intensität verschieden ausfallen kann. Im Großen und Ganzen ist dieser *Tropheus* den südlicheren Populationen (Nyanza, Pop. 5. 13 und Kigoma, Pop. 5. 12) sehr ähnlich.

Interessantes: Das äußere Erscheinungsbild ist unter Wasser dem des *Tropheus* sp. Rumonge I (Pop.1. 3) von der Linie 1 ähnlich und möglicherweise in etwas getrübten Wasser nicht leicht zu unterscheiden. Beide *Tropheus* zeigen am vorderen, oberen Rücken einen im Vergleich zum Körper helleren Fleck. Auch die Grundfärbung ist fast die gleiche. Bei oberflächlicher Betrachtung kann es sicherlich leicht passieren, den unter Wasser kleinen Unterschied überhaupt nicht zu bemerken. Meines Wissens sind beide *Tropheus* noch nicht für den Aquarienfischhandel importiert worden. Ihre eher eintönige Farbung trägt ein dazu bei, dass die Aquarianer an diesen Tieren kein Interesse zeigen.

Tropheus der Linie 6

Die *Tropheus* dieser Linie besitzen einige Besonderheiten in ihrem Farbkleid, in der Zeichnung und in ihrem Verbreitungsgebiet, dass es berechtigt erschien, für sie eine eigene Linie aufzustellen. Alle vier Populationen zeigen eine graubraunbeige Grundfärbung mit bläulichgrauer bis bräunlichgrauer Dorsale, Anale und Ventralen. Auffällig ist die Streifenzeichnung auf der Stirn. Drei Populationen besitzen zudem noch einen mehr oder weniger hellen Fleck im mittleren Bereich des Rückens direkt unter der Dorsale, der stimmungsbedingt verschwinden kann. Die Caudalen sind gerade geschnitten. Das Vorkommen der Populationen liegt etwas verstreut zwischen denen anderer *Tropheus*-Linien. Die Populationen beim Cape Kibwesa und wenige Kilometer östlich davon in Tansania liegen am abgelegensten. Wie sie dorthin gelangten, war lange Zeit unerklärlich. Wenn man sich die Karte der verschiedenen Tiefen des Tanganjikasees anschaut, ist dieser Umstand nicht mehr ganz so unverständlich. Beim Wiederanstieg des Sees und der Vereinigung der Teilseen könnten die *Tropheus* der Population 6.3 von ihrer ursprünglichen Heimat nördlich von Moba in Zaire mit dem steigenden Wasser mit der immer kleiner werdenen Halbinsel quer über den späteren See transportiert worden sein. Es ist aber auch der umgekehrte Weg denkbar. In diesem Fall wanderten Sie beim Absinken des Seespiegels von ihrer Herkunft, die dann in der Nähe vom Cape Kibwesa lag, an die Ostküste, wo sie dann auf schon vorhandene *Tropheus* stießen und abwandern mussten.

Diese Hypothesen klingen nicht schlecht, sie sind aber eben nur Thesen und könnten nur mit Hilfe genetischer Untersuchungen bestätigt oder widerlegt werden. Ob diese Linie früher eine größere Verbreitung hatte, lässt sich vielleicht nach den Untersuchungen genauer sagen. Es wäre durchaus möglich, dass diese vier Populationen Restbestände aus für sie besseren Zeiten sind.
Die *Tropheus* der Linie 6 kommen in ihrem Verbreitungsgebiet auch mit anderen Linien zusammen. Die Lokalform (Pop. 6.1) bei Kapampa trifft bei Kiku nördlich von Luhangwa im südlichen Kongo auf die *Tropheus* der Linie 7. Sie sollen laut Christian HOULLIER, in "Das Cichlidenjahrbuch, Band 4" von Ad KONINGS, dort zusammen vorkommen. Nördlich der Kapampa-Population leben *Tropheus* einer anderen Linie. Sie leben nördlich und südlich der Ortschaft Mwerazi und scheinen ebenfalls etwas isoliert zu leben. Sie gehören der Linie 8 an, die schon zu den Regenbogen-*Tropheus* gezählt werden. Es ist nicht bekannt, ob sie mit den *Tropheus* sp. Kapampa zusammentreffen. Nördlich der Mwerazi-Population kommen dann wieder *Tropheus* der Linie 6 vor. Sie leben nördlich der Ortschaft Zongwe. Wie weit ihre Verbreitung in den Norden reicht, ist nicht bekannt. Bei Cape Kibwesa treffen *Tropheus* Kirschfleck (Linie 12) und *T. polli* auf die *Tropheus* sp. Kibwesa. Im Sommer 2001 wurde von Helmut LÖFFLAD östlich des Cape Kibwesa eine weitere Population entdeckt, die der vom Cape sehr ähnlich ist. Die westlichen Küsten sind nur bruchstückhaft untersucht

worden. Genaue Fundortangaben sind aus den Gebieten im Kongo nicht zu bekommen. Deshalb sollten die Angaben mit Vorsicht betrachtet werden.

Die Linie 6 beinhaltet die Populationsnummern 6.1bis 6.4.

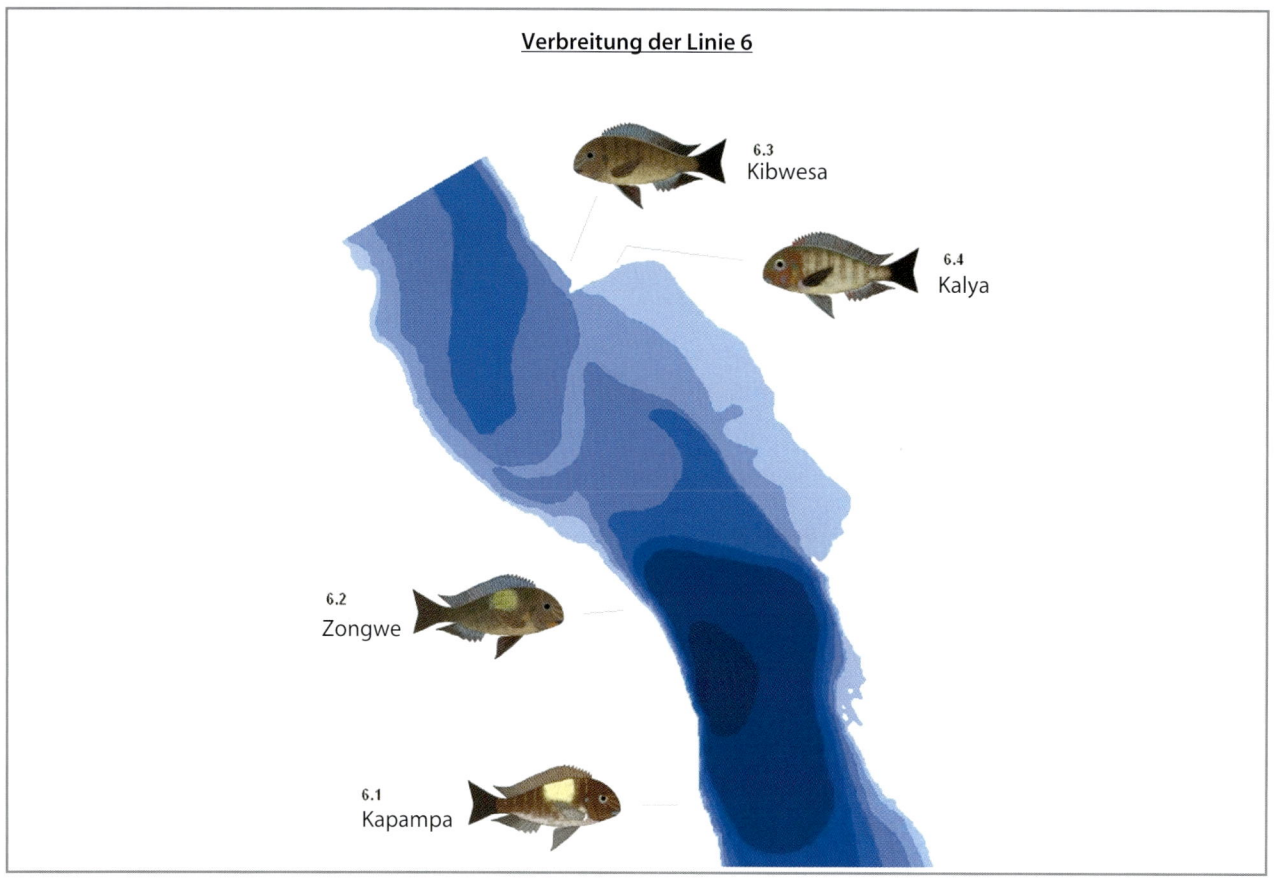

Verbreitung der Linie 6

6.3 Kibwesa

6.4 Kalya

6.2 Zongwe

6.1 Kapampa

Tropheus sp. Kapampa; Population 6.1

Handelsname: Tropheus Kapampa

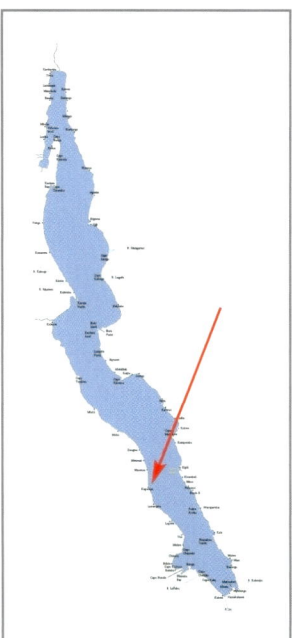

Vorkommen: Sein Verbreitungsgebiet beginnt einige Kilometer nördlich von Lunangwa bei Kiku und verläuft, soweit bekannt, bis zur Kapampa- Bay .

Entdeckt: Möglicherweise wurde diese Lokalform von Aquarianern entdeckt. Nähere Informationen liegen mir nicht vor.

Erstimport: Der Erstimport für den Aquarienfischhandel erfolgte 1994/95 von S. JANICKI.

Farbe: Die Grundfärbung besteht aus einem dunklen Braun, das gelegentlich von einem auberginefarbenen Anflug überhaucht ist. Am Körper ist nur die Schuppenbasis dunkel, die hintere Hälfte ist mehr oder weniger heller. Dadurch entsteht ein Netzmuster auf dem Körper. Der untere Teil des Körpers ist insgesamt stark aufgehellt. In der Körpermitte befindet sich ein meist elfenbeinfarbiger Fleck, der aber auch gelblichgrün wirken kann. Die Ausdehnung des Fleckes beginnt direkt unterhalb der Dorsale und endet in der Körpermitte. Die horizontale Ausdehnung erstreckt sich über 5-8 Schuppen. Maul und Kehle leuchten türkisblau. Auf der Nase liegen zwei Querbänder, die die Augen miteinander verbinden. Ein dritter Streifen verläuft vom unteren Auge zum Mundwinkel. Der Kopf zeigt vereinzelt hellblaue Pünktchen. Die Wangen haben einen dunkelrosa Anflug. Stimmungsbedingt kann der helle Fleck verschwinden. Bei adulten Tieren sind hin und wieder unter der Dorsale Reste der für Jungtiere typischen Streifung zu erkennen.

Interessantes: Über die Entstehung dieser *Tropheus* kann zur Zeit nur spekuliert werden. Ich halte es aber, wenn man sich das Erscheinungsbild dieser Linie anschaut, für nicht sehr wahrscheinlich, dass diese *Tropheus* zu den Regenbogen-*Tropheus* (Linie 8) zu zählen sind, wie Ad KONINGS es vermutet. Im Süden treffen sie auf *Tropheus* der Linie 7, mit denen sie laut KONINGS einige hundert Meter weit zusammen vorkommen. Die ökologische Nische der beiden unterschiedlichen Linien ist sicher nicht die gleiche und so werden sie höchstwahrscheinlich an verschiedenen Stellen der gemeinsamen Küste angetroffen. Auch hier gibt es noch Klärungsbedarf. Von dieser Population stehen genetische Untersuchungen noch aus. Sie werden Klarheit über die verwandtschaftlichen Beziehungen dieser Tiere bringen.

Tropheus sp. Zongwe; Population 6.2

Handelsname: Tropheus Zongwe

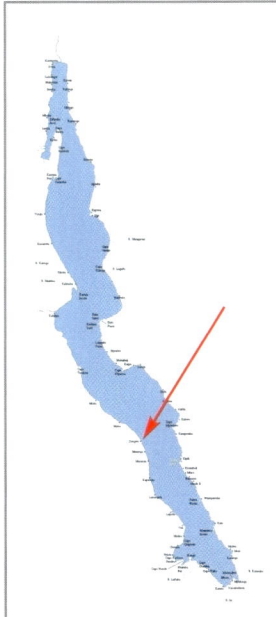

Vorkommen: Das Verbreitungsareal beginnt nördlich der Ortschaft Zongwe. Die nördliche Verbreitungsgrenze ist noch nicht bekannt.

Entdeckt: Vermutlich wurde diese Lokalform von Pierre BRICHARD und seinem Fangteam im Jahre 1986 entdeckt.

Erstimport: Für den Aquarienfischhandel wurden diese *Tropheus* erstmals im Jahre 1986 importiert.

Farbe: Die Grundfärbung besteht aus einem Graubeigebraun. Stimmungsbedingt kann die Farbe stark abdunkeln. Der Fisch erscheint dann fast schwarz mit einem grünlichen Hauch. Ein gelblicher bis grünlichgelber Seitenfleck befindet sich zentral unter der Dorsale und ist auf dem dunklen Körper sehr auffällig. Seine horizontale Ausdehnung umfaßt 7-9 Schuppen und seine vertikale Ausdehnng reicht etwas über die Körpermitte. Die Unterseite ist bei nicht erregten Tieren sehr hell. Dorsale und Anale schimmern bläulich. Die Anale besitzt im Hartstrahlbereich wenige kleine orangene Flecken. Die Caudale ist dunkel und wie die Ventralen farblich unauffällig. Maul, Wangen und Brust zeigen einen leichten rosa Ton. Sehr auffällig sind die drei helleren Stirnstreifen. Unmittelbar hinter dem Kiemendeckel liegt eine orangerote Farbzone, die sich bis hinter dem Pectoralansatz ausdehnt. Manchmal, wenn das Tier nicht gerade erregt ist und relativ hell erscheint, liegt, ähnlich wie beim *Tropheus* sp. Kapampa, ein dunkelrosa Hauch über dem Körper.

Interessantes: Leider sind Informationen aus dem Vorkommensgebiet nur sehr spärlich vorhanden. Es wäre aber möglich, dass *Tropheus* sp. Zongwe mit der Linie 8, deren Gebiet südlich und nördlich anschließt, in Berührung kommt. Aus einem Vermerk bei der Untersuchung von STURMBAUER und MEYER geht hervor, dass sie bei Zongwe einen *Tropheus* gefangen haben, der nur 4 Hartstrahlen in der Anale besessen hat. Das kann ein *Tropheus* der Linie 4 (Pop. 4. 3) gewesen sein. Der *Tropheus* von Zongwe wurde selten importiert, entsprechend rar sind die Beobachtungen im Aquarium vom Verhalten dieser Lokalform. Leider sieht die heutige Situation im Kongo nicht gut aus, da es wieder einmal politische Probleme gibt, die es kaum erlauben, dort Fische zu fangen. Als T. "Zongwe" wurden auch *Tropheus* importiert, die zu den nördlichen "Regenbogen" gehören und dem T. sp. Murago sehr ähneln. Sie gehören aber in die Linie 8.

Die friedliche Abendstimmung trügt. Wer das Cape Chipimbi (die Landzunge im Hintergrund), das die Grenze zwischen Sambia und der Demokratischen Republik Kongo darstellt, zum Fischfang rundet, setzt sein Leben aufs Spiel. **photo:** P. Schupke

Tropheus sp. Kibwesa; Population 6.3

Handelsnamen: Ein Handelsname ist nicht bekannt.

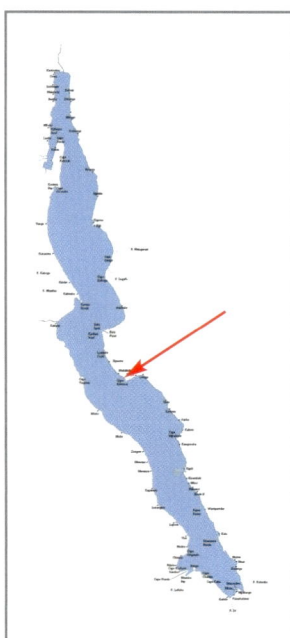

Vorkommen: Das Vorkommen beschränkt sich nach heutigem Wissensstand auf das Cape Kibwesa.

Entdeckt: Diese Lokalform wurde zum erstenmal von KONINGS in dem Buch " Tanganjikacichliden" von 1988 erwähnt.

Erstimport: Ein Erstimport für den Aquarienfischhandel ist meines Wissens noch nicht erfolgt. Vielleicht wurde er von Aquarianern mitgebracht. Im Handel ist dieser *Tropheus* bislang nicht aufgetaucht.

Farbe: Die braungraue Grundfärbung ist von keinem Fleck unterbrochen. Lediglich die Unterseite ist stark aufgehellt und errinnert entfernt an die Kalambo- und Mutonwe-*Tropheus* der Linie 8 im Süden Sambias. Die Caudale ist wie die hinteren Teile der Dorsale und Anale dunkel gefärbt. Ansonsten zeigt die Dorsale wie der Bereich der Hartstrahle der Anale eine bläuliche Färbung. Die Basis der Anale und die drei Streifen auf der Nase sind auffällig hellgraublau. Pectoralen und Ventralen sind dunkel und zeigen fast farbliche Übereinstimmung mit der Dorsale. Die Vorderkanten der Ventralen zeigen einen hellgraublauen Ton. Da die Schuppenbasis dunkler gefärbt ist als der hintere Rest der Schuppe, ensteht ein leichtes Netzmuster am Körper. Die Caudale ist normal geschnitten.

Interessantes: Der *Tropheus* sp. Kibwesa ist einer der ganz wenigen *Tropheus* über die keine aquaristischen Erfahrungen vorliegen, soweit mir bekannt ist. Es existiert anscheinend auch nur eine Aufnahme von diesem Fisch. Nördlich schließt das Vorkommen der Linie 12, der *Tropheus* Kirschfleck, an. In neuerer Zeit wurden dort auch *Tropheus polli* entdeckt, die jenseits des Cape Kibwesa alleine vorkommen. Genetische Untersuchungen von Wissenschaftlern der Uni Innsbruck am *T.* sp. Kibwesa ergaben, dass sie aus der Hauptlinie entstanden sind, aus der auch die Linie 8 und die Linie 7 enstanden sind. Der erst kürzlich importierte *T.* sp. Kalya (Population 6.4) ist möglicherweise mit dem *Tropheus* sp. Kibwesa identisch.

Tropheus sp. Kalya; Population 6.4

Handelsnamen: Tropheus Njano

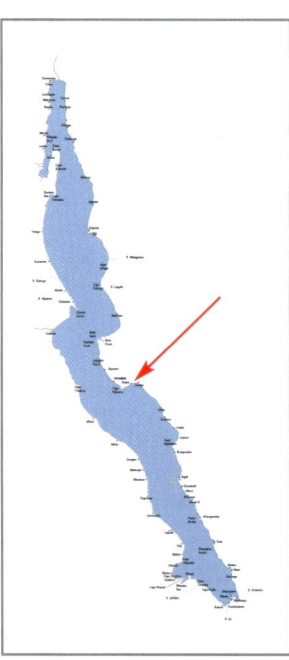

Vorkommen: Bisher nur von Kalya, das zwischen dem Cap Kibwesa und Isonga liegt, bekannt

Entdeckt: Dieser *Tropheus* wurde zufällig durch Helmut LÖFFLAD, Bühl, entdeckt, als er in einer Pause im nahegelegenen Dorf Obst kaufte.

Erstimport: Im Sommer 2001

Farbe: Der Kopf zeigt meist einen mittleren Braunton mit rötlichem Hauch, besonders der Bereich um das Auge kann rosafarben wirken. Manche Individuen zeigen unterhalb des Auges am vorderen Kiemendeckel einen hellen Bereich, der in der Form an ein Dreieck erinnert. Stirn und Vorderrücken zeigen die Farbe des Kopfes. Der Rest des Rückens bis zum Schwanz ist grünlich. Die Körperflanke und der Bauch zeigt sich weißlich-cremefarben und kann von bis zu 6 etwas dunkleren Querstreifen durchzogen sein. Die Dorsale ist blaugrau gefärbt und kann rötlichbraune kleine Flecken hauptsächlich im vorderen Bereich und an der Dorsalbasis aufweisen. Die Pectoralbasis ist auffällig rosafarben. Die Caudale ist fast schwarz. Die obere Körperhälfte kann stimmungsbedingt sehr stark abdunkeln. Die weißen Querstreifen treten dann sehr deutlich hervor.

Interessantes: Das äußere Erscheinungsbild dieser Population ähnelt dem der *Tropheus* der Linie 6, aber auch einigen Tieren der Linie 8. Die große räumliche Nähe (nur wenige Kilometer) zum *Tropheus* sp. Kibwesa legt den Schluß nahe, dass der *Tropheus* sp. Kalya eher zur Linie 6 gehört. Näheres wird erst die DNA-Untersuchung ans Licht bringen. Die Entdeckung dieser Farbrasse zeigt einmal mehr, dass noch längst nicht alle *Tropheus*-Populationen bekannt sind. Aquaristisch wird sich diese Farbrasse wegen ihrer schlichten Färbung wohl kaum durchsetzen, doch für *Tropheus*-Freaks ist sie sicherlich interessant.

Es lebe die Mittagspause! Sie sorgte für die Entdeckung des *Tropheus* sp. Kalya.   **photo:** P. Schupke

Tropheus der Linie 7

Die Lokalformen dieser Linie besitzen einige Besonderheiten, die diese *Tropheus* von anderen Linien eindeutig abgrenzen. Sowohl das Farbkleid als auch das Verbreitungsgebiet sind bei diesen *Tropheus* einmalig. Ihr Vorkommensareal beginnt in der Nähe von Kiku, das einige Kilometer nördlich von Lunangwa im südlichen Kongo liegt und endet in der südöstlichen Nkamba-Bay, die sich bereits in Sambia befindet. Die Färbung der Linie 7 ist von dem Fundort der jeweiligen Lokalform abhängig. Der Grundton geht von braunbeige über braun zu rotbraun und hellt sich dann zu braunorange über goldbraun zu gelblich auf. Bei neutraler Färbung ist der Rücken der südlichen Lokalformen dunkel- bis hellgrün. Allen gemeinsam sind die Nasenstreifen, die aber nicht so auffällig erscheinen wie die bei der Linie 6 weiter nördlich. Adulte Tiere zeigen normalerweise keine oder kaum sichtbare Reste ihrer Streifung. Sie besitzen 6 Hartstrahlen in der Afterflosse. Von den Flossen zeigen nur Dorsale, Anale und Ventralen bunte Farben. Die Caudale ist nur leicht eingeschnitten und mit den Pectoralen gleichfarbig dunkel. Die ganze Linie zeigt in der Dorsale beziehungsweise in der Anale einen roten Ton, der je nach Fundort in seiner Intensität und Farbabstufung verschieden ausfällt. Im nördlichen Bereich der Linie findet man ein dunkles Blutrot, das sich, je weiter wir in den Süden gehen, zusehends zu einem Hellrot bis Orange entwickelt. Die Helligkeit der einzelnen Lokalformen hängt mit ihrem Fangort zusammen. Im Norden sind die Felsbereiche, eine Ausnahme ist die Kapampa-Bay, unter Wasser dunkler, im Gegensatz zu den hellen Stränden weiter südlich, die durch viel Sand und niedrigeres Wasser gekennzeichnet sind. In der Nkamba-Bay ändert sich das wieder und die dort lebenden *Tropheus* werden wieder etwas dunkler. Juvenile Tiere besitzen helle Querstreifen, die deutlich breiter sind als die der weiter südlich lebenden "Regenbogen-*Tropheus*" der Linie 8. Die Streifen verschwinden zudem wesentlich schneller als bei den *Tropheus* der Linie 8. Zum Leidwesen der Aquarianer dunkeln dominante *Tropheus* leider stark ab

und von ihren hübschen Farben ist dann nicht mehr viel zu sehen. Am schönsten wirken sie in uneingerichteten und hellen Aquarien oder in weißen Eimern, beide Hälterungsformen wirkten sich früher sehr verkaufsfördernd aus. An der nördlichen Verbreitungsgrenze treffen diese *Tropheus* auf *Tropheus* der Linie 6, mit denen sie in der Nähe der Ortschaft Kiku zusammen vorkommen sollen. Im Süden treffen sie am Ausgang der Nkamba-Bay mit dem dem *Tropheus* sp. Nangu zusammen, der zu der Linie 8 gehört. Pierre BRICHARD hat beide Linien zusammen im Uferbereich gesehen und keine Hybriden beobachten können. Eine interessante Beobachtung aus meinem Fischkeller möchte ich ihnen, liebe Leser, nicht vorenthalten. Bei einem von mir erworbenen *Tropheus* sp. Ilangi-Paar stellte sich nach längerem Warten doch noch Nachwuchs ein. Die Freude war natürlich groß, als sich die Eier entwickelten und ein verstohlener Blick im leicht geöffneten Maul nach mehreren Wochen kleine *Tropheus* erkennen ließen. Dann kam die große Überraschung. Von 9 gut entwickelten Jungen war ein Drittel heller als der Rest. Die Eltern waren nicht mit anderen *Tropheus* zusammen gewesen. Im Laufe der Wochen wurde die "Fehlfärbung" der drei Jungen immer deutlicher im Vergleich zu den sechs anderen (Bilder auf S. 86), die sich zu hübschen echten "Ilangis" entwickelten. Die aufgehellten Tiere sahen dem "Gelben Regenbogen" der Linie 8 sehr ähnlich. Wie kann man sich diesen Unterschied bei den jungen "Ilangis erklären? War es eine spontane Mutation oder hatten die Vorfahren meiner Alttiere Kontakte mit dem "Gelben Regenbogen"-*Tropheus*? Ich weiß es nicht.
In den achtziger Jahren trafen alle Lokalfomen regelmäßig ein. Dann schloß die damalige Exportfirma von Adrian KARR nördlich der Ndole-Bay und die *Tropheus* dieser Linie wurden etwas seltener importiert. Heute gibt es wieder eine noch junge Firma zwischen Ndole-Bay und Cape Kachese, die diese hübschen *Tropheus* dieser Gegend wieder regelmäßiger exportieren wird.
Es werden 12 Populationen in dieser Linie unterschieden.

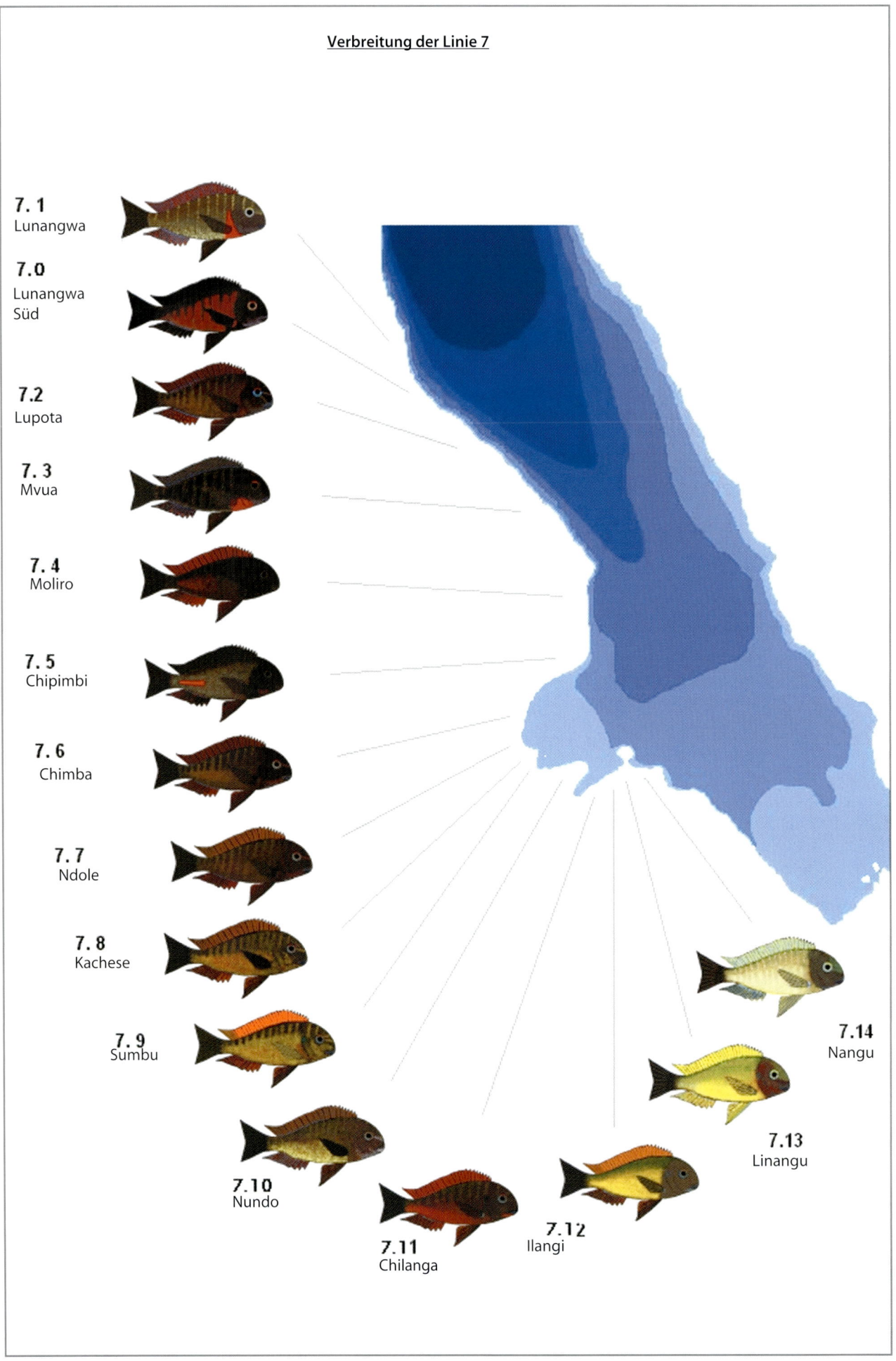

Verbreitung der Linie 7

7.1 Lunangwa

7.0 Lunangwa Süd

7.2 Lupota

7.3 Mvua

7.4 Moliro

7.5 Chipimbi

7.6 Chimba

7.7 Ndole

7.8 Kachese

7.9 Sumbu

7.10 Nundo

7.11 Chilanga

7.12 Ilangi

7.13 Linangu

7.14 Nangu

Tropheus sp. Lunangwa Süd; Population 7.0

Handelsname: Kein Handelsname bekannt

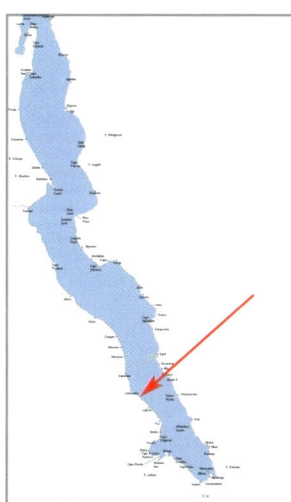

Vorkommen: Der Populations-name bezieht sich auf den Fundort südlich von Lunangwa an der kongolesischen Küste.

Sonstiges: Die einzigen Informationen zu diesen Fischen stammen aus dem Internet. Dieses Tier fand ich auf der Homepage von der schwedischen Firma "African Diving". Diese *Tropheus* scheinen mir dem auf dieser Homepage publizierten Bild nach zu urteilen, eine eigene Population zu sein. Weitere Informationen zu den Tieren sind derzeit leider noch nicht verfügbar.

Tropheus sp. Lunangwa; Population 7.1

Handelsname: Tropheus Kiku

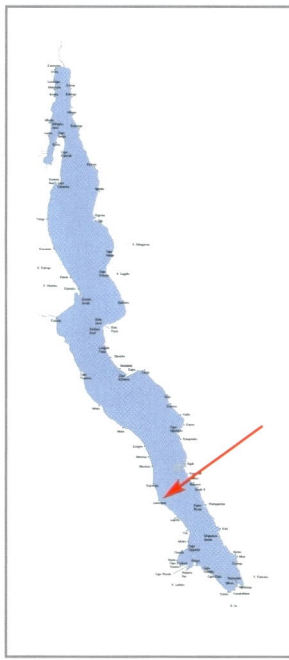

Vorkommen: Das Vorkommen beschränkt sich auf ein 20 Kilometer langes Küstenstück südlich der Kapampa- Bay.

Entdeckt: Vermutlich wurde diese Lokalform von Pierre BRICHARD und seinem Fangteam   Mitte der achtziger Jahre entdeckt.

Erstimport: Ein Erstimport erfolg-te Anfang der neunziger Jahre in geringen Stückzahlen.

Farbe: Die Grundfärbung besteht bei den Tieren südlich der Kapampa-Bay aus einem beigebräunlichen Ton, der am Rücken etwas ins grünliche geht. Weiter südlich wechselt die Grundfärbung mehr ins rötliche. Die hellen Querstreifen verlieren sich bei adulten und balzaktiven Männchen fast ganz. Nur bei Weibchen und juvenilen Exemplaren sind sie ständig zu sehen. Maul, Kehle und Ansatz der Anale zeigen eine hellviolettbläuliche Farbe. Dorsale, Anale und Ventralen sind dunkel mit einem leichten rötlichen Ton, der manchmal stellenweise mit etwas Hellviolett überlagert sein kann. Die Anale besitzt zahlreiche blutrote Punkte. Hinter dem Kopf verläuft ein schmales rötlichbraunes im Norden und ein rotes Band weiter südlicher hinter den Kiemen bis zur Brust. Revierbesitzende Tiere dunkeln stark ab.

Interessantes: Die Küste südlich der Kapampa-Bay ist durch reichlich Sedimentablagerungen gekennzeichnet. Das wirkt sich auf die Grundfärbung der dort lebenden *Tropheus* deutlich aus. Die beigebräunliche bis beigeorangene Farbe sieht den Sedimentenablagerungen sehr ähnlich und bietet vermutlich einen einen besseren Schutz gegenüber Fressfeinden. Je geringer die Ablagerungen werden, desto dunkler werden die *Tropheus*. Dieses Phänomen tritt im Verlauf der weiteren Küste innerhalb dieser Linie noch mehrmals auf. Durch die relativ unattraktive Färbung fanden die *Tropheus* dieser Lokalform leider wenig Anhänger. Die politische Situation lässt es auch hier nicht zu, ohne Risiko von Leib und Leben das Land zu bereisen. Ebenfalls nicht empfehlenswert ist der weitere Grenzbereich. Die Grenzen werden je nach Lust und Laune jeden Tag neu gezogen. Ein kleiner Ausflug nach Moliro klappte bei uns fast problemlos. Ein Bekannter, der nur bis zum Cape Chipimbi vordrang, wurde von einem Patrouillenboot aufgebracht und wurde unter Androhung von Waffengewalt gezwungen, mitzufahren. Er wußte zu diesem Zeitpunkt noch nicht, dass er einem sechswöchigen unfreiwilligen Aufenthalt in Kalemie entgegensah.....

Die farblichen Unterschiede sind bei diesen beide *Tropheus* deutlich zu sehen. Das untere Tier wurde südlich der Kapampa- Bay gefangen und das obere Tier in der Nähe der Lunangwa- Mündung.

photo: P. Schupke

Tropheus sp. Lupota; Population 7.2

Handelsname: Tropheus Lupota, Rotbrustmoorii

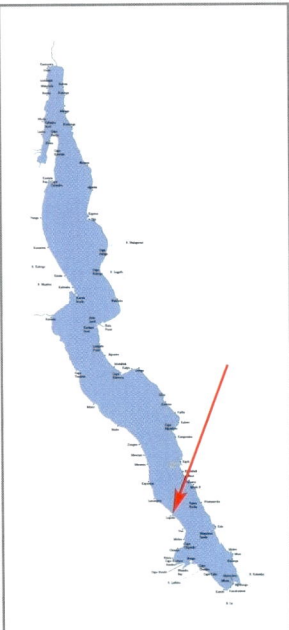

Vorkommen: Das Verbreitungsgebiet dieser Lokalform beginnt einige Kilometer südlich der Lunangwa- Bay und reicht bis zur Lupota- Bay.

Entdeckt: Keine Daten bekannt.

Erstimport: Für den Aquarienfischhandel wurde diese Lokalform 1985 zum erstenmal importiert.

Farbe: Die Grundfärbung besteht aus einem Rotbraun. In der Rückenregion liegt ein grünlicher Hauch. Maul, Kinn und der Ansatz der Anale leuchten hellviolett bis hellbläulich. Kräftig blutrot zeigt sich der Bereich der Brust und der Ansatz der Pectoralen. Die hellen Querstreifen juveniler Tiere und Weibchen verlieren sich bei adulten Männchen fast ganz. Nur bei der Balz werden sie einfarbig dunkel und zeigen keine Streifen mehr. Dorsale, Anale und Ventralen zeigen einen dunkelroten Ton, der an der Dorsalbasis etwas hellviolett schimmern kann. Überreste der Streifen zeigen sich auch an der Basis der Dorsale. Zahlreiche dunkelrote und etwas längliche Punkte zieren die Anale. Dunkel gefärbt sind die Caudale und die Pectoralen. Der Bereich der Stirn weist, wie bei allen Lokalformen dieser Linie, drei hellere Streifen auf, die vom Auge ausgehend über die Stirn zum anderen Auge verlaufen. Die Iris schimmert Blau und besitzt im oberen Teil einen dunkelroten Bereich.

Interessantes: Die rote Färbung dieses *Tropheus* ist stark stimmungsabhängig. In einem hellen und leeren Aquarium zeigt er ein hübsches Rot, da die dunkle Pigmentierung völlig unterdrückt wird. Diese Schreckfärbung wird aber in einem eingerichteten Becken nicht oder kaum gezeigt. Der *Tropheus* sp. Lupota ist eine relativ schlicht gefärbte Form des *Tropheus*, der in der Gegend bei Moliro gefunden wird. Seine Popularität war in den achtziger Jahren höher als heute. Er wird, wenn überhaupt noch, sehr selten gehalten. Mit den wesentlich hübscheren Farbformen, die die letzten Jahre importiert wurden, kann er nicht mithalten.

Tropheus sp. Mvua; Population 7.3

Handelsname: Tropheus Vua, Blutkehlmoorii

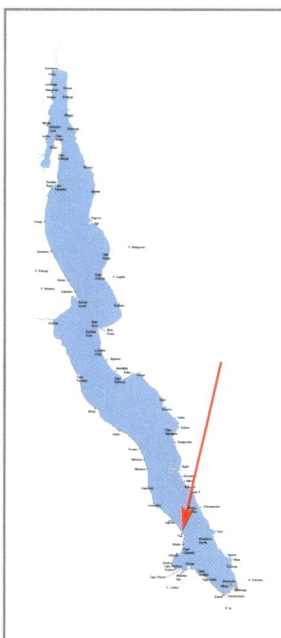

Vorkommen: Das Vorkommen liegt nördlich der Mvua-Bay und reicht bis an die Lupota-Bay.

Entdeckt: Diese Lokalform wurde Mitte der siebziger Jahre von SCHEUERMANN und STAECK entdeckt.

Erstimport: Vermutlich wurde der Blutkehlmoorii kurz nach seiner Entdeckung in kleinen Stückzahlen importiert. Einige Jahre später wurden sie in größeren Mengen eingeführt.

Farbe: Die Grundfärbung besteht aus einem dunklen Braun. Der Bereich der Kehle, der Brust und manchmal noch der untere Teil der Kiemen ist bei dieser Lokalform auffällig blutrot gefärbt. Am restlichen Körper und den Flossen fehlt der Rotanteil. Die Iris ist leicht bläulich und im oberen Teil rot. Das Maul und die Basis der Anale zeigen eine hellblaugraue Farbe. Adulte Exemplare zeigen normalerweise keine Querstreifung mehr, die in ungewohnter Umgebung aber wieder zum Vorschein kommen kann. Bis auf die rotgepunktete Anale sind die Flossen unscheinbar braungrau gefärbt. Der Stirnbereich weist Streifen auf, die hellgraubraun gefärbt sind. Balzaktive Tiere werden sehr dunkel.

Interessantes: Die Ausdehnung des roten Farbflecks kann individuell sehr unterschiedlich ausfallen. Bei manchen Tieren ist nur die Kehle rot, bei anderen nur der Brustbereich. Schöne Exemplare zeigen an Brust, Kehle und dem unteren Teil der Kiemen ein kräftiges Blutrot. Oftmals sind es die Männchen, die mehr Farbe zeigen als die Weibchen. Vermutlich wird es von dieser Lokalform bei uns nur noch wenige lebende Tiere geben, da ihnen die farblich überlegenen Formen der verschiedenen Linien schon früh den Platz in unseren Becken streitig gemacht haben. Meines Wissens sind in den neunziger Jahren kaum Exemplare dieser Population importiert worden. Vor kurzem (Dezember 1998) trafen wieder *Tropheus* aus dieser Gegend ein. Es waren u. a. auch Tiere des *T*. sp. Mvua dabei. Die viel farbenprächtigeren *Tropheus* aus Moliro sind bei den Aquarianern beliebter und werden entsprechend häufiger von den Importeuren geordert. Der *Tropheus* sp. Mvua ist nach Untersuchungen von Christian STURMBAUER und Mitarbeiter verwandtschaftliche nahestehend zu den *Tropheus* von Chaitika und Wampembe.

Tropheus sp. Moliro; Population 7.4

Handelsname: Tropheus Moliro, Roter Schwanzstreifen Moorii

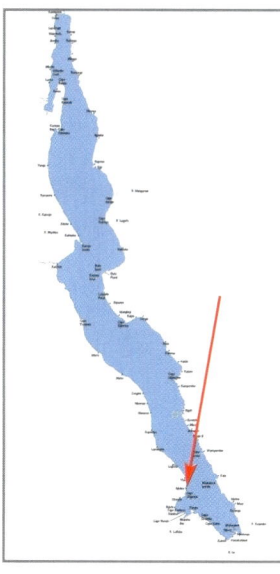

Vorkommen: Diese Lokalform lebt in der Umgebung von dem Dorf Moliro im äußersten Süden des Kongo. Die genauen Verbreitungsgrenzen sind nicht bekannt.

Entdeckt: Dieser *Tropheus* wurde von POLL bei seiner großen Tanganjikaseeexpedition 1946/47 entdeckt.

Erstimport: Für den Aquarienfischhandel wurde diese Farbform schon 1976 importiert.

Farbe : Die Grundfärbung besteht aus einem Rotbraun, das je nach Stimmungslage stark abdunkelt oder stark aufhellt. Das kräftigste Rot wird in der Schreckfärbung gezeigt. Im hinteren Körperbereich kann die rote Farbe stärker in Erscheinung treten. Adulte und balzaktive Tiere zeigen normalerweise keine Streifen mehr. Maul, Kehle, Pectoralansatz und Analbasis besitzen eine leichte bläulichgraue

Farbe. Der Rücken ist im oberen Bereich etwas grünlich. Der Nasen- und Stirnbereich zeigt drei hellere Streifen. Charakteristisch für den Moliro-*Tropheus* ist seine intensiv rot gefärbte Dorsale. Jeder zweite Hartstrahl der Dorsale ist dunkler. Die Ventralen zeigen oft die gleiche Farbintensität. Caudale und Pectoralen sind sehr dunkel, fast schon schwarz.

Interessantes: Bei Importsendungen sind immer wieder Tiere dabei, die der Nachbarpopulation weiter südlich, beim Cape Chipimbi, ähnlich sind. Diese Tiere zeigen schon andeutungsweise einen roten Balken am Hinterende des Körpers, wie er bei den *Tropheus* vom Cape Chipimbi üblich ist. Diese Exemplare sind deutlich heller und zeigen am übrigen Körper auch etwas weniger rot als bei Moliro. Es kommt häufiger vor, dass es zwischen den Lokalformen fließende Übergänge gibt. Eine charakteristische Färbung tritt jedoch auch dann nur an einem bestimmten Küstenabschnitt auf. Deshalb variieren die Importsendungen auch immer wieder, was es einem Liebhaber und Züchter, der Tiere für eine bestehende Truppe nachkaufen will, nicht gerade leicht macht. Allerdings können die Zwischenformen auch farblich sehr reizvoll sein (s. unten).

Dieser *Tropheus* zeigt die farblichen Merkmale der *Tropheus* von Moliro und Chipimbi.   photo: P. Schupke

Tropheus sp. Chipimbi; Population 7.5

Handelsname: Tropheus Chipimbi, "Schwanzstreifen Moorii"

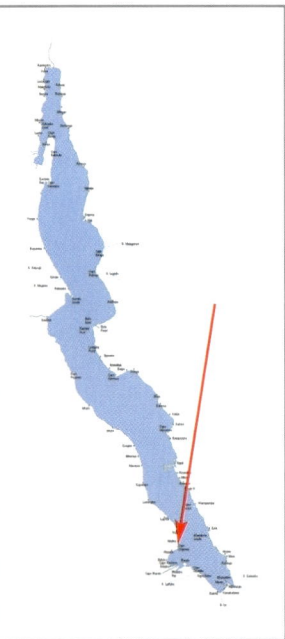

Vorkommen: *Tropheus* dieser Farbform werden beim Cape Chipimbi gefangen, das sich an der Grenze vom Kongo zu Sambia befindet.

Entdeckt: Max POLL hat diese *Tropheus* bei seiner hydrobiologischen Expedition 1946/47 entdeckt.

Erstimport: 1975 gelangten diese *Tropheus* zum erstenmal den Aquarienfischhandel. Erst Anfang der achtziger Jahre fand man sie regelmäßiger in den Becken der Importeure.

Farbe: Die Grundfärbung des Körpers ist ein helles Weißlichgraubraun, wobei die Schuppenbasis dunkelbraun ist. Der Kopf zeigt ein dunkles Braun mit 3 schwach sichtbaren Stirnstreifen. Querstreifen sind bei adulten Tieren normalerweise nicht mehr zu sehen. Maul, Kehle, der Ansatz der Anale und die Basis der Dorsale leuchten kräftig hellblau. Die ansonsten dunkle Caudale besitzt in den weichen Bereichen ebenfalls blaugraue Farbzonen. Die dunklen Pectoralen heben sich kontrastreich von dem hellroten Körper ab. Die Iris ist rotorange bis rot getönt. Adulte Tiere werden am Körper sehr hell, fast schon weiß. Bei dieser Lokalform zeigt sich im hinteren Körperbereich eine in seiner Ausdehnung und Intensität variable rote Farbzone. Sie kann in Form eines schmalen Streifens, der sehr intensiv rot ist, aber auch etwas weniger intensiv, aber dafür großflächiger in der Ausdehnung, in Erscheinung treten. Ein roter Kinnfleck, wie er einmal auf einem Bild zu sehen war, kommt bei dieser Farbform äußerst selten vor und ist normalerweise bei der Mtossi- Lokalform charakteristisch.

Interessantes: Auch bei den Chipimbi-*Tropheus* findet man Individuen, die den *Tropheus* bei Moliro ähnlich sind. Von der Chipimbi-Farbform gibt es sehr hübsche Exemplare. Gelegentlich findet man bei Importsendungen Mischformen mit Moliro. Das gleiche Ergebnis stellt sich nur allzu oft ein, wenn die beiden Lokalformen (z.B. aus Unwissenheit) zusammen gehalten werden. Sehr interessant sind die völlig unterschiedlichen Schreckfärbungen. Der *Tropheus* vom Cape Chipimbi verliert alle dunklen Zeichnungselemente und sieht dann irgendwie ausgebleicht aus.Der *Tropheus* von Moliro dagegen hellt bei weitem nicht so stark auf. Im Vergleich wird das gut sichtbar. Jungtiere sind an der fehlenden rötlichen Farbe in der Dorsale meist gut zu unterscheiden. Im südlichen Verbreitungsgebiet dieser Farbform wird der rote Streifen schmaler und ist weniger intensiv gefärbt. Hinzu kommt, was mir am auffälligsten erscheint, dass der rote Balken sich in zwei oder drei kurze Striche aufteilt.

In der Schreckfärbung unterscheiden sich der *Tropheus* sp. von Moliro (das hintere Tier) und der *Tropheus* sp. von Chipimbi deutlich voneinander. **photo**: P. Schupke

Tropheus sp. Chimba; Population 7.6

Handelsname: Tropheus Chimba, Schwarzroter Moorii, Roter von Sambia.

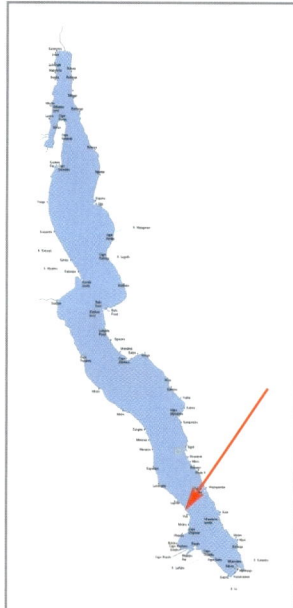

Vorkommen: Diese Farbform wird in der weiteren Umgebung von Chimba in der Cameron-Bay in Sambia gefangen.

Entdeckt: Mitte der siebziger Jahre wurde dieser *Tropheus* von deutschen Aquarianern entdeckt und 1975 von STAECK und SCHEUERMANN beschrieben.

Erstimport: Der "Schwarzrote Moorii" wurde Mitte der siebziger Jahre zum erstenmal eingeführt. In den achtziger Jahren wurden sie regelmäßiger importiert.

Farbe: Die Grundfärbung besteht aus einem Braunrot, das je nach Stimmungslage mehr dunkelbraun bei erregten Tieren oder einfarbig rot bei erschrockenen Tieren erscheint. Dorsale, Anale und Kinn zeigen ein schönes Karminrot. Der Ansatz im hinteren Bereich der Dorsale, der Anale und der Brustflossen sind leuchtend violettblau. Der obere Teil des Rückens erscheint grünlich. Adulte Tiere zeigen normalerweise keine Streifen mehr. In der hinteren Körpermitte kann ein rötliche Farbzone liegen, deren Ränder sehr unscharf begrenzt sind. Zwischen den kaum sichtbaren Stirnstreifen werden bei starker Erregung rote Bereiche sichtbar. Juvenile *Tropheus* sp. Chimba sind hübsch. Ein rotes Netzmuster überzieht den ganzen Körper, der oberhalb der Seitenlinie schön grün und darunter beigefarben erscheint. Ganz junge Tiere mit 2-3 cm Länge zeigen noch keine rote Farbe am Körper. Sie sind braunschwarz mit grauweißlichen Querstreifen. Die Färbung geht bis in den unteren Teil der Dorsale. Innen zeigt die Iris einen kräftig gelben Rand. Ansonsten ist das Auge von dem rötlichen Oberteil abgesehen, bläulichsilbrig getönt.

Interessantes: Der Chimba-*Tropheus* wurde Ende der siebziger Jahre als "Korallenroter Moorii" angeboten. Diese Tiere sahen wirklich beeindruckend aus, allerdings in einem Becken, deren Seiten und Boden sehr hell gehalten waren. Eingerichtet war das Becken zweckmäßigerweise natürlich auch nicht. Man wußte damals schon, wie bestimmte *Tropheus*-Farbformen präsentiert werden mussten. In seinem südlichen Verbreitungsgebiet ändert sich die rote Farbe langsam zu einem Ockerorange. Der *Tropheus* sp. Chimba sieht dem "Grünroten Moorii" aus der südöstliche Nkamba-Bay ähnlich. Diesem *Tropheus* "Chilanga red" (Pop. 7.11) fehlt die kräftige hellviolette Farbe an den Flossenansätzen. Sein Rot ist allerdings kräftiger und tritt besonders an Kehle, Brust und Bauch deutlicher in Erscheinung.

Tropheus sp. Ndole; Population 7.7

Handelsname: Tropheus Ndole

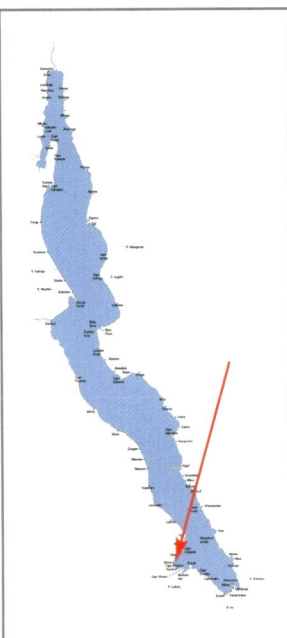

Vorkommen: Das Verbreitungsgebiet liegt in der Ndole-Bay und grenzt an das Vorkommen der Kachese-Farbform. Wie weit nördlich sie vorkommt, ist nicht bekannt.

Entdeckt: Über seine Entdeckung sind mir keine Daten bekannt.

Erstimport: Im Jahr 1983 sind einige Exemplare von Aquaria-

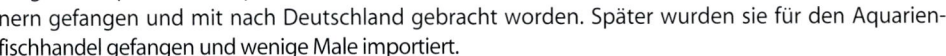

nern gefangen und mit nach Deutschland gebracht worden. Später wurden sie für den Aquarienfischhandel gefangen und wenige Male importiert.

Farbe: Die Grundfärbung besteht aus einem dunkleren Ockerorange, wobei der Kopf etwas dunkler gefärbt ist. Unmittelbar unter der Dorsale zeigt der Rücken einen schwachen Grünton. Die gesamte Unterseite hat einen orangebraunen Ton, der sich zum Rücken ziehend etwas abschwächt. Auf der Stirn sind ein Streifen gut und ein zweiter gerade noch erkennbar. Die Dorsale besitzt eine kräftige rotorangenen Farbe, von der die Anale und die Ventralen nur ein bißchen bekommen haben. Der hintere Teil der Dorsale, die Basis der Anale und der Ansatz der Pectoralen zeigen wie die vorhergehenden Farbformen dieser Linie einen hellvioletten Ansatz. Jeder zweite Hartstrahl der Dorsale ist zu Beginn dunkler und dehnt sich dann weiter hinten auf jeden Hartstrahl aus. Der äußere Augenrand ist orangegelblich gesäumt und die innere Iris ist von bläulichsilberner Farbe.

Interessantes: Es kommt ab und zu vor, dass bei einer Sendung von Kachese-*Tropheus* einzelne *Tropheus* aus der Ndole-Bay dabei sind. Der Grund dafür liegt unter Wasser. Ein Großteil der Ndole-Bay ist in ca. einem Meter Tiefe und tiefer von zahlreichen, von der Brandung ausgehöhlten Sandsteinplatten übersät. In deren Deckung leben die Ndole-*Tropheus* und gelangen so zum Felslitoral des Cape Kachese. Der Ndole-*Tropheus* erinnert an einen weiter aufgehellten Chimba-*Tropheus* (Pop. 7.6). Das Rot passte sich wohl in der relativ hellen Umgebung der Ndole- Bay an und dieses Farbmerkmal verfestigte sich im Laufe langer Zeit im Erbmaterial dieser und zahlreicher anderer Lokalformen rund um den See. Es gibt es manchmal kleinere Mischpopulationen zwischen den Hauptpopulationen dieser und auch anderer *Tropheus*.

Die Ndole Bay Lodge in Sambia ist ideal geeignet, um entspannten Familienurlaub mit einer zünftigen Fischfangtour zu kombinieren.

photo: P. Schupke

Tropheus sp. Kachese; Population 7.8

Handelsname: Tropheus Kachese

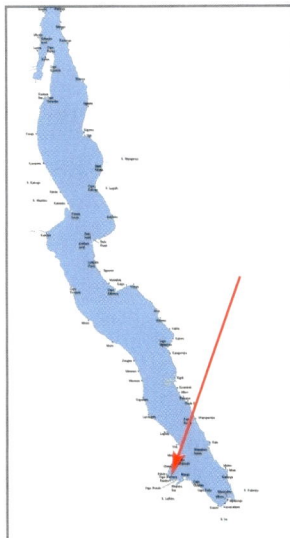

Vorkommen: Das Verbreitungsgebiet erstreckt sich vom Ende
der Ndole-Bay über Cape Kachese
und ein kleines Stückchen in die
Sumbu- Bay hinein.

Entdeckt: Die *Tropheus* vom Cape
Kachese sind Mitte der siebziger
Jahre von deutschen Aquarianern
gefunden worden.

Erstimport: Der erste Import er-
folgte bereits Mitte der siebziger Jahre und der Fisch erscheint bis heute regelmäßig in den Angebotslisten der Importeure.

Farbe: Die Grundfärbung besteht üblicherweise aus zwei Farbtönen, die in der Körpermitte der Länge
nach getrennt sind. Der obere Teil zeigt eine grünliche Farbe, wogegen der untere Teil orangegelb bis
orangerot ist. Der Kopf ist dunkel und nur im Bereich des Kinns orangegelb. Die Dorsale zeigt ein ein
helles Rotorange, das auch in der Afterflosse in abgeschwächter Form vorhanden ist. Wie schon beim
Ndole-*Tropheus* ist jeder zweite Hartstrahl der Dorsale schwarz abgesetzt. Stimmungsbedingt kann sich der orangegelbe Ton des unteren
Körpers verlieren und macht dann einem einheitlichen dunkleren Grünocker Platz. In der Schreckfärbung treten auch bei adulten Tieren
Querstreifen in Erscheinung. Der hintere Ansatz der Dorsale und die Basis der Anale zeigen eine hellviolette Farbe. Ein Stirnstreifen in der
Farbe der unteren Körperhälfte iist vorhanden. Caudalen und Pectoralen sind sehr dunkel.

Interessantes: Um das Cape Kachese ist das Wasser oft und lange milchig trüb, weshalb man unter Wasser nicht viel erkennen kann. Gar
nicht so selten wandern sehr große Krokodile von dem nahen Sumbu-Nationalpark ein und verhindern ein Tauchen oder Schnorcheln in
diesem Gebiet. Bei manchen Importsendungen gibt es Exemplare, die einen auffällig hohen Rotorangeanteil in der unteren Körperhälfte
aufweisen. Diese Anteil könnte von Ndole-*Tropheus* stammen, die ab und an über die unterseeischen Sandsteinfelder die Kachese-
Population erreichen. Die schwarzabgesetzten Dorsalstacheln sind bei diesen Tieren auch stärker ausgeprägt. Als die Fangstation nördlich
der Ndole-Bay Mitte der achtziger Jahre noch existierte, trafen regelmäßig *Tropheus* aus dieser Gegend von Sambia ein. Es gibt sogar eine
wundervolle Lodge, in der ich 1983 einen dreiwöchigen Aufenthalt verbringen durfte. In fast unmittelbarer Nachbarschaft hatte Adrian
KARR damals eine Fangstation. Heute fängt dort Thorsten REUTER wieder Fische für den Export.

Tropheus sp. Sumbu; Population 7.9

Handelsname: Tropheus Sumbu, Goldregenbogen Moorii.

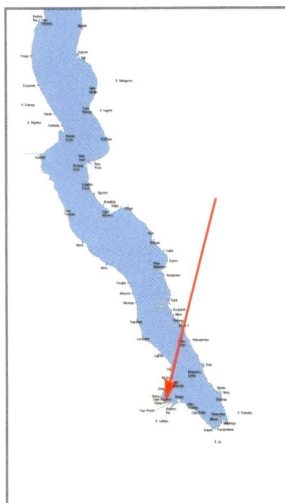

Vorkommen: Das Verbreitungsgebiet dieser Lokalform beginnt
südlich des Cape Kachese und
verläuft durch die ganze Sumbu-
Bay.

Entdeckt: Erst zu Beginn der achtziger Jahre wurde diese Farbform
von deutschen Aquarianern entdeckt.

Erstimport: Der Erstimport für den Aquarienfischhandel erfolgte Mitte der achtziger Jahre. Leider
blieben die Importe dieser überaus attraktiven Lokalform aus unerklärlichen Gründen äußerst selten. Sie
fanden nur wenige Male den Weg zu uns.

Farbe: Bis auf einen schmalen grünlichen Bereich unter der Dorsale zeigen Körper und Kopf einen goldockerfarbenen Ton. Der Oberkopf ist nur leicht abgedunkelt. Auf der Stirn sind ein, manchmal zwei Streifen zu erkennen, die die Körperfarbe zeigen. Die Iris ist bläulich und im oberen Bereich orangerötlich. Die Dorsale erstrahlt in einem kräftigen Zinnoberrot, wobei die Hartstrahlen nicht dunkel, sondern so wie der Körper, also goldockerfarbig abgesetzt sind. Die Ventralen sind dunkel mit rot eingefärbten Zwischenräumen. Die Anale ist nur im Hartstrahlbereich orangerot, das sich im weiteren Verlauf zu ockerfarbig verändert. Die Basis der Anale ist hellviolett. Caudale und Pectoralen sind dunkler, meist grünlichorange.

Interessantes: Die *Tropheus* in der Sumbu-Bay sind noch etwas heller, als die *Tropheus* vom Cape Kachese. Die Sumbu-Bay ist relativ flach und wird mit Sedimenten des nördlich der Ortschaft Sumbu einfließenden Flusses belastet. Diese Lokalform ist äußerst attraktiv, ist aber bei den Aquarianern kaum bekannt. Die Tiere des damaligen Importes waren flächig goldocker gefärbt. Leider sind von dem damaligen Fundort keine so hübschen Tiere mehr zu uns gelangt, da vermutlich der genaue Fangplatz in Vergessenheit geraten ist. Der Fisch auf dem Foto kam Anfang der neunziger Jahre mit einer Sendung *Tropheus* sp. Kachese zu uns. Er ist nicht so schön flächig gefärbt, wie die damaligen Goldregenbogen, er ist ihnen aber sehr ähnlich. Da der Sumbu-Nationalpark an den See grenzt, ist es möglich, dass häufig Krokodile die Fangpläne der Exporteure durchkreuzen. Die politische Lage in Sambia ist relativ stabil und deshalb dürfte es doch möglich sein, diese hübschen *Tropheus* wieder zu suchen und zu fangen.

Dieses adulte Weibchen zeigt eine abweichende Färbung der Sumbu-Variante. Typische *Tropheus* von Sumbu sind flächig goldockerfarben gefärbt und zeigen im Gegensatz zu der normalen dunkleren Form keine dunkel abgesetzten Dorsalstacheln.

photo: P. Schupke

Tropheus sp. Cape Nundo; Population 7.10

Handelsname: Tropheus Golden Chisanse

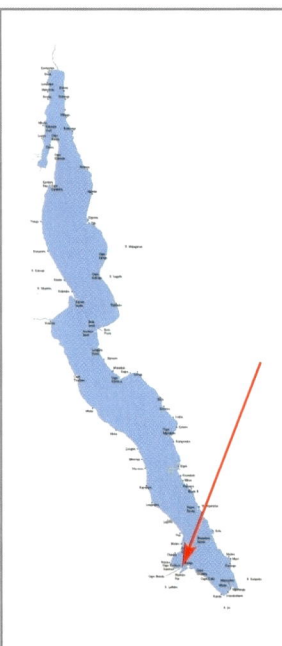

Vorkommen: Das Verbreitungsgebiet dieser Lokalform ist vom Cape Nundo belegt, das sich am westlichen Eingang der Nkamba-Bay befindet. Es erstreckt sich weit in die Nkamba-Bay hinein

Entdeckt: Diese Farbform wurde Ende der achtziger Jahre von Aquarienfischfängern entdeckt.

Erstimport: Für den Aquarienfischhandel wurde diese Farbform Anfang der neunziger Jahre importiert. Sie gelangte nicht häufig in die Becken der Aquarianer.

Farbe: Die Färbung teilt sich in zwei Bereiche auf. Der Kopf und der Bereich oberhalb der Seitenlinie zeigt eine bräunlichgrünliche Farbe, wogegen der Teil unter der Seitenlinie strohgelb ist. Maul, Kehle und der Ansatz der Anale zeigen einen hellvioletten Ton, der auch in dem Stirnstreifen erkennbar ist. Die rostfarbene Dorsale und Anale zeigen im hinteren Bereich einen bläulichgrauen Schimmer. Der äußere Augenring ist gelblichorangefarben, der innere leicht bläulich getönt. Stimmungsbedingt können diese *Tropheus* stark abdunkeln. Adulte Tiere zeigen normalerweise keine Querstreifung mehr, es sei denn, sie werden von einem stärkeren Tier bedroht oder befinden sich in einem leeren Becken. Weibchen können auch im adulten Zustand noch Reste ihrer Streifung zeigen.

Interessantes: Der *Tropheus* aus der Umgebung des Cape Nundo erinnert etwas an den benachbart vorkommenden *Tropheus* sp. Ilangi. Das Cape Nundo besteht aus einem stark abgeschliffenen Felsen, inklusive eines größeren Teiches der auch als "Hippobadewanne" herhalten muss. Das Wasser ist dort meistens sehr klar und würde sich bestens zum Schnorcheln eignen, wenn es dort nicht eine Nilpferdpopulation geben würde. Nähert man sich unvorsichtigerweise, sehen in einem Bootskörper einen Rivalen, den es zu bekämpfen gilt. Dazu kommen noch einige Krokodile, die man meist nicht sieht. In diesen Umständen begründet sich wohl die Seltenheit dieser Farbform in unseren Becken.

Tropheus sp. Chilanga; Population 7.11

Handelsname : Grünroter Moorii, Tropheus Chilanga red, Tropheus Nkamba

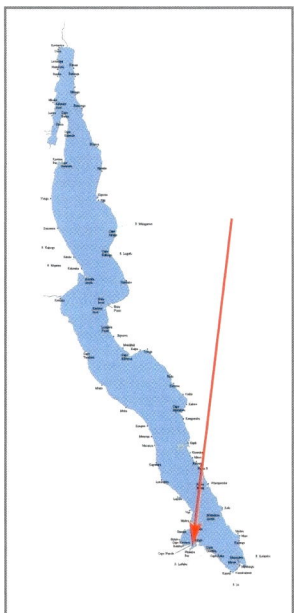

Vorkommen: Sein Verbreitungsgebiet beginnt an der Nkamba-Bay-Lodge und erstreckt sich mindestens bis zu den Chilanga-Rocks, die sich fast am Ende der östlichen Bay befinden.

Entdeckt: Diese *Tropheus*- Lokalform wurde Mitte der siebziger Jahre von deutschen Aquarianern entdeckt

Erstimport: Sie gelangten bereits Ende der siebziger Jahre in kleinen Stückzahlen in den Handel. Später wurde es lange Zeit ruhig um diesen *Tropheus*. Er wurde einige Jahre nicht mehr importiert.

Farbe: Der *Tropheus* sp. Chilanga sieht dem *Tropheus* von Chimba etwas ähnlich. Der Körper ist in zwei Farbzonen unterteilt. Stirn und Rücken schimmern grünlich, wogegen der untere Teil des Kopfes und der Teil des Körpers unterhalb der Seitenlinie stark rot gefärbt sind. Stimmungsbedingt können diese *Tropheus* stark abdunkeln, was meistens bei der Balz geschieht. Sehr hell werden sie in Stresssituationen, wie nach dem Fang oder in neueingerichteten Becken. Der Ansatz der Caudale erscheint grünlichgelb. Maul, Pectoralansatz und Basis der Anale zeigen eine hellviolette Farbe. Dorsale, der untere Bereich der Kiemen, die Zwischenräume der Ventralen und der Hartstrahlbereich der Anale sind kräftig rot gefärbt. Die Iris ist innen hellgoldgelb gerandet. Das übrige Auge ist am oberen Rand rötlich und am unteren bläulichsilber getönt.

Interessantes: Der ”Grünrote *Tropheus*” ist ein alter Bekannter, der mit anderen zu den *Tropheus*-Pionien gezählt werden darf. STAECK hat diesen *Tropheus* im Dezember 1975 zum erstenmal vorgestellt. Er ist viele Jahre nicht mehr importiert worden. Erst Ende der achtziger Jahre wurde er wieder für den Aquarienfischhandel gefangen. 1998 kam er wieder in kleinen Stückzahlen mit dem *Tropheus* ”Ilangi” von dem Exporteur Chris BLIGNAUT zu uns. Von Toby VEALL, einem anderen Exporteur, wird der ”Grünrote” *Tropheus* als ”Chilanga red” angeboten. Die Chilanga Rocks sind ein Unterwasserriff, das fast schon am Ende der östlichen Nkamba-Bay liegt. H. J. HERRMANN berichtet über einen Grünroten *Tropheus*, den er in der Nähe der Nkamba-Bay Lodge gefangen hat. Demnach kommt dieser *Tropheus* an einem langen Küstenabschnitt der östlichen Küste der Nkamba- Bay vor. BRICHARD erwähnt, dass sich der ”Grünrote” *Tropheus* und der ”Gelbe Regenbogen”-*Tropheus*, der der Linie 8 angehört, am Ausgang der Nkamba-Bay berühren, aber dass diese Tiere nicht hybridisieren würden. Die Seltenheit des *Tropheus* sp. Chilanga in der Aquaristik ist durch eine sehr große Flusspferd- und Krokodilpopulation in der südlichen Nkamba-Bay begründet.

Auf dieser Luftaufnahme ist die gesamte Nkamba-Bay zu erkennen. Im Hintergrund ist die Sumbu-Bay. Dazwischen liegt das Cape Nundo.
photo: P. Schupke

Handelsname : Tropheus Ilangi

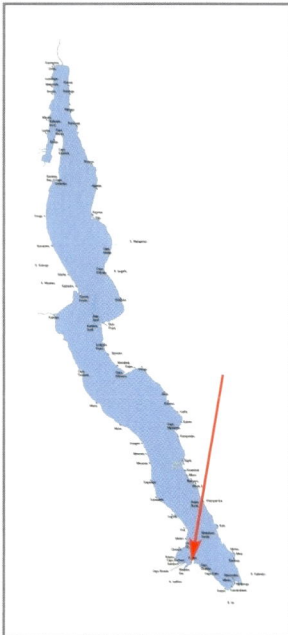

Vorkommen: Das Verbreitungsgebiet dieser Lokalform befindet sich einige Kilometer nach dem östlichen Eingang der Nkamba-Bay.

Entdeckt: Über die Entdeckung dieser farbenprächtigen Farbform liegen mir keine Angaben vor. Vermutlich war es einer der Exporteure, der diesen *Tropheus* erstmalig fand.

Erstimport: Anfang der neunziger Jahre erreichte uns *Tropheus* sp. Ilangi zum erstenmal und steht seit damals ständig auf den Wunschlisten der Importeure.

Farbe: Die Grundfärbung besteht auch hier aus zwei unterschiedlichen Farbzonen am Körper, deren Grenzen jedoch fließend sind und daher nicht so auffällig erscheinen. Oberkopf und der Rücken über der Seitenlinie sind grünlich. Der restliche Teil vom Kopf weist einen bräunlichroten Ton auf, der etwas hellblauviolett überhaucht ist und am Mund, Kinn und Kehle deutlicher wird. Der Körperbereich unter der Seitenlinie erstrahlt in einem leuchtenden Gelb, das im oberen Bereich grünlich und im unteren Bereich orange überhaucht ist. Die Dorsale zeigt eine kräftige hellrote Färbung. Die Hartstrahlen sind nicht dunkel abgesetzt. Caudale, Pectoralen und Ventralen sind dunkel, wobei letztere in den weichen Zwischenräumen etwas rötlich getönt sind. Der Ansatz der Pectoralen und der Anale ist hellviolett. Die Anale zeigt die rote Farbe der Dorsale in leicht abgeschwächter Form. Der obere Teil des Auges ist gelblichorange, während der untere Teil bläulich gefärbt ist. Beim Balzen dunkelt der Körper stark ab. Adulte Tiere zeigen im allgemeinen keine Streifenzeichnung mehr. Die charakteristischen Stirnstreifen der Linie sind kaum vorhanden.

Interessantes: Der "Ilangi" wird von zwei Exporteuren an verschiedenen Stellen gefangen. Die Tiere von Chris BLIGNAUT zeigen eine leichte hellrote Tönung, wogegen die Tiere von Toby VEALL die oben beschriebene gelbe Farbe zeigen. Die eher rötlichere Form ist sozusagen eine aufgehellte Variante des dunkelroten *Tropheus* aus der südöstlichen Nkamba-Bay. Der gelblichere Typ wird am Eingang der östlichen Bay gefangen. Wie schon bei der Linienvorstellung auf S.75 angesprochen, bekam bei mir ein Paar "Ilangi" unterschiedliche Junge. 3 von 9 Jungen waren stark aufgehellt (s. unten). Sie ähneltem mehr dem "Gelben Regenbogen", der als nordöstlicher Nachbar Kontakt zum T. "Ilangi" haben könnte. Dieser wird noch weit südlich der Kasaba-Bay Lodge angetroffen. Vielleicht gibt es zwischen beiden Populationen ab und zu sexuellen Kontakt. Bei der Verpaarung entsprechender Tiere spalten sich die Nachkommen wieder auf. Vielleicht war der Urgroßvater meiner "Ilangis" ein Gelber Regenbogen.

Ein juveniler *Tropheus* mit stark aufgehellter Farbe. Er gehörte zu dem Wurf von 9 Jungen, zu dem der Fisch auf dem Bild auf der nächsten Seite oben auch gehört, die zwei unterschiedliche Färbungen besaßen. Eine gewisse Ähnlichkeit zum "Gelben Regenbogen" kann nicht geleugnet werden.

photo: P. Schupke

Ein *Tropheus* sp. Nangu oder "Gelber Regenbogen" zum Vergleich. Die Ähnlichkeit zu dem aufgehellten Jungtier des *Tropheus* "Ilangi" ist auffällig, was aber nicht zwangsläufig auf enge Verwandtschaft hinweist, sondern auch eine konvergente Anpassung an vergleichbare Lebensräume darstellen kann.   **photo**: P. Schupke

Tropheus sp. Linangu; Population 7.13

Handelsname: Tropheus Linangu

Vorkommen: Die heute bekannte Verbreitung liegt in der südlichen Kala-Bay, die nur durch einige Sanddünen von der Kasaba- Bay getrennt ist.

Entdeckt: Vermutlich haben Aquarianer diese Farbform schon in den achtziger Jahren entdeckt.

Erstimport: Erst im ausgehenden Jahrtausend fanden diese hübschen Fische den Weg in unsere Becken. Meines Wissens wurden diese *Tropheus* zuerst vom cj-Aquarium importiert.

Farbe: *Tropheus* sp. Linangu kann als aufgehellter *T.* sp. Ilangi bezeichnet werden. Auffällig ist der braunrote bis dunkelweinrote Kopf und der sehr dunkle, fast schwarze Schwanz. Der grünliche Rücken begrenzt die hellgelbe Farbe der Flanke, die bis zum Bauch reicht. Der Schwanzstiel ist sehr hell, fast weiß. Außer der kräftig gelb gefärbten Rückenflosse zeigen die anderen Flossen kaum Farbe. Weibchen und revierlose Männchen besitzen ein deutlich sichtbares Streifenmuster.

Interessantes: *Tropheus* sp. Linangu fand nach seiner Ankunft, zumindest bei uns im Süden, erst ein Jahr später einen Liebhaber. Das lag zum einen an den düsteren Farben, die durch eine zu hohe Nitratkonzentration im Händlerbecken verursacht wurde und zum anderen an dem Gebiet, in dem sich der Händler befand. Dort wird die Cichlidenszene von Liebhabern der süd- und mittelamerikanischen Buntbarsche dominiert. Bei dem neuen Besitzer, übrigens einem "alten" *Tropheus*spezialisten, zeigten die *T.* sp. Linangu nach kurzer Zeit, was in ihnen steckt. Im Jahr 2001 wurde von Thorsten Reuter, der sein neues Zuhause in Sambia gefunden hat, eine sehr ähnliche Farbform gefangen und für den deutschen Handel exportiert. Das etwas dunklere Gelb dieser Population dehnt sich über den Rücken und den Hinterkopf aus, so dass der Körper einfarbig dunkelgelb erscheint. Auffällig ist auch bei dieser Population der dunkle Kopf und Schwanz.

Tropheus sp. Nangu; Population 7.14

Handelsname: Gelber Regenbogen, Tropheus Nangu, Gelb-grauer Tropheus.

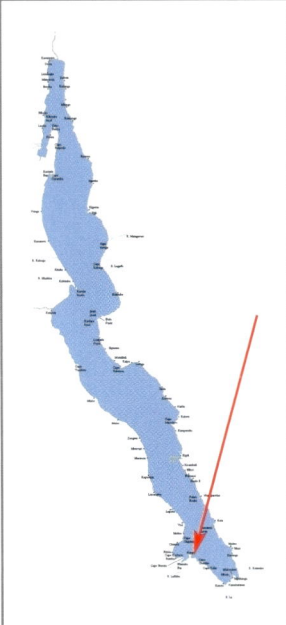

Vorkommen: Das Verbreitungsgebiet dieser Farbrasse erstreckt sich über einen großen Teil der Inangu-Halbinsel. Ob und wie weit sich die Farbe an diesem langen Küstenstreifen ändert, ist nur unzureichend bekannt.

Entdeckt: Diese *Tropheus* Lokalform wurde von Wolfgang STAECK im Jahre 1975 entdeckt und 1977 beschrieben.

Erstimport: Die ersten Importe folgten 1978.

Farbe: Die bräunlichgrünliche Grundfärbung ist in der unteren Körperhälfte weißlich bis weißlichgelb aufgehellt. Der dunkelbraunrötliche Kopf zeigt auf der Stirn einen grünlichen Bereich. Außer dem gelblichen Oberteil ist die Iris silbrig hell. Stimmungsbedingt werden schmale, weißlichgelbe Querstreifen gezeigt. Sie werden im unteren Bereich heller. In den Zwischenräumen sind noch feinere Streifen erkennbar, die aber stark unterbrochen sind. Die gelblichgraublaue Dorsale besitzt eine dünne Marginalbinde. Der Hartstrahlbereich der Anale hat je einen orangeroten Punkt in den weichen Zwischenräumen. Am hinteren Teil können einige wenige kleine Eiflecken zu erkennen sein. Caudale, Pectoralen und Ventralen sind meist dunkel. Die Pectoralbasis ist rosa. An der Nangu-Halbinsel fehlen die hellblauen Punkte am Kopf und die Farben sind nicht so kräftig wie bei den Tieren am Cape Kabeyeye.

Interessantes: Der Gelbe Regenbogen-*Tropheus* schaut hübscher aus, als er auf leider allzuvielen Fotos in der Literatur wirkt. Seine Farbe hängt sehr von seinem Befinden ab. Eine schlechte Wasserqualität wirkt sich negativ auf die Intensität seinen Farben aus. Vor einigen Jahren sah ich in einer englischen Aquarienzeitschrift die Abbildung eines *Tropheus*, der mich spontan an den Gelben Regenbogen errinnerte. Die Farben waren jedoch deutlich intensiver. Die Gelbtöne waren mehr zu gelborange geworden und das auffälligste war der gelbe Fleck in der Mitte des Körpers. Das Bild zeigte weiter ein Fangteam, das sich am Tanganjikasee befand. Nachfragen eines Importeurs beim Exporteur, dessen Fangmannschaft auf dem Foto abgebildet war, brachte jedoch keine weiteren Erkenntnisse. Viele Jahre später wurde dieser *Tropheus* als *T.* "Linangu" in den Handel gebracht. Die relativ lange Küste um das Cape Nangu wird nicht gerne angefahren, da sich dort zahlreiche Krokodile aufhalten. Es gibt, da bin ich mir sicher, auch hier Farbabstufungen innerhalb dieses 25 Kilometer langen Küstenstreifens, wie man das von anderen Lokalformen innerhalb einer Population kennt. Die Farbformen des *T.* sp. Linangu und des *T.* sp. Nangu sind sozusagen aufgehellte Formen des *T.* sp. Ilangii, das haben neueste DNA-Untersuchungen ergeben. Das bedeutet, dass diese beiden Farbformen nicht zu der Linie 8 gehören, wie man auf den ersten Blick meinen könnte, sondern in die Linie 7.

Tropheus der Linie 8

Die *Tropheus* dieser Linie gelangten schon sehr früh in unsere Aquarien. Zu Beginn waren es nur wenige Farbformen, aber durch die Beharrlichkeit der Liebhaber dieser Fische wurden immer neue Küstenabschnitte untersucht. Damals bedeutete ein unbekanntes Ufer auch eine neue Farbform dieser faszinierenden Fische. Noch längst sind nicht alle Küstenabschnitte untersucht worden Schon wegen der enormen Ausmaße des Tanganjikasees und seiner reich strukturierten Küste, beziehungsweise Unterwasserlandschaft, kann heute noch nicht jede Farbform gefunden worden sein. So gibt es mit Sicherheit noch ein paar Populationen mit sehr eng begrenztem Areal, die noch auf ihre Entdeckung warten. Das Verbreitungsgebiet dieser Linie und deren Grenzen sind heute aber weitestgehend bekannt. Wir kennen mindestens 21 gut unterscheidbare Populationen dieser Linie, die unter dem Populärnamen "Regenbogentropheus" bekannt geworden sind. Im Südwestteil des Sees beginnt die Linie 8 südlich der Kasaba-Bay-Lodge, wo sie

laut Pierre BRICHARD mit der Linie 7 teilweise gemeinsam vorkommt. Das Vorkommen verläuft zunächst weiter südlich und geht dann über die tansanische Grenze. Das Gebiet nördlich der Grenze war lange Zeit nicht untersucht. Erst 1983 drangen Aquarianer von der Ndole-Bay ausgehend, bis zu den Malasa-Inseln vor. Die dortigen *Tropheus* zeigten keine großen Unterschiede zu den südlichen Tieren und es fiel nicht sonderlich schwer, sie zu den "Regenbogentropheus" zu zählen. Erst Anfang der neunziger Jahre begann man systematisch die Küste vom Süden aus zu untersuchen. So wurde die Küste von Kasanga bis nach Karema, das kurz vor Ikola liegt, untersucht. Dabei fand sich auch die nördliche Verbreitungsgrenze der "Regenbogentropheus". Sie endet nach heutigen Erkenntnissen bei Kisambali, das sich einige Kilometer südlich von Kipili befindet. Dort soll sich ihr Vorkommen mit dem einer neuen Linie, der Linie 9, auf ca. 10 Kilometer überlappen. Bei einer Küstenlinie von ca. 300 Kilometer variiert die Färbung der einzelnen Lokalformen entsprechend. Da sie zu einer Linie gehören, zeigen sie jedoch einige Merkmale, die allen gemeinsam sind. Allen südlichen "Regenbogentropheus" ist der mehr oder weniger gut sichtbare helle und längliche Fleck in der unteren Körpermitte, der zuweilen auch fast bis zur Dorsale reichen kann, gemeinsam. Je nach Fundort der Lokalform sieht der Fleck weißlich, gelbweiß, gelb, gelborange oder orange aus. Genauso veränderlich gestaltet sich die Farbe der Dorsale. Sie kann gelb, rot, blau, violett und deren Zwischenfarben gefärbt sein. Da gibt es atemberaubende Mischungen, die an Farbintensität ihresgleichen suchen. Die Köpfe zeichnen sich durch viele kleine Pünktchen aus, die hauptsächlich bei den südlicheren Farbformen auftreten. Der Rücken ist oft grünlich oder aber bei den Formen im nördlichen Tansania etwas bräunlich. Die Caudalen sind dunkel und nur leicht eingeschnitten. Sie haben mit zwei Ausnahmen alle 6 Hartstrahlen in der Anale. Das Streifenmuster ist sehr charakteristisch für diese Gruppe von Tropheus. Die Streifen sind schmal und bei juvenilen Tieren treten noch zusätzlich sehr dünne Zwischenstreifen auf, die in ihrer Länge unvollständig sind. Bei adulten Tieren werden die Streifen immer schmaler und unvollständiger. Zwischenstreifen können aber auch

bei ihnen beobachtet werden. Seit vielen Jahren wird aus Sambia großes Sortiment an Farbformen angeboten. Tropheus wie der "Rote Regenbogen", der "Orangefleck" und der "Zitronenfleck" sind Exportschlager. Weniger populäre Farbformen sind nicht ständig im Angebot, werden aber nach längeren Pausen auch immer wieder einmal importiert. Bei dem langjährigen guten Angebot dieser Fische sollte man davon ausgehen, dass die Importe langsam zurückgehen sollten. Dem ist aber nicht so. An Nachzuchten mangelt es nicht. Nur werden diese nicht so häufig erworben wie der sogenannte "Wildfang". Bei größeren Nachzuchttieren ist oft eine stark fliehende Stirn und ein flacherer Körper zu beobachten, was bei Tieren vom See nicht der Fall ist. Dort müssen sie tagtäglich sehr viel "arbeiten", um satt zu werden, entsprechend gut ist ihre Freßmuskulatur am Kopf ausgebildet. Nach neuesten Untersuchungen sind die Tropheus der Linie 8 aus den Aufspaltungen mehrerer Linien entstanden. Ihre Gene haben sich im Laufe der Zeit wegen der unterschiedlichen Wasserstände des Sees vermischt und bilden heute durch einige Gemeinsamkeiten eine neue Linie.

Die Linie 8 enthält die Populationen mit den Nummern 8.1 - 8.22.

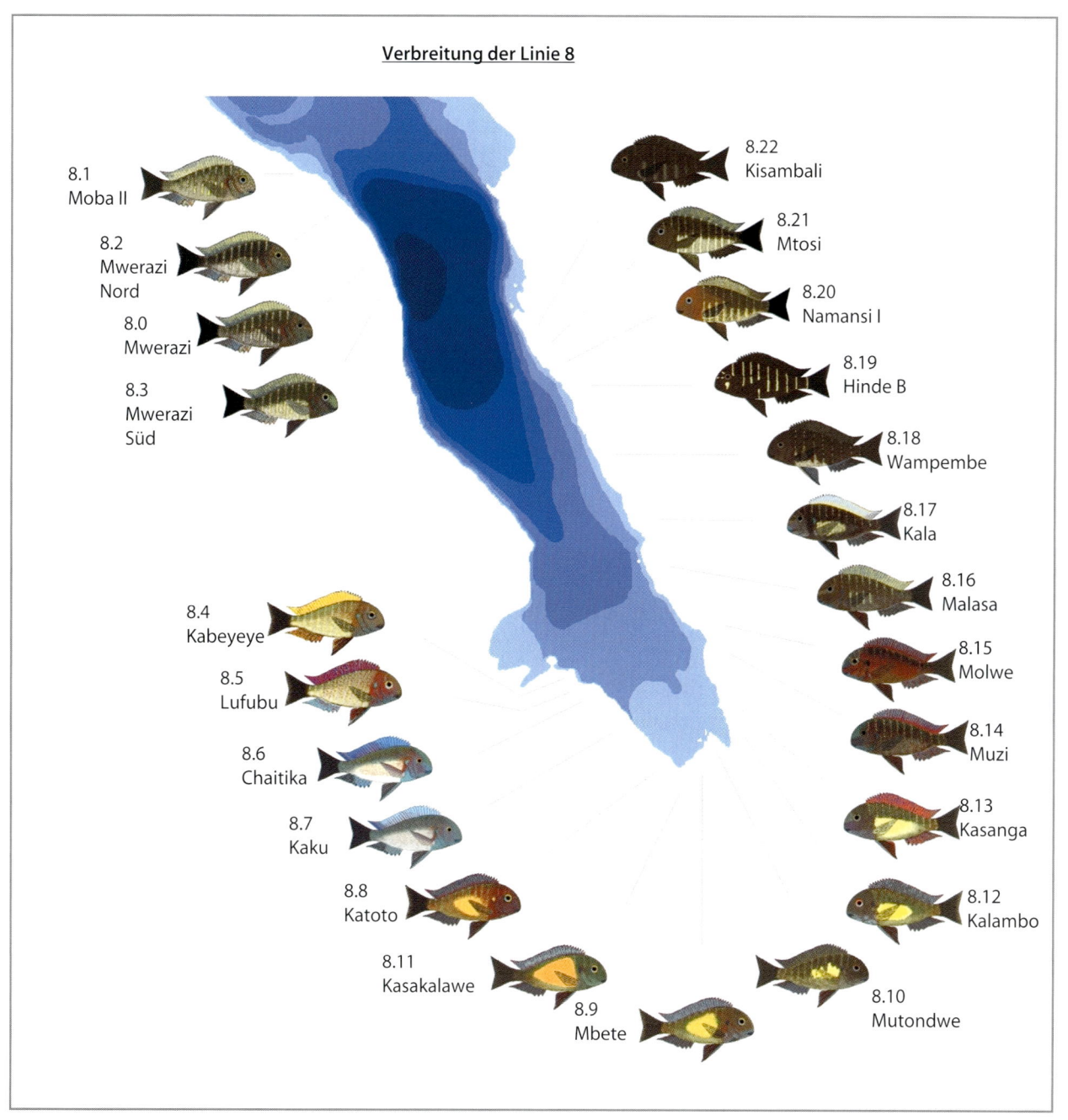

Verbreitung der Linie 8

8.1 Moba II
8.2 Mwerazi Nord
8.0 Mwerazi
8.3 Mwerazi Süd
8.4 Kabeyeye
8.5 Lufubu
8.6 Chaitika
8.7 Kaku
8.8 Katoto
8.11 Kasakalawe
8.9 Mbete
8.10 Mutondwe
8.12 Kalambo
8.13 Kasanga
8.14 Muzi
8.15 Molwe
8.16 Malasa
8.17 Kala
8.18 Wampembe
8.19 Hinde B
8.20 Namansi I
8.21 Mtosi
8.22 Kisambali

Handelsname: Tropheus Murago

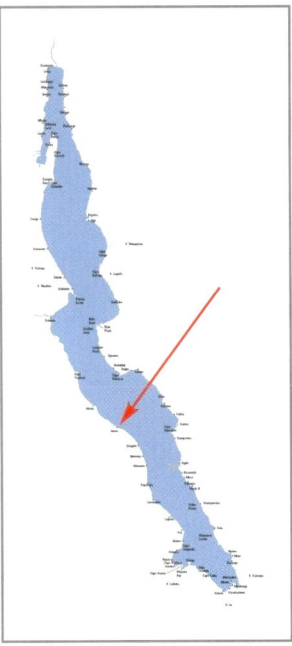

Vorkommen: Diese Farbform wurde an der Hafenmole von Moba gefunden. Ob dieser Fundort dem natürlichen Fundort dieser Population entspricht, kann an dieser Stelle nicht geklärt werden. Siehe "Interessantes".

Entdeckt: Diese *Tropheus*-Population wurde von Pierre BRICHARD und seinem Fangteam Anfang der achtziger Jahre entdeckt.

Erstimport: Ende der achtziger Jahre wurden diese *Tropheus* als Seenachzuchten von der Firma BRICHARDS dem deutschen Aquarienfischhandel angeboten.

Farbe: Die graugrüne Grundfärbung ist von gelblichweißen Querstreifen durchzogen, die im unteren helleren, fast weißen Körperberreich zu Gelb umfärben und breiter werden. Der auffällig weißlichgelb gepunktete Kopf ist in der oberen Hälfte mehr braun und in der unteren rosafarben getönt. Die Oberlippe ist hellblau. Die bei den Männchen mehr hellblau gefärbte Dorsale ist, wie deren Hartstrahlen, an der gesamten Basis hellgelb gefärbt. Die Dorsale der Weibchen zeigt eher gelbe Töne. Die Caudale ist wie die Ventralen von dunkelgraublauer Farbe. Sie zeigt eine feine schwarze Marginalbinde. Die Anale ist im Hartstrahlbereich hellblau und im Weichstrahlbereich mehr durchsichtiger. Die Fahnen hinter den Hartstrahlen zeigen orange Töne. Bis auf den oberen gelblichen Teil ist die Iris silbrig. Juvenile Tiere besitzen auch schon Punkte am Kopf, doch sind diese noch nicht so auffällig wie bei adulten Tieren. Sie sehen dem "Gelben Regenbogen" (Pop. 8.4) in der Farbverteilung am Körper, Kopf und Flossen sehr ähnlich.

Interessantes: Aus der Herkunft dieses *Tropheus* machte Pierre BRICHARD aus geschäftlichem Interesse ein großes Geheimnis. Andere Fangteams, die nach und nach die Küsten des früheren Zaire untersuchten, fanden den "Murago" gleich an mehreren Stellen. So wurde an der Hafenmauer von Moba ein *Tropheus* gefunden, der mit BRICHARDS "Murago" identisch ist. Ein weiterer *Tropheus* mit stark gepunktetem Kopf wurde als Subpopulation des *Tropheus* sp. Mwerazi Nord (Pop. 8.2) gefunden. Geht man von der Richtigkeit des ersten Fundortes bei Moba aus, vergrößert sich das Verbreitungsgebiet der "Regenbogen" an der Westküste um ein beträchtliches Stück. Bei Moba dürften die "Muragos" mit den Gabelschwänzen aus der Linie 4 zusammentreffen. Die "Muragos" besitzen wie die anderen Lokalformen dieser Linie im Kongo nur fünf Hartstrahlen in der Anale im Gegensatz zu 6 Hartstrahlen bei den "Regenbogen" der Linie 8 in Sambia und Tansania. Der Ursprung dieser nördlichen "Regenbogen" ist noch nicht geklärt, da es an Untersuchungsmaterial fehlt. An der dortigen Küste werden z. Z. keine Fänge getätigt.

Bei dieser Nahaufnahme des Kopfes sind nicht nur die Punkte, sondern auch die rotgespitzten Zähne des Maules gut zu erkennen. **photo**: P. Schupke

Tropheus sp. Mwerazi Nord; Population 8.2

Handelsname : Tropheus Mwerazi

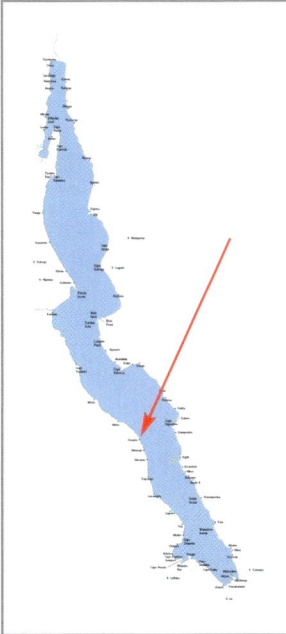

Vorkommen: Das Verbreitungsgebiet dieser Lokalform beginnt einige Kilometer nördlich der Ortschaft Zongwe und soll bis Zongwe reichen.

Entdeckt: Diese *Tropheus*-Farbform wurde von Max POLL bei seiner großen hydrobiologischen Expedition von 1946/47 entdeckt und 1956 beschrieben.

Erstimport: Für den deutschen Aquarienfischhandel wurden diese *Tropheus* erstmals 1994 importiert. Weitere Importe blieben aus.

Farbe: Die graugrünliche Grundfärbung des Körpers tendiert beim Kopf zu Grüngrau. In der unteren Hälfte zeigt der Kopf zarte rosa Töne, die sich bis zur Brust fortsetzen. Der ganze Kopf wie auch Brust und Kehlbereich zeigen weißliche Punkte unterschiedlicher Größe. Der Bereich von der Nase bis zum Oberkopf zeigt eher grünliche Töne. Der Körper ist von gelblichweißen Querstreifen durchsetzt, die nicht bis zum Bauch reichen. In der Körpermitte sind sehr feine und kaum sichtbare Zwischenstreifen eingeschoben. Die Streifen können in den unteren Bereich der Dorsale gehen. Ein kleiner Fleck oberhalb der Pectoralen und zwischen dem oberen Kiemendeckel ist braunrot. Die Caudale ist, wie die Strahlen der sonst durchsichtigen Pectoralen, sehr dunkel fast schwarz. Die Anale und die Ventralen zeigen einen graublauen Ton. Die Dorsale zeigt im vorderen 2/3 einen auffälligen Gelbton, der je nach Lichteinfall goldgrünlich oder goldbronzefarbig schillern kann. Der hintere Teil ist eintönig graublau. Der Bauchbereich ist sehr hell, manchmal sogar weiß. Die Tiere haben 5 Hartstrahlen in der Anale.

Interessantes: Über das Verbreitungsgebiet dieser nordwestlichen "Regenbogen-Tropheus" ist nicht viel bekannt. Der etwa 50 Kilometer lange Küstenbereich, in dem diese *Tropheus* gefunden wurden, beinhaltet mehrere Farbformen, deren Verbreitungsgrenzen nicht bekannt sind. Ebenfalls nicht bekannt sind die Grenzen zu den *Tropheus* der Linie 6, die, durch die schlechten Informationslage lässt sich das nicht genau sagen, wohl innerhalb des Areals dieser "Regenbogen" leben. Möglicherweise überlappen sich ihre Areale aber auch nur. Im Süden schließt sich der *Tropheus* von Kapampa an die südlichste Verbreitungsgrenze an. Aufgrund des "Murago"-Fundes bei Moba kommt der *Tropheus* sp. Zongwe, der zur Linie 6 gehört, mitten im Verbreitungsgebiet der "Regenbogen-Tropheus" vor. Innerhalb der Population 8.2 soll es nach Angaben eines Importeurs eine Subpopulation geben, die dem "Murago"gleicht.

Bei diesem Vergleich ist der Unterschied der beiden Populationen dieser nordwestlichen "Regenbogen"-*Tropheus* gut zu sehen. Das untere Tier gehört zu der Population 8.2, die in der weiteren Umgebung von Mwerazi vorkommen soll, das obere zur Population 8.0. **photo**: P. Schupke

Tropheus sp. Mwerazi-Süd; Population 8.3; *Tropheus* sp. Mwerazi; Population 8.0;

Handelsname: Tropheus Mwerazi

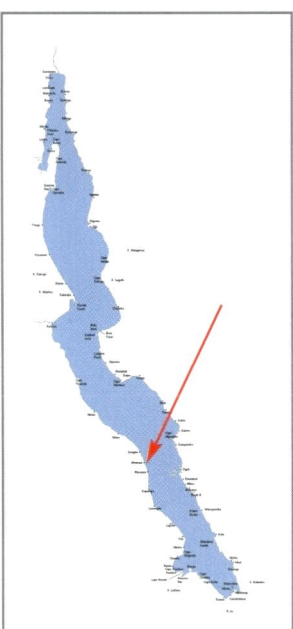

8.3 Mwerazi Süd

Vorkommen: Das Verbreitungsgebiet dieser Lokalformen liegt nach den Angaben von Pierre BRICHARD nördlich und südlich der Ortschaft Mwerazi im südlicheren Abschnitt der Küste im Kongo.

Entdeckt: Die *Tropheus* dieser Lokalform(en) wurden vermutlich von Max POLL bei seiner Expedition von 1946/47 entdeckt.

Erstimport: Im Aquarienfischhandel fanden sich diese *Tropheus* zum erstenmal im Jahr 1994 bei Helmut LÖFFLAD, der diese Tiere vom CJ- Aquarium in Hüllhorst bekommen hatte.

8.0 Mwerazi

Farbe: Der Bereich von der Oberlippe über die Stirn und den ganzen oberen Rücken ist smaragdgrün gefärbt. Die Kiemendeckel zeigen eine rosa bis grünliche Tönung, die am oberen hinteren Kiemendeckel zu Braunrot umfärbt und dann hinter den Kiemen bis zum Ansatz der Pectorale verläuft. Die gelblichweiße Querstreifung, die auch Zwischenstreifen aufweist, verstärkt sich in der unteren weißlichen Körperhälfte etwas und hinterlässt den Eindruck eines gelben Fleckens. Erst bei Erregung zeigt sich die gelbweiße Unterseite als auffälliger Fleck, da der Rest des Körpers stark abdunkelt, ähnlich dem balzenden *Tropheus* sp. Kalambo. Außer der grünlichen Stirn zeigt sich der Kopf und Brust dann mehr weinrot. Die graublaue Anale ist an der Basis stärker hellblaugrau abgesetzt. Die Caudale ist sehr dunkel, fast schwarz. Die Außenkante der Ventralen ist blaugrau, während die Zwischenräume dunkelweinrot erscheinen. Die rauchige, etwas goldgelb schimmernde Dorsale ist orange gesäumt und zeigt eine dünne schwarze Marginalbinde. Die Iris ist im oberen Teil gelb und unten mehr silbrig getönt.

Interessantes: Bei dieser Lokalform gibt es eine Subpopulation (hier mit 8.0 bezeichnet), die dem "Murago"(8.1) sehr stark ähneln soll. Im südlichen Teil seines Areals sollte der *Tropheus* von Mwerazi mit dem Gebiet des *Tropheus* sp. Kapampa in Berührung kommen. Es wäre interessant zu wissen, ob sich beide Linien treffen oder ob eine natürliche Barriere besteht. Diese *Tropheus* wurden leider nur einmal importiert, was nicht ganz verständlich ist, da sie ansprechende Farben vorzuweisen haben. Diese Lokalform zeigt in bestimmten, stimmungsabhängigen Färbungen große Ähnlichkeiten zu den südlichen "Regenbogen"-*Tropheus*.

Es müssen nicht immer Fische sein. Auch die Wasserkobra (*Boulengerina annulata*) ist eine wunderschöne Bewohnerin des Tanganjikasees.
photo: F. Schäfer

Tropheus sp. Kabeyeye; Population 8.4

Handelsname: Gelber Regenbogen, Tropheus Nangu, Tropheus Kabeyeye, Gelbgrauer Tropheus

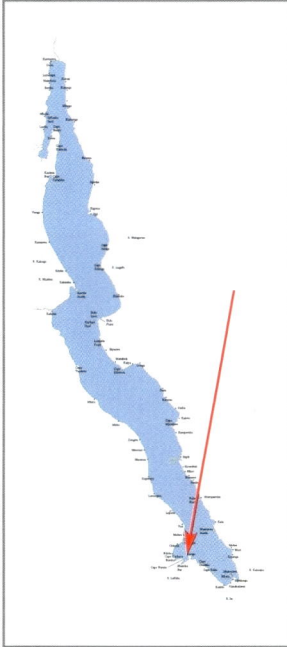

Vorkommen: Das Verbreitungsgebiet erstreckt sich nördlich der Mündung des Lufubu über die ganze Inangu-Halbinsel bis südlich der Kasaba-Bay Lodge, die gegenüber der Kasaba-Bay liegt.

Entdeckt: Diese *Tropheus* Lokalform wurde von Wolfgang STAECK im Jahre 1975 entdeckt und 1977 beschrieben.

Erstimport: Die ersten Importe folgten 1978.

Farbe: Die graugrünliche Grundfärbung ist in der unteren Körperhälfte stark gelblichweiß aufgehellt. Der fein hellblau punktierte Kopf zeigt eine rötlichbraune Farbe, die sich in Form eines Netzmusters verstärkt in der vorderen oberen Körperhälfte aber auch etwas weiter nach hinten ausdehnen kann. Speziell hinter dem Auge wird die rote Zone heller und verläuft über den oberen Kiemendeckel zum Pectoralansatz und etwas weiter hinunter. Stimmungsbedingt werden schmale, weißlichgelbe Querstreifen gezeigt. Sie werden im unteren Bereich hellgelb. In den Zwischenräumen sind noch feinere Streifen erkennbar, die aber stark unterbrochen sind. Die gelbe bis gelblichgraue Dorsale besitzt eine dünne Marginalbinde. Der Hartstrahlbereich der Anale besitzt je einen orangeroten Punkt auf den Flossenhäuten. Am hinteren Teil können einige wenige kleine Eiflecken zu erkennen sein. Caudale und Pectoralen sind meist dunkel. Die Ventralen schimmern etwas gelblichgrau und sind sonst durchsichtig. Die hellblauen Punkte am Kopf scheinen nur bei den Tieren aufzutreten, die zwischen Cape Kabeyeye und dem Fluss Lufubu gefangen werden.

Interessantes: Diese Population gehört möglicherweise in mehr in die Nähe der Linie 7, doch sollten erst weitere DNA-Untersuchungen abgewartet werden, bevor ein abschließendes Urteil zu diesem Fisch getroffen weden kann.

Tropheus sp. Lufubu; Population 8.5

Handelsname: Tropheus Lufubu

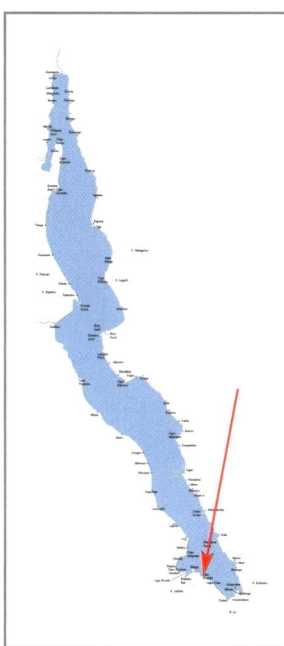

Vorkommen: Sein Verbreitungsgebiet beginnt östlich der Lufubu-Mündung und reicht nur wenige Kilometer weiter östlich.

Entdeckt: Pierre BRICHARD erwähnt diese Farbform in seinem "Großen Buch der Tanganjikacichliden". Er hat sie vermutlich bei seiner Fangreise nach Sambia Anfang der achtziger Jahre gefunden.

Erstimport: Für den Aquarienfischhandel wurden diese *Tropheus* meines Wissens erst Ende der achtziger Jahre importiert.

Farbe: Der weinrote Kopf ist in der unteren Hälfte von einem hellviolettem Glanz überlagert. Hellblaue Pünktchen finden sich nicht nur auf dem Kopf, sondern auch im Kehl- und Brustbereich. Von der Oberlippe aufwärts zieht sich ein schmaler grünlicher Streifen über den Rücken bis zum Ansatz der Caudale. Der Körper ist beigeweißlich mit einem weinroten Netzmuster, dass nach hinten schwächer wird. Die Dorsale ist hauptsächlich rotviolett mit einigen wenigen blauen Einschlüssen und dünner schwarzen Marginalbinde. Der obere und untere Rand der Caudale zeigen rötliche Töne. Die obere Hälfte der Pectoralstrahlen sind, wie die weichen Bereiche der Ventralen, rotviolett. Hellblaue Zonen finden sich an den Strahlen der Pectoralen und der Anale, die auch rotviolette Bereiche besitzt. Der hintere Rand der Anale zeigt kaum sichtbare kleine Eiflecken. Die silbrige Iris besitzt einen schmalen orangegelben Saum und einen gleichfarbigen Fleck im oberen Bereich.

Interessantes: Diese Lokalform gehört mit zu den farbenprächtigsten Farbformen im See. Nur wenige Kilometer östlich des Lufubu-Flusses finden sich intensiv gefärbte Tiere. Schon am Cape Chaitika sammelt man anders gefärbte Tiere. Der Lufubu-*Tropheus* war einige Jahre nur absoluten Insidern bekannt. Dem Rest der *Tropheus*fans war nur der Namen bekannt. In ihrem Heimatbiotop sind die Tiere schwer zu fangen, da sie zwischen großen Felsblöcken leben. Mitte der neunziger Jahre las ich in einer Anzeige, dass *Tropheus* "Lufubu" abzugeben wären. Ich wunderte mich damals etwas, dass überhaupt eine Anzeige nötig war, um die Fische zu verkaufen, waren es doch *Tropheus*, die zu den begehrenswertesten Farbformen gehörten. Als ich die Tiere sah, war mir sofort klar, warum sie niemand wollte. Sie besaßen keinerlei Farbe, sondern waren rußigschwarz. Es stellte sich heraus, dass der Nitratgehalt des Würzburger Wassers damals schon mit ca. 80 mg/l aus der Leitung kam. Ich erwarb die Fische. Schon nach wenigen Tagen begannen die Tiere heller zu werden und nach einigen Wochen zeigten sie recht annehmbare Farben (siehe Bilder).

In stark nitrathaltigem Wasser zeigen die *Tropheus* keine Farbe.

Nach einigen Wochen in gutem Wasser ändert sich das wieder.
photo: P. Schupke

Tropheus sp. Chaitika; Population 8.6

Handelsname: Blauer Regenbogen Moorii, Tropheus Chaitika

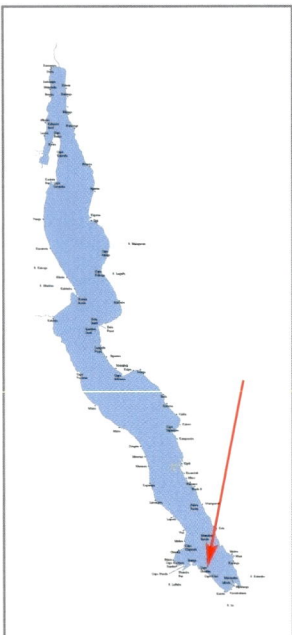

Vorkommen: Ihr Verbreitungs-gebiet beginnt ungefähr am Cape Chaitika und verläuft einige Kilometer weiter südlich.

Entdeckt: Diese Lokalform wurde 1975 von deutschen Aquarianern entdeckt und am Ende desselben Jahres von SCHEUERMANN und STAECK beschrieben.

Erstimport: Diese *Tropheus* wurden bereits 1975 in kleinen Stückzahlen für den Handel Importiert.

Farbe: Stirn, Oberkopf und Rücken zeigen eine jadegrüne Farbe. Die Mitte des Körpers ziert ein heller beigefarbener Fleck. Der Bauch ist weiß. Hinter den Augen beginnt eine rote Farbzone, die sich am Körper als rotes Netzmuster fortsetzt, aber hinten an Intensität stark nachlässt. Der Oberkopf ist mit grünen kleinen Fleckchen und Linien übersät, die weiter unten in hellblaue Pünktchen übergehen. Der Bereich über der Oberlippe ist blautürkis, Kehle und Kinn helltürkis getönt. Die weitgehend kräftig blau gefärbte Dorsale zeigt im hinteren Bereich an den Strahlen noch rote Farbe. Die hellblaue Anale ist mit einigen roten Punkten besetzt. Die dunklen Ventralen sind nur vorne bläulich. Pectoralen und Caudale sind sehr dunkel, lassen aber schwach sichtbare Rottöne erkennen. Die silbrige Iris hat einen gelborangenen äußeren Ring, der sich oben flächiger ausbreitet. Balzende Männchen werden bis auf den hellen Bauchfleck sehr dunkel.

Interessantes: Dieser *Tropheus* gehört mit zu den schönsten Farbformen. Im Bereich des Cape Chaitika zeigen sich die Farben recht konstant. Aber schon in einigen Kilometern Entfernung verblassen sie zusehends und die Brillianz der Farben ist verloren. Bei nicht optimaler Pflege verliert sich die Farbe der *Tropheus* vom Cape Chaitika recht schnell. Sie verblassen und nehmen einen dunkleren Ton an.

Unter Wasser sind die schönen Farben, wie wir sie im Aquarium bestaunen können, kaum zu erkennen. Die Rottöne sind in ein bis zwei Meter Tiefe bereits schwer zu erkennen. Die Schwebstoffe tun ein Übriges. Das Geröllitoral war am Cape Chaitika mit *Tropheus* reich bestückt. Sie hielten meist einen Individualabstand von ca. zwei Metern ein. Streitigkeiten konnte ich bei meinen Beobachtungen nicht registrieren. Die Fische waren so mit der Nahrungsaufnahme beschäftigt, dass nicht viel Zeit für Streitigkeiten blieb. Es schienen nur die Männchen Reviere zu besitzen. Weibchen vagabundierten mehr umher. Diese Farbform gehörte mit zu den ersten *Tropheus*, die im Handel Ende der siebziger Jahre angeboten wurden. Später waren die *Tropheus* vom Cape Chaitika regelmäßig auf den Angebotslisten der Händler vetreten und ihre Popularität ist nach wie vor hoch. Die Farben kommen in hellen Aquarien am Besten zur Geltung.

Unterwasserimpression am Cape Chaitika mit balzendem *Tropheus*-Mann im Bildzentrum.   photo: P. Schupke

Tropheus sp. Kaku; Population 8.7

Handelsname: Tropheus Kaku

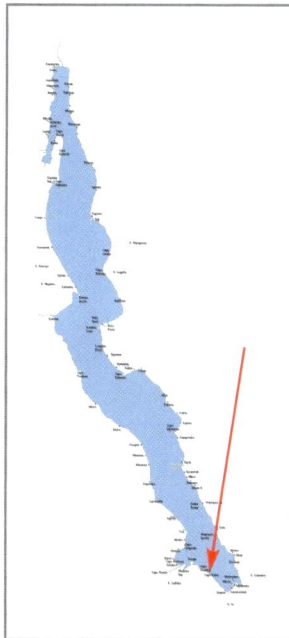

Vorkommen: Das Verbreitungsgebiet dieser Farbform beginnt wenige Kilometer südlich des Cape Chaitika und endet erst viel weiter unten.

Entdeckt: Mitte der achtziger Jahre wurde dieser *Tropheus* bei der Untersuchung der Küste entdeckt.

Erstimport: Für den Aquarienfischhandel wurde *Tropheus* sp. Kaku Ende der achtziger Jahre in geringen Stückzahlen gefangen. Weitere Importe fanden selten statt. Die letzten Jahre trafen meines Wissens keine Tiere mehr ein.

Farbe: Stirn, Oberkopf und Rücken sind leicht grünlich überhaucht. Das Rötlichbraun des Kopfes ist fast frei von bläulichen Pünktchen. Die Farbe des Kopfes setzt sich im Verlauf des Körpers als Netzmuster fort, das nach hinten schwächer wird. Der beigeweißliche Körper zeigt bei adulten Tieren keine Querstreifen mehr, die aber stimmungsbedingt, wie etwa in Streßsituationen wieder auftreten können. Dorsale und Anale sind im vorderen Bereich bläulich und nehmen nach hinten eine mehr graublaue Farbe an. An den vorderen Hartstrahlen der Dorsale können rötliche Töne auftreten. Caudale und Pectorale sind dunkel abgesetzt. Ebenfalls orangerötlich zeigt sich ein kleiner Bereich hinter den Kiemen und am Pectoralansatz. Die Iris sieht in der oberen Hälfte gelblich aus. Das Maul zeigt dunklere und das Kinn hellere Blautöne.

Interessantes: Der *Tropheus* sp. Kaku ist eine farbliche stark abgeschwächte Form des *Tropheus* vom Cape Chaitika. Es wäre sehr interessant herauszufinden, warum sich innerhalb einer bestimmten Strecke die Farbe derart drastisch ändern kann. Eine Möglichkeit könnte an der Klarheit, bzw. der Eintrübung, des Wassers liegen. Am Cape Chaitika ist das Wasser die meiste Zeit des Jahres relativ klar und Sichtweiten von über 10 Metern sind nichts Außergewöhnliches. Einige Kilometer weiter südlich, wo die Farbintensität schon merklich nach lässt, ist das aber nicht viel anders. Ebenso ist in nördlicher Richtung zum Lufubu das Wasser relativ klar. An dem Feinddruck von oben, z.B. durch fischfressenden Vögeln, kann es meiner Meinung nach auch nicht liegen. Die intensiven Farben sind im klaren Wasser für die Tarnung relativ unwichtig. Dunkle Fische fallen stärker auf als bunte. Hier tut sich noch ein Bereich der Forschung auf, der sicherlich einige interessante Aspekte der innerartlichen Kommunikation und der Evolution beantworten wird.

Tropheus sp. Katoto; Population 8.8

Handelsname: Tropheus Katoto

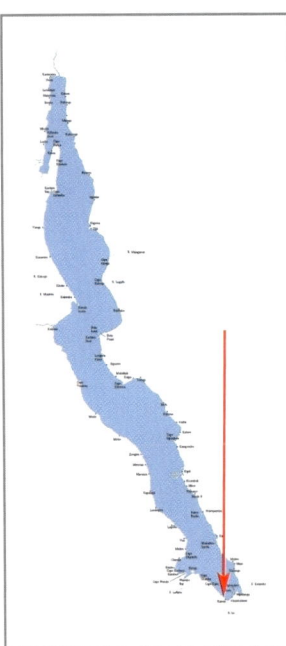

Vorkommen: Das Verbreitungs-gebiet dieser Farbform ist auf wenige Kilometer beschränkt und liegt östlich von Mbete in Sambia.

Entdeckt: Der *Tropheus* sp. Katoto wurde 1987 von H. W. DIECKHOFF entdeckt.

Erstimport: Erst Anfang der neun-ziger Jahre gelangten diese *Tropheus* zu uns in den Handel. Sie werden selten importiert.

Farbe: Ein gelblichorangener Fleck mit verwaschenen Grenzen breitet sich fast auf der gesamten Körperseite aus. Bei manchen Individuen reicht er sogar bis an die Dorsalbasis. Der obere Bereich des Körpers zeigt eine grüne Färbung, die aber von einem schwachen hell-weinroten Netzmuster durchzogen wird. Der gesamte Kopf einschließlich Kehle, Brust und der Bereich zwischen Kiemen und Pectoralen sind ebenfalls hell-weinrot. Sehr auffällig ist eine blaugraue Punktierung in dem Bereich der weinroten Farbe. Die Iris zeigt einen orangenen Saum. Die Dorsale ist hellblau und zeigt eine weinrote Basis und Strahlen und nimmt weiter hinten an weinroter Farbe zu. Stimmungsbedingt können auch adulte Tiere ihre Querstreifung zeigen. Die bläuliche Anale und der Pectoralansatz zeigen in etwas abgeschwächter Form ebenfalls weinrote Töne. Die dunkle Caudale lässt einen schwachen weinroten Hauch erkennen. Die Unterseite ist sehr hell, fast weiß.

Interessantes: Diese farblich sehr attraktive Lokalform wurde relativ spät entdeckt. Kleine Küstenbereiche, die bei Untersuchungen manchmal ausgelassen werden, da sie über Wasser für *Tropheus* ungeeignet erscheinen, beherbergen auch heute noch unentdeckte Farbformen. So war es auch bei *Tropheus* sp. Katoto. Erst Anfang der neunziger Jahre erreichten uns die ersten Tiere. Es gibt Exemplare, die eine kräftige Punktzeichnung am Kopf tragen und den *Tropheus*, die bei Mwerazi im Kongo gefunden werden, in gewisser Weise ähnlich sehen. Ähnlich sind auch die *Tropheus* nahe der Lufubu- Mündung, deren große Punkte nicht ganz so auffällig erscheinen, da sie eher etwas dunkler ausfallen. DNA-Untersuchungen der südlichen Regenbogen zeigten, dass diese Populationen das Erbe verschiedener Linien in sich vereinigen. *Tropheus* sp. Katoto stellt sozusagen einen Mischling der Population 8.7 und 8.9 dar.

Tropheus moorii BOULENGER, 1898; Population 8.9, Mbete

Handelsname: Zitronenfleck Moorii, Tropheus Gelbfleck, Tropheus Mbita

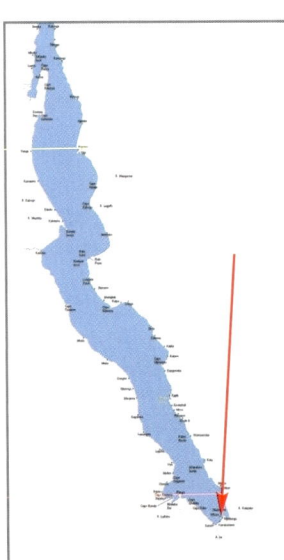

Vorkommen: Das Verbreitungs-gebiet erstreckt sich in der wei-teren Umgebung von Mpulungu und schließt die Insel Mbity Rocks oder Kumbula Insel mit ein.

Entdeckt: Diese *Tropheus* lagen der Erstbeschreibung von *Tropheus moorii* zugrunde. MOORE sammelte sie 1895/96. Aquaris-tisch wurden sie im Frühjahr 1975 von Wolfgang STAECK entdeckt.

Erstimport: Diese Lokalform wurde bereits Anfang der achtziger Jahre importiert

Farbe: Die Grundfärbung besteht aus einer olivgrünen Farbe, die bei Erregung sehr dunkel, fast schon schwarz wird. in der Mitte des Körpers befindet sich ein gelber Fleck, der etwas orange angehaucht ist. Er kontrastiert zum abgedunkeltem Körper sehr stark. Der Rücken erscheint mehr grünlich, was im

Bereich des Flecks deutlicher wird. Der Kopf zeigt, wie bei den vorhergehenen Farbformen eine rötlichbraune Färbung, die nach vorne etwas rosabläulich überzogen erscheint. Es sind nur vereinzelte hellblaue Pünktchen zu sehen. Das Auge ist gelborange umrandet, wobei der obere Teil flächiger gefärbt ist. Die graublaue Dorsale zeigt an der Basis der Stacheln noch eine kaum wahrnehmbare weinrote Farbe. Die Anale ist noch etwas dunkler und besitzt an ihrer Basis eine hellgraublaue Zone. Die dunklen Ventralen sind vorne hellblau gesäumt.

Interessantes: Aus Mpulungu stammten vermutlich die Exemplare, die MOORE im Süden des Gewässers bei Kinyamkolo gesammelt hat und BOULENGER als Grundlage für die Beschreibung von *Tropheus moorii* dienten. Zu den Tieren aus der weiteren Umgebung von Mpulungu gehört auch der *Tropheus* "Orangefleck", aus Kasakalawe (8.11), das nur wenige Kilometer entfernt westlich liegt, sehr ähnlich ist, dessen Farbintensität aber nicht erreicht. In neutraler Stimmung erscheinen die *Tropheus moorii* eher grünlich. In ihrem Verbreitungsgebiet variieren die Tiere ein wenig. Es gibt Fundorte, an denen der Fleck mehr gelb gefärbt ist und die Köpfe weniger rotbraun erscheinen. Sie werden wegen der starken Konkurenz der farblich schöneren Lokalformen kaum importiert und sind entsprechend selten in unseren Becken zu finden.

Adulte Männchen der Mbete-Population sehen dem *Tropheus* "Orangefleck" sehr ähnlich.
photo: P. Schupke

Tropheus sp. Mutondwe; Population 8.10

Handelsname: Tropheus Mutondwe

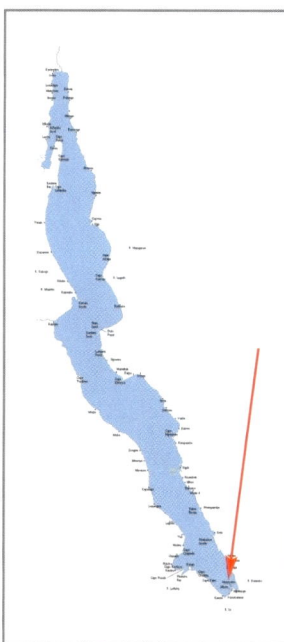

Vorkommen: Diese Lokalform kommt ausschließlich auf der Insel Mutondwe oder "Crocodile Island" vor, wie sie auch sonst noch genannt wird.

Entdeckt: Diese Lokalform wurde von Aquarianern Anfang der achtziger Jahre entdeckt.

Erstimport: Ein Import für den Aquarienfischhandel erfolgte meines Wissens in den achtziger Jahren nur wenige Male. Heute wird diese Farbform nicht mehr importiert.

Farbe: Die Grundfärbung besteht aus einem braunoliven Ton, der sich sich stimmungsbedingt stark abdunkeln kann. Der Rücken zeigt wie die Farbformen am Festland grüne Töne. Der Kopf ist ebenfalls rötlichbraun, allerdings in etwas abgeschwächter Form und ohne Pünktchen. Die Dorsale zeigt eine bläulichgraue Färbung. Der gelbliche Seitenfleck ist mehr strohgelb und in seiner Ausdehnung kleiner als bei den Tieren am Festland. Die Form variiert etwas und es können auch zwei oder drei unterbrochene kleiner und länglichere Flecken zu sehen sein. Maul und Kinn, sowie der Ansatz der Anale, zeigen eine blaugraue Färbung. Die Iris ist silbrig und oberhalb des Auges gelb. Die Caudale ist wie bei den anderen Populationen in diesem Gebiet sehr dunkel.

Interessantes: Der *Tropheus* von der Mutondwe Insel besitzt im Prinzip die gleichen Farben wie seine Verwandten vom Festland, jedoch in stark abgeschwächter Form. Welche Gründe die Natur mit der Vergabe von Farbe in Beziehung setzt, kann hier nicht beantwortet werden. Möglicherweise spielt die Umgebung des Felslitorals eine Bedeutung. Mit seinem bescheidenen Farbkleid fand der Mutondwe-*Tropheus* leider keine Liebhaber. Ende der siebziger Jahre erwarb ich einen *Tropheus*, der dem Mutondwe-*Tropheus* ähnlich war, nur passte die Farbe der Rückenflosse nicht dazu. Sie war nämlich rotbraun. Diese Farbe passte eher zu den *Tropheus* der Linie 7, wie sie in der Nkamba-Bay vorkommen. Wie mir damals versichert wurde, sollte er aber aus dem Süden stammen. Diese "Zitronenfleck"-Farbform habe ich ich später nie wieder zu Gesicht bekommen. Der erste Exporteur, der dort unten Fische fing, war Adrian KARR, der schon viele Jahre aus dem Geschäft ist. Vielleicht handelt es sich um eine kleine Population, deren Fundort nur er kannte.

Tropheus sp. Kasakalawe; Population 8.11

Handelsname: Tropheus Orangefleck, Tropheus Sonsitt, Papageien Moorii, Zitrone II.

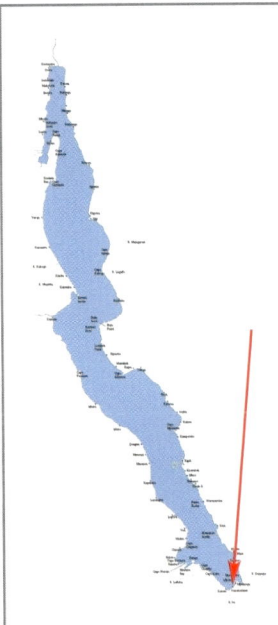

Vorkommen: Das Verbreitungsgebiet soll in der Umgebung der Ortschaft Kasakalawe liegen. Das Uferstück, an dem diese hübsche Farbform lebt, ist sehr begrenzt.

Entdeckt: Diese Lokalform ist im Jahr 1975 von Wolfgang STAECK entdeckt worden und im selben Jahr beschrieben worden.

Erstimport: Diese hübsche Farbform wurde bereits Anfang der achtziger Jahre für den Aquarienfischhandel importiert.

Farbe: Die Grundfärbung ist, wie bei vielen *Tropheus*, stimmungsabhängig. Am auffälligsten ist der große, zentral plazierte orangfarbene Fleck auf den Körperseiten. Bei gut gefärbten Exemplaren fängt er dicht hinter den Kiemen an und endet in der Horizontalen erst nach dem Beginn der Anale. Vertikal beginnt er direkt unter der Dorsale und endet erst unten am Bauch. Der gerade noch als weinrot gefärbt zu bezeichnende Kopf ist, wie der restliche Körper, von einem Grünton überlagert. Die Dorsale ist grüngrau mit einer weinroten Basis. Im hinteren Teil der Dorsale ist dieser Bereich etwas weiter in die Flosse gezogen. Die Caudale und ein Teil des Stück Schwanzstiels sind fast schwarz. Die Anale zeigt vereinzelt im Hartstrahlbereich rote Punkte, ansonst ist sie rauchig grauschwarz. Die schwarzen Pectoralen sind an der Basis weinrot. Das Auge ist im oberen Bereich orange und besitzt einen gleichfarbigen schmalen Ring. Erregte Tiere können stark abdunkeln und in Streßsituationen kann auch der Seitenfleck rußig abdunkeln.

Interessantes: Diese Lokalform gehört zu den farbenprächtigsten Farbformen, die wir kennen. Er ist ein Dauerrenner bei den Aquarienfischhändlern und ist bis heute in großen Stückzahlen importiert und nachgezüchtet worden. Die Fleckengröße der abgebildeten Tiere ist eine Ausnahme. Normalerweise ist die Fläche des Flecken etwas kleiner. Die Nachzuchttiere erreichen nur bei optimaler Wasserbeschaffenheit und viel Bewegung beim Fressen anhähernd den gleichen Körperbau wie die Wildfänge. Ist die Kaumuskulatur unterbeansprucht, entwickelt sich die Stirn nicht so hoch und ist weniger stark gewölbt. Es ist aber nicht so, dass Wildfänge ihre Körperform für alle Zeit beibehalten. Werden sie nicht entsprechend ihren Fressgewohnheiten gepflegt, baut sich auch bei ihnen ihre Kopf- und Rückenmuskulatur langsam ab.

Dieses alte Wildfangweibchen ist von seiner unsachgemäßen Pflege gezeichnet. Die Muskulatur hat sich zurückgebildet. Die Körperhöhe hat abgenommen. Der grüne Schimmer am Kopf ist ebenfalls fast verschwunden. **photo**: P. Schupke

Tropheus sp. Kalambo; Population 8.12

Handelsname: Zitronenfleck Moorii I, Tropheus Kalambo, Rot-äugiger Zitronenfleck

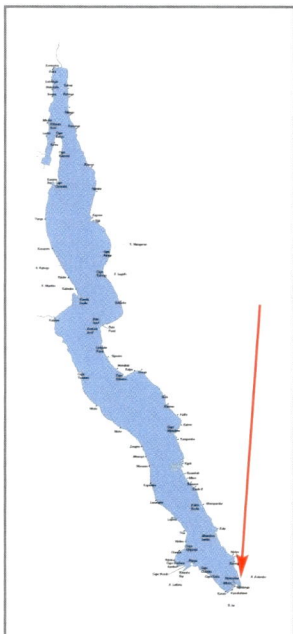

Vorkommen: Das Verbreitungs-gebiet beginnt südlich des Kalam-bo-Flußes und endet nördlich der Chituta-Bay.

Entdeckt: *Tropheus* sp. Kalambo wurde im Jahr 1975 von Wolf-gang STAECK entdeckt.

Erstimport: Für den Aquarien-fischhandel wurde diese Lokal-form Anfang der achtziger Jahre eingeführt. Diese *Tropheus* sind häufig im Handel zu finden.

Farbe: Die grünlichgraubraune Grundfärbung kann stimmungsbedingt stark abdunkeln. Das geschieht meistens bei der Balz oder beim Drohen ranghöherer Tiere. Der braunrote Kopf zeigt nur wenige Pünktchen. Maul, Kehle, Brust und Ansatz der Anale sind hellblau überhaucht. Nase, Oberkopf und Rücken zeigen einen grünen Schimmer. Der horizontal längliche zitronengelbe Fleck erstreckt sich von der Mitte des Körpers nach unten. Er steht in starkem Kontrast zum olivschwarzen Körper. Oberhalb dieser imaginären Linie ist die gelbe Farbe wie abgeschnitten. Oftmals zeigen auch adulte Tiere noch Reste ihrer Streifenzeichnung. Das schmal rotumrandete Auge ist in der oberen Hälfte völlig rot und zeigt silbrige Pünktchen. Die innere Iris ist silbrig. Die graubräunliche Dorsale besitzt zahlreiche hellblaue Strichel und Punkte zwischen den Strahlen. Die am Grunde graublaue Anale hat im Hartstrahlbereich größere und im Weichstrahlbereich kleinere rote bis orangerote Punkte. Caudale und Pectoralen sind dunkel gefärbt.

Interessantes: Der Zitronenfleck-*Tropheus* ist den Aquarianern schon lange bekannt. Er findet immer Abnehmer, die sich an seinem grellzitronengelben Fleck und besonders den roten Augen erfreuen. Er wurde allerdings nicht in den Massen importiert, wie sein Nachbar, der "Orangefleck Moorii". Von *Tropheus* sp. Kalambo treten ab und zu im See stark aufgehellte Individuen auf, die die Aufmerksamkeit der Exporteure und mancher Aquarianer auf sich zogen. Das als Xanthismus bekannte Phänomen tritt bei einigen Arten des Sees auf, ist aber äußerst selten zu beobachten. Zellen, die die Farbe des Fisches regeln, fehlt in solchen Fällen das Melanin, das für die Abdunklung des Körpers zuständig ist. Teilweise werden aber noch dunkle Flecken gezeigt. Reine orangene oder gelbe Tiere sind sehr selten. In einem Zuchtprogramm wird versucht, den "Golden Kalambo" rein zu züchten. Offenbar gibt es Aquarianer, die bereit sind, sich für diese "Goldenen Kälber" sehr viel Geld aus der Tasche ziehen zu lassen. Die Zucht gestaltet sich als nicht einfach, da man den Erbgang noch nicht so recht verstanden hat.

Tropheus sp. Kasanga; Population 8.13

Handelsname: Red Rainbow, Roter Regenbogen, Tropheus Kasanga

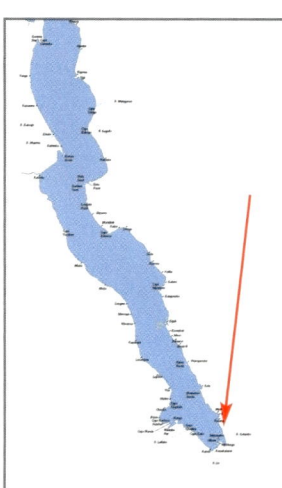

Vorkommen: Das Verbreitungs-gebiet beginnt nördlich des Grenzflusses Kalambo und endet bei einer langen Sandbucht kurz vor Kasanga.

Entdeckt: Über die Entdeckung liegen mir keine Angaben vor.

Erstimport: Die ersten *Tropheus* dieser farbenprächtigen Farbform trafen Anfang der achtziger Jahre ein.

Farbe: Stirn und Rücken erscheinen jadegrün. Die untere Körperhälft ist hellgelb und wird zum Bauch weiß. Kopf, Kehle und Brust zeigen ein rotbraune Farbe, die ein hellvioletter Ton überlagert. Maul, Kinn und Kehle sind hellblau überlagert. Die Caudale, die Pectoralen und die Ventralen sind dunkel. Die graublaue Anale zieren zahlreiche rote Punkte. An ihrer Basis ist sie hellviolettblau. Eiflecken sind keine vorhanden. Die Dorsale ist im vorderen Teil rotviolett und wird im weiteren Verlauf rot. Sie beinhaltet zahlreiche blaue Strichel und Linien. Eine ganz schmale schwarze Marginalbinde bildet den Abschluß einer sehr leuchtkräftigen Dorsale. Weibliche Tiere zeigen weniger Blauanteile, sie können sogar ein völlig rote Dorsale besitzen. Vornehmlich im nördlichen Verbreitungsgebiet besitzt der Kopf unterhalb einer gedachten Linie Auge - Nase einen auffälligen bläulichvioletten Ton, der den Bereich der Kiemen abdeckt. Von dieser Lokalform gibt es auch fehlfarbige Tiere .

Interessantes: Meine erste Begegnung mit diesem färbenprächtigen *Tropheus* geht auf einen Tag zurück, an dem ich mich im "Afrika-Aquarium" in Oer-Erkenschwik in der Nähe von Dortmund aufhielt. Wie ich erfuhr, war das damals die erste Sendung, die bei uns eintraf. Mein Interesse galt zwar damals anderen Arten, aber die auffällige Farbe faszinierte mich derart, dass diese *Tropheus* näher in Augenschein genommen wurden. Die Dorsalen dieser *Tropheus* schienen mir damals alle rot gewesen zu sein. Zu dieser Zeit fuhr ich alle drei Wochen nach Dortmund, um mir die zahlreichen Erstimporte, die damals vom Tanganjikasee und Malawisee eintrafen, anzuschauen. Die 600 Kilometer lange Anfahrt wurde dafür ohne zu zögern in Kauf genommen. Es war eine interessante und schöne Zeit. 1993 erwarb ich Nachzuchten des *Tropheus* sp. Kasanga. Nach einigen Monaten wunderte ich mich über die Färbung, die sich bei den Nachzuchten nach und nach ausbildete. Der Körper wurde von einem roten Netzmuster überzogen. Die gelbe Farbe der unteren Körperhälfte wich einer gelborangefarbenen Tönung. Die Dorsale enthielt auch hauptsächlich Rottöne. Diese überaus hübschen Tiere waren mit großer Wahrscheinlichkeit ein Kreuzungsprodukt von einem *Tropheus* "Kachese" und einem "Roten Regenbogen", wie ich später über mehrere Ecken erfuhr.

Dieser semiadulte *Tropheus* wurde als *Tropheus* sp. Kasanga-Nachzucht erworben. Bei zunehmendem Alter kamen mir aber Zweifel. Mit großer Wahrscheinlichkeit handelte es sich um ein Kreuzungsprodukt mit einem "Kachese"-*Tropheus*.
photo: P. Schupke

Tropheus sp. Muzi; Population 8.14

Handelsname: Red Rainbow Blue Blaze, Blue Kasanga, Tropheus Muzi

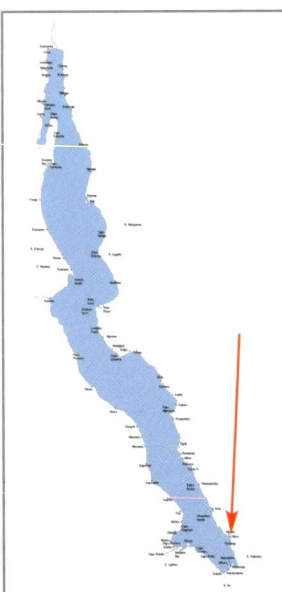

Vorkommen: Das Verbreitungsgebiet dieser Lokalform beschränkt sich laut Ad KONINGS auf einige Felsvorsprünge bei der Ortschaft Muzi.

Entdeckt: Diese Lokalform wurde 1994 von Laif DeMASON und Ad KONINGS bei einer Bestandsaufnahmen im südlichen Tansania entdeckt.

Erstimport: Im gleichen Jahr erfolgten bereits Importe für den Aquarienfischhandel.

Farbe: Die Grundfärbung besteht aus einem dunklen Grün mit einem dunkelroten Netzmuster, das, vom Kopf ausgehend, den ganzen Körper überzieht. Ein heller Fleck auf der Körperseite ist nicht vorhanden. Außer Nase und Stirn sind der Kopf, die Brust und die Kehle von aubergineroter Farbe mit einigen winzigen hellblauen Pünktchen. Der Bereich der Stirn bekommt stimmungsbedingt einen türkisfarbenen Ton. Der Bereich zwischen Auge, Nase und hinterem Mundwinkel ist violettbläulich überhaucht. Das Kinn hebt sich mit einem hellblautürkisenen Ton etwas davon ab. Die Dorsale errinnert an die des *Tropheus* sp. Kasanga, nur ist ihr Rot dunkler. Die blauen Einschlüsse sind die Gleichen. Caudale und Pectoralen sind dunkel. Die Anale ist an ihrer Basis hellblau und besitzt auf blaugrauem Grund einige dunkelrote Punkte. Die Ventralen zeigen im weichen Teil ebenfalls eine dunkelrote Tönung. Die dünne schwarze Marginalbinde ist ebenfalls vorhanden. Erregte Tiere können stark abdunkeln.

Interessantes: Der *Tropheus* sp. Muzi wurde Mitte der neunziger Jahre als Blue Blaze-Farbvariante des "Roten Regenbogens" angeboten. Die Ortschaft Muzi liegt in einer Bucht und ist durch einen vier Kilometer langen Strand von Kasanga getrennt. In diesem Gebiet mündet ein Fluss, der das Ufer in seinem Bereich mit Sedimenten und Sand beliefert. Solche Uferstreifen werden von *Tropheus* gemieden, was die unterschiedliche Farbe der beiden Populationen eindeutig belegt. Eine derartige strikte Trennung von Nachbarpopulationen ist nach Norden hin scheinbar nicht gegeben. Dort ändert sich die Färbung nur vergleichsweise geringfügig.

Tropheus sp. Molwe; Population 8.15

Handelsname: "Cherry Rainbow"

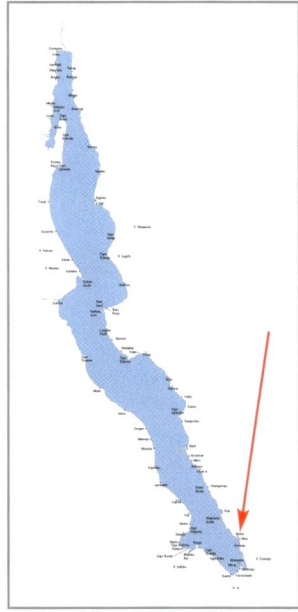

Vorkommen: Das Verbreitungsgebiet dieser Lokalform liegt einige Kilometer nördlicher bei der Ortschaft Molwe.

Entdeckt: Diese Lokalform wurde von Ad KONINGS und Laif DeMASON im Jahr 1994 entdeckt.

Erstimport: Für den deutschen Aquarienfischhandel ist mir kein Import bekannt. Der Fisch wurde aber für den US-amerikanischen Markt exportiert.

Farbe: Die Stirn und der Rücken zeigen eine dunkelgrüne Farbe, die auf der Stirn stimmungsbedingt aufhellen kann. Der restliche Körper ist, besonders am Kopf, flächig dunkel-weinrot gefärbt. Das Weinrot schwankt je nach Fundort etwas. Die Dorsale zeigt wie beim *Tropheus* von Kasanga eine nur etwas stärker dunkelrote Farbe mit einigen blauen Anteilen. Maul und Kehle sind bläulichgrün. Die Caudale, die Pectoralen und die Ventralen sind dunkel, zeigen aber einen dunkel-weinroten Ton. Die Anale besitzt in den Zwischenräumen der Strahlen dunkelrote Flecken. Sie ist an der Basis hellblau gefärbt. In dem dunkelgrünen Bereich am Rücken sind oftmals noch die Querstreifen zu erkennen. Die Iris zeigt im oberen Bereich orangerote Töne.

Interessantes: Die Ortschaft Molwe liegt ungefähr auf halber Strecke zwischen Cape Finga und Kasanga in einer kleinen Bucht. Dort leben die farblich überaus interessanten *Tropheus* sp. Molwe. Sie besitzen einen sehr hohen Rotanteil. Meines Wissens wurden sie für den deutschen Aquarienfischhandel leider noch nicht importiert. Der amerikanische Importeur Laif DeMASON ließ mir freundlicherweise ein Bild zukommen, das die Intensität der Farbe gut erkennen lässt. Verfolgt man den Küstenabschnitt weiter nach Norden so fällt auf, dass die dunkelrote Farbe von Braun ersetzt wird. Bei Samazi und Katili sehen die *Tropheus* bräunlichgrün aus. Sie wurden wegen ihrer düsteren Farben noch nicht importiert. KONINGS und DeMASON haben zwar einen Großteil der Küste abgetaucht, konnten aber nicht alle Uferabschnitte untersuchen und so besteht die Hoffnung, dass vielleicht noch die eine oder andere hübschere Farbpopulation in den nächsten Jahren entdeckt wird.

Einige Kilometer weiter nördlich werden *Tropheus* sp. Samazi (die hier keine eigene Populationsnummer erhalten haben) gefangen. Sie sehen nur geringfügig anders aus, als *Tropheus* sp. von der Ortschaft Molwe.

photo: P. Schupke

Tropheus sp. Mamalesa (Malasa) Population 8.16

Handelsname: Tropheus Malasa

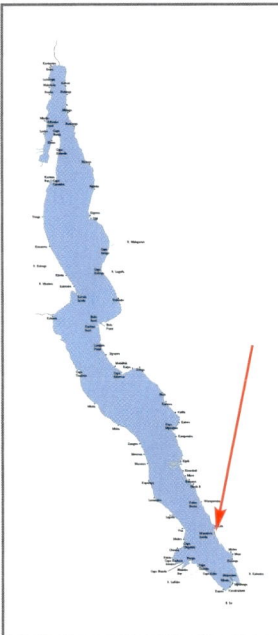

Vorkommen: Das bekannte Verbreitungsgebiet dieser Lokalform beschränkt sich auf die Malasa-Inseln und die vorgelagerte Küste. Die genauen Grenzen sind nicht bekannt.

Entdeckt: Diese Farbform wurde im Frühjahr 1983 von W. Eysel und mir entdeckt.

Erstimport: Meines Wissens wurden diese *Tropheus* erst Mitte der neunziger Jahre zum erstenmal importiert.

Farbe: Die braungrüne Grundfärbung hellt nach hinten leicht auf und wird in der unteren Körperhälfte durch mehrere gelbliche Querstreifen unterbrochen. Die Betonung der unteren Streifen als farbliches Signal setzt sich im Verlauf der nördlichen Küste fort. Stimmungsbedingt können die oberen Streifen sichtbar sein. Sie sind aber nicht so breit wie die unteren. Der Kopf zeigt nur eine schwach ausgeprägte Farbzone auf Nase und Stirn. Die gelblichgraue Dorsale lässt bereits den Farbtrend, der sich zum Norden hin ändert, erkennen. Caudale und Pectorale sind sehr dunkel, fast schwarz. Die Anale zeigt graublaue Töne. Der Augenring ist gelblich gesäumt. Die restliche Iris schimmert etwas bläulich.

Interessantes: Als wir uns 1983 in Sambia in der Ndole-Bay Lodge aufhielten, wollten wir auch einen Abstecher an die aquaristisch damals noch unbekannte gegenüberliegende Küste in Tansania machen. Die Visa wurden vorsorglich schon zu Hause besorgt. Eine Nonstop-Fahrt über den See ist nicht ungefährlich. Es können urplötzlich starke Seewinde auftreten, die schon manchen Fischern das Leben gekostet haben. Es klappte erst in der letzten Tagen unseres Aufenthaltes. Mit Coca-Cola, kaltem Huhn, Leuchtpistole, Ersatzmotor, 40 Liter Bootsbenzin, zwei der besten Guards und vielen guten Wünschen begannen wir noch bei Dunkelheit mit der Überfahrt. Spätestens um 13.00 Uhr mussten wir die Rückreise antreten, da zu dieser Zeit ein für uns ungünstiger Wind einsetzen würde. Viel Zeit blieb uns also nicht. Zuerst landeten wir an einer der drei Malasa-Inseln und untersuchten die dortige Fischgesellschaft. Dann wollten wir noch an die Küste, was gleichbedeutend mit einer Aufwartung des dortigen Zollbeamten war. Das kostete auch Zeit und Geduld. Wir durften bis mittags bleiben. Die Küste war dort sehr steil, was sich unter Wasser fortsetzte. Wir begegneten zahlreichen bekannten Arten. Unbekannt waren nur die Farbformen der dortigen Fische. Die *Tropheus* wurden ins Boot gegeben, begutachtet und wieder hineingeschmissen. Wir waren damals beide (noch) keine *Tropheus*-Fans. Die Farben waren sehr unauffällig und *Tropheus* sind in Transportbehältern zu anderen Fischen nicht zimperlich. Wir ließen sie gerne zurück, fanden wir doch wunderschöne gelbe *Ophthalmotilapia ventralis* und eine hübsche *Cyprichromis*-Farbform.

Die drei Mamalesa-Inseln vor der Küste Tansanias. Sie sind auch unter dem Namen Malasa-Inseln bekannt.   **photo**: P. Schupke

Tropheus sp. Kala; Population 8.17

Handelsname: Tropheus Kala yellow

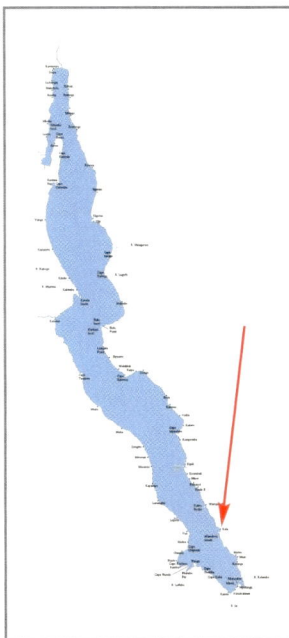

Vorkommen: Das Verbreitungsgebiet dieser Lokalform soll in der
Nähe von Kala liegen.

Entdeckt: Ad KONINGS und Laif
DEMASON haben diese Lokalform
1994 an der Insel Kala gefunden.

Erstimport: Für den deutschen
Aquarienfischhandel wurden
diese *Tropheus* Ende 1994 zum
ersten Mal importiert. Weitere
Importe blieben aus.

Farbe: Die Grundfärbung ist stark von der Stimmmungslage der Fische abhängig. Der Rücken zeigt eine
dunkelgrünbraune Farbe, die über den Kopf bis zur Nase reicht. Die violettbraune Farbe des Kopfes
bedeckt den restlichen Körper als Netzmuster. In der unteren Körperhälfte beginnt hinter den Kiemen
ein gelber Fleck, der in seiner horizontalen und vertikalen Ausbreitung zwei Schuppenreihen hoch und
7-8 Reihen lang ist. Der Bereich von der Nase bis zur Unterlippe zeigt hellblaue und das Kinn
helltürkisgrüne Töne. Oftmals sind noch Reste der gelben Querstreifung zu erkennen. Caudale und
Pectoralen sind fast schwarz. Die dunkelgraubraune Anale kann im Hartstrahlbereich wenige rote
Punkte zeigen. Die auffällige bläulichlila getönte Dorsale ist an der Basis kräftig gelb gesäumt. Das Gelb
zieht sich bis in die Strahlen und sorgt so für auffallende Farbkontraste. Eine sehr schmale schwarze Marginalbinde ist vorhanden. Die
Dorsale der Weibchen zeigen meistens nur kräftige Gelbtöne, eventuell mit einigen bläulichen Einfärbungen. Am Kopf sind vereinzelt
winzige hellblaue Pünktchen zu erkennen. In neutraler Stimmung zeigt sich diese Lokalform am Körper fast flächig strohgelb. Auch der
Kopf hellt stark auf.

Interessantes: An der tansanischen Küste fand man schon mehrfach *Tropheus*-Populationen, deren Geschlechter sich in der Farbe der
Dorsale unterschieden. So auch bei *Tropheus* sp. Kala. Die Dorsalen der weiblichen *Tropheus* zeigten nur gelbe Töne. Von den ca. 50 Tiere
in dem Becken des Importeurs zeigten ungefähr die Hälfte der Fische gelbe Dorsalen, während die andere Hälfte mehr oder weniger
blaulila Farbe aufweisen konnte. Das Geschlechterverhältnis musste daher ausgeglichen gewesen sein. Es gab auch Tiere, die nur
andeutungsweise bläuliche Farbe in der Dorsale hatten. Das waren kleinere Männchen und solche, die von anderen dominiert wurden.
Die Küste nördlich von Kala ist noch nicht lückenlos untersucht worden, da sie viel Sedimentablagerungen enthält und somit für *Tropheus*
keinen idealen Lebensraum darstellt.

Tropheus sp. Wampembe; Population 8.18

Handelsname: Tropheus Wampembe

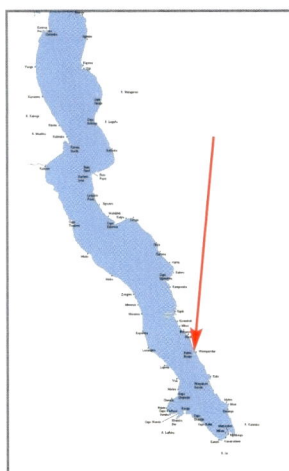

Vorkommen: Das Verbreitungsgebiet dieser Farbform liegt in der
Nähe des Dorfes Wampembe,
dem ein Riff vorgelagert ist. Es
befindet sich ungefähr drei
Kilometer vor der Küste.

Entdeckt: Ad KONINGS und Laif
DEMASON haben diese Farbform
bei ihren Tauchgängen 1994
entdeckt.

Erstimport: *Tropheus* sp. Wampembe wurde meines Wissens Ende 1994 zum erstenmal importiert.
Weitere Importe blieben wegen der geringen Nachfrage aus.

Farbe: Der hauptsächlich dunkelbraune Fisch zeigt sehr dünne unvollständige weißliche Querstreifen, die in der Bauchregion breiter werden. Der vordere Bauchbereich ist weißlichbeige. Die untere Kopfhälfte zeigt ein helleres Schokoladenbraun. Die Dorsale und die Anale zeigen bläuliche Töne, wobei die Anale an der Basis hellgraublaue Töne besitzt. Der äußere Irisring ist etwas hellblau. Der obere Bereich ist bräunlich getönt. Stimmungsbedingt können die Streifen verschwinden. Ältere Tiere können in der Färbung stark aufhellen.

Interessantes: Diese Lokalform, die Ad Konings bei den Fulwe-Rocks gefunden und fotografiert hat, wurde in der Fangsaison 1994/95 nur einmal nach Deutschland importiert. Die ganze Sendung wurde umgehend in die U.S.A geschickt. Sie sollen dort beim Importeur aber erst stark verspätet eingetroffen sein. Nicht alle Fische der Sendung überlebten diese Verspätung. Einige Fische dieser Sendung gelangten in die Hände von Wissenschaftlern, die die DNA auf verwandtschaftliche Beziehungen hin untersuchten. Sie stellten eine enge Verwandtschaft zu *T.* sp. Chaitika fest. Auf einen weiteren Import wird man wohl lange warten müssen, da das Interesse der Aquarianer sehr gering ist. Konings berichtet, dass die Strände an der Küste bei Wampembe und in der weiteren Umgebung nur Sand enthielten und keine Felsdurchbrüche zeigten. Dort fanden sich auch keine *Tropheus*. Erst zahlreiche Kilometer weiter nördlich, bei Hinde B, wurden wieder Felsen gefunden. Der Wampembe-Tropheus stellt einen Teil der aus mehreren Unterlinien enstandene Linie 8 dar. Er hat wiederum Verbindung zu der Linie 3, die aus einer alten Hauptlinie enstanden ist.

Tropheus sp. Hinde B; Population 8.19

Handelsnamen: Von dieser Tropheus-Farbform ist kein Handelsnamen bekannt

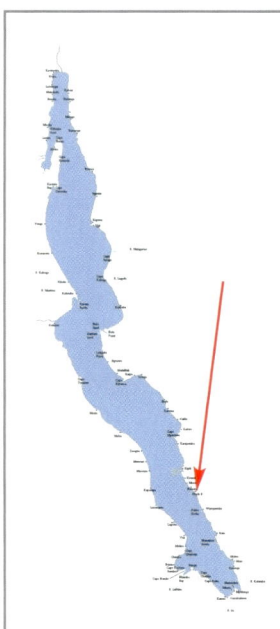

Vorkommen: Als Verbreitungsgebiet dieser Farbform wurde die Umgebung der Ortschaft Hinde B nachgewiesen. Nach Ad Konings ist die Küste dort mit großen Felsen bestückt.

Entdeckt: Der *Tropheus* sp. von Hinde B wurde von Ad Konings und Laif DeMason im Jahr 1994 bei einer Erkundungsreise im südlichen Tansania entdeckt.

Erstimport: Für den deutschen Aquarienfischhandel wurden diese *Tropheus* meines Wissens noch nicht importiert.

Farbe: Auf dunkelbrauner Grundfärbung befinden sich unregelmäßig geformte, gelblichweiße Querstreifen, die in der unteren Körperhälfte etwas breiter ausfallen. Dadurch wird die Signalwirkung verstärkt. Dieses braunweiße Streifenmuster reicht noch ein kurzes Stück in die braune Dorsale hinein. Unmittelbar unter dem Auge liegt ein breiter Streifen, der sich schnell nach unten verschmälert. Die restlichen Flossen zeigen mehr oder weniger Körperfärbung.

Interessantes: Dieser hübsche *Tropheus* behält als erwachsenen Fisch sein Streifenmuster. Er zeigt bereits große Ähnlichkeit zu der Linie 9, die kurz vor Kipili beginnt. Allerdings verlieren die Lokalformen der Linie 9 ihre auffälligen Querstreifen im Alter, was beim *Tropheus* aus der Gegend um Hinde B ja nicht der Fall ist. Von dieser Farbform liegen leider keine aquaristischen Erfahrungen vor, so dass eine nähere Beschreibung verschiedener Stimmungungen und ihrer farblichen Änderungen nicht erfolgen kann. Die sandige Küste wechselt sich dort immer wieder mit großen Felsansammlungen ab. Viele Bereiche in diesem Teil Tansanias sind mit kilometerlangen Sandstränden gesäumt und beinhalten wenig Lebensraum für Aufwuchsfresser. Die Felsküsten nehmen erst weiter nördlich wieder zu. Es sollte doch möglich sein, diese *Tropheus*-Farbform einmal zu importieren, um Erfahrungen in der Haltung zu machen und möglicherweise Liebhaber zu finden, die sich längerfristig mit diesen Tieren beschäftigen.

Beim *Tropheus* von Hinde B. soll die Streifenzeichnung lebenslang erhalten bleiben. Aquarienbeobachtungen zu dieser interessanten Form stehen noch aus.

photo: A. Konings

Tropheus sp. Namansi I; Population 8.20

Handelsname: "Red Namansi", Tropheus Namansi

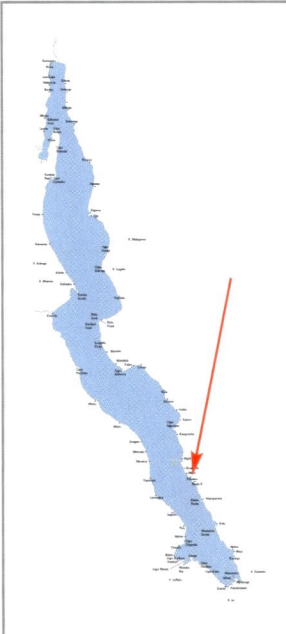

Vorkommen: Bisher ist diese Lokalform nur bei der Ortschaft Namansi in Tansania nachgewiesen worden. Die genauen Verbreitungsgrenzen sind nicht bekannt.

Entdeckt: Diese Lokalform wurde von Ad KONINGS und Laif DEMASON im Jahr 1994 bie Untersuchungen an der südlichen Küste von Tansania entdeckt.

Erstimport: Für den deutschen Aquarienfischhandel wurde diese Farbform Ende 1994 zum erstenmal importiert.

Farbe: Die Grundfärbung besteht aus einem grünlichen Graubraun, das hauptsächlich in der vorderen Körperhälfte von einem braunroten Netzmuster überzogen wird. Der braunrote Kopf mit Kehle sind im Bereich Nase, Maul und Kinn etwas bläulichgrau überhaucht. Die untere Hälfte des Körpers ist etwas heller. Die weißlichgelben Querstreifen sind auch bei adulten Tiere noch zu sehen. In der unteren Körperhälfte sind die Streifen deutlich dicker und auffälliger. Das Auge ist im oberen Teil gelblich. Die gelblichgraue Dorsale besitzt eine sehr schmale schwarze Marginalbinde. Caudale, Anale, Pectoralen und Ventralen sind sehr dunkel gefärbt und zeigen bis auf die Anale, die an ihrer Basis hellblau gesäumt ist, keine farblichen Auffälligkeiten. Stimmungsbedingt können die Tiere abdunkeln oder stark aufhellen.

Interessantes: Der *Tropheus* aus der Gegend von Namansi zeigt eine gewisse Ähnlichkeit zu den "Regenbogen" auf der anderen Seite des Sees bei Mwerazi im ehemaligen Zaire. Leider konnte ich persönlich keine Erfahrungen mit dem *Tropheus* sp. Namansi erwerben, da die wenigen Fische, die ich beim Importeur beobachten konnte, schon verkauft waren. Beim ersten Anblick hielt ich diese Lokalform für *Tropheus* "Murago", nur fehlten diesen Tieren die Punkte am Kopf. Weibliche "Murago" Tiere besitzen auch eine gelbliche Dorsale. Die verbliebenen Tiere waren durchschnittlich größer als andere bekannte *Tropheus*-Importe, ähnlich wie *Tropheus polli*. Die überdurchschnittliche Größe dieser Farbform kann auf bessere Habitatsbedingungen zurückzuführen oder einfach nur fangtechnisch begründet sein. Bei Namansi beginnt (nach KONINGS) bereits das Vorkommen der Linie 9. Diese *Tropheus* leben aber in etwas tieferen Wasserschichten, als die *Tropheus* der Linie 8.

Tropheus sp. Mtosi I; Population 8.21

Handelsname: Von dieser Lokalform existiert meines Wissens kein Handelsname.

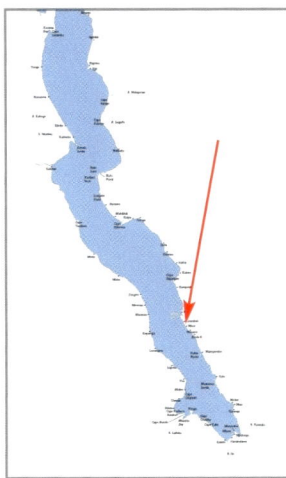

Vorkommen : Funde dieser Farbform sind von Mtosi (M'Tossi) belegt. Die genauen Verbreitungsgrenzen sind nicht bekannt.

Entdeckt: Der *Tropheus* sp. von Mtosi wurde von Ad KONINGS und Laif DEMASON im Jahr 1994 bei einer Untersuchung des dortigen Gebietes entdeckt.

Erstimport: Für den deutschen Aquarienfischhandel sind diese *Tropheus* noch nicht in größeren Stückzahlen importiert worden.

Farbe: Die Grundfärbung des Körpers ist in zwei Zonen aufgeteilt. Einen oberen bräunlichgrünen Teil und einen unteren gelblichweißen Teil. Der bräunliche Kopf zeigt keine Punkte. Die leichte gelblichweiße Querstreifung verstärkt sich im hellen Bauchbereich. Die Streifen bleiben adulten Tieren erhalten. Sie setzen sich ein kleines Stückchen in die Dorsale fort. Die bräunlichgelbliche Dorsale zeigt eine dünne schwarze Marginalbinde. Die Caudale ist, wie die Pectoralen und Ventralen, sehr dunkel, zeigt aber einen schmalen helleren Endbereich. Die Anale zeigt bräunlichrote Töne. Das Auge besitzt eine silbrigbläuliche Farbe und ist im oberen Bereich bräunlichrot.

Interessantes: Auch in der Nähe von Mtosi leben *Tropheus* der Linie 9. Die "Regenbogen"-*Tropheus* sollen dort, jedoch in unterschiedlichen Tiefen, mit der Linie 9 zusammen vorkommen. In anderen Bereichen des Sees sind auch Stellen bekannt geworden, an denen *Tropheus* verschiedener Linien zusammentreffen. Es wurde aber noch nicht ausreichend untersucht, ob und wie weit sich die unterschiedlichen Linien überlappen. Die *Tropheus* der Linie 9 leben deutlich tiefer, wogegen die Vertreter der Linie 8 im oberen Bereich des Felslitorals lebt. Sie bevorzugen sedimentfreie Substrate, was ihnen mit Linienverwandten in Sambia gemein ist. Interessant ist noch die Tatsache, dass einige *Tropheus* dieser Linie auch als adulte Tiere ihre Streifen zeigen, wogegen die Tiere der Linie 9 ihre auffälligen Streifen als adulte Tiere fast oder ganz verlieren.

Tropheus sp. Kisambali; Population 8.22

Handelsname: Ein Handelsname dieser Lokalform ist mir nicht bekannt.

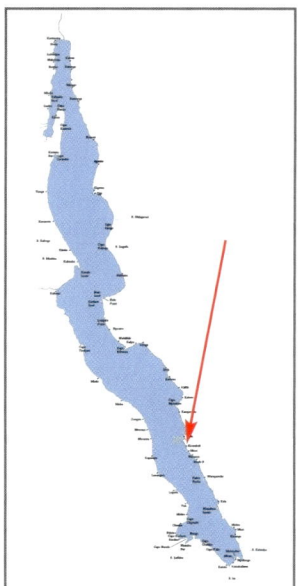

Vorkommen: Diese Farbform lebt wenige Kilometer nördlich vom Mtosi-*Tropheus*. Sie wird bei Kisambali gefunden.

Entdeckt: Bei einer Untersuchung im Jahr 1994 von Ad KONINGS und Laif DeMASON wurde diese Farbform von ihnen entdeckt.

Erstimport: Meines Wissens sind für den deutschen Aquarienfischhandel noch keine Exemplare importiert worden. Es ist möglich, dass auf private Initiative hin Tiere in kleinen Stückzahlen mitgebracht wurden.

Farbe: Die braunolive Grundfärbung am Körper weist helle Querstreifen auf, die sich in der unteren Körperhälfte verbreitern und wie ein unterbrochener heller Seitenfleck ausschauen. Stimmungsbedingt kann der Körper aufhellen und zeigt dann eine mehr hellgrünlichbraune Färbung, an der die gelblichgraubraune Dorsale auffällt. Die bläulichgraue Anale besitzt am unteren Hartstrahlbereich einige orangerote Punkte. Die dunkle Caudale zeigt am Ende einen helleren Bereich. Markant wirken die gelblichen Caudalspitzen. Der untere Augenring schimmert etwas bläulichgrau, wogegen der obere Teil bräunlichrot getönt ist.

Interessantes: Diese Lokalform ist die in Tansania am nördlichsten vorkommende der Linie 8, die hier endet. Auch sie leben mit *Tropheus* der Linie 9 in diesem Küstenabschnitt zusammen. Die *Tropheus* der vorhergehenden Lokalform bei Mtosi und dieser Lokalform unterscheiden sich zumindest in neutraler Stimmung auf den Unterwasser-Aufnahmen von Ad KONINGS nicht wesentlich. Interessant ist das ähnliche äußere Erscheinungsbild der beiden Linien 8 und 9, die auf mehrere Kilometer, jedoch in verschiedenen Tiefen, zusammenleben. Offenbar sind Streifen, ob sie nun in der unteren Körperhälfte verstärkt in Erscheinung treten oder aber am ganzen Körper mehr oder weniger gut sichtbar sind, das Zeichnungsmuster, das in dieser Küstenregion am erfolgreichsten zu sein scheint. Die Fachleute nennen dieses Phänomen Konvergenz.

Tropheus der Linie 9

Die ersten *Tropheus* dieser Linie gelangten schon Mitte der achtziger Jahre in den deutschen Aquarienfischhandel. Sie wurden damals als "Wespenmoorii" in sehr kleinen Stückzahlen angeboten. Danach blieb es ein paar Jahre ruhig. Erst Ende der achtziger wurden mehrere und zu Beginn der neunziger Jahre alle Populationen bei den einschlägigen Importeuren angeboten. Das Bekanntwerden dieser Farbformen haben wir Ad KONINGS und Laif DeMASON zu verdanken, die die südliche Küste von Tansania 1994 untersuchten. Sie fanden damals sechs gut unterscheidbare Populationen. Obwohl sie ein großes Küstengebiet untersuchten, mußten sie sich auf die Küsten beschränken, die für *Tropheus* geeignet erschienen. So bleibt doch noch die Möglichkeit, dass an den langen Sandküsten einige Farbformen übersehen worden sind.

Das Verbreitungsgebiet der Linie 9 beginnt ca. 3o Kilometer südlich von Kipili, bei Namansi in Tansania und reicht nach heutigen Erkenntnissen bis nach Karema, das wenige Kilometer südlich von Ikola liegt. Die Strecke Kipili-Namansi beträgt ca. 100 Kilometer, die zum Teil von sehr langen Sandküsten und Flußmündungen durchtrennt wird. Im südlichen Teil lebt die Linie 9 auf mehreren Kilometern Länge mit den *Tropheus* der Linie 8, den "Regenbogen", zusammen. Über den nördliche Bereich bei Karema gibt es diesbezüglich keine Angaben. Nördlich von Karema mündet der Fluß Ifume in den See und hinterlässt einen großen Mündungskegel, der von Aufwuchsfressern gemieden wird und oft über einen langen Zeitraum ein unüberbrückbares Hinderniss darstellt. Wenige Kilometer nördlich liegt die Ortschaft Ikola, wo 20 Kilometer nördlich das Vorkommen des *Tropheus* sp. Ikola, besser bekannt unter dem Namen "Kaisermoorii", seine südlichste Verbreitungsgrenze hat. Ob beide Linien Kontakt miteinander haben, ist z. Z. nicht bekannt. Die *Tropheus* der Linie 9 bevorzugen tiefere Wasserschichten, in denen sich etwas Sediment abgelagert hat. Im Überschneidungsgebiet im Süden leben die "Regenbogen-*Tropheus*" im oberen Felslitoral, das keine Sedimente aufweist. Interessanterweise sehen sich dort beide Linien im Farbleid sehr ähnlich, was wohl auf die Anpassung der dortigen Verhältnisse zurückzuführen ist und nicht auf eine engere Verwandschaft beider Linien hinweist.

Die *Tropheus* dieser Linie unterscheiden sich in einigen Punkten sehr deutlich von allen anderen Linien des Tanganjikasees. Alle Populationen besitzen eine hellblaue Iris. Außer bei balzaktiven Tieren zeigen Weibchen und Jungtiere ein ausgeprägtes Streifenmuster am Körper. Adulte dominante Tiere, meist Männchen, verlieren ihre Streifen fast bis vollständig. Sie treten bei starken Stresssituationen aber wieder deutlich in Erscheinung. Bei den erst kürzlich exportierten *Tropheus* "fiery", aus der Gegend von Namansi, sind beide Geschlechter gleich gefärbt. Die Caudalen sind bei den *Tropheus* der Linie 9 fast gerade geschnitten und alle Flossen zeigen Körperfärbung. Juvenile Tiere besitzen ein sehr auffälliges, kontrastreiches Farbkleid. Ihre braunschwarze Farbe ist von gleichbreiten kräftig rotorange bis gelb und weißlichgelben Querstreifen durchzogen. Was unter Wasser eine hervoragende Tarnfärbung darstellt, ist im Aquarium eine Farbzusammenstellung, die die Tiere sehr begehrenswert macht. Leider verlieren sich diese kräftigen Töne mit zunehmendem Alter immer mehr. Die einzelnen Farbformen sind z.T. durch Übergangsformen miteinander verbunden, wie Ad KONINGS berichtete. Eine unübersehbare Ähnlichkeit besteht zu *Tropheus polli* aus der Linie 4, die bis in das nördliche Verbreitungsgebiet des *Tropheus* sp. Ikola vorgedrungen sind. Juvenile Tiere zeigen bis auf die völlig anders geschnittene Caudale ein fast identisches Zeichnungs- und Farbmuster. Sogar die Farbe der Iris ist die gleiche. Es wurde immer wieder behauptet, daß die Tiere der Linie 9 aggressiver seien, als *Tropheus* anderer Linien. Diese Beobachtung konnte ich bei den von mir gepflegten Farbformen allerdings nicht machen. Eine mögliche Ursache dieser Beobachtungen könnte eine unpassend zusammengestellte Gruppe sein oder aber einzelne Individuen, die ausgewechselt werden müssten, um die Harmonie in einer Gruppe herzustellen. Die Fische der Linie 9 besitzen 6 Hartstrahlen in der Anale.

Diese Linie enthält die Populationsnummern 9.0 bis 9.8.

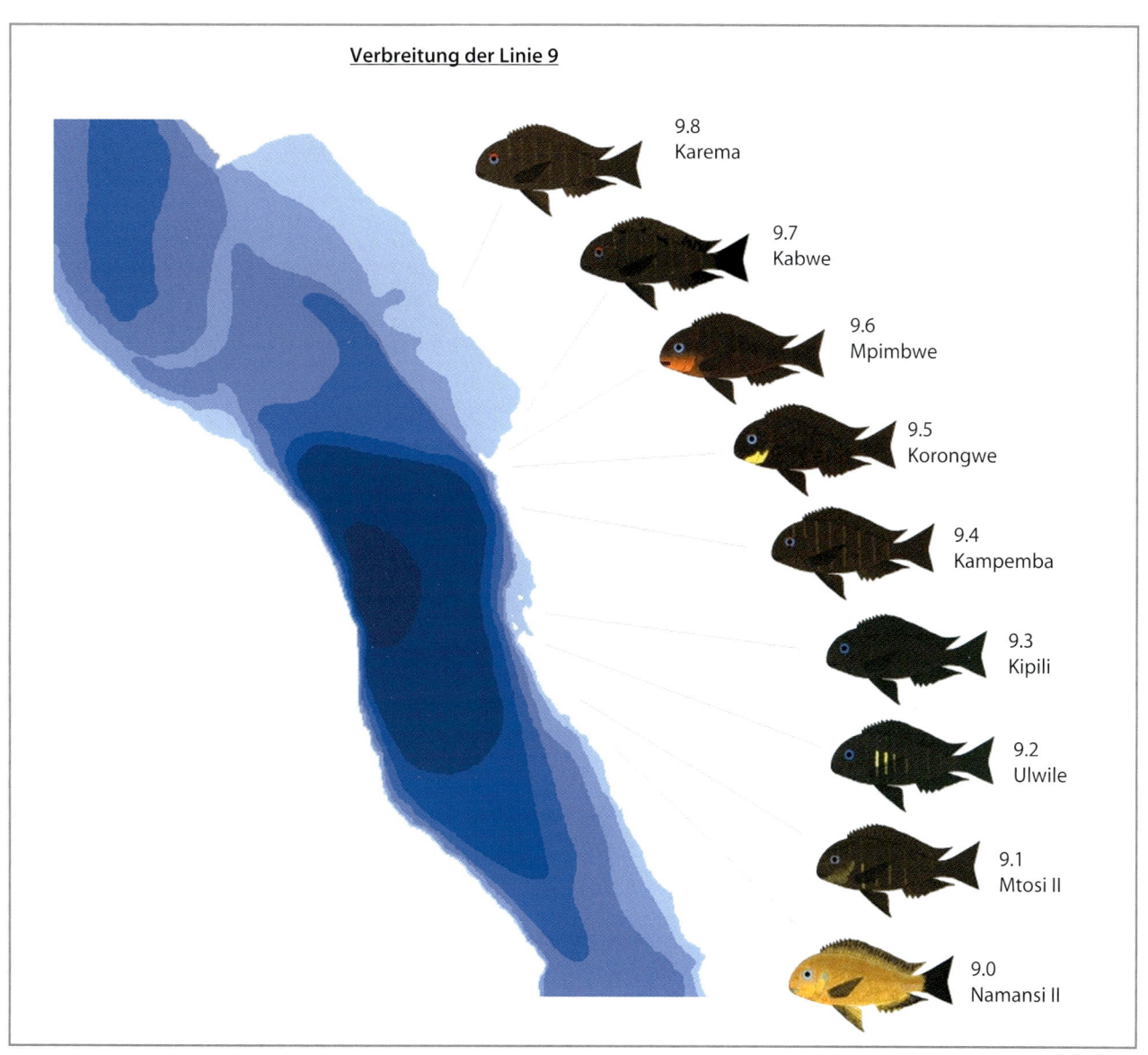

Verbreitung der Linie 9

9.8 Karema

9.7 Kabwe

9.6 Mpimbwe

9.5 Korongwe

9.4 Kampemba

9.3 Kipili

9.2 Ulwile

9.1 Mtosi II

9.0 Namansi II

Tropheus sp. Namansi II; Population 9.0

Handelsname: Tropheus Fiery Fry

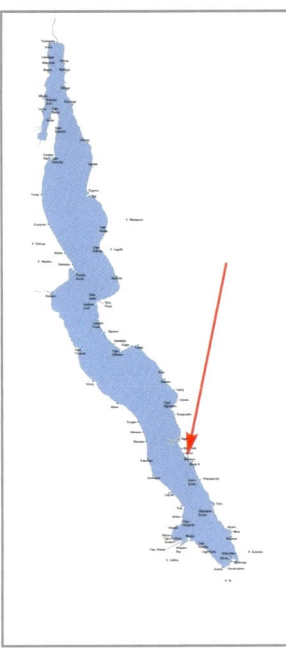

juvenil

Vorkommen: Das Verbreitungsgebiet dieser Population befindet sich in der Umgebung der Ortschaft Namansi in Tansania.

Entdeckt: Diese *Tropheus* sind vermutlich 1994 von Ad Konings und Laif DeMason bei einer Untersuchung der südlichen tansanischen Küste entdeckt worden.

Erstimport: Meinen Informationen zufolge wurde diese Population in Deutschland im Jahr 2000 erstmals angeboten.

Farbe: Die Grundfärbung besteht bei ungestressten Tieren aus einem Orangebraun, das zur Dorsale etwas grünlicher wird und abdunkeln

Mutant

kann und zur Unterseite hin kräftig orangegelb wird. Der Bereich unterhalb des Auges ist ebenfalls kräftig orangegelb . Die Iris ist weißblau. Um das Auge, im Bereich des Kiemendeckels und am Pectoralansatz finden sich kräftig rosafarbene Bereiche. Zeitweise können schemenhaft helle Querstreifen sichtbar werden. Beide Geschlechter sind, zumindest in neutraler Stimmung, gleich gefärbt. Jungtiere zeigen eine sehr auffällige Jugendfärbung, die mit der Geschlechtsreife nachlässt und schließlich ganz verschwindet. Sie sind auf dunkelbraunem Grund oder, je nach Betrachtungsweise, kräftig rotem Grund, rot oder dunkelbraun quergestreift. Im Jahr 2001 wurde von dieser Population eine Mutante bekannt. Ich kenne leider nur das Foto eines Tieres, das im Internet veröffentlicht wurde. Dieses Tier zeigt eine gelborangene Färbung am Körper. Ein kleiner Teil des Rückens und der darüber befindliche Teil der Dorsale sind dunkel gefärbt, ebenso die Caudale und ein schmales Marginalband der Dorsale.

Interessantes: Diese Population ist nach derzeitigem Wissensstand der südlichste Außenposten der Linie 9. Sie entzogen sich lange Zeit durch ihr tiefer liegendes Habitat der Entdeckung. Sie leben mit dem *Tropheus* sp. Namansi, Populationsnummer 8.20, am selben Küstenabschnitt, wobei die *Tropheus* aus der Regenbogenlinie die oberen Bereiche des Felslitorals bevorzugen. Dieser Umstand ist auch an anderen Stellen des Sees bekannt, wo sich z.T. bis zu vier *Tropheus*-Arten den Biotop teilen.

Tropheus sp. Mtosi I; Population 9.1

Handelsname: Tropheus Mtosi

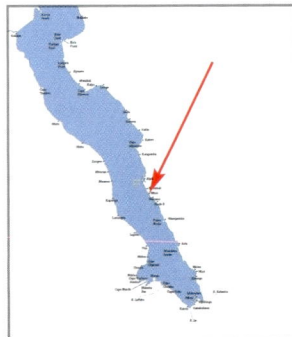

Vorkommen: Das Vorkommen dieser Lokalform ist bei der Gegend um Mtosi oder Mtossi, wie es früher genannt wurde, nachgewiesen.

Entdeckt: Diese *Tropheus* wurden von Ad Konings und Laif DeMason bei einer Untersuchung der südlichen Küste von Tansania im Jahr 1994 entdeckt.

Erstimport: Für den deutschen Aquarienfischhandel wurden diese *Tropheus* nur in geringen Stückzahlen importiert.

Farbe: Die Grundfärbung besteht aus einer braungrünen Mischung, die stimmungsabhängig abdunkeln oder aufhellen kann. Querstreifen sind nur andeutungsweise zu erkennen. Die ersten Streifen hinter den Kiemen sind etwas deutlicher ausgebildet und von blassgelblicher Farbe. Nach hinten lässt die Intensität nach. Der hintere und untere Kiemendeckelbereich zeigt ebenfalls etwas hellere gelblichgrüne Töne. Die Flossen zeigen die braungrüne Körperfärbung. Die Caudale ist fast gerade geschnitten. Die Iris zeigt eine hellblaue Farbe. Vom Auge verläuft ein etwas hellerer Bereich zur Nase. Juvenile Tiere besitzen eine hübsche orangegelbe und dunkelbraune Querstreifung. Sie sind von juvenilen *Tropheus* von Kipili nicht zu unterscheiden. Leider verliert sich diese kräftige Farbe sehr schnell und reduziert sich bis ins Alter immer mehr.

juvenil

Interessantes: Man weiß nicht, ob alle Vertreter der Linie 9 in tieferen Wasserschichten vorkommen oder nur dort, wo sie auf die *Tropheus* der Linie 8 stoßen. Ein möglicher Grund für dieses Verhalten könnte an dem besseren Durchsetzungsvermögen der "Regenbogen"-*Tropheus* liegen oder aber, das wäre eine andere Möglichkeit, die *Tropheus* der Linie 9 sind erdgeschichtlich älter und das evolutive Potential dieser Tiere nicht mehr so groß, wie bei den vermutlich jüngeren *Tropheus* von der "Regenbogenlinie" aus dieser Gegend. Hier ist noch ein großer Bedarf an Information vorhanden, um die Fragen der Entstehung der zahlreichen Linien zu erklären. Sicher ist nur, dass der Tanganjikasee mehrere Zeitalter hinter sich hat und die Aufsplittung der Gattung *Tropheus* diese Zeitalter reflektiert. Kennt man erst einmal das ungefähre Alter der einzelnen Linien, ist es etwas leichter, sich Gedanken über die Konkurrenz der einzelnen Linien untereinander zu machen.

Tropheus sp. Ulwile; Population 9.2

Handelsname: Tropheus Kipili, Tropheus Masora

Vorkommen: Das Verbreitungsgebiet dieser lokalen Farbform liegt an der Insel Ulwile, die wenige Kilometer südlich von Kipili liegt.

Entdeckt: Im Jahre 1994 wurden von Ad KONINGS und Laif DeMASON Untersuchungen in dieser Gegend durchgefüht, die zum Ziel hatten, die dortigen Cichlidenbestände zu erfassen und einem interessiertem Publikum näher zu bringen.

Erstimport: Diese Lokalform wurde meines Wissens erst in den neunziger Jahren nach ihrer Entdeckung für den Aquarienfischhandel importiert.

Farbe: Die Grundfärbung besteht aus einem Olivschwarz, das je nach Alter und Erregung gelbe Querstreifen in unterschiedlicher Intensität beinhalten kann. Balzaktive Männchen verlieren ihre Streifen bis auf einen Rest von 3-4 Streifen, die sich hinter den Kiemen in der Körpermitte befinden. Sie stellen mit ihrer grellgelben Farbe einen starken Kontrast zu dem sonst dunklen Körper dar. Weibliche Tiere zeigen am gesamten Körper und Kopf gelbe Streifen und Flächen. Juvenile Tiere sind auffällig orange gestreift. Diese schöne Farbe verliert sich aber im Laufe der Zeit und weicht einem gelben Ton bei den Männchen und einem graugelben bei den Weibchen. Die hellblaue Iris der adulten Tiere ist bei juvenilen Exemplaren noch nicht so ausgeprägt. Das Hellblau der Augen entwickelt sich erst und ist am ausgeprägtesten bei adulten Tieren. Die Dorsale zeigt sich bei den Weibchen in einem gelblichen

juvenil

Ton, wogegen sie bei männlichen Tieren eher bläulich erscheint und bei Erregung dunkel wird. Der Kopf ist bis auf den hinteren Kiemendeckel rosa getönt. Kehle und Brust zeigen ebenfalls gelbliche Bereiche.

Interessantes: Diese *Tropheus* sind im Aquarium eine auffällige Erscheinung. Die stark kontrastierenden gelben bis graugelben Querstreifen, die hellblauen Augen und der rosafarbene Kopf lassen diese *Tropheus* auch gegen andere Formen farblich bestehen. Interessant gefärbt sind die juvenile Tiere. Sie sind auf dunkelbraunem Grund grellorange gestreift. Auch sämtliche Flossen tragen diese schöne Färbung. Sie vollziehen leider, wie *Tropheus duboisi*, eine Farbänderung zum Erwachsenenkleid, das, wie bei anderen *Tropheus*, an Farbintensität verliert. Die *Tropheus* der Population 9.2 haben sich nicht lange im Aquarium gehalten, da es bei der Hälterung offensichtlich Probleme gegeben hat. Heute sind sie fast nicht mehr zu bekommen. Ein Bestand an Nachzuchttieren konnte nicht aufgebaut werden und die importierten Fische sind zum Großteil nicht mehr am Leben.

Tropheus sp. Kipili; Population 9.3

Handelsname: Wespenmoorii, Tropheus Kipili

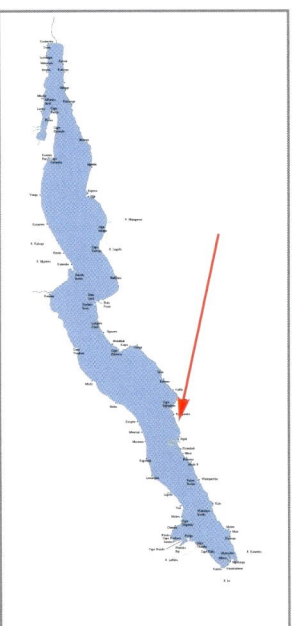

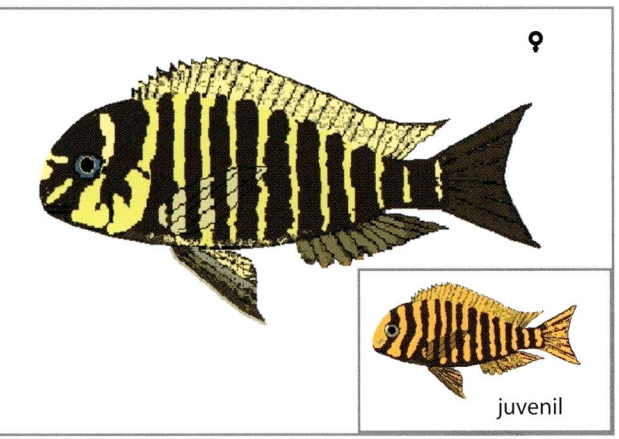

juvenil

Vorkommen: Das Verbreitungsgebiet dieser Farbform liegt in der weiteren Umgebung von Kipili.

Entdeckt: Darüber, wer diese Lokalform Mitte der achtziger Jahre entdeckte, liegen mir keine Informationen vor.

Erstimport: In den frühen achtziger Jahren traf eine Farbform mit dem Namen "Wespenmoorii" in nur sehr geringer Stückzahl ein.

Farbe: Die Grundfärbung der verschiedenen Altersstufen ist sehr unterschiedlich. Juvenile Tiere tragen auf einem kräftig orangenen Körper, einschließlich Flossen, dunkelbraune Querstreifen. Mit zunehmendem Alter verliert sich die orangene Farbe und wechselt langsam in Gelb um. Weibliche Tiere und stimmungsbedingt auch Männchen behalten dieses Muster einschließlich der Farbe. Adulte und dominante Männchen sind durch und durch olivschwarz. Vereinzelt treten bei wenigen Individuen dieser Lokalform gelbe Streifen hinter den Kiemen auf. Außer dem vorderen Bereich der Dorsale, die etwas heller getönt sein kann, zeigen alle Flossen die dunkle Körperfärbung. Die Dorsale nicht aktiver Männchen zeigt im vorderen Bereich eine leichte hellblaue Tönung, die nach hinten gelblich umfärbt. Eine schmale, kaum sichtbare Marginalbinde ist vorhanden. Die Iris ist hellblau.

Das nur leicht eregte Männchen zeigt noch ein Rest seiner Streifenzeichnung. Die gelben Streifen in der Körpermitte nehmen an Farbintensität zu.

Das gleiche Männchen in neutraler Stimmung. Das Erscheinungsbild dieses Tieres ist deutlich anders. Jetzt ist die etwas bläuliche Färbung der Dorsale besser sichtbar. **photos**: P. Schupke

Interessantes: Die Fähigkeit balzaktiver Männchen der Linie 9, ihre Streifen als Signal zu nutzen, ist bei der Ulwile-Population am ausgeprägtesten. Im Süden wie auch weiter nördlich lässt dieses Merkmal schnell nach, bis es schließlich ganz verschwunden ist. Bei den Weibchen verhält es sich schon etwas anders. Sie zeigen in einem großen Teil des Verbreitungsgebietes der Linie 9 gelbe Farbe. Die Jungfische zeigen, mit Ausnahme des Gebietes nördlich vom Cape Mpimbwe, im gesamten Gebiet mehr oder weniger vergleichbare Zeichnungsmuster. Ab dem Cape Mpimbwe verliert sich die gelbe Farbe der Kleinen immer mehr. Die Streifen sind dort weißlich bis blassgelb.

Tropheus sp. Kampemba; Population 9.4

Handelsname: Tropheus Kampemba

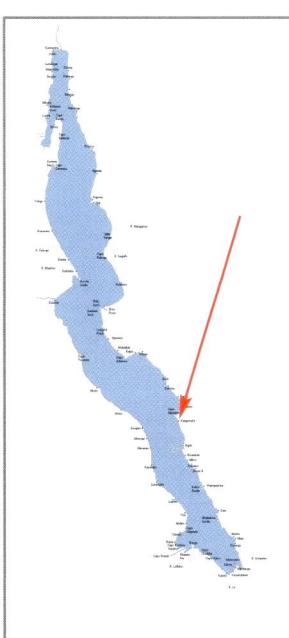

Vorkommen: Das Verbreitungsgebiet liegt in der weiteren Umgebung des Cape Kampemba. Die Grenzen des Vorkommens sind nicht bekannt.

Entdeckt: Die *Tropheus* dieser Lokalform wurden von Ad KONINGS und Laif DEMASON im Jahr 1994 bei einer Untersuchung der dortigen Küste entdeckt.

Erstimport: Für den deutschen Aquarienfischhandel wude diese Lokalform im Jahre 1995 in kleinen Stückzahlen importiert.

Farbe: Wie schon bei der Nachbarpopulation haben die Geschlechter stimmungsbedingt verschiedene Farben. Dominierende und adulte Männchen zeigen ein einfarbiges Dunkelbraun ohne irgendwelche Zeichnungs- oder Farbmuster. Nur die Pectoralen weisen zwischen den Strahlen dunkelgelbe Töne auf. Die Wangen sind etwas aufgehellt und schimmern etwas dunkelrosa. In neutraler Stimmung werden blasse Querstreifen sichtbar, die nicht sehr kontrastreich sind. Die Weibchen tragen dagegen ein auffälliges dunkelbraun und breit gelb gestreiftes Farbmuster. Die Lippen sind schwärzlich. Die restlichen Flossen zeigen bei den Männchen die dunkle Farbe des Körpers. Die Anale kann an den Spitzen der Hartstrahlen orange

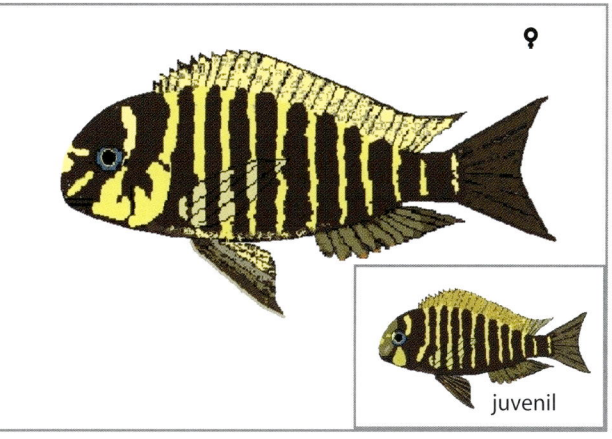

juvenil

gefärbt sein. Im hinteren Teil können einige wenige blasse kleine Eiflecken vorhanden sein. Die Iris ist hellblau.

Interessantes: Bei dieser Lokalform vollzieht sich ein Wechsel von der olivschwarzen Körperfärbung der Männchen bei Kipili und den vorgelagerten Inseln zu einer dunkelbraunen Färbung, die sich bis zur Liniengrenze im Norden hält. Bei den Weibchen und den Jungtieren ist ein Wechsel erst einige Kilometer weiter nördlich am Cape Mpimbwe sichtbar. Die etwas gelbliche Färbung der Pectoralflossen und die Tatsache, dass die südliche Küste Tansanias noch nicht vollständig untersucht ist, erweckt die Hoffnung, eine Lokalform zu finden, deren Pectoralflossen auffälliger gelb gefärbt sind, als es die des vom *Tropheus* bei Kampempa sind.

Bei erregten Männchen verschwinden die Querstreifen. Die gelbe Farbe zwischen den Strahlen der Pectorale ist gut zu erkennen. Der Wangenbereich ist etwas aufgehellt, was schon ein bischen an die Nachbarpopulation beim Cape Mpimbwe errinnert.

photo: P. Schupke

Handelsname: Tropheus Mpimbwe, Tropheus Dahabu, Tropheus Msalaba

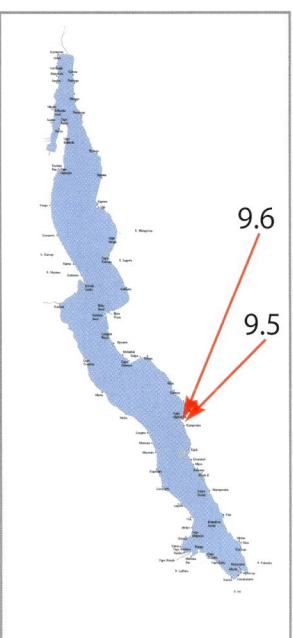

Vorkommen: Das Verbreitungsgebiet dieser Lokalformen ist nur unzureichend bekannt. Population 9.6 bewohnt eine ca. 5 Kilometer lange Felsküste, die das Cape Mpimbwe, das dort Msalaba genannt wird und die Bucht umfasst. Population 9.5 lebt südlich davon. Beide sind wohl sehr eng miteinander verwandt und das Auffinden von Übergangsformen zwischen beiden ist wahrscheinlich.

Entdeckt: Es liegen mir keine Angaben vor, wer und wann diese Lokalformen entdeckt hat.

Erstimport: Meines Wissens sind diese *Tropheus* Ende der achtziger Jahre für den Aquarienfischhandel importiert worden.

Farbe: Die Grundfärbung adulter und dominanter Männchen ist ein dunkles Braunrot ohne Querstreifen. Stimmungsbedingt können die Streifen wieder hervortreten. Das passiert vor allem beim Verlust des Revieres oder beim Umstzen in ein unbekanntes Becken. Sie sehen dann wie Weibchen aus, nur dass sie einen hohen Orangeanteil in den Streifen zeigen. Unterhalb der gedachten Linie Maulwinkel, unterer Augenrand und Kiemendeckelfleck zeigen dominierende Männchen eine orangene bis gelborangenen Farbe (Pop. 9.6). Wenige Kilometer weiter südlich weicht das Orange einem Gelb (Pop. 9.5). Die Ausdehnung dieser Farbzone ist individuell unterschiedlich. Manche Exemplare zeigen nur einen orangeroten schmalen Balken im unteren Kiemendeckelbereich, bei anderen dehnt sich die Farbzone fast bis zum Auge aus. Die Weibchen beider Populationen sehen gleich aus und tragen strohgelbe Querstreifen, die nach oben weiß werden. Bei ihnen ist die orange Farbzone der Männchen strohgelb bis weißlich. Alle Flossen zeigen eine undefinierbare unscheinbare und etwas

9.5, Korongwe, ♂

9.6, Mpimbwe, ♂

♀

juvenil

Cape Mpimbwe (Msalaba) ist bekannt für seine großen Felsblöcke über und unter Wasser. Im Bildhintergrund ist der Bergrücken zu sehen, an dessen linken Ende die Ortschaft Karema liegt.
photo: H. J. Herrmann

durchscheinende Farbe aus Grau und Braun. Das Muster der Streifen geht ein kleines Stückchen in die Basis der Dorsale hinein. Die Iris ist hellblau und im oberen Bereich braunrot.

Interessantes: Die Endgröße dieser *Tropheus*-Lokalform liegt bei ausgewachsenen Exemplaren bei 20 cm. Diese Endgröße zeigen sonst nur noch *Tropheus* aus der Linie 4, der *Tropheus polli* angehört. Andere *Tropheus* erreichen diese Größe nicht. Derart große Fische beanspruchen entsprechend große Reviere, die leicht die 2 Meter Marke überschreiten können. Da ist bereits ein Aquarium mit 2 Meter Länge etwas knapp bemessen. Verkleinernd auf die Reviergrößen wirkt eine hohe Anzahl an Individuen. Aber wer soll eine 30- oder 40-köpfige Gruppe bezahlen? Abhilfe könnte ein kleineres Becken mit weniger Insassen bringen, das entspricht aber nicht mehr den Bedürfnissen der Tiere.

Tropheus sp. Kabwe; Population 9.7

Handelsname: Tropheus Kashekesi, Tropheus Golden Kushangaza

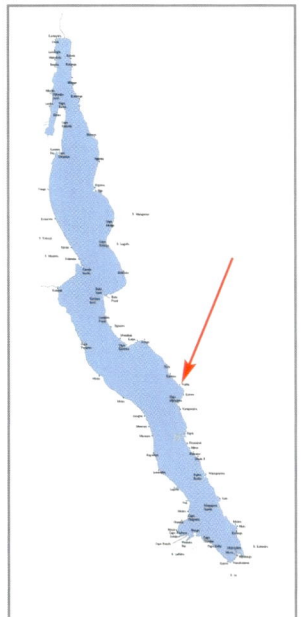

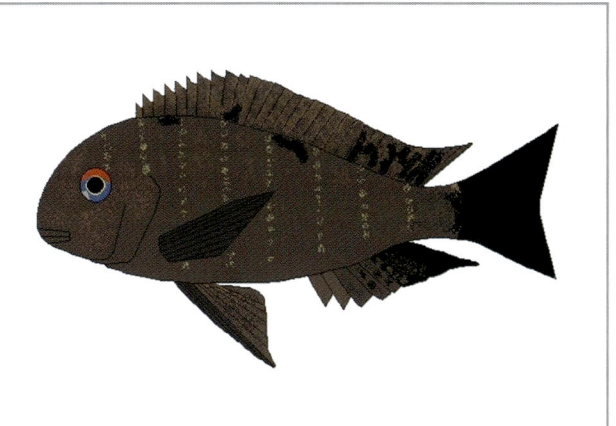

Vorkommen: Kabwe liegt ca. 10 Kilometer nördlich des Cape Mpimbwe (Msalaba).

Entdeckt: Diese Population wurde 1994 von Ad KONINGS und Laif DEMASON entdeckt. Die Mutation wurde erst einige Jahre später bei einer genaueren Inspektion dieses Küstenabschnittes entdeckt.

Erstimport: Soweit mir bekannt ist hat die Normalform im Jahr 2000 zum ersten Mal Europa erreicht. Die Mutation wurde im Herbst 2001 im "Cichlidenstadel" von Helmut LÖFFLAD im bayerischen Brühl angeboten. Ob ein Import dieser Form schon zu früherer Zeit erfolgte, entzieht sich meiner Kenntnis.

Mutant

Farbe: Der gesamte Fisch ist normalerweise dunkelbraun. Stimmungsbedingt kann er etwas heller oder, bei Erregung, dunkler werden. Zeitweise können hellere Querstreifen zu sehen sein. Es können individuell einzelne schwarze Flecken an normal gefärbten Tieren auftreten. Die Färbung der Weibchen und die der Jungtiere war beim Verfassen dieses Textes nicht bekannt. Die blaue Iris ist kaum zu sehen. Diese Population zeigt etwas Rot im oberen Iristeil. Bei dieser Farbrasse treten Mutationen auf, bei denen

Bei Stress oder durch Druck von stärkeren Männchen treten hellere Querstreifen auf. Die schwarzen Flecken im hinteren Ende der Dorsale zeigen Defekte der Melaninverteilung an.

photo: P. Schupke

flächenweise das Melanin der Haut zu fehlen scheint und eine orangegelbe Farbe zum Vorschein kommt. Die Verteilung dieses Musters ist individuell ganz verschieden.

Interessantes: Nach KONINGS soll das Vorkommen in sehr seichtem Wasser liegen, wo sich sehr große Felsen befinden. Die Sicht soll das ganze Jahr über sehr schlecht sein. Im Herbst 2001 konnte ich einige Importtiere der Mutationsform im " Cichlidenstadel" von Helmut LÖFFLAD näher betrachten. Sie sahen, kurz nach der Ankunft, nicht besonders gut aus. Die melaninfreien Stellen waren bei diesen Tieren sehr klein, entsprechend viel Schwarz trübte den Blick doch etwas. Besonders hübsche Tiere dürften vermutlich für diejenigen Käufer reseviert sein, die finanziell besser ausgestattet sind. Oft genug geht das aber mit mangelnder Erfahrung einher und solche Juwelen sind der Aquaristik meist verloren. Wie sich die melaninreduzierten *Tropheus* in züchterischer Hinsicht verhalten, bleibt abzuwarten. Die Erbgänge dieser Mutation sind bislang noch nicht verstanden oder zumindest noch nicht publiziert worden. Eine andere melaninreduzierte Mutante, der "Golden Kalambo" (eine Mutation der Population 8.12, keine Zeichnung, s. Fototeil in diesem Buch), die ebenfalls teuer bezahlt wird, lässt sich ebenfalls nicht so ohne weiteres nachzüchten. Entsprechend selten sind die Tiere im Angebot des Handels zu finden.

Tropheus sp. Kalila; Population 9.8

Handelsname: Tropheus Kalila "red eye", Tropheus Mkombe, Tropheus Karema

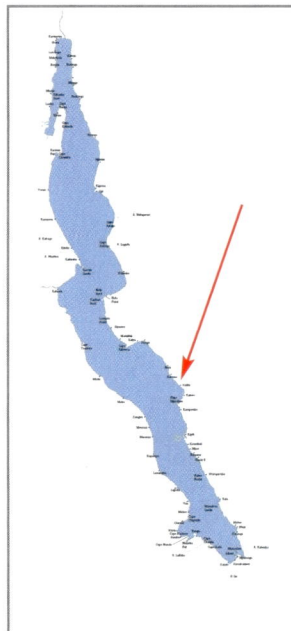

Vorkommen: Das Verbreitungsgebiet dieser Lokalform erstreckt sich wenige Kilometer südlich von Mkombe, dass wenige Kilometer nördlich vom Cape Mpimbwe liegt, bis zur Ortschaft Karema. Das sind etwa 35 Kilometer Küstenlinie.

Entdeckt: Es liegen mir keine Daten über die Entdeckung dieser Lokalform vor.

Erstimport: Für den deutschen Aquarienfischhandel wurden meines Wissens keine Tiere importiert. Es ist aber durchaus möglich, dass wenige Tiere Mitte der neunziger Jahre zu uns kamen. In die USA sind diese *Tropheus* bereits importiert worden.

juvenil

Farbe: Die Grundfärbung balzaktiver Männchen ist einfarbig dunkelbraun. Sie zeigen keine Querstreifen. Jungtiere und Weibchen zeigen auf dunkelbraunem Grund schmale weißliche Querstreifen, die ab der Körpermitte etwas breiter werden. Ansonsten ist das Zeichnungsmuster mit den anderen Populationen der Linie 9 identisch. Stimmungsbedingt können beide Geschlechter stark aufhellen. Die leicht abgedunkelte Dorsale und Anale sind durchscheinend. Caudale, Pectorale und Ventralen sind sehr dunkel getönt. Die hellblaue Iris besitzt im oberen, äußeren Bereich eine auffällige rote Zone.

Interessantes: Die *Tropheus* dieser Lokalform leben an einem 35 Kilometer langen Küstenabschnitt. Die Tiere von Mkombe, dem südlichsten Fundort dieser Population, gleichen den Tieren von Karema, dem nördlichsten bekannten Fundort. Das Vorkommen endet nach heutigen Erkenntnissen bei Karema. Nördlich der Ortschaft liegt der größere Mündungskegel des Flusses Ifume, der heute eine Verbreitungsgrenze darstellt, die es verhindert, dass *Tropheus* dieses Gebiet passieren können. Nördlich dieses Sumpf- und Schilfgebietes liegt die südliche Verbreitungsgrenze des *Tropheus* sp. Ikola, der einer anderen Linie angehört. Das Gebiet südlich des Ifume-Flusses ist noch unzureichend untersucht. Vielleicht werden genauere Nachforschungen dort noch die eine oder andere Überaschung zu Tage fördern.

Kaum ein anderer *Tropheus* hat bei den Aquarianern der ganzen Welt soviel Sympathie erworben wie *Tropheus duboisi*. Sein auffälliges und sehr kontrastreiches Jugendkleid ist nicht minder attraktiv wie das Farbkleid der erwachsenen Tiere. Zudem ist sein Verhalten Artgenossen gegenüber bei weitem nicht so aggressiv, wie bei den anderen *Tropheus*-Arten. Er hat in der Aquaristik seit vielen Jahren einen festen Platz gefunden und es gibt kaum jemanden, der sich seiner Anziehung entziehen kann. Oft entsteht aus der ersten Begegnung dieses Cichliden eine Brücke zu den Cichliden, der sich meist eine langjährige Verbundenheit zu diesen

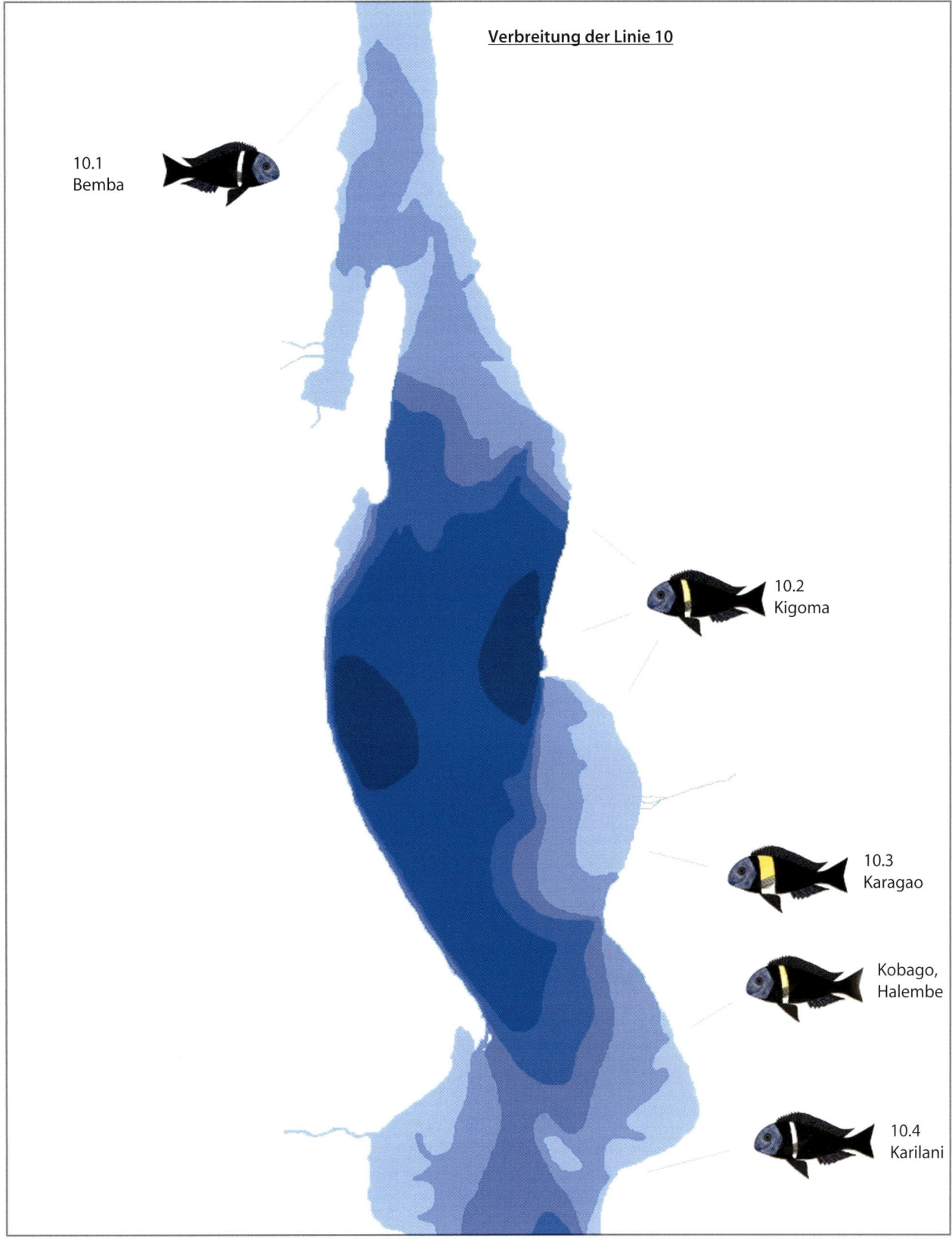

Verbreitung der Linie 10

10.1
Bemba

10.2
Kigoma

10.3
Karagao

Kobago,
Halembe

10.4
Karilani

interessanten Fischen anschließt. *Tropheus* der Linie 10 haben ein größeres Verbreitungsgebiet als 1959 bei der Erstbeschreibung von *T. duboisi* zu vermuten war. Es wurden im Laufe der Zeit immer wieder neue Populationen entdeckt. Der Typusfundort von *T. duboisi* liegt an der Nordwestecke des Sees beim Cape Munene im Kongo. Dort lebt die Art mit *Tropheus* sp. Bemba (Pop. 2.4) nahe der ehemaligen Ortschaft Bemba an einem kleinen Uferabschnitt zusammen. Später wurden dann weitere Populationen zwischen Nyanza-Lac und Bulu-Point entdeckt. An der Ostküste liegt das größte zusammenhängende Vorkommen dieser Linie. Es reicht von Nyanza bis hinunter zum Cape Kabogo, das südlich der Malagarasi-Mündung liegt. Hier zeigen die Tiere auf der Körperbinde eine mehr oder weniger gelbe Farbe. Bei der Karilani-Insel, die nahe des Ufers nördlich der hohen Mahale-Berge liegt, ist erst vor einigen Jahren noch eine Population entdeckt worden. Sie gleicht in der Farbe der nördlichen Population bei Bemba.

Das Aussehen von *Tropheus* der Linie 10 ist bis auf die Breite und Farbe der Binde an allen Fangplätzen gleich. Sie leben an allen Fundorten mit weiteren 2 und im südlichsten Gebiet mit 3 anderen *Tropheus*- Arten zusammen, kommen aber nicht immer mit ihnen in unmittelbaren Kontakt, da ihr bevorzugter Lebensraum mit 3 - 15 m Tiefe unterhalb von dem der anderen *Tropheus*-Arten liegt.

Junge *T. duboisi* zeigen ein sehr abweichendes Aussehen gegenüber allen anderen *Tropheus*. Sie sind völlig schwarz mit vielen leuchtend weißen Pünktchen, die zu kaum erkennbaren Querreihen angeordnet sind. In diesem Farbkleid sind sie weltweit äußerst begehrte Aquarienfische. Bei mehreren Monaten alten Jungen bilden sich die Pünktchen immer mehr zurück und ein weißes oder gelbes Band beginnt unter den ersten Hartstrahlen der Dorsale sichtbar zu werden. Wenn alle Punkte zurückgebildet sind ist die Binde meistens vollständig ausgebildet. Ein geschlechtsspezifisches Unterscheidungsmerkmal sind bei adulten

Männchen die länger ausgezogenen Bauchflossen, die bis in die Anale reichen können.

Nach Sturmbauer und Meyer gehört *Tropheus duboisi* zu der ältesten *Tropheus*-Linie. Sie sollen sich zuerst von dem Urahn aller *Tropheus* abgetrennt haben. Wie schon von anderen Autoren erwähnt, sollen sie durch ihr im Vergleich zu anderen *Tropheus* hohes erdgeschichtliches Alter von jüngeren *Tropheus*-Linien, die anpassungsfähiger waren, in tiefere Schichten abgedrängt oder stellenweise ganz verdrängt worden sein. Eine andere Möglichkeit wäre, dass *Tropheus duboisi* sich im Laufe langer Zeiträume an das Nahrungsangebot in größerer Tiefe angepasst hat und dort seine Nische gefunden hat. Zwischen Nyanza und dem Cape Kabogo soll seine Individuenzahl recht hoch sein, was zu der Theorie des Verdrängens durch jüngere Arten nicht so recht passt.

Brichard hoffte, an der Küste zwischen der Ubwari-Halbinsel und Kalemie im damaligen Zaire noch weitere Populationen der Linie 10 zu finden, was ihm aber damals nicht gelang. Das Gebiet südlich der Ubwari-Halbinsel bis vor die Ortschaft Kunanwa wird nur von *Tropheus* der Linie 5 besiedelt. Es gehört zu den ältesten Küsten-gebieten des Sees und wäre somit theoretisch ein geeigneter Ort für *Tropheus* der Linie 10.

Im natürlichen Felslitoral halten sich *Tropheus duboisi* nie lange an einem Ort auf. Sie sind ständig in Bewegung. Sie ziehen fressend um größere Felsblöcke und verstecken sich zwischendurch immer wieder. Adulte Tiere leben meist einzeln. Zu zweit kann man sie beobachten, wenn sie für Nachwuchs sorgen.

Im Folgenden werden 4 Linienpopulationen unterschieden. Über eine weitere mögliche Population, der die helle Binde fehlt, kann hier keine Aussage gemacht werden. Ich kenne sie nur von über 30 Jahre alten Fotos. Weder wurden die natürlichen Fundorte dieser Tiere bekannt, noch gibt es irgendwelche Sichtmeldungen aus neuerer Zeit.

Tropheus duboisi MARLIER, 1959; Population 10.1

Handelsname: Weißband Duboisi, Tropheus duboisi, Bemba duboisi

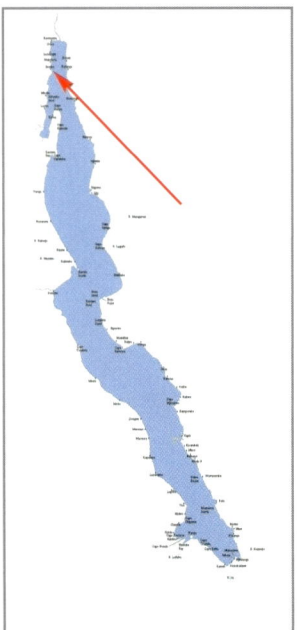

juvenil

Vorkommen: Das Verbreitungs-gebiet dieser Lokalform liegt an einem ca. nur 1 Kilometer breiten Küstenstreifen am Cape Munene, in dessen Nähe die heute nicht mehr existierende Ortschaft Bemba lag. Sie musste damals als Namengeber herhalten.

Entdeckt: Die *Tropheus duboisi* vom ehemaligen Bemba wurden vermutlich im Jahr 1958 entdeckt und ein Jahr später von MARLIER beschrieben.

Erstimport: Für den Aquarienfischhandel wurde diese Lokalform zum erstenmal im Jahr 1958 importiert. Diese Exemplare starben aber nach kurzer Zeit wieder aus und wurden erst wieder 1974 eingeführt.

Farbe: Der schwarze Körper wird von einem schneeweißen Querband, das unter dem 3-4 Hartstrahl der Dorsale beginnt, 3-5 Schuppen breit ist und um den Bauch herum reicht, unterbrochen. Dieses Band kann in seiner Breite individuell ausfallen. Es gibt auch Tiere, deren Band praktisch nicht vorhanden ist oder nur ein paar weiße Schuppen andeuten, wo sich das Band, wäre es vollständig, befinden würde. Alle Flossen und insbesondere der Kopf sind von einer blauweißlichen Farbe überzogen. Die Farbe des Bandes kann ein wenig in die Dorsale hineinreichen. Die Anale zeigt keine Eiflecken oder Ähnliches. Die Iris ist dunkel. Jungtiere unterscheiden sich erheblich von dem

Aussehen der adulten Tiere. Auch sie sind völlig schwarz, zeigen aber auf dem gesamten Körper, sowie auf der Dorsale und Anale, strahlend weiße Pünktchen, die, wenn man genauer hinschaut, in Reihen angeordnet sind. Wenn die allerjüngsten das Maul zum ersten Mal verlassen, kann man bei ihnen am Körper zwischen den weißen Pünktchen gelbliche Töne erkennen, die möglicherweise Reste einer ehemaligen (gelblichen?) Querstreifung sind, die die Art vielleicht früher einmal hatte. Im Laufe der Monate verlieren sich die Punkte immer mehr und das spätere Band wird langsam sichtbar. Ist das Band vollständig ausgebildet, sind keine Punkte mehr sichtbar.

Interessantes: Das Vorkommen bei dem ehemaligen Dorf Bemba beschränkt sich laut Pierre BRICHARD auf ein nicht länger als 1 Kilometer langes Uferstück. Sie teilen sich die Felsen mit *Tropheus* sp. Bemba, dem "Orangeband-Tropheus" (Pop. 2.4). BRICHARD schätzte die damalige Population nur auf ein paar tausend Exemplare. Das ist gewiss nicht viel. Das Uferlitoral versandet allmählich durch die hohe Sedimentfracht des Ruzizi und es ist abzusehen, dass diese Population im Laufe der Zeit kleiner wird und in naher Zukunft erloschen sein wird. Das wird auch mit anderen Biotopen im nördlichen See passieren. Die Möglichkeit des Abwanderns besteht dort nicht mehr.

Das etwa 30 Jahre alte Foto zeigt ein junges, jedoch bereits geschlechtsreifes Exemplar der bindenlosen From der Linie 10. Meines Wissens nach gibt es keinerlei aktuelle Informationen zu dieser Variante.

photo: H. J. Richter, Archiv A.C.S.

Tropheus cf. *duboisi*; Population 10.2

Handelsname: Kigoma- Duboisi, Gelbband- Duboisi

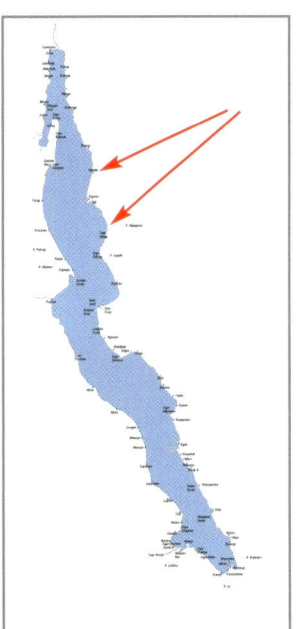

Vorkommen: Diese Lokalform hat das größte Verbreitungsgebiet der Linie 10. Es reicht südlich von Nyanza Lac bis südlich des Malagarasi-Deltas.

Entdeckt: Das Vorkommen dieser Farbform wurde Mitte der siebziger Jahre von Wolfgang STAECK u.a. an mehreren Stellen im nördlichen Tansania entdeckt.

Erstimport: Der Import für den deutschen Aquarienfischhandel erfolgte schon kurze Zeit später.

Farbe: Die Färbung unterscheidet sich nur in der Breite und Färbung des Bandes von der Population beim Cape Munene im nördlichen Kongo. Das Band ist fast doppelt so breit wie das der Tiere bei Bemba und umfasst ca. 4-5 Schuppen Im oberen Teil der Binde kann ein mehr oder weniger gelber Farbton vorhanden sein. Die Dichte der gelben Farbe ist individuell unterschiedlich ausgeprägt. Jungtiere zeigen die gleichen Farben und Punkte wie die Tiere aus den anderen Vorkommensgebieten.

Interessantes: In einem mit genügend Versteckplätzen eingerichteten Aquarium schreiten diese hübschen Fische bei artgerechter Pflege sehr rasch zur Zucht. Das Männchen lockt ein ablaichbereites Weibchen an eine geeignete Stelle des Beckens und präsentiert auf dem Substrat der Auserwählten seine Afterflosse. Das Weibchen berührt mit dem Maul die Flosse, wo sie die Spermien aufnimmt. Anschließend wechseln die Partner die Plätze und das Weibchen legt ein Ei, das das Männchen direkt vor dem Maul hat. Es dreht sich rasch um und nimmt das vom Männchen "bewachte" Ei auf. Nun beginnt das Spiel von neuem. Das Gelege enthält bei adulten Tieren im Durchschnitt 8-12 Eier. In der Brutphase muss das Weibchen weiter gefüttert werden, da es sonst die Eier gerne wieder frißt. In einem nicht übersetztem Becken mit einigen ruhigen Zonen kann man bei einer Wassertemperatur von 27°C nach vier Wochen das erstmalige Entlassen der Jungtiere beobachten. Bei einer mehrwöchig andauernde Brutpflege nimmt die Mutter bei Beunruhigung oder in der Nacht ihren Nachwuchs immer wieder ins Maul, bis die zunehmende Größe der Kleinen das nicht mehr gestattet. Bei reichlich Algen auf der Dekoration, frischgeschlüpften Artemien und etwas Trockenfutter gedeiht der Nachwuchs prächtig. Wenn man die Jungen im Becken beläßt, kann man sie bei ihrem Farbwechsel beobachten, der schon nach wenigen Monaten beginnt. Diese Beobachtungen sollte man sich nicht entgehen lassen.

Tropheus cf. *duboisi*; Population 10.3

Handelsname: Gelbband-Duboisi, Breitband-Duboisi, Kabogo-Duboisi, Maswa-Duboisi

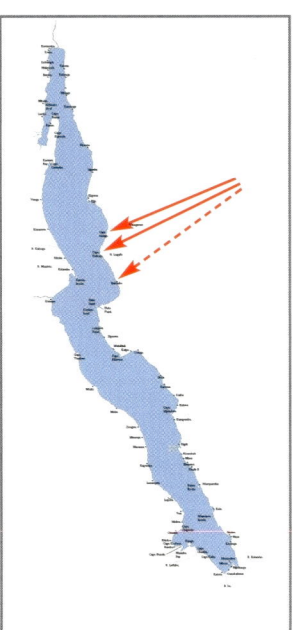

Vorkommen: Das Verbreitungsareal dieser Farbform beginnt südlich des Lugufu und verläuft mindestens bis zum Cape Kabogo. Vermutlich reicht sein Vorkommen noch einige Kilometer weiter südlich. Die Datenlage ist noch dürftig, doch scheinen die südlicheren Vorkommen ein schmaleres Band zu besitzen (auf der Verbreitungskarte der Linie mit Kabogo/Halembe bezeichnet).

Diesen Tieren wurde hier aber noch keine Populationsnummer gegeben.

Entdeckt: Diese Lokalform wurde Anfang der achtziger Jahre von Aquarianern entdeckt.

Erstimport: Für den Aquarienfischhandel wurden diese Tiere kurze Zeit nach ihrer Entdeckung importiert. Bis heute ist diese *Tropheus*-Farbform fast im Standardsortiment des einschlägigen Handels zu finden.

Farbe: Die Färbung ist, wie bei den vorangegangenen Farbformen, bis auf die Intensität der Farbe und Breite der Binde gleich. Der vordere Teil des Kopfes ist, verglichen mit der brilliantblauen Farbe des restlichen Kopfes, von einer eher weißblauen Farbe bedeckt. Diese Färbung des Vorderkopfes kann sich bei Wildfangtieren mit der Zeit verlieren. Die gelbe Farbe des bis zu 7 Schuppen breiten Bandes ist intensiver, als das der anderen Lokalformen. Es gibt aber auch Exemplare deren Bänder schmaler sind. Die letzten Schuppenreihen des Bandes am Bauch bleiben stets weiß. Dorsale und Anale sind leicht bläulich getönt, ebenso der Ansatz der Pectoralen. Bei schon etwas älteren Jungtieren können die noch vorhandenen Punkte einen leichten Gelbstich aufweisen.

Interessantes: Des öfteren tauchen (meist im April) Meldungen auf, die von einem rotbandigen *Tropheus duboisi* berichten. Die Existenz eines solchen Fisches ist vermutlich nur Wunschdenken einiger weniger. Aus sonst zuverlässiger Quelle ist mir hingegen vor mehreren Jahren von einer Kreuzung zwischen *Tropheus duboisi* und dem "Orangeband-*Tropheus*" (2.4) berichtet worden. Beide *Tropheus*-Linien haben sich bereits in grauer Vorzeit voneinander getrennt. Ob so eine Verpaarung überhaupt möglich ist, wäre einen Versuch wert, da sich aus einem positiven Ergebnis sicherlich neue Fragen ergeben und gleichzeitig ausstehende Antworten zu der Evolution dieser Fische beantwortet würden. Ob nun Realität oder Wunschdenken, vielleicht liegt bei diesen Hybriden die Wurzel aller Gerüchte. Es würde mich nicht überraschen, wenn so eine Verbindung zu einem *Tropheus* mit leicht orangenem Band führen würde. Völlig ausschließen kann man die Existenz eines *Tropheus duboisi* mit rotem oder orangenem Band allerdings nicht, da die Küste des Tanganjikasees an vielen Stellen nur unzureichend oder gar nicht untersucht wurde. Lassen wir uns überraschen.

Ein *Tropheus* der Population 10.3 in der Umfärbungsphase.   photo: P. Schupke

Tropheus der Population 10.4 leben an der Nordwestspitze der Kungwe-Berge, wo sie von H. Dieckhoff bei der Karilani Insel entdeckt wurden.

photo: A. Konings

Tropheus cf. *duboisi*; Population 10.4

Handelsname: Tropheus duboisi, Karilani- Duboisi

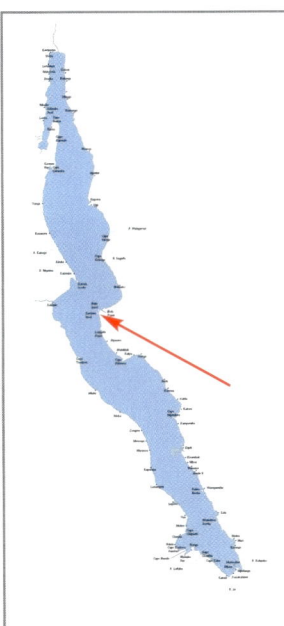

Vorkommen: Das Verbreitungs-areal dieser Farbform ist nach derzeitigem Wissensstand von Magambo und der Insel Karilani nachgewiesen, die ganz in der Nähe liegt.

Entdeckt: Dieser *Tropheus* wurde von H. W. Dieckhoff in den achtziger Jahren entdeckt.

Erstimport: Für den Aquarienfischhandel wurde diese Lokalform kurz nach ihrer Entdeckung nur wenige Male importiert.

Farbe: Die schwarze Färbung des Körpers wird durch ein sehr schmales weißes Band unterbrochen, das ungefähr an dem 6. Hartstrahl der Dorsale beginnt und bis zum Bauch reicht. Das weiße Band ist das schmalste aller Farbformen der Linie 10. Es ist oft nur 2-3 Schuppen breit. Die brillantblaue Farbe des Kopfes ist besonders ausgeprägt. Die Flossen zeigen den gleichen Farbton, sind aber nicht so intensiv gefärbt. Die Pectoralen zeigen nur an ihrer Basis den bläulichen Ton des Kopfes. Juvenile Tiere zeigen das übliche Punktemuster und sind von den Jungen anderer Populationen der Linie 10 nicht zu unterscheiden.

Interessantes: Diese Population ist die zuletzt entdeckte Farbform der Linie 10. Sie wurde erst in den achtziger Jahren gefunden. Es glich einer kleinen Sensation, als damals soweit im Süden noch Tiere dieser Linie angetroffen wurden. Dieser *Tropheus* trifft bei der Karilani-Insel mit 3 weiteren *Tropheus*-Arten zusammen. Jede der 4 Arten besitzt allerdings andere Nahrungs- und Revieransprüche, da anderenfalls ein Zusammenleben unter ihnen nicht möglich wäre. Sie leben in unterschiedlichen Tiefen und beanspruchen verschiedene Qualitäten des dortigen Aufwuchses. So treten sie nicht miteinander in Konkurenz. Die Küste verläuft ohne nennenswerte Unterbrechungen weit in den Süden und so liegt es durchaus im Bereich des Möglichen, dass auch weiter unten im Süden noch *Tropheus*-Populationen der Linie 10 gefunden werden.

Zu den bekanntesten und farbenprächtigsten *Tropheus* gehört sicherlich der *Tropheus* aus der Gegend nördlich von Ikola. Sein breites und kaum von Stimmungen beeinflussbares zitronengelbes Band hat ihn bei den Liebhabern so begehrt werden lassen. Als Mitte der siebziger Jahre die ersten Tiere im Handel auftauchten, sah man sie in der engeren Verwandtschaft der nördlichen schwarzen *Tropheus*, die in diesem Buch in der Linie 1 zusammengefasst sind. Die Farben und deren Verteilung am Körper lassen im ersten Augenblick eine engere Verwandtschaft zu der Linie auch wahrscheinlich erscheinen. Erste Zweifel verursachte aber sein Fundort, der weit von den Fundorten der *Tropheus* aus der Linie 1 entfernt ist. Untersuchungen von STURMBAUER und MEYER bestätigten den Verdacht. Die schwarzen *Tropheus* aus dem Norden trennten sich, erdgeschichtlich gesehen, schon sehr früh von den anderen Hauptlinien. Der *Tropheus* von Ikola soll sich ebenfalls sehr früh von einer der damaligen Hauptlinien getrennt haben. Heute ist der "Kaisermoorii" einer eigenen Linie zuzuordnen. Eine gewisse äußere Ähnlichkeit besteht zu der Linie 5, mit der er die Farben verschiedener Stimmungen gemein hat. Nur die Irisfarbe verrät dann die Zugehörigkeit der einzelnen Tiere zu den unterschiedlichen Linien. Die Wurzeln des Ikola-*Tropheus* lagen in einer der Hauptlinien, die die verschiedenen Linien, aus der sich die Linie 3 zusammensetzt, hervorgebracht haben. Obwohl der *Tropheus* von Ikola in der Vergangenheit und heute zu den meistgefangenen Arten der Gattung gehört, ist nur wenig über seine Verbreitung bekannt. Nur wenige Liebhaber haben sich der Mühe einer Reise unterzogen und die Verbreitungsgrenzen dieser Tiere untersucht. Eine Gruppe schwedischer Aquarianer hielt sich kurze Zeit in der dortigen Gegend auf. Sie fanden weiter nördlich von Ikola Tiere mit rötlichen Schuppenbasen im gelben Band. Mehr wurde nicht bekannt. Pierre BRICHARD erwähnt in seinem Buch über Tanganjikacichliden, dass die von ihm beobachteten Tiere orangene Flanken und einen ebenso gefärbten Bauch besäßen, ja sogar die schönsten unter ihnen einen orangefarbigen Kopf und Vorderkörper hätten. Manchmal kamen mir in diesem Zusammenhang Zweifel an den Übersetzungskünsten der Verantwortlichen in dem Verlag. Weiter berichtet er, dass viele Individuen ein netzartiges Muster über dem orangefarbigen Bereich zeigen würden, die die Intensität der Farbe etwas schmälern würde. "Schöne Exemplare des Kaisers sind Prachtstücke und erinnern an die Bemba-Population". Mit diesem Zitat aus seinem Buch kann man zweifellos erkennen, dass P. BRICHARD andere *Tropheus* "Kaiser" gesehen hat, als die, die wir im allgemeinen kennen. Nichts wurde von weiteren *Tropheus*-Arten berichtet, die bei Ikola möglicherweise in anderen Bereichen des Litorals leben oder zumindest an den Verbreitungsgrenzen des Ikola-*Tropheus* mit ihm zusammen vorkommen. Erst in letzter Zeit gelang es Wissenschaftlern von der Uni Innsbruck Informationen vor Ort zu sammeln. Es stellte sich heraus, dass das Felslitoral zum Norden hin immer tiefer abfällt. Dort fanden sie im Verbreitungsgebiet des "Kaisermoorii" *Tropheus polli*, der den "Kaiser" in tieferes Wasser abdrängt. Es ist durchaus denkbar, dass sich die gelbe Farbe bei den *Tropheus* sp. Ikola im tieferen Wasser mehr zu orange verfärbt, wie es BRICHARD beschrieben hat. Solche Tiere wurden aber nicht gefunden. Die Größe und Intensität des Farbkleides kann schon individuell erhebliche Unterschiede aufweisen. Die Aquarianer kennen meist nur das Erscheinungsbild der Wildfänge. Diejenigen unter den Liebhabern, die es geschafft haben den Ikola-*Tropheus* nachzuziehen, kennen auch die Unterschiede, die in der Breite und Farbe des Bandes auftreten können (siehe Bilder). Die Fänger vor Ort fangen die Tiere mit den regelmäßigsten und kräftigsten Bändern. Erst die Nachzucht zeigt dann ein größeres Spektrum an Möglichkeiten, die im Genpool vorhanden sind. Der *Tropheus* sp. Ikola hat fünf Hartstrahlen in der Anale und eine fast gerade geschnittene Caudale. Die Iris ist im oberen Teil rot und im restlichen Bereich je nach Stimmung dunkel oder silbrig mit bläulichem Schimmer.

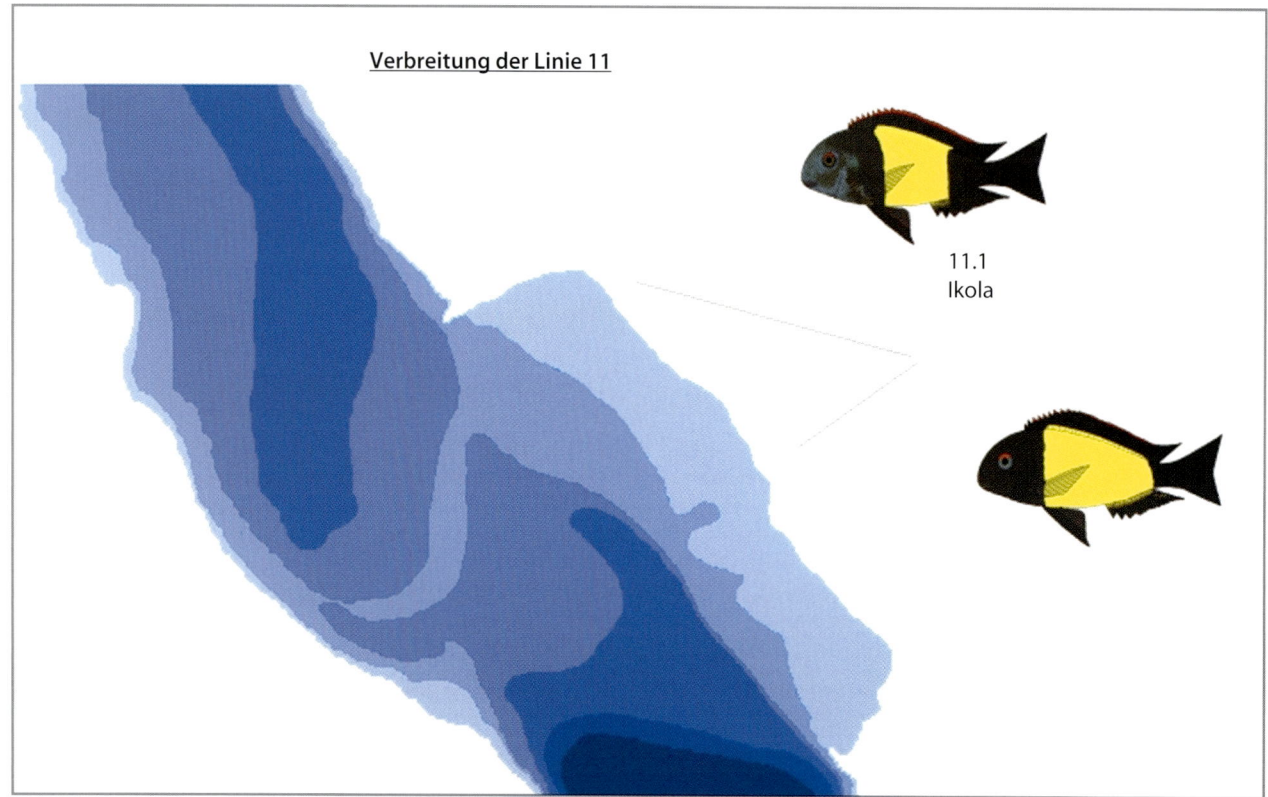

Verbreitung der Linie 11

11.1
Ikola

Tropheus sp. Ikola; Population 11.1

Handelsname: Tropheus Ikola, Kaisermoorii, Tropheus Kaiser, Breitbandtropheus

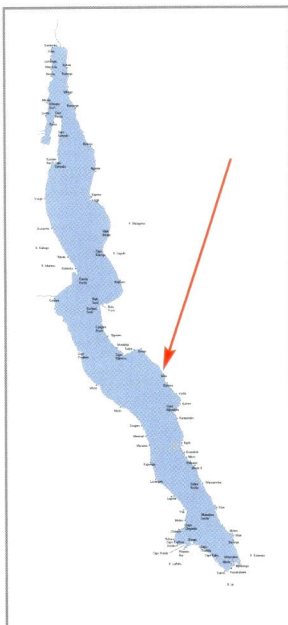

Vorkommen: Das Verbreitungsgebiet beginnt nördlich der Ortschaft Ikola in Tansania. Die nördliche Verbreitungsgrenze ist nicht bekannt.

Entdeckt: Diese Tropheus wurden in der Mitte der siebziger Jahre von FAINZILBER entdeckt.

Erstimport: Der Erstimport erfolgte bereits kurze Zeit später in

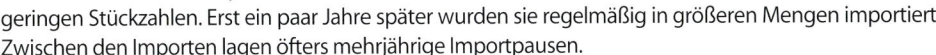

geringen Stückzahlen. Erst ein paar Jahre später wurden sie regelmäßig in größeren Mengen importiert. Zwischen den Importen lagen öfters mehrjährige Importpausen.

Farbe: Im Allgemeinen ist der vordere Teil zwischen Maul, dem 3 oder 4 Hartstrahl der Dorsale und dem Ansatz der Ventralen schwarzbraun. Danach beginnt ein breites zitronengelbes Band, das sich bis zu den Weichstrahlen der Dorsale und Anale erstreckt. Individuell kann das gelbe Band unterschiedlich ausfallen. So gibt es Tiere, bei denen das Band erst einige Schuppen weiter hinten beginnt und solche, bei denen das Band oben früher zu Ende ist und die Trennlinie hinten schräg statt gerade verläuft. Die untere Hälfte der Dorsale kann gelb gefärbt sein. Es gibt aber auch Tiere, bei denen nur ein schmaler Bereich an der Basis der Dorsale gelb ist. Es gibt Tiere, wenn auch selten, deren Bänder zweigeteilt sind. Ebenso gibt es Exemplare, deren Band bis zur Caudalwurzel reicht und in der Mitte in die Caudale einfließt und sie gelb färbt. Nur die Außenseite der Caudale ist dann noch dunkel. Die Iris ist bei aufgehellten Tieren im oberen Teil rot und im restlichen unteren Bereich silbrig mit leichtem bläulichem Schimmer. Es tauchen immer wieder Exemplare auf, die eine nicht schmale rote Marginalbinde aufweisen. Ob diese Erscheinung fundortbedingt ist, konnte nicht festgestellt werden.

Interessantes: Bei Nachzuchten sieht man häufiger Abweichungen in der Breite des Bandes. Diese extremen Unterschiede treten hauptsächlich bei Nachzuchten in Erscheinung, da die Wildfänge sortiert gefangen werden. Stimmungsabhängig kann der vordere dunkle Teil zu einem grünlichem Gelbgrau aufhellen, das bei ablaichenden Weibchen oder stressbedingt auftritt. Das Tier auf dem linken Bild unten ist stressbedingt stark aufgehellt und das Band hat sich in der Breite stark reduziert. Ein fast identisches Stimmungskleid zeigt der Tropheus sp. Karago von der Population 5.10 auf dem Bild unten rechts. Nur anhand der Irisfarbe können die beiden Tiere unterschieden werden. Diese Gemeinsamkeit muss nicht auf eine enge Verwandtschaft hindeuten, kann aber auf einen gemeinsamen Vorfahren hinweisen. Der Tropheus sp. Ikola kreuzt sich mit Erfolg mit dem Tropheus sp. Mabilibili (Pop. 12.1, siehe dort).

In dieser Schreckfärbung sieht der Tropheus sp. Ikola einem Tropheus sp. Karago aus der Linie 5 bis auf die anderes gefärbte Iris zum Verwechseln ähnlich.

Umgekehrt sieht ein Tropheus sp. Karago in dieser Schreckfärbung einem Tropheus sp. Ikola bis auf die anders gefärbte Iris auch sehr ähnlich. **photos**: P. Schupke

Mit dem *Tropheus* "Kaiser" gehören die *Tropheus* "Kirschfleck" zu den beliebtesten und begehrenswertesten *Tropheus* überhaupt. Sie sind den Aquarianern schon seit Mitte der siebziger Jahre bekannt. Ihre beiden roten Flecken auf schwarzem Grund sind zumindest im Aquarium sehr auffällig und werden kaum von Stimmungen beeinflusst. Die Flecken sind praktisch immer sichtbar. Nur bei Erregung hellt bei den Weibchen und den Männchen, deren Kopf schwarz bleibt, der ganze Körper, mit Ausnahme der Caudale und der roten Flecken, zu hellgrau auf.

Der vorher starke Kontrast ist dann deutlich reduziert. Nach Angabe von Importeuren sollen *Tropheus* "Kirschfleck" das tiefere Felslitoral in ca. 7-10 m bevorzugen und im oberen Bereich sollen bräunliche *Tropheus* leben, die vermutlich zu der Karilani-Farbform gehören und der Linie 3 zuzuordnen sind. In dieser Tiefe ist das Rot als Farbe nicht mehr erkennbar. Auch das hellgraue Balzkleid mit den roten Flecken und schwarzer Caudale bzw. schwarzem Kopf sieht in dieser Tiefe anders aus, als in unseren Becken.

Das etwa 70 Kilometer lange Vorkommensgebiet enthält mehrere Farbabweichungen, die nur die Farbe der Flecken betrifft. Das Farbenspektrum reicht von dem bei Aquarianern sehr begehrten Kirschrot über Orangerot zu Gelb mit rotem Netzmuster weiter zu mattgelben Flecken bis zu elfenbeinfarbig mit gelben Untergrund oben und roten Schuppenbasen unten. Im Süden des Verbreitungsgebietes trifft der "Kirschfleck" auf den *T.* sp. Kibwesa, der der Linie 6 angehört. Seine Heimat liegt im zentralen Bereich des Sees, zu dem Aquarianer selten vorstoßen. Im Norden lebt die Linie 12 mit drei verschiedenen Linien (3, 4 und 10) zusammen. Von dort stammten auch frühere Importe, die uns mit längeren Pausen regelmäßig erreichten. Die Tiere mit den blutroten Flecken stammen aus dem Süden in der Nähe des Mahale-Nationalparks. Nach neueren Untersuchungen ist der *Tropheus* "Kirschfleck" bei den verschiedenen Wasserständen des Sees in früherer Zeit mit anderen *Tropheus*-Linien zusammengekommen. Entsprechend heterogen ist sein Erbmaterial. So hinterließen durchwandernde *Tropheus*, die der heutigen Linie 3 nahestehen, Spuren in den Genen der "Kirschfleck". Der Urahn dieser heute eigenen Linie hat sich offensichtlich im mittleren See niedergelassen und im Laufe einer langen Zeit zu der heutigen Art entwickelt. Wenn es zutrifft, dass beide Arten heute in tieferem Wasser leben, ist es durchaus denkbar, dass die *Tropheus* der Linie 3 beim Zusammenschluß der drei Teilseen in den Mittelteil eingewandert sind und die alteingesessenen *Tropheus*, in diesem Fall *Tropheus* sp. Bulu (12.3) in tiefere Wasserschichten verdrängt haben. Den *Tropheus* der Linie 5 zwischen den Kavala-Inseln und Kunanwa weiter nördlich, ergeht es offenbar ähnlich. Bei ihnen sinkt die Individuenzahl, da sie vermutlich nicht in tiefere Schichten ausweichen können. Irgendwann werden genaue Untersuchungen vor Ort etwas mehr Licht in die Entwicklungsgeschichte und die Folgen des sich in Vergangenheit mehrfach geänderten Wasserspiegel des Tanganjikasees bringen. Es ist sicherlich nicht zu weit vorausgegriffen, wenn man jetzt schon behauptet, dass heute im See ältere und jüngere Linien im Wettstreit um die besten Habitate stehen.

Der Mittelteil des Sees war längere Zeit von den anderen Teilseen isoliert und die Linie 4, zu der *Tropheus* polli gehört, hat damals die gesamte Küste des Mittelsees besiedeln können. Ähnliches dürfte mit der Linie geschehen sein, die heute vom *Tropheus* "Kirschfleck" repräsentiert wird. Auch an der Westküste leben *Tropheus* der Linie 3 und wenn sie erst später eingewandert sind, haben sie vielleicht eine vorher etablierte ältere Linie verdrängt. Es besteht daher die durchaus berechtigte Hoffnung, dass an Teilen der Westküste *Tropheus* dieser älteren Linie, die heute an der Ostküste den Tropheus "Kirschfleck" repräsentiert, an wenigen Stellen in tieferem Wasser überlebt haben. Das Gebiet wird zwar seit Jahren untersucht, die gewonnenen Informationen werden aber der Öffentlichkeit nicht in dem Maße zugeführt, wie man sich das wünschen würde. Die neuesten Meldungen bezüglich der Linie 12 lieferte Ad KONINGS, der einen völlig schwarzen *Tropheus*, den er in die Nähe der Linie 12 stellt, bei Lubugwe wenige km südlich vom Luagala Point fand (Information aus dem Internet).

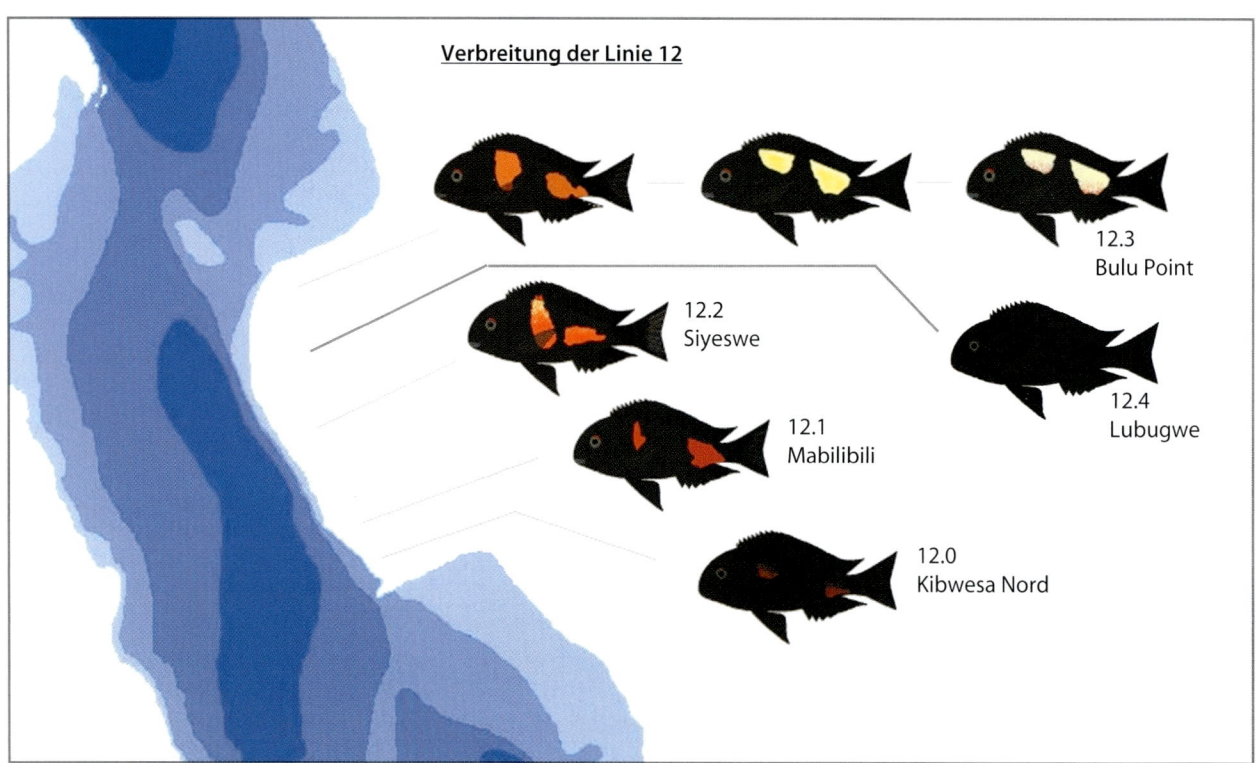

Verbreitung der Linie 12

12.3 Bulu Point

12.2 Siyeswe

12.4 Lubugwe

12.1 Mabilibili

12.0 Kibwesa Nord

Tropheus sp. Kibwesa Nord; Population 12.0; *Tropheus* sp. Mabilibili; Population 12.1

Handelsname: Tropheus Kirschfleck, Doppelfleckmoorii

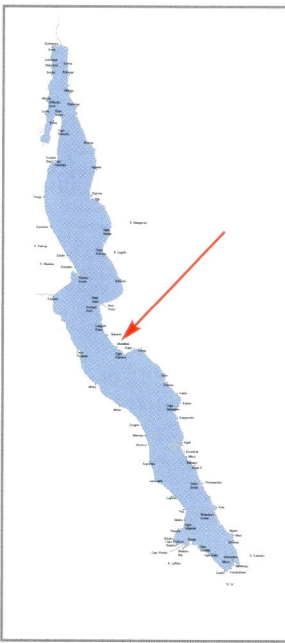

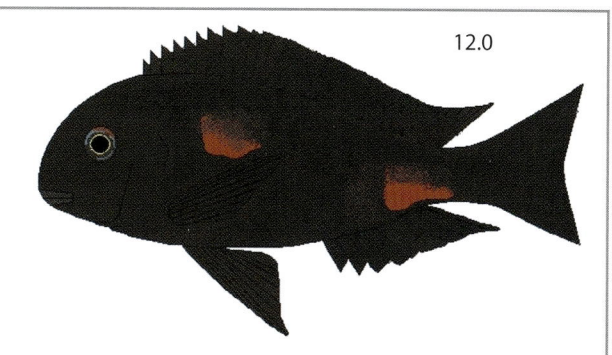

Vorkommen: Der Fundort liegt an der südlichsten Stelle des Verbreitungsgebiet dieser Linie. Dort befindet sich auch der Mahale-Nationalpark.

Entdeckt: Die Farbform 12.1. wurde erst einige Jahre nach der Form von Bulu Point entdeckt, die FAINZILBER 1975 gefunden hat.

Erstimport: Der Erstimport dürfte Anfang der achziger Jahre erfolgt sein.

Farbe: Die Grundfärbung dieser *Tropheus* ist Schwarz, das stimmungsbedingt zu einem hellen Grau aufhellen kann. Die Caudale und dessen Ansatz bleibt jedoch immer schwarz. Auf dem Körper befinden sich in ihrer Ausdehnung zwei individuell sehr unterschiedlich große blutrote Flecken, die, wie der Name schon andeutet, zwei Kirschen sehr ähnlich sind. Bei Erregung ändert sich das Erscheinungsbild der Tiere erheblich. Bei der Balz wechseln die Weibchen zu einem hellen Grau. Die roten Flecken und der hintere schwarze Teil, der die Caudale und dessen Ansatz betrifft, bleiben erhalten. Unterlegene Männchen können das gleiche Erscheinungsbild zeigen. Balzenden Männchen bleibt zudem der schwarze Vorderteil erhalten. Bei ihnen färbt sich nur der Teil des Körpers hellgrau, in dem sich die roten Flecken befinden. Bei ablaichenden Weibchen oder unterlegenen Männchen kann die rote Farbe etwas abdunkeln. Alle Flossen sind schwarz. Aufhellungen treten dort auf, wo die farbigen Flecken an die Dorsale grenzen. Die Caudale zeigt bei vielen Tieren ein hellgraues und etwas durchsichtiges Dreieck, das mit der Spitze zur Caudalwurzel zeigt. Der obere Augenrand zeigt die rote Farbe der Flecken. Der Rest der Iris ist etwas bläulich angehaucht. Der Kiemendeckelfleck glänzt türkisfarben. Die am weitesten südlich lebenden Tiere sind sehr düster gefärbt und erhalten hier die Nummer 12.0, obwohl Übergangsformen zu 12.1 zu erwarten sind.

Interessantes: *Tropheus* "Kirschfleck" und der "Kaisermoorii" sollten nicht zusammen gepflegt werden, da sie sich erfolgreich miteinander kreuzen können. Das passierte auch einem Fangteam, das von den Fanggründen des *Tropheus* "Kaiser" kommend, diese im Revier der "Kirschfleck" in großen Netzen für einige Zeit hältern musste, um noch "Kirschfleck"-*Tropheus* zu fangen. Am nächsten Tag waren die Netze zerstört und die "Kaiser" hatten eine neue Heimat gefunden. Seit diesem Zwischenfall sind öfters Hybriden bei "Kirschfleck"-Sendungen dabei. Diese Tiere sind ansprechend gefärbt. Um aus der Not eine Tugend zu machen, sollten Aufzeichnungen gemacht werden, wie sich diese Mischpopulation unter den dortigen Bedingungen hält und wie lange sich die Auswirkungen an der dortigen Population der *Tropheus* "Kirschfleck" feststellen lassen. Was hier als Missgeschick geschah und natürlich nicht gutgeheißen werden kann, wurde auch in Sambia gelegentlich aus Unachtsamkeit praktiziert.

Kreuzungen zwischen "Kaiser" und "Kirschfleck" sehen hübsch aus. Sie sollten allerdings als solche gekennzeichnet sein.
photo: P. Schupke

Tropheus sp. Siyeswe; Population 12.2

Handelsname: Tropheus Kirschfleck, Tropheus Doppelfleck

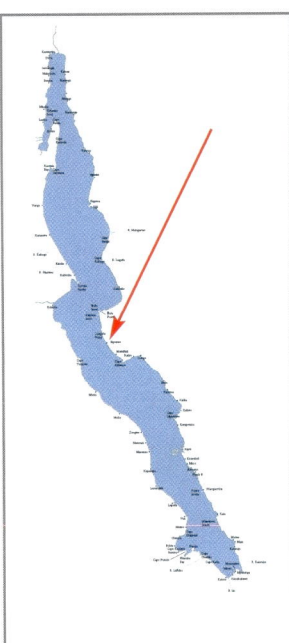

Vorkommen: Das Verbreitungsgebiet dieser Farbform soll in der weiteren Umgebung von der ortschaft Siyeswe liegen.

Entdeckt : Diese Farbform wurde Mitte der achtziger Jahre entdeckt.

Erstimport: Ein Erstimport erfolgte noch im selben Jahr der Entdeckung.

Farbe: Die fast schwarze Grundfärbung wird am Körper von zwei hellroten, in der Größe unterschiedlich ausfallenden Flecken unterbrochen. Es gibt Tiere deren Schuppenspitzen in den Flecken gelb getönte sind. Die Flecken erscheinen dann heller. Die schönsten Exemplare zeigen jedoch flächig leuchtend hellrot gefärbte Flecken. Die Flossenfarbe entspricht der dunklen Körperfarbe, wobei die Stellen, wo die Flecken an die Basis der Flossen grenzen, etwas gräulich aufgehellt sein können. Manchmal erscheint die Dorsale und die Anale insgesamt etwas aufgehellt. Die leicht bläuliche Iris und der rote obere Rand ist bei abgedunkelten Tieren schlecht zu erkennen. Ganz junge Tiere zeigen unscharf abgegrenzte weißliche Querstreifen, die jedoch schnell verschwinden . Der Bereich der späteren Flecken ist schon sehr früh zu erahnen. In der Dorsale und im Kiemendeckelbereich ist bei den Jungen rote Farbe zu erkennen, die aber im Laufe der Zeit verschwindet.

Interessantes: Manchmal treten bei Nachzuchten Exemplare auf, deren Flecken ineinander übergehen und fast schon ein breites Farbband zeigen. Solche Farbabweichungen könnten gezielt mit ihresgleichen verpaart werden, um breitbandige Tiere zu erhalten. Solch ein Vorgehen verlangt etwas Geduld, da es sich über mehrere Generationen, d. h. über mehrere Jahre hinziehen kann. Das Ergebnis wäre sicherlich sehenswert, da diese Farbzusammenstellung kaum zu überbieten ist. Was in anderen Bereichen der Aquaristik schon lange praktiziert wird, nämlich die Entwicklung von Zuchtformen, ist bei den Cichliden des Tanganjikasees noch ein Tabuthema. Der erste Anfang ist aber schon gemacht. In Sambia werden gelborange gefärbte *Tropheus* sp. Kalambo gezielt miteinander verpaart, um deren farbabweichenden Gene zu stabilisieren. Da glücklicherweise der Geschmack verschieden ist, werden völlig gelb gefärbte *Tropheus* von Kalambo oder vielleicht einmal breitbandige rotorange gefärbte *Tropheus* "Kirschfleck", die dann aber umbenannt werden sollten, ihre Liebhaber finden. Im Jahr 2001 wurde bei einem Exporteur ein brauner *Tropheus* gefunden, der bei der Balz ein breit rotorangenes Band zeigte. Der Fundort konnte nicht ermittelt werden.

Tropheus sp. Bulu Point; Population 12.3

Handelsname : Doppelfleck Tropheus, Kirschfleck

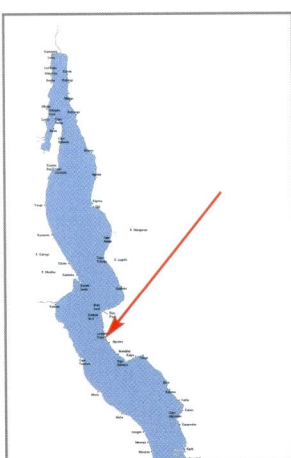

Vorkommen: Diese Farbform soll in der weiteren Umgebung von Bulu Point vorkommen. Die Angaben zum Fundort dieser Fische sind oft widersprüchlich.

Entdeckt: Diese Farbform wurde von FAINZILBER im Jahr 1975 entdeckt und von Wolfgang STAECK 1977 beschrieben.

Erstimport: Diese *Tropheus* wurden früher oft importiert, fanden aber später wegen ihrer nicht ganz so kräftigen Farben nicht mehr die Zustimmung bei den Aquarianern.

Farbe: Die Grundfärbung ist ein dunkles Schwarzbraun, das am Körper von zwei orangenen, orangegelblichen oder gelblichweißen Flecken, die mit einem orangefarbenen Netzmuster überzogen sein können, bedeckt ist. Exemplare mit orangefarbenen Flecken sollen die Ausnahme sein. Die Größe der Flecken und ihre Lage auf dem Körper sind bei jedem Tier unterschiedlich und können als individuelles Erkennungsmerkmal herangezogen werden. Der vordere Fleck kann bis auf einen dünnen Strich reduziert sein, er kann aber auch sehr großflächig ausfallen und den hinteren Fleck weit übertreffen. Das gleiche gilt für den hinteren Fleck. Dort, wo die Flecken die Dorsale und der Anale erreichen, wird deren Basis etwas eingefärbt und ein kleiner Bereich in den Flossen ist stark aufgehellt. Der untere Kopfbereich kann einen leichten bronzefarbenen Schimmer tragen. Alle Flossen zeigen normalerweise die schwarze Körperfärbung. Es ist jedoch möglich, wenn die Flecken nahe den Flossen liegen oder an diese anschließen, dass sich der betreffende Flossenteil etwas heller eingefärbt hat. Bei der Dorsale und Anale können solche Einfärbungen auftreten. Die Caudale kann ein kleines, leicht durchscheinendes, helles Dreieck im zentralen Ende besitzen. Die leicht bläuliche Iris zeigt am oberen äußeren Rand rote Farbe. Manche Exemplare zeigen auch eine flächige Farbe ohne Flecken.

Interessantes: Diese bei den Aquarianern nicht gerade beliebte Farbform wurde zeitweise von der früheren Fangmannschaft gerne gefangen, da der Fundort auf ihrer Fangtour am schnellsten zu erreichen war. Die Route ging damals von Kalemie aus zu den Kavala-Inseln und von dort auf direktem Weg an die tansanische Küste. Der Fangtag wurde so eingerichtet, dass man am Freitag die tansanische Küste erreichte, da die dortige Bevölkerung hauptsächlich moslemischen Glaubens ist und am Freitag ihren Ruhetag hat. Später wurden diese *Tropheus* dann gerne mit farblich attraktiveren *Tropheus*, die an anderen Stellen gefangenen wurden, gemischt, was die Aquarianer und letztendlich die Importeure jedoch nicht akzeptierten. Die Fänger mussten weiter in den Süden, sprich längere Fahrtzeiten in Kauf nehmen, um an kräftig rot gefärbte Tiere zu kommen, die den höheren Ansprüchen der Kundschaft gerecht wurden. In ihrem Verbreitungsgebiet sollen die *Tropheus* der Linie 12 zahlenmäßig von den *Tropheus* aus der Linie 3 übertroffen werden.

Tropheus sp. Kabezi, Linie 13, Population 13.0

Handelsname: Keiner bekannt

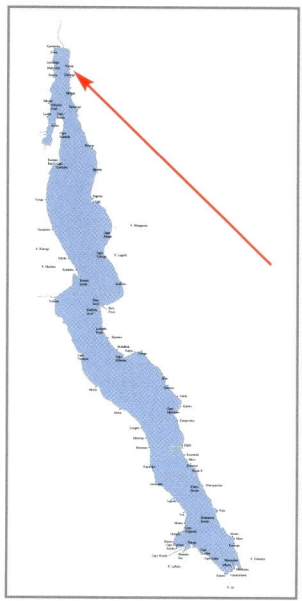

Diese Population ist erst kürzlich in der Nähe der Ortschaft Kabezi wenige Kilometer südlich von Bujumbura entdeckt worden. Die Tiere sind vollständig schwarz gefärbt. Nach einer Gensequenzierung durch Zoologen der Universität Innsbruck stellte sich überraschend heraus, dass diese *Tropheus* von einer ganz alten Linie abstammen. Sie gehören in die weitere Verwandschaft der Linie 3, die schon früh seeweit ihre Gene verteilen konnte. Es wäre durchaus denkbar, dass die *Tropheus* sp. Kabezi früher weiter nördlich verbreitet waren, als der Ruzizi noch nicht existierte. Seine Nachfahren konnten sich durch die verschiedenen Wasserstände des Sees weiter verbreiten und haben wie schon erwähnt, ihre Gene bis zum südlichen Ende des Sees verbreiten können

In den Jahren 1999 - 2001 sind neue *Tropheus*-Populationen an verschiedenen Stellen des Tanganjikasees entdeckt worden. Die Fangortangaben konnten nicht nachgeprüft werden und sollten deshalb mit der nötigen Vorsicht behandelt werden.

Von Bulu Point erreichte uns im Jahr 1999 eine Population, die von ihrer Farbverteilung nicht ganz leicht einer vorhandenen Linie zugeordnet werden konnte. *Tropheus* "Red Belly", wie er genannt wurde, zeigt gewisse Ähnlichkeit zu den Tieren der Linie 9 zwischen Karema und Namansi, eine enge Verwandtschaft kann aber wegen der großen Distanz zur Linie 9 eigentlich ausschlossen werden. Eine weitere Ähnlichkeit im Muster der Farbverteilung besteht zur Population 3.6 aus dem Großraum von Kalemie, die, wie die Populationsnummer zeigt, zur Linie 3 gehört. Eine Gensequenzierung könnte vermutlich mehr Klarheit bringen. Nach Angaben der Fänger, die diese Tiere damals fingen, ist diese *Tropheus*-Population extrem selten anzutreffen. Sie wurden im Gebiet von *Tropheus* sp. Kirschfleck (Pop. Nr. 12.3) gefangen. Im Dezember 2001 werden wieder *Tropheus* "Red Belly" erwartet und ich hoffe, dass ich dann mehr Informationen und Bilder anbieten kann.

In fast unmittelbarer Nähe wurde im Sommer 2001 der *Tropheus* "Karilani Red", wie ihn die Fänger nennen, gefangen. Die Färbung älterer Tiere gleicht, mit Ausnahme des roten Balkens auf dem Schwanzstiel, dem *Tropheus* sp. Chipimbi (Pop. Nr. 7.5). Jüngere dagegen sind wesentlich heller und zeigen eher undeutlich schwach rötliche Bereiche am Körper (daher vermutlich der Name) und in der Dorsale. Bei der Insel Karilani soll es auch *Tropheus* sp. Kirschfleck, *Tropheus polli* (oder *T. annectens*) und *Tropheus duboisi* geben. Der bekannte *Tropheus* sp. Karilani mit den auffällig gelb gefärbten Pectoralen soll erst, im Gegensatz zu Angaben von Konings, weiter im Norden gefunden werden. Aus Mangel an Information kann dieser *Tropheus* keiner Linie zugeordnet werden. Auch hier könnte eine Untersuchung der DNA für mehr Klarheit sorgen.

Eine weitere bis dato unbekannte *Tropheus*-Population wurde nicht am See, sondern in der Hälterungsanlage in Dar Es Salaam, Tansania, beim Exporteur entdeckt. Leider handelte es sich nur um ein Einzeltier, das aber vom Importeur mit nach Deuschland gebracht wurde und mir freundlicherweise zu weiteren Beobachtungen überlassen wurde. Seine nicht gerade einladende braune Farbe verwandelte sich im aktiven Zustand und der Balz zu einem recht hübschen Fisch. Bis auf das vordere Drittel, das braun blieb, zeigte sich ein bis zur Schwanzwurzel reichender hellgrauer Bereich, der von einem breiten orangeroten Netz überzogen war und den Eindruck eines orangegelbes Bandes erweckte. Innerhalb dieses Bandes war die Schuppenbasis bei stärkster Erregung gelb, sonst eher hellgrau. Kurz unterhalb der Dorsale war der Rücken hellgrau. Die graue Farbe konnte wiederum in Form von Querstreifen bis zur Hälfte des Bandes hinein reichen. Dorsale, Ventralen und Caudale zeigten ein helles Graublau, ähnlich der Farbe im oberen Rückenteil. Der Fundort konnte nicht in Erfahrung gebracht werden.

Die anderen Neuentdeckungen sind anhand ihres Äußeren unschwer in die vorhandenen Linien einzuordnen. Von der bereits im Jahr 1994 entdeckten *Tropheus* sp. Kabwe (Pop. Nr. 9. 7) wurden vor kurzem bei einer näheren Untersuchung vor Ort pigmentgestörte Tiere gefunden. Im Herbst 2001 konnte ich im "Cichlidenstadel" von Helmut Löfflad einige dieser ungewöhnlich ausschauenden *Tropheus* bestaunen. Das Dunkelbraun der regulären Farbe ist von unterschiedlich großen Flecken, denen das Melanin ganz oder nur teilweise fehlt, geprägt. Je mehr der dunkle Farbstoff fehlt, desto stärker ist der entsprechende Bereich gelb gefärbt. Im oberen Felslitoral dürften diese Tiere im Wechselspiel des sich ständig anders brechenden Sonnenlichts nicht schlechter getarnt sein, als die normal gefärbten Artgenossen. Für weitere Informationen zu der Mutante s. S. 113-114.

Auf den *Tropheus* sp. Namansi aus der Linie 9 ist auch man auch erst in den letzten Jahre aufmerksam geworden, da dessen Jungtiere einen kräftigen Rotanteil zeigen (siehe Farbrassen der Linie 9). Hier soll auf die neu entdeckte pigmentgestörte Variante dieser Population eingegangen werden. Die zumindest im Aquarium schon relativ helle Normalform wird von der Mutationform noch um einiges übertroffen. Das von der Fa. African Diving auf ihrer sehenswerten Homepage vorgestellten Bild zeigt einen fast vollständig hell gelborange gefärbten *Tropheus*. Nur im vorderen Bereich der Dorsale ist eine Zone erkennbar, die der Farbe der Normal gefärbten Form entspricht. Da nur dieses eine Exemplar abgebildet ist und mir keine anderen Bilder bekannt sind, ist nicht zu sagen, ob die Auffhellungen am Körper individuell unterschiedlich sind oder nicht. Importe dieser *Tropheus* nach Deutschland sind mir nicht bekannt.

Südlich von Lunangwa im Kongo wurde eine neue Population entdeckt, die augenscheinlich zu der Linie 7 gehört. Leider steht nur ein Bild aus dem Internet zur Verfügung. Die Bildqualität ist ausreichend, um diese Population kurz zu beschreiben. Flossen und Kopf sind sehr dunkel, wie auch der unmittelbare Bereich unter der Dorsale, der in Form von Querstreifenansätzen ein Stück weit in die dunkelrote Farbzone des restlichen Körpers hineinläuft. Wie auch bei den anderen Mitgliedern der Linie 7 wird das Erscheinungsbild von den einzelnen Stimmungen abhängig sein. Ob diese *Tropheus* in Deutschland schon angeboten wurden, ist mir nicht bekannt.

Eine farblich sehr attraktive Farbform erreicht uns im Jahr 1999 eher unbemerkt. Man wurde, wenigstens bei uns im Süden, erst zwei Jahre später auf sie aufmerksam. Bei stärker belastetem Wasser neigen diese *Tropheus* dazu, ihre Farben nicht zu zeigen. Der dunkelweinrote Kopf steht in starkem Kontrast zur hellgelben Körperunterseite. Das obere Drittel zeigt einen grünlichengelben Schimmer. Dorsale, Anale und Pectoralen sind gelb gefärbt. Der Schwanzstiel fast weiß. Vermutlich handelt es sich bei dieser Population um eine Farbvariante des Gelben Regenbogen-*Tropheus*, der zur Linie 8 gehört. Dass es sich vielleicht um eine aufgehellte Form des *Tropheus* sp. Ilangi handeln könnte, kann nicht ausgeschlossen werden. Im südlichen Ausgang der Nkamba-Bay sollen sich, laut Pierre Brichard, zwei zu unterschiedlichen Linien gehörenden Populationen treffen, aber nicht vermischen. Eine Behauptung, die bis heute noch nicht näher untersucht worden ist.

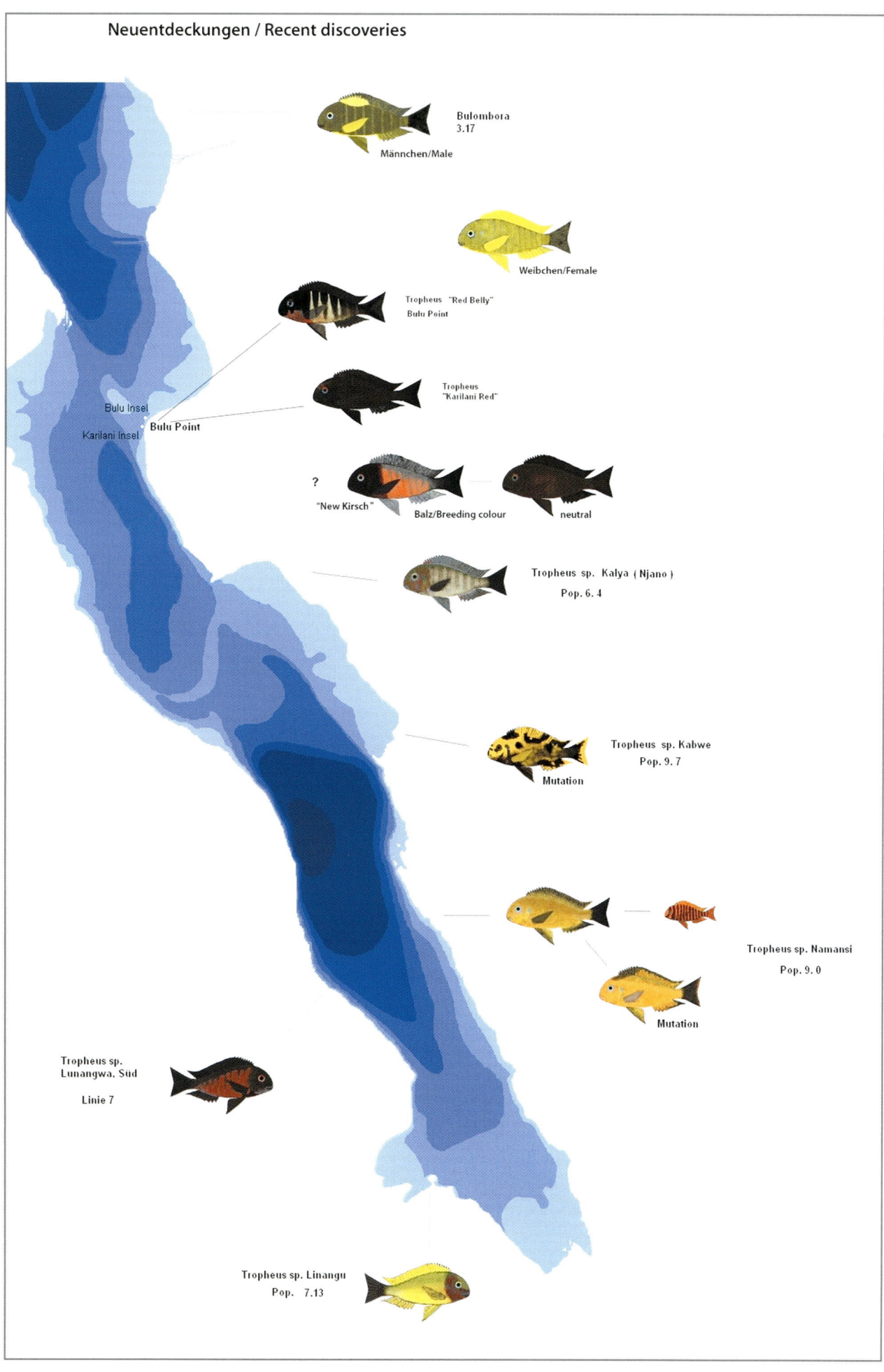

Neuentdeckungen / Recent discoveries

Bulombora
3.17

Männchen/Male

Weibchen/Female

Tropheus "Red Belly"
Bulu Point

Tropheus
"Karilani Red"

Bulu Insel

Karilani Insel   Bulu Point

?

"New Kirsch"   Balz/Breeding colour   neutral

Tropheus sp. Kalya (Njano)
Pop. 6. 4

Tropheus sp. Kabwe
Pop. 9. 7

Mutation

Tropheus sp. Namansi
Pop. 9. 0

Mutation

Tropheus sp.
Lunangwa, Süd

Linie 7

Tropheus sp. Linangu
Pop. 7.13

Tropheus Populations

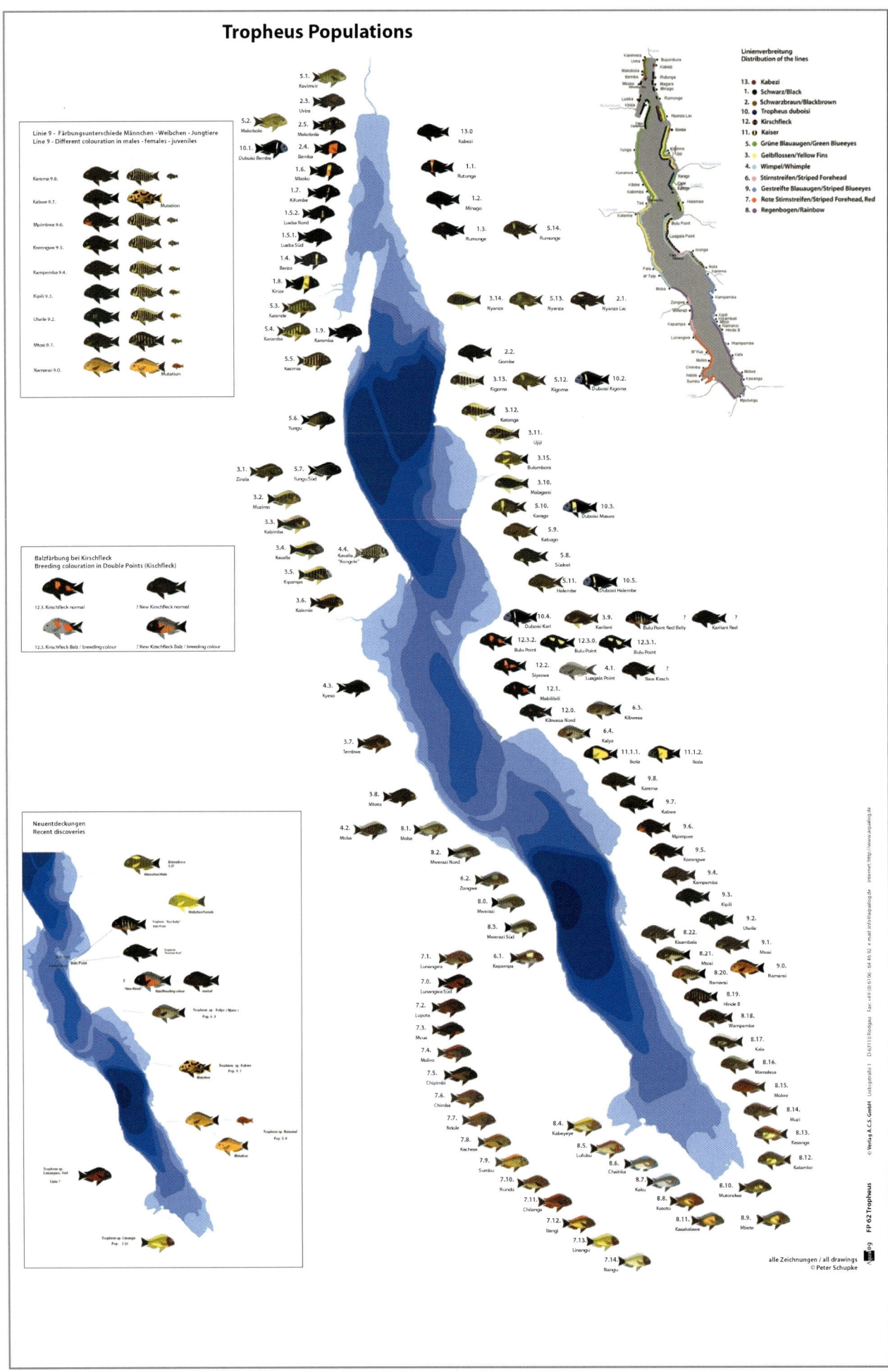

A97267 *Tropheus* sp. Rutunga; Population 1.1
Tropheus "Brabant", Tropheus "Rutunga"
From Kabezi to Magara, D.R. Congo, W, B, 16 cm

 **drawing:** P. Schupke

A97267-5 *Tropheus* sp. Rutunga; Population 1.1
Tropheus "Brabant", Tropheus "Rutunga"
From Kabezi to Magara, D.R. Congo, W, B, 16 cm

photo: P. Schupke

A97267-3 *Tropheus* sp. Rutunga; Population 1.1
Tropheus "Brabant", Tropheus "Rutunga"
From Kabezi to Magara, D.R. Congo, W, B, 16 cm

photo: P. Schupke

A97268 *Tropheus* sp. Minago; Population 1.2
Tropheus "Minago", Tropheus "Black"
South of the village of Minago, Burundi, W, B, 16 cm

drawing: P. Schupke

A97268-4 *Tropheus* sp. Minago; Population 1.2
Tropheus "Minago", Tropheus "Black"
South of the village of Minago, Burundi, W, B, 16 cm

photo: P. Schupke

A97269 *Tropheus* sp. Rumonge I; Population 1.3

North of the village of Rumonge, Burundi, W, B, 16 cm

drawing: P. Schupke

A97270 *Tropeus* sp. Banza; Population 1.4

Manga to Cape Mizimo, D. R. Congo, W, 16 cm

drawing: P. Schupke

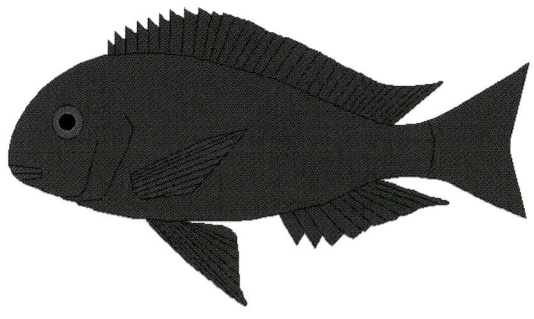

A97271 *Tropheus* sp. Lueba; Population 1.51

Lueba, D. R. Congo, W, 16 cm

drawing: P. Schupke

A97272 *Tropheus* sp. Lueba; Population 1.52

North of the village of Lueba, D. R. Congo, W, 16 cm

 drawing: P. Schupke

A97273 *Tropheus* sp. Mboko; Population 1.6
Orange-Moorii I
North of the village of Mboko, D. R. Congo, W, B, 16 cm

drawing: P. Schupke

A97273-3 *Tropheus* sp. Mboko; Population 1.6
Orange-Moorii I
North of the village of Mboko, D. R. Congo, W, B, 16 cm

photo: P. Schupke

A97273-3 *Tropheus* sp. Mboko; Population 1.6
Orange-Moorii I
North of the village of Mboko, D. R. Congo, W, B, 16 cm

photo: P. Schupke

A97273-3 *Tropheus* sp. Mboko; Population 1.6
Orange-Moorii I
North of the village of Mboko, D. R. Congo, W, B, 16 cm

photo: P. Schupke

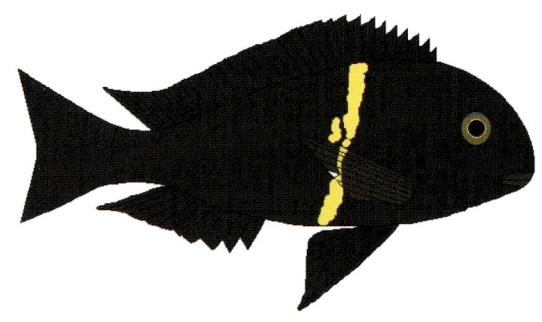

A97274 *Tropheus* sp. Kifumbwe; Population 1.7
Tropheus "Lemon Stripe"
Island near Mboko, D.R. Congo, W, B, 16 cm

drawing: P. Schupke

A97274-4 *Tropheus* sp. Kifumbwe; Population 1.7
Tropheus "Lemon Stripe"
Island near Mboko, D.R. Congo, W, B, 16 cm

photo: W. Staeck

A97275 *Tropheus* sp. Kiriza; Population 1.8
Tropheus "Kiriza", Yellow Kaiser
Near Uwari peninsula, D. R. Congo, W, B, 16 cm

drawing: P. Schupke

A97275-4 *Tropheus* sp. Kiriza; Population 1.8
Tropheus "Kiriza", Yellow Kaiser
Near Uwari peninsula, D. R. Congo, W, B, 16 cm

photo: P. Schupke

A97275-4 *Tropheus* sp. Kiriza; Population 1.8
Tropheus "Kiriza", Yellow Kaiser
Near Uwari peninsula, D. R. Congo, W, B, 16 cm

photo: P. Schupke

A97275-4 *Tropheus* sp. Kiriza; Population 1.8
Tropheus "Kiriza", Yellow Kaiser
Near Uwari peninsula, D. R. Congo, W, B, 16 cm

photo: P. Schupke

A97275-4 *Tropheus* sp. Kiriza; Population 1.8
Tropheus "Kiriza", Yellow Kaiser
Near Uwari peninsula, D. R. Congo, W, B, 16 cm

photo: P. Schupke

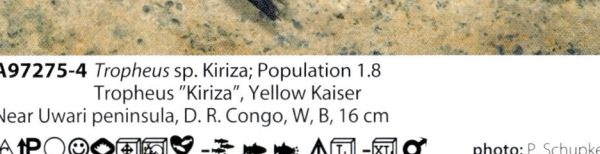

A97276 *Tropheus* sp. Caramba; Population 1.9
Tropheus "Caramba", Tropheus "Katende"
Cape Muzimo to Cape Caramba, Ubwari peninsula, D. R. Congo, W, B, 16 cm

drawing: P. Schupke

A97276-2 *Tropheus* sp. Caramba; Population 1.9
Tropheus "Caramba", Tropheus "Katende"
Cape Muzimo to Cape Caramba, Ubwari peninsula, D. R. Congo, W, B, 16 cm

photo: P. Schupke

A97276-3 *Tropheus* sp. Caramba; Population 1.9
Tropheus "Caramba", Tropheus "Katende"
Cape Muzimo to Cape Caramba, Ubwari peninsula, D. R. Congo, W, B, 16 cm

photo: P. Schupke

A97276-4 *Tropheus* sp. Caramba; Population 1.9
Tropheus "Caramba", Tropheus "Katende"
Cape Muzimo to Cape Caramba, Ubwari peninsula, D. R. Congo, W, B, 16 cm

photo: P. Schupke

A97276-4 *Tropheus* sp. Caramba; Population 1.9
Tropheus "Caramba", Tropheus "Katende"
Cape Muzimo to Cape Caramba, Ubwari peninsula, D. R. Congo, W, B, 16 cm

photo: P. Schupke

A97276-4 *Tropheus* sp. Caramba; Population 1.9, frightened
Tropheus "Caramba", Tropheus "Katende"
Cape Muzimo to Cape Caramba, Ubwari peninsula, D. R. Congo, W, B, 16 cm

photo: P. Schupke

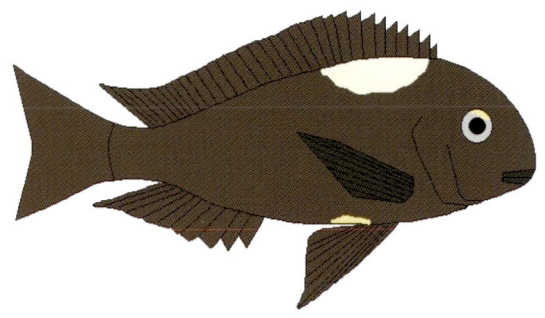

A97277 *Tropheus brichardi* NELISSEN & THYS, 1975; Population 2.1
Chocolate Moorii, Tropheus "Chocolate", T."Brown", T.
Nyanza Lac, Burundi, W, B, 15 cm   "Nyanza Lac I"

drawing: P. Schupke

A97277-4 *Tropheus brichardi* NELISSEN & THYS, 1975; Population 2.1
Chocolate Moorii, Tropheus "Chocolate", T."Brown", T.
Nyanza Lac, Burundi, W, B, 15 cm   "Nyanza Lac I"

photo: E. Schraml

A97278 *Tropheus* sp. Gombe; Population 2.2

South of Nyanza Lac, Tanzania, W, 15 cm

drawing: P. Schupke

A97279 *Tropheus* sp. Uvira; Population 2.3

Kavimvira to mouth of Kivovo river, D. R. Congo, W, 15 cm

drawing: P. Schupke

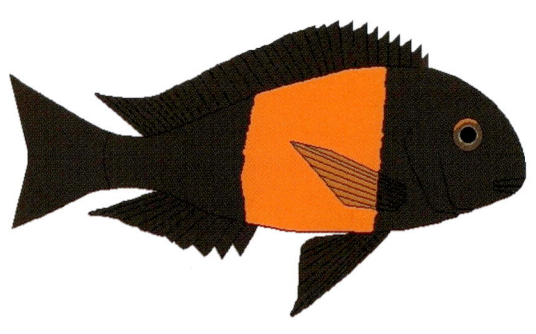

A97280 *Tropheus* sp. Bemba; Population 2.4
Tropheus "Bemba", T. "Orange Band", Orange-Band Moorii
Near Cape Munene, D. R. Congo, W, B, 15 cm

drawing: P. Schupke

A97280-4 *Tropheus* sp. Bemba; Population 2.4, frightened
Tropheus "Bemba", T. "Orange Band", Orange-Band Moorii
Near Cape Munene, D. R. Congo, W, B, 15 cm

photo: P. Schupke

A972804 *Tropheus* sp. Bemba; Population 2.4
Tropheus "Bemba", T. "Orange Band", Orange-Band Moorii
Near Cape Munene, D. R. Congo, W, B, 15 cm
photo: P. Schupke

A97280-4 *Tropheus* sp. Bemba; Population 2.4
Tropheus "Bemba", T. "Orange Band", Orange-Band Moorii
Near Cape Munene, D. R. Congo, W, B, 15 cm
photo: P. Schupke

A97281 *Tropheus* sp. Makobola I; Population 2.5

From Makobola to the mouth of Kivovo river, D. R. Congo, W, 15 cm
drawing: P. Schupke

A97281-4 *Tropheus* sp. Makobola I; Population 2.5

From Makobola to the mouth of Kivovo river, D. R. Congo, W, 15 cm
photo: W. Staeck

A97282 *Tropheus* sp. Zinzia; Population 3.1

North of Kabogo river and Zinzia creek, D. R. Congo, W, 10-12 cm
drawing: P. Schupke

A97283 *Tropheus* sp. Kabogo; Population 3.2

Between Kabogo river and Muzimo river, D. R. Congo, W, B, 10-12 cm
drawing: P. Schupke

A97283-4 *Tropheus* sp. Kabogo; Population 3.2

Between Kabogo river and Muzimo river, D. R. Congo, W, B, 10-12 cm
photo: P. Schupke

A97283-4 *Tropheus* sp. Kabogo; Population 3.2, frightened

Between Kabogo river and Muzimo river, D. R. Congo, W, B, 10-12 cm
photo: P. Schupke

A97284 *Tropheus* sp. Kabimba; Population 3.3
Tropheus "Kabimba", Tropheus "Canary Cheek"
Between Muzimo river and Kabimba bay, D. R. Congo, W, B, 10-12 cm

⚠️↑P○☺◇⊞🖼♥ -≣ 🐟 🐟 ⚠️🗂 -🗂 **drawing:** P. Schupke

A97284-4 *Tropheus* sp. Kabimba; Population 3.3
Tropheus "Kabimba", Tropheus "Canary Cheek"
Between Muzimo river and Kabimba bay, D. R. Congo, W, B, 10-12 cm

⚠️↑P○☺◇⊞🖼♥ -≣ 🐟 🐟 ⚠️🗂 -🗂 ♂ **photo:** P. Schupke

A97284-4 *Tropheus* sp. Kabimba; Population 3.3
Tropheus "Kabimba", Tropheus "Canary Cheek"
Between Muzimo river and Kabimba bay, D. R. Congo, W, B, 10-12 cm

⚠️↑P○☺◇⊞🖼♥ -≣ 🐟 🐟 ⚠️🗂 -🗂 ♂ **photo:** P. Schupke

A97284-4 *Tropheus* sp. Kabimba; Population 3.3
Tropheus "Kabimba", Tropheus "Canary Cheek"
Between Muzimo river and Kabimba bay, D. R. Congo, W, B, 10-12 cm

⚠️↑P○☺◇⊞🖼♥ -≣ 🐟 🐟 ⚠️🗂 -🗂 ♀ **photo:** P. Schupke

A97285 *Tropheus* sp. Kavala; Population 3.4
Tropheus "Kavala", Tropheus "Kipampa"
Kabimba bay to Cape Bwana Denge, D. R. Congo, W, B, 10-12 cm

⚠️↑P○☺◇⊞🖼♥ -≣ 🐟 🐟 ⚠️🗂 -🗂 **drawing:** P. Schupke

A97285-4 *Tropheus* sp. Kavala; Population 3.4
Tropheus "Kavala", Tropheus "Kipampa"
Kabimba bay to Cape Bwana Denge, D. R. Congo, W, B, 10-12 cm

⚠️↑P○☺◇⊞🖼♥ -≣ 🐟 🐟 ⚠️🗂 -🗂 ♂ **photo:** P. Schupke

A97285-4 *Tropheus* sp. Kavala; Population 3.4
Tropheus "Kavala", Tropheus "Kipampa"
Kabimba bay to Cape Bwana Denge, D. R. Congo, W, B, 10-12 cm

⚠️↑P○☺◇⊞🖼♥ -≣ 🐟 🐟 ⚠️🗂 -🗂 ♀ **photo:** P. Schupke

A97286 *Tropheus* sp. Chiwa; Population 3.5
Tropheus "Chiwa", Tropheus "Kipampa"
South of Kabimba bay, D. R. Congo, W, B, 8-9 cm

⚠️↑P○☺◇⊞🖼♥ -≣ 🐟 🐟 ⚠️🗂 -🗂 **drawing:** P. Schupke

© Verlag A.C.S. GmbH

A97286-4 *Tropheus* sp. Chiwa; Population 3.5
Tropheus "Chiwa", Tropheus "Kipampa"
South of Kabimba bay, D. R. Congo, W, B, 8-9 cm

photo: P. Schupke

A97286-4 *Tropheus* sp. Chiwa; Population 3.5
Tropheus "Chiwa", Tropheus "Kipampa"
South of Kabimba bay, D. R. Congo, W, B, 8-9 cm

photo: P. Schupke

A97287 *Tropheus* sp. Kalemie; Population 3.6
Tropheus "Kalemie", T. "Kaniosha", T. "Kioshi"
From Cape Bwana Denge to south from Kalemie, D. R. Congo, W, 10-12 cm

drawing: P. Schupke

A97287-4 *Tropheus* sp. Kalemie; Population 3.6
Tropheus "Kalemie", T. "Kaniosha", T. "Kioshi"
From Cape Bwana Denge to south from Kalemie, D. R. Congo, W, 10-12 cm

photo: P. Schupke

A97287-4 *Tropheus* sp. Kalemie; Population 3.6
Tropheus "Kalemie", T. "Kaniosha", T. "Kioshi"
From Cape Bwana Denge to south from Kalemie, D. R. Congo, W, 10-12 cm

photo: P. Schupke

A97287-4 *Tropheus* sp. Kalemie; Population 3.6
Tropheus "Kalemie", T. "Kaniosha", T. "Kioshi"
From Cape Bwana Denge to south from Kalemie, D. R. Congo, W, 10-12 cm

photo: P. Schupke

A97287-4 *Tropheus* sp. Kalemie; Population 3.6
Tropheus "Kalemie", T. "Kaniosha", T. "Kioshi"
From Cape Bwana Denge to south from Kalemie, D. R. Congo, W, 10-12 cm

photo: W. Staeck

A97287-3 *Tropheus* sp. Kalemie; Population 3.6
Tropheus "Kalemie", T. "Kaniosha", T. "Kioshi"
From Cape Bwana Denge to south from Kalemie, D. R. Congo, W, 10-12 cm

photo: W. Staeck

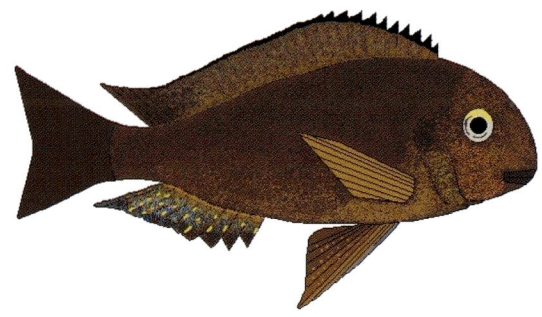

A97288 *Tropheus* sp. Tembwe; Population 3.7

Cape Tembwe, D. R. Congo, W, 10-12 cm

drawing: P. Schupke

A97288-4 *Tropheus* sp. Tembwe; Population 3.7

Cape Tembwe, D. R. Congo, W, 10-12 cm

photo: A. Konings

A97289 *Tropheus* sp. M´toto; Population 3.8
Tropheus "Mtoto", T. "Mikonga", T. "Yellow Nose"
Near M´toto and Pala, D. R. Congo, W, B, 10-12 cm

drawing: P. Schupke

A97289-4 *Tropheus* sp. M´toto; Population 3.8
Tropheus "Mtoto", T. "Mikonga", T. "Yellow Nose"
Near M´toto and Pala, D. R. Congo, W, B, 10-12 cm

photo: A. Konings

A97290 *Tropheus* sp. Karilani; Population 3.9
Tropheus "Karilani"
From Kungwe mountains to Halembe, Tanzania, W, B, 10-12 cm

drawing: P. Schupke

A972904 *Tropheus* sp. Karilani; Population 3.9
Tropheus "Karilani"
From Kungwe mountains to Halembe, Tanzania, W, B, 10-12 cm

photo: P. Schupke

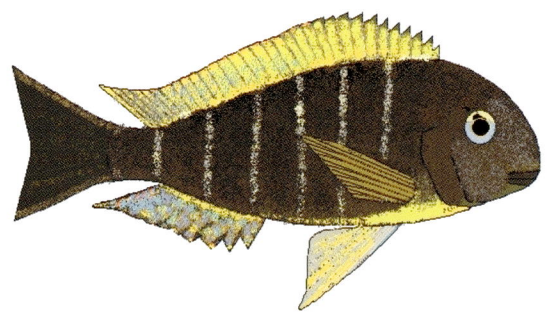

A97291 *Tropheus* sp. Malagarasi; Population 3.10

North of the Malagarasi delta, Tanzania, W, 10-12 cm

drawing: P. Schupke

A97292 *Tropheus* sp. Ujiji (Katonga); Population 3.11
Tropheus "Ujiji", Tropheus "Katonga"
South of Kigoma, Tanzania, W, B, 10-12 cm

drawing: P. Schupke

A97292 *Tropheus* sp. Ujiji (Katonga); Population 3.12
Tropheus "Ujiji", Tropheus "Katonga"
SNear Katonga, Tanzania, W, B, 10-12 cm

drawing: P. Schupke

A97292-4 *Tropheus* sp. Ujiji (Katonga); Population 3.11
Tropheus "Ujiji", Tropheus "Katonga"
South of Kigoma, Tanzania, W, B, 10-12 cm

photo: P. Schupke

A97292-4 *Tropheus* sp. Ujiji (Katonga); Population 3.11
Tropheus "Ujiji", Tropheus "Katonga"
South of Kigoma, Tanzania, W, B, 10-12 cm

photo: P. Schupke

A97292-4 *Tropheus* sp. Ujiji (Katonga); Population 3.11
Tropheus "Ujiji", Tropheus "Katonga"
South of Kigoma, Tanzania, W, B, 10-12 cm

photo: P. Schupke

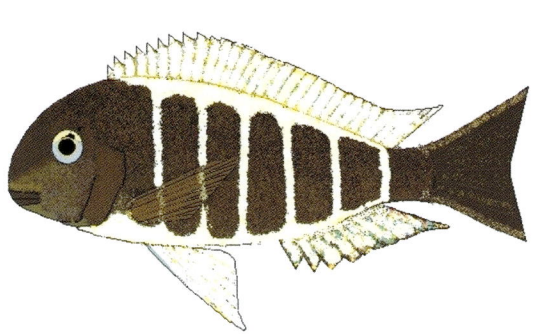

A97293 *Tropheus* sp. Kigoma I (Nyanza Lac II); Population 3.13
Tropheus "Kigoma", Banded Tropheus
South of Kigoma to Nyanza Lac, Tanzania, Burundi, W, B, 10-12 cm

drawing: P. Schupke

A97293 *Tropheus* sp. Kigoma I (Nyanza Lac II); Population 3.14
Tropheus "Kigoma", Banded Tropheus
South of Kigoma to Nyanza Lac, Tanzania, Burundi, W, B, 10-12 cm

drawing: P. Schupke

A97293-4 *Tropheus* sp. Kigoma I (Nyanza Lac II); Population 3.13
Tropheus "Kigoma", Banded Tropheus
South of Kigoma to Nyanza Lac, Tanzania, Burundi, W, B, 10-12 cm

photo: P. Schupke

A97293-4 *Tropheus* sp. Kigoma I (Nyanza Lac II); Population 3.13
Tropheus "Kigoma", Banded Tropheus
South of Kigoma to Nyanza Lac, Tanzania, Burundi, W, B, 10-12 cm

photo: P. Schupke

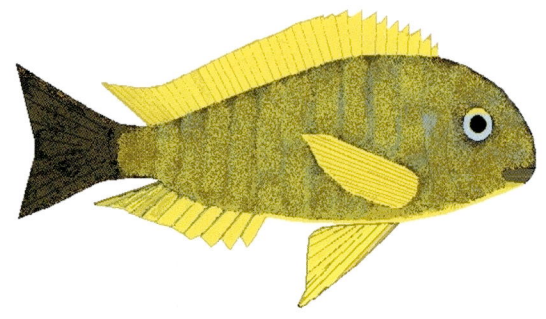

A97294 *Tropheus* sp. Bulombora, Population 3.15
Tropheus "Bulombora"
Somewhere between Malagarasi river and Kigoma, Tanzania, W, 10-12 cm

⚠🛉P○☺◇⊞🖼♥ ‑🐟 🐟 🐡 ⚠🔲 ‑🔀 ♂   drawing: P. Schupke

A97294 *Tropheus* sp. Bulombora, Population 3.15
Tropheus "Bulombora"
Somewhere between Malagarasi river and Kigoma, Tanzania, W, 10-12 cm

⚠🛉P○☺◇⊞🖼♥ ‑🐟 🐟 🐡 ⚠🔲 ‑🔀 ♀   drawing: P. Schupke

A97294-4 *Tropheus* sp. Bulombora, Population 3.15
Tropheus "Bulombora"
Somewhere between Malagarasi river and Kigoma, Tanzania, W, 10-12 cm

⚠🛉P○☺◇⊞🖼♥ ‑🐟 🐟 🐡 ⚠🔲 ‑🔀 ♀   photo: P. Schupke

A97294-4 *Tropheus* sp. Bulombora, Population 3.15
Tropheus "Bulombora"
Somewhere between Malagarasi river and Kigoma, Tanzania, W, 10-12 cm

⚠🛉P○☺◇⊞🖼♥ ‑🐟 🐟 🐡 ⚠🔲 ‑🔀 ♀   photo: P. Schupke

A97294-2 *Tropheus* sp. Bulombora, Population 3.15
Tropheus "Bulombora"
Somewhere between Malagarasi river and Kigoma, Tanzania, W, 10-12 cm

⚠🛉P○☺☺◇⊞🖼♥ ‑🐟 🐟 🐡 ⚠🔲 ‑🔀 ♀   photo: P. Schupke

A97294-3 *Tropheus* sp. Bulombora, Population 3.15
Tropheus "Bulombora"
Somewhere between Malagarasi river and Kigoma, Tanzania, W, 10-12 cm

⚠🛉P○☺☺◇⊞🖼♥ ‑🐟 🐟 🐡 ⚠🔲 ‑🔀 ♀   photo: P. Schupke

A97294-4 *Tropheus* sp. Bulombora, Population 3.15
Tropheus "Bulombora"
Somewhere between Malagarasi river and Kigoma, Tanzania, W, 10-12 cm

⚠🛉P○☺☺◇⊞🖼♥ ‑🐟 🐟 🐡 ⚠🔲 ‑🔀 ♀   photo: P. Schupke

A97295 *Tropheus polli* AXELROD, 1977 Population 4.1
Tropheus polli, Fork-tailed Tropheus
North of Kungwe mountains to near Ikola, Tanzania, W, B, 15-20 cm

⚠🛉P○☺☺◇⊞🖼♥ ‑🐟 🐟 🐡 ⚠🔲 ‑🔀   drawing: P. Schupke

© Verlag A.C.S. GmbH

A97295-4 *Tropheus polli* AXELROD, 1977 Population 4.1
Tropheus polli, Fork-tailed Tropheus
North of Kungwe mountains to near Ikola, Tanzania, W, B, 15-20 cm
photo: P. Schupke

A97295-4 *Tropheus polli* AXELROD, 1977 Population 4.1
Tropheus polli, Fork-tailed Tropheus
North of Kungwe mountains to near Ikola, Tanzania, W, B, 15-20 cm
photo: P. Schupke

A97295-4 *Tropheus polli* AXELROD, 1977 Population 4.1
Tropheus polli, Fork-tailed Tropheus
North of Kungwe mountains to near Ikola, Tanzania, W, B, 15-20 cm
photo: P. Schupke

A97295-5 *Tropheus polli* AXELROD, 1977 Population 4.1
Tropheus polli, Fork-tailed Tropheus
North of Kungwe mountains to near Ikola, Tanzania, W, B, 15-20 cm
photo: P. Schupke

A97296 *Tropheus* sp. Moba I; Population 4.2
Tropheus "Moba"
Moba bay north to Pala, D. R. Congo, W, B, 15-20 cm
drawing: P. Schupke

A97296-3 *Tropheus* sp. Moba I; Population 4.2
Tropheus "Moba"
Moba bay north to Pala, D. R. Congo, W, B, 15-20 cm
photo: P. Schupke

A97296-3 *Tropheus* sp. Moba I; Population 4.2
Tropheus "Moba"
Moba bay north to Pala, D. R. Congo, W, B, 15-20 cm
photo: P. Schupke

A97296-3 *Tropheus* sp. Moba I; Population 4.2
Tropheus "Moba"
Moba bay north to Pala, D. R. Congo, W, B, 15-20 cm
photo: P. Schupke

A97297 *Tropheus* sp. Kyeso; Population 4.3

From Kyeso to south of M´toto, D. R. Congo, W, B, 15-20 cm

drawing: P. Schupke

A97297-4 *Tropheus* sp. Kyeso; Population 4.3

From Kyeso to south of M´toto, D. R. Congo, W, B, 15-20 cm

photo: P. Schupke

A97298 *Tropheus* sp. Kavalla "Kongole"; Population 4.4

Kavalla islands, D. R. Congo, W, B, 15-20 cm

drawing: P. Schupke

A97298-3 *Tropheus* sp. Kavalla "Kongole"; Population 4.4

Kavalla islands, D. R. Congo, W, B, 15-20 cm

photo: P. Schupke

A97298-4 *Tropheus* sp. Kavalla "Kongole"; Population 4.4

Kavalla islands, D. R. Congo, W, B, 15-20 cm

photo: P. Schupke

A97298-4 *Tropheus* sp. Kavalla "Kongole"; Population 4.4

Kavalla islands, D. R. Congo, W, B, 15-20 cm

photo: P. Schupke

A97299 *Tropheus* sp. Kavimvira; Population 5.1
Tropheus "Kavimvira green"
Kavimvira, D. R. Congo, W, B, 10-12 cm

drawing: P. Schupke

A97300 *Tropheus* sp. Makobola II; Population 5.2
Tropheus "Makobola"
Mabokola and further north, D. R. Congo, W, B, 10-12 cm

drawing: P. Schupke

A97301 *Tropheus* sp. Ubwari; Population 5.3
Tropheus "Ubwari green"
Cape Banza to Cape Karamaba, D. R. Congo, W, B, 10-12 cm

drawing: P. Schupke

A97301 *Tropheus* sp. Ubwari; Population 5.4
Tropheus "Ubwari green"
Cape Banza to Cape Karamaba, D. R. Congo, W, B, 10-12 cm

drawing: P. Schupke

A97301-4 *Tropheus* sp. Ubwari; Population 5.3
Tropheus "Ubwari green"
Cape Banza to Cape Karamaba, D. R. Congo, W, B, 10-12 cm

photo: P. Schupke

A97301-4 *Tropheus* sp. Ubwari; Population 5.3
Tropheus "Ubwari green"
Cape Banza to Cape Karamaba, D. R. Congo, W, B, 10-12 cm

photo: P. Schupke

A97301-4 *Tropheus* sp. Ubwari; Population 5.3
Tropheus "Ubwari green"
Cape Banza to Cape Karamaba, D. R. Congo, W, B, 10-12 cm

photo: P. Schupke

A97302 *Tropheus* sp. Kasimia; Population 5.5

Kasimia bay, D. R. Congo, W, B, 10-12 cm

drawing: P. Schupke

A97302-4 *Tropheus* sp. Kasimia; Population 5.5

Kasimia bay, D. R. Congo, W, B, 10-12 cm

photo: P. Schupke

A97302-4 *Tropheus* sp. Kasimia; Population 5.5

Kasimia bay, D. R. Congo, W, B, 10-12 cm

photo: P. Schupke

A97302-4 *Tropheus* sp. Kasimia; Population 5.5

Kasimia bay, D. R. Congo, W, B, 10-12 cm

photo: P. Schupke

A97303 *Tropheus* sp. Yungu; Population 5.6
Tropheus "Yungu"
Near Yungu, D. R. Congo, W, B, 10-12 cm

drawing: P. Schupke

A97303 *Tropheus* sp. Yungu; Population 5.7
Charcoal Moorii
Exact place of origin unknown, D. R. Congo, W, B, 10-12 cm

drawing: P. Schupke

A97303-4 *Tropheus* sp. Yungu; Population 5.6
Tropheus "Yungu"
Near Yungu, D. R. Congo, W, B, 10-12 cm

photo: P. Schupke

A97303-4 *Tropheus* sp. Yungu; Population 5.6
Tropheus "Yungu"
Near Yungu, D. R. Congo, W, B, 10-12 cm

photo: P. Schupke

A97303-4 *Tropheus* sp. Yungu; Population 5.6
Tropheus "Yungu"
Near Yungu, D. R. Congo, W, B, 10-12 cm

photo: P. Schupke

A97303-4 *Tropheus* sp. Yungu; Population 5.6
Tropheus "Yungu"
Near Yungu, D. R. Congo, W, B, 10-12 cm

photo: P. Schupke

A97304 *Tropheus* sp. South-east; Population 5.8
Tropheus "Yellow Chest" ("Isonga")
Isonga?, probaly near Halembe, Tanzania, W, B, 10-12 cm

drawing: P. Schupke

© Verlag A.C.S. GmbH

A97304-4 *Tropheus* sp. South-east; Population 5.8
Tropheus "Yellow Chest" ("Isonga")
Isonga?, probaly near Halembe, Tanzania, W, B, 10-12 cm

photo: P. Schupke

A97304-3 *Tropheus* sp. South-east; Population 5.8
Tropheus "Yellow Chest" ("Isonga")
Isonga?, probaly near Halembe, Tanzania, W, B, 10-12 cm

photo: P. Schupke

A97304-3 *Tropheus* sp. South-east; Population 5.8
Tropheus "Yellow Chest" ("Isonga")
Isonga?, probaly near Halembe, Tanzania, W, B, 10-12 cm

photo: P. Schupke

A97304-2 *Tropheus* sp. South-east; Population 5.8
Tropheus "Yellow Chest" ("Isonga")
Isonga?, probaly near Halembe, Tanzania, W, B, 10-12 cm

photo: P. Schupke

A97305   *Tropheus* sp. Kabogo; Population 5.9

Cape Kabogo, Tanzania, W, 10-12 cm

drawing: P. Schupke

A97306   *Tropheus* sp. Halembe; Population 5.11

Near Halembe, Tanzania, W, 10-12 cm

drawing: P. Schupke

A97306-4 *Tropheus* sp. Halembe; Population 5.11

Near Halembe, Tanzania, W, 10-12 cm

photo: P. Schupke

A97306-3 *Tropheus* sp. Halembe; Population 5.11

Near Halembe, Tanzania, W, 10-12 cm

photo: P. Schupke

A97306-3 *Tropheus* sp. Halembe; Population 5.11

Near Halembe, Tanzania, W, 10-12 cm

photo: P. Schupke

A97905 *Tropheus* sp. Karago; Population 5.10
Tropheus "Malagarasi", Green Moorii, Tropheus "Lugufu"
South of Malagarsi delta to south of Lugufu mouth, Tanzania, W, B, 10-12 cm

drawing: P. Schupke

A97905-4 *Tropheus* sp. Karago; Population 5.10
Tropheus "Malagarasi", Green Moorii, Tropheus "Lugufu"
South of Malagarsi delta to south of Lugufu mouth, Tanzania, W, B, 10-12 cm

photo: P. Schupke

A97905-4 *Tropheus* sp. Karago; Population 5.10
Tropheus "Malagarasi", Green Moorii, Tropheus "Lugufu"
South of Malagarsi delta to south of Lugufu mouth, Tanzania, W, B, 10-12 cm

photo: P. Schupke

A97905-4 *Tropheus* sp. Karago; Population 5.10
Tropheus "Malagarasi", Green Moorii, Tropheus "Lugufu"
South of Malagarsi delta to south of Lugufu mouth, Tanzania, W, B, 10-12 cm

photo: P. Schupke

A97905-4 *Tropheus* sp. Karago; Population 5.10, frightened
Tropheus "Malagarasi", Green Moorii, Tropheus "Lugufu"
South of Malagarsi delta to south of Lugufu mouth, Tanzania, W, B, 10-12 cm

photo: P. Schupke

A97307 *Tropheus* sp. Kigoma II; Population 5.12

North of Kigoma along Ngombe mountains, Tanzania, W, 10-12 cm

drawing: P. Schupke

A97308 *Tropheus* sp. Nyanza III; Population 5.13
Tropheus "Yellow Green"
North of Nyanza Lac, Burundi, W, 10-12 cm

drawing: P. Schupke

A97309   *Tropheus* sp. Rumonge II; Population 5.14

North of Rumonge village, Burundi, W, 10-12 cm
⚠↑P○☺◇⊞🖼♥ -🐟 🐟 🐟: ⚠🔲 -🔲   **drawing:** P. Schupke

A97310   *Tropheus* sp. Kapampa; Population 6.1
              Tropheus "Kapampa"
North of Lunangwa to Kapampa bay, D. R. Congo, W, B, 10-12 cm
⚠↑P○☺◇⊞🖼♥ -🐟 🐟 🐟: ⚠🔲 -🔲   **drawing:** P. Schupke

A97309-5 *Tropheus* sp. Kapampa; Population 6.1
              Tropheus "Kapampa"
North of Lunangwa to Kapampa bay, D. R. Congo, W, B, 10-12 cm
⚠↑P○☺◇⊞🖼♥ -🐟 🐟 🐟: ⚠🔲 -🔲 ♂   **photo:** P. Schupke

A97309-4 *Tropheus* sp. Kapampa; Population 6.1
              Tropheus "Kapampa"
North of Lunangwa to Kapampa bay, D. R. Congo, W, B, 10-12 cm
⚠↑P○☺◇⊞🖼♥ -🐟 🐟 🐟: ⚠🔲 -🔲 ♂   **photo:** P. Schupke

A97309-4 *Tropheus* sp. Kapampa; Population 6.1
              Tropheus "Kapampa"
North of Lunangwa to Kapampa bay, D. R. Congo, W, B, 10-12 cm
⚠↑P○☺◇⊞🖼♥ -🐟 🐟 🐟: ⚠🔲 -🔲 ♂   **photo:** P. Schupke

A97309-4 *Tropheus* sp. Kapampa; Population 6.1
              Tropheus "Kapampa"
North of Lunangwa to Kapampa bay, D. R. Congo, W, B, 10-12 cm
⚠↑P○☺◇⊞🖼♥ -🐟 🐟 🐟: ⚠🔲 -🔲 ♀   **photo:** P. Schupke

A97309-4 *Tropheus* sp. Kapampa; Population 6.1
              Tropheus "Kapampa"
North of Lunangwa to Kapampa bay, D. R. Congo, W, B, 10-12 cm
⚠↑P○☺◇⊞🖼♥ -🐟 🐟 🐟: ⚠🔲 -🔲 ♂♀   **photo:** P. Schupke

A97309-4 *Tropheus* sp. Kapampa; Population 6.1, frightened
              Tropheus "Kapampa"
North of Lunangwa to Kapampa bay, D. R. Congo, W, B, 10-12 cm
⚠↑P○☺◇⊞🖼♥ -🐟 🐟 🐟: ⚠🔲 -🔲 ♂♀   **photo:** P. Schupke

A97311 *Tropheus* sp. Zongwe; Population 6.2
Tropheus "Zongwe"
North of Zongwe village, D. R. Congo, W, B, 10-12 cm

⚠🔺⭕😊◇⊞🎴💝 -🐟 🐟 🐟: ⚠🔲 -🔲 drawing: P. Schupke

A97312 *Tropheus* sp. Kibwesa; Population 6.3

Cape Kibwesa, Tanzania, W, 10-12 cm

⚠🔺⭕😊◇⊞🎴💝 -🐟 🐟 🐟: ⚠🔲 -🔲 drawing: P. Schupke

A97911-5 *Tropheus* sp. Kibwesa; Population 6.3

Cape Kibwesa, Tanzania, W, 10-12 cm

⚠🔺⭕😊◇⊞🎴💝 -🐟 🐟 🐟: ⚠🔲 -🔲 photo: A. Konings

A97313 *Tropheus* sp. Kalya; Population 6.4
Tropheus "Njano"
Kalya, Tanzania, W, B, 10-12 cm

⚠🔺⭕😊◇⊞🎴💝 -🐟 🐟 🐟: ⚠🔲 -🔲 drawing: P. Schupke

A97912-4 *Tropheus* sp. Kalya; Population 6.4
Tropheus "Njano"
Kalya, Tanzania, W, B, 10-12 cm

⚠🔺⭕😊◇⊞🎴💝 -🐟 🐟 🐟: ⚠🔲 -🔲 ♂ photo: P. Schupke

A97912-4 *Tropheus* sp. Kalya; Population 6.4
Tropheus "Njano"
Kalya, Tanzania, W, B, 10-12 cm

⚠🔺⭕😊◇⊞🎴💝 -🐟 🐟 🐟: ⚠🔲 -🔲 ♀ photo: P. Schupke

A97912-4 *Tropheus* sp. Kalya; Population 6.4
Tropheus "Njano"
Kalya, Tanzania, W, B, 10-12 cm

⚠🔺⭕😊◇⊞🎴💝 -🐟 🐟 🐟: ⚠🔲 -🔲 ♀ photo: P. Schupke

A97912-4 *Tropheus* sp. Kalya; Population 6.4
Tropheus "Njano"
Kalya, Tanzania, W, B, 10-12 cm

⚠🔺⭕😊◇⊞🎴💝 -🐟 🐟 🐟: ⚠🔲 -🔲 ♀ photo: P. Schupke

A97314 *Tropheus* sp. Lunangwa South; Population 7.0

South of Lunangwa, D. R. Congo, W, 10-12 cm

drawing: P. Schupke

A97315 *Tropheus* sp. Lunangwa; Population 7.1
Tropheus "Kiku"
South of Kapampa bay, D. R. Congo, W, B, 10-12 cm

drawing: P. Schupke

A97315-4 *Tropheus* sp. Lunangwa; Population 7.1
Tropheus "Kiku"
South of Kapampa bay, D. R. Congo, W, B, 10-12 cm

photo: P. Schupke

A97315-3 *Tropheus* sp. Lunangwa; Population 7.1
Tropheus "Kiku"
South of Kapampa bay, D. R. Congo, W, B, 10-12 cm

photo: P. Schupke

A97316 *Tropheus* sp. Lupota; Population 7.2
Tropheus "Lupota", Red-Breasted Moorii
South of Lunangwa bay to Lupota bay, D. R. Congo, W, B, 10-12 cm

drawing: P. Schupke

A97316-4 *Tropheus* sp. Lupota; Population 7.2
Tropheus "Lupota", Red-Breasted Moorii
South of Lunangwa bay to Lupota bay, D. R. Congo, W, B, 10-12 cm

photo: P. Schupke

A97316-4 *Tropheus* sp. Lupota; Population 7.2
Tropheus "Lupota", Red-Breasted Moorii
South of Lunangwa bay to Lupota bay, D. R. Congo, W, B, 10-12 cm

photo: P. Schupke

A97317 *Tropheus* sp. Mvua; Population 7.3
Tropheus "Vua"
North of Mvua bay to Lupota bay, D. R. Congo, W, B, 10-12 cm

drawing: P. Schupke

A97317-4 *Tropheus* sp. Mvua; Population 7.3
Tropheus "Vua"
North of Mvua bay to Lupota bay, D. R. Congo, W, B, 10-12 cm

photo: W. Staeck

A97318 *Tropheus* sp. Moliro; Population 7.4
Tropheus "Moliro"
Near Moliro village, D. R. Congo, W, B, 10-12 cm

drawing: P. Schupke

A97318-4 *Tropheus* sp. Moliro; Population 7.4
Tropheus "Moliro"
Near Moliro village, D. R. Congo, W, B, 10-12 cm

photo: P. Schupke

A97318-4 *Tropheus* sp. Moliro; Population 7.4, frightened
Tropheus "Moliro"
Near Moliro village, D. R. Congo, W, B, 10-12 cm

photo: P. Schupke

A97318-2 *Tropheus* sp. Moliro; Population 7.4,
Tropheus "Moliro"
Near Moliro village, D. R. Congo, W, B, 10-12 cm

photo: P. Schupke

A97319 *Tropheus* sp. Chipimbi; Population 7.5
Tropheus "Chipimbi"
Cape Chipimbi, Zambia/D. R. Congo, W, B, 10-12 cm

drawing: P. Schupke

A97319-4 *Tropheus* sp. Chipimbi; Population 7.5
Tropheus "Chipimbi"
Cape Chipimbi, Zambia/D. R. Congo, W, B, 10-12 cm

photo: P. Schupke

A97319-4 *Tropheus* sp. Chipimbi; Population 7.5
Tropheus "Chipimbi"
Cape Chipimbi, Zambia/D. R. Congo, W, B, 10-12 cm

photo: P. Schupke

A97319-4 *Tropheus* sp. Chipimbi; Population 7.5
Tropheus "Chipimbi"
Cape Chipimbi, Zambia/D. R. Congo, W, B, 10-12 cm

   photo: P. Schupke

A97320 *Tropheus* sp. Chimba; Population 7.6
Tropheus "Chimba", Red-Black Moorii, Zambian Red
Near Chimba, Cameron bay, Zambia, W, B, 10-12 cm

drawing: P. Schupke

A97320-5 *Tropheus* sp. Chimba; Population 7.6
Tropheus "Chimba", Red-Black Moorii, Zambian Red
Near Chimba, Cameron bay, Zambia, W, B, 10-12 cm

   photo: P. Schupke

A97320-5 *Tropheus* sp. Chimba; Population 7.6
Tropheus "Chimba", Red-Black Moorii, Zambian Red
Near Chimba, Cameron bay, Zambia, W, B, 10-12 cm

photo: P. Schupke

A97320-2 *Tropheus* sp. Chimba; Population 7.6
Tropheus "Chimba", Red-Black Moorii, Zambian Red
Near Chimba, Cameron bay, Zambia, W, B, 10-12 cm

photo: P. Schupke

A97320-3 *Tropheus* sp. Chimba; Population 7.6
Tropheus "Chimba", Red-Black Moorii, Zambian Red
Near Chimba, Cameron bay, Zambia, W, B, 10-12 cm

photo: P. Schupke

A97321 *Tropheus* sp. Ndole; Population 7.7
Tropheus "Ndole"
Ndole bay, Zambia, W, B, 10-12 cm

drawing: P. Schupke

A97321-4 *Tropheus* sp. Ndole; Population 7.7
Tropheus "Ndole"
Ndole bay, Zambia, W, B, 10-12 cm

photo: P. Schupke

A97321-4 *Tropheus* sp. Ndole; Population 7.7
Tropheus "Ndole"
Ndole bay, Zambia, W, B, 10-12 cm

photo: P. Schupke

A97322 *Tropheus* sp. Kachese; Population 7.8
Tropheus "Kachese"
Cape Kachese, Zambia, W, B, 10-12 cm

drawing: P. Schupke

A97322-4 *Tropheus* sp. Kachese; Population 7.8
Tropheus "Kachese"
Cape Kachese, Zambia, W, B, 10-12 cm

photo: P. Schupke

A97322-4 *Tropheus* sp. Kachese; Population 7.8
Tropheus "Kachese"
Cape Kachese, Zambia, W, B, 10-12 cm

photo: P. Schupke

A97322-4 *Tropheus* sp. Kachese; Population 7.8
Tropheus "Kachese"
Cape Kachese, Zambia, W, B, 10-12 cm

photo: P. Schupke

A97323 *Tropheus* sp. Sumbu; Population 7.9
Tropheus "Sumbu", Golden Rainbow Moorii
Sumbu bay, Zambia, W, B, 10-12 cm

drawing: P. Schupke

A97323-4 *Tropheus* sp. Sumbu; Population 7.9
Tropheus "Sumbu", Golden Rainbow Moorii
Sumbu bay, Zambia, W, B, 10-12 cm

photo: P. Schupke

A97323-4 *Tropheus* sp. Sumbu; Population 7.9
Tropheus "Sumbu", Golden Rainbow Moorii
Sumbu bay, Zambia, W, B, 10-12 cm

photo: P. Schupke

A97324 *Tropheus* sp. Cape Nundo; Population 7.10
Tropheus "Golden Chisanse"
Cape Nundo, Nkamba bay, Zambia, W, B, 10-12 cm

drawing: P. Schupke

A97324-4 *Tropheus* sp. Cape Nundo; Population 7.10
Tropheus "Golden Chisanse"
Cape Nundo, Nkamba bay, Zambia, W, B, 10-12 cm

photo: P. Schupke

A97324-4 *Tropheus* sp. Cape Nundo; Population 7.10
Tropheus "Golden Chisanse"
Cape Nundo, Nkamba bay, Zambia, W, B, 10-12 cm

photo: P. Schupke

A97324-4 *Tropheus* sp. Cape Nundo; Population 7.10
Tropheus "Golden Chisanse"
Cape Nundo, Nkamba bay, Zambia, W, B, 10-12 cm

photo: P. Schupke

A97325 *Tropheus* sp. Chilanga; Population 7.11
Tropheus "Chilanga Red", Green-Red Moorii, T. "Nkamba"
Nkamba Bay, Zambia, W, B, 10-12 cm

drawing: P. Schupke

A97325-4 *Tropheus* sp. Chilanga; Population 7.11
Tropheus "Chilanga Red", Green-Red Moorii, T. "Nkamba"
Nkamba Bay, Zambia, W, B, 10-12 cm

photo: P. Schupke

A97325-3 *Tropheus* sp. Chilanga; Population 7.11
Tropheus "Chilanga Red", Green-Red Moorii, T. "Nkamba"
Nkamba Bay, Zambia, W, B, 10-12 cm

photo: P. Schupke

A97325-4 *Tropheus* sp. Chilanga; Population 7.11
Tropheus "Chilanga Red", Green-Red Moorii, T. "Nkamba"
Nkamba Bay, Zambia, W, B, 10-12 cm

photo: P. Schupke

A97325-3 *Tropheus* sp. Chilanga; Population 7.11
Tropheus "Chilanga Red", Green-Red Moorii, T. "Nkamba"
Nkamba Bay, Zambia, W, B, 10-12 cm

photo: P. Schupke

A97326 *Tropheus* sp. Ilangi; Population 7.12
Tropheus "Ilangi"
East of Nkamba bay, Zambia, W, B, 10-12 cm

drawing: P. Schupke

A97326-4 *Tropheus* sp. Ilangi; Population 7.12
Tropheus "Ilangi"
East of Nkamba bay, Zambia, W, B, 10-12 cm

photo: P. Schupke

A97326-4 *Tropheus* sp. Ilangi; Population 7.12
Tropheus "Ilangi"
East of Nkamba bay, Zambia, W, B, 10-12 cm

photo: P. Schupke

A97326-4 *Tropheus* sp. Ilangi; Population 7.12
Tropheus "Ilangi"
East of Nkamba bay, Zambia, W, B, 10-12 cm

photo: P. Schupke

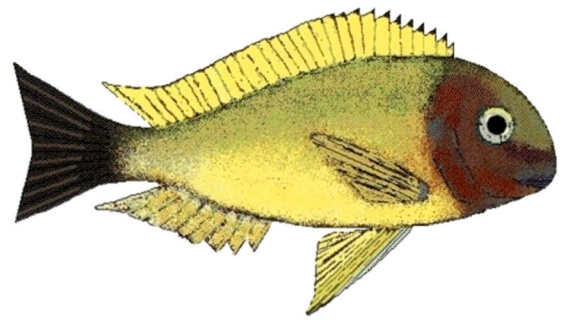

A97327 *Tropheus* sp. Linangu; Population 7.13
Tropheus "Linangu"
Southern Kala bay, Zambia, W, B, 10-12 cm

drawing: P. Schupke

A97327-2 *Tropheus* sp. Linangu; Population 7.13
Tropheus "Linangu"
Southern Kala bay, Zambia, W, B, 10-12 cm

photo: P. Schupke

A97327-4 *Tropheus* sp. Linangu; Population 7.13
Tropheus "Linangu"
Southern Kala bay, Zambia, W, B, 10-12 cm

photo: P. Schupke

A97327-4 *Tropheus* sp. Linangu; Population 7.13
Tropheus "Linangu"
Southern Kala bay, Zambia, W, B, 10-12 cm

photo: P. Schupke

A97327-4 *Tropheus* sp. Linangu; Population 7.13
Tropheus "Linangu"
Southern Kala bay, Zambia, W, B, 10-12 cm

photo: P. Schupke

A97327-3 *Tropheus* sp. Linangu; Population 7.13
Tropheus "Linangu"
Southern Kala bay, Zambia, W, B, 10-12 cm

photo: P. Schupke

A97328 *Tropheus* sp. Nangu; Population 7.14
Tropheus "Nangu", Tropheus "Yellow Rainbow"
Inangu peninsula, Zambia, W, B, 10-12 cm

drawing: P. Schupke

A97328-4 *Tropheus* sp. Nangu; Population 7.14
Tropheus "Nangu", Tropheus "Yellow Rainbow"
Inangu peninsula, Zambia, W, B, 10-12 cm

photo: P. Schupke

A97329 *Tropheus* sp. Moba II (Murago); Population 8.1
Tropheus "Murago"
Mola village, D. R. Congo, W, B, 10-12 cm

drawing: P. Schupke

A97329-4 *Tropheus* sp. Moba II (Murago); Population 8.1
Tropheus "Murago"
Mola village, D. R. Congo, W, B, 10-12 cm

photo: P. Schupke

A97329-4 *Tropheus* sp. Moba II (Murago); Population 8.1
Tropheus "Murago"
Mola village, D. R. Congo, W, B, 10-12 cm

photo: P. Schupke

A97329-4 *Tropheus* sp. Moba II (Murago); Population 8.1
Tropheus "Murago"
Mola village, D. R. Congo, W, B, 10-12 cm

photo: P. Schupke

A97330 *Tropheus* sp. Mwerazi North; Population 8.2
Tropheus "Mwerazi"
Near Zongwe village, D. R. Congo, W, B, 10-12 cm

drawing: P. Schupke

A97330-4 *Tropheus* sp. Mwerazi North; Population 8.2
Tropheus "Mwerazi"
Near Zongwe village, D. R. Congo, W, B, 10-12 cm

photo: P. Schupke

A97330-4 *Tropheus* sp. Mwerazi North; Population 8.2
Tropheus "Mwerazi"
Near Zongwe village, D. R. Congo, W, B, 10-12 cm

photo: P. Schupke

A97331 *Tropheus* sp. Mwerazi-Süd; Population 8.3
Tropheus "Mwerazi"
Mwerazi, D. R. Congo, W, B, 10-12 cm

drawing: P. Schupke

A97331 *Tropheus* sp. Mwerazi; Population 8.0
Tropheus "Mwerazi"
Mwerazi, D. R. Congo, W, B, 10-12 cm

drawing: P. Schupke

A97331-4 *Tropheus* sp. Mwerazi-Süd; Population 8.3
Tropheus "Mwerazi"
Mwerazi, D. R. Congo, W, B, 10-12 cm

photo: P. Schupke

A97331-4 *Tropheus* sp. Mwerazi-Süd; Population 8.3
Tropheus "Mwerazi"
Mwerazi, D. R. Congo, W, B, 10-12 cm

photo: P. Schupke

© Verlag A.C.S. GmbH

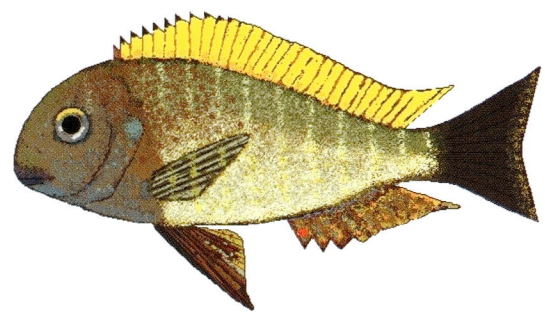

A97332 *Tropheus* sp. Kabeyeye; Population 8.4
Yellow Rainbow, Tropheus "Nangu", Tropheus "Kabeyeye"
Inangu peninsula, Zambia, W, B, 10-12 cm

Drawing: P. Schupke

A97332-4 *Tropheus* sp. Kabeyeye; Population 8.4
Yellow Rainbow, Tropheus "Nangu", Tropheus "Kabeyeye"
Inangu peninsula, Zambia, W, B, 10-12 cm

photo: P. Schupke

A97332-4 *Tropheus* sp. Kabeyeye; Population 8.4
Yellow Rainbow, Tropheus "Nangu", Tropheus "Kabeyeye"
Inangu peninsula, Zambia, W, B, 10-12 cm

photo: P. Schupke

A97332-4 *Tropheus* sp. Kabeyeye; Population 8.4
Yellow Rainbow, Tropheus "Nangu", Tropheus "Kabeyeye"
Inangu peninsula, Zambia, W, B, 10-12 cm

photo: P. Schupke

A97333 *Tropheus* sp. Lufubu; Population 8.5
Tropheus "Lufubu"
East of Lufubu eiver mouth, Zambia, W, B, 10-12 cm

drawing: P. Schupke

A97333-4 *Tropheus* sp. Lufubu; Population 8.5
Tropheus "Lufubu"
East of Lufubu eiver mouth, Zambia, W, B, 10-12 cm

photo: P. Schupke

A97333-4 *Tropheus* sp. Lufubu; Population 8.5
Tropheus "Lufubu"
East of Lufubu eiver mouth, Zambia, W, B, 10-12 cm

photo: P. Schupke

A97333-4 *Tropheus* sp. Lufubu; Population 8.5
Tropheus "Lufubu"
East of Lufubu eiver mouth, Zambia, W, B, 10-12 cm

photo: P. Schupke

A97333-3 *Tropheus* sp. Lufubu; Population 8.5
Tropheus "Lufubu"
East of Lufubu eiver mouth, Zambia, W, B, 10-12 cm

photo: P. Schupke

A97333-4 *Tropheus* sp. Lufubu; Population 8.5
Tropheus "Lufubu"
East of Lufubu eiver mouth, Zambia, W, B, 10-12 cm

photo: P. Schupke

A97334 *Tropheus* sp. Chaitika; Population 8.6
Blue Rainbow Moorii, Tropheus "Chaitika"
Cape Chaitika, Zambia, W, B, 10-12 cm

Drawing: P. Schupke

A97334-4 *Tropheus* sp. Chaitika; Population 8.6
Blue Rainbow Moorii, Tropheus "Chaitika"
Cape Chaitika, Zambia, W, B, 10-12 cm

photo: P. Schupke

A97334-4 *Tropheus* sp. Chaitika; Population 8.6
Blue Rainbow Moorii, Tropheus "Chaitika"
Cape Chaitika, Zambia, W, B, 10-12 cm

photo: P. Schupke

A97335 *Tropheus* sp. Kaku; Population 8.7
Tropheus "Kaku"
South of Cape Chaitika, Zambia, W, B, 10-12 cm

Drawing: P. Schupke

A97336 *Tropheus* sp. Katoto; Population 8.8
Tropheus "Katoto"
East of Mbete, Zambia, W, B, 10-12 cm

Drawing: P. Schupke

A97336-4 *Tropheus* sp. Katoto; Population 8.8
Tropheus "Katoto"
East of Mbete, Zambia, W, B, 10-12 cm

photo: L. DeMason

© Verlag A.C.S. GmbH

A97336-4 *Tropheus* sp. Katoto; Population 8.8
Tropheus "Katoto"
East of Mbete, Zambia, W, B, 10-12 cm

photo: A. Konings

A97337 *Tropheus moorii* BOULENGER, 1898; Population 8.9, Mbete
Tropheus "Mbita", Lemon Spot Moorii, T. "Yellow Spot"
Near Mpulungu, Zambia, W, B, 10-12 cm

drawing: P. Schupke

A97337-4 *Tropheus moorii* BOULENGER, 1898; Population 8.9, Mbete
Tropheus "Mbita", Lemon Spot Moorii, T. "Yellow Spot"
Near Mpulungu, Zambia, W, B, 10-12 cm

photo: P. Schupke

A97337-4 *Tropheus moorii* BOULENGER, 1898; Population 8.9, Mbete
Tropheus "Mbita", Lemon Spot Moorii, T. "Yellow Spot"
Near Mpulungu, Zambia, W, B, 10-12 cm

drawing: P. Schupke

A97338 *Tropheus* sp. Mutondwe; Population 8.10
Tropheus "Mutondwe"
Mutondwe island, Zambia, W, B, 10-12 cm

drawing: P. Schupke

A97338-4 *Tropheus* sp. Mutondwe; Population 8.10
Tropheus "Mutondwe"
Mutondwe island, Zambia, W, B, 10-12 cm

photo: A. Konings

A97339 *Tropheus* sp. Kasakalawe; Population 8.11
Tropheus "Orange Spot", Tropheus "Sonsitt"
Near Kasakalawe, Z,ania, W, B, 10-12 cm

drawing: P. Schupke

A97339-4 *Tropheus* sp. Kasakalawe; Population 8.11
Tropheus "Orange Spot", Tropheus "Sonsitt"
Near Kasakalawe, Z,ania, W, B, 10-12 cm

photo: P. Schupke

A97339-4 *Tropheus sp.* Kasakalawe; Population 8.11
Tropheus "Orange Spot", Tropheus "Sonsitt"
Near Kasakalawe, Z,ania, W, B, 10-12 cm

photo: P. Schupke

A97339-4 *Tropheus sp.* Kasakalawe; Population 8.11
Tropheus "Orange Spot", Tropheus "Sonsitt"
Near Kasakalawe, Z,ania, W, B, 10-12 cm

photo: P. Schupke

A97340 *Tropheus* sp. Kalambo; Population 8.12
Tropheus "Kalambo", Lemon Spot Tropheus
South of Kalambo river to Chituta bay, Zambia, W, B, 10-12 cm

drawing: P. Schupke

A97340-4 *Tropheus* sp. Kalambo; Population 8.12
Tropheus "Kalambo", Lemon Spot Tropheus
South of Kalambo river to Chituta bay, Zambia, W, B, 10-12 cm

photo: P. Schupke

A97340-4 *Tropheus* sp. Kalambo; Population 8.12
Tropheus "Kalambo", Lemon Spot Tropheus
South of Kalambo river to Chituta bay, Zambia, W, B, 10-12 cm

photo: P. Schupke

A97340-4 *Tropheus* sp. Kalambo; Population 8.12
Tropheus "Kalambo", Lemon Spot Tropheus
South of Kalambo river to Chituta bay, Zambia, W, B, 10-12 cm

photo: P. Schupke

A97342 *Tropheus* sp. Kasanga; Population 8.13
Tropheus "Kasanga", Red Rainbow Moorii
North of Kalambo river to Kasanga, Tanzania, W, B, 10-12 cm

drawing: P. Schupke

A97342-4 *Tropheus* sp. Kasanga; Population 8.13
Tropheus "Kasanga", Red Rainbow Moorii
North of Kalambo river to Kasanga, Tanzania, W, B, 10-12 cm

photo: P. Schupke

A97342-4 *Tropheus* sp. Kasanga; Population 8.13
Tropheus "Kasanga", Red Rainbow Moorii
North of Kalambo river to Kasanga, Tanzania, W, B, 10-12 cm

photo: P. Schupke

A97342-4 *Tropheus* sp. Kasanga; Population 8.13. miscoloured
Tropheus "Kasanga", Red Rainbow Moorii
North of Kalambo river to Kasanga, Tanzania, W, B, 10-12 cm

photo: P. Schupke

A97342-4 *Tropheus* sp. Kasanga; Population 8.13
Tropheus "Kasanga", Red Rainbow Moorii
North of Kalambo river to Kasanga, Tanzania, W, B, 10-12 cm

photo: P. Schupke

A97342-4 *Tropheus* sp. Kasanga; Population 8.13
Tropheus "Kasanga", Red Rainbow Moorii
North of Kalambo river to Kasanga, Tanzania, W, B, 10-12 cm

photo: P. Schupke

A97343 *Tropheus* sp. Muzi; Population 8.14
Tropheus "Muzi", Red Rainbow Blue Blaze, Blue Kasanga Moorii
Near Muzi village, Tanzania, W, B, 10-12 cm

drawing: P. Schupke

A97343-4 *Tropheus* sp. Muzi; Population 8.14
Tropheus "Muzi", Red Rainbow Blue Blaze, Blue Kasanga Moorii
Near Muzi village, Tanzania, W, B, 10-12 cm

photo: P. Schupke

A97343-4 *Tropheus* sp. Muzi; Population 8.14
Tropheus "Muzi", Red Rainbow Blue Blaze, Blue Kasanga Moorii
Near Muzi village, Tanzania, W, B, 10-12 cm

photo: P. Schupke

A97343-4 *Tropheus* sp. Muzi; Population 8.14
Tropheus "Muzi", Red Rainbow Blue Blaze, Blue Kasanga Moorii
Near Muzi village, Tanzania, W, B, 10-12 cm

photo: P. Schupke

A97344   *Tropheus* sp. Molwe; Population 8.15
Tropheus "Cherry Rainbow"
North of Molwe village, Tanzania, W, 10-12 cm

drawing: P. Schupke

A97344-4 *Tropheus* sp. Molwe; Population 8.15
Tropheus "Cherry Rainbow"
North of Molwe village, Tanzania, W, 10-12 cm

photo: P. Schupke

A97345   *Tropheus* sp. Mamalesa (Malasa) Population 8.16
Tropheus "Malasa"
Mamalesa islands, Tanzania, W, B, 10-12 cm

drawing: P. Schupke

A97345-4 *Tropheus* sp. Mamalesa (Malasa) Population 8.16
Tropheus "Malasa"
Mamalesa islands, Tanzania, W, B, 10-12 cm

photo: P. Schupke

A97345-4 *Tropheus* sp. Mamalesa (Malasa) Population 8.16
Tropheus "Malasa"
Mamalesa islands, Tanzania, W, B, 10-12 cm

photo: P. Schupke

A97346   *Tropheus* sp. Kala; Population 8.17
Tropheus "Kala Yellow"
Kala island, Tanzania, W, B, 10-12 cm

drawing: P. Schupke

A97346-4 *Tropheus* sp. Kala; Population 8.17
Tropheus "Kala Yellow"
Kala island, Tanzania, W, B, 10-12 cm

photo: P. Schupke

A97346-5 *Tropheus* sp. Kala; Population 8.17
Tropheus "Kala Yellow"
Kala island, Tanzania, W, B, 10-12 cm

photo: P. Schupke

A97346-5 *Tropheus* sp. Kala; Population 8.17
Tropheus "Kala Yellow"
Kala island, Tanzania, W, B, 10-12 cm

photo: P. Schupke

A97347 *Tropheus* sp. Wampembe; Population 8.18
Tropheus "Wampembe"
Near Wampempe village, Tanzania, W, B, 10-12 cm

drawing: P. Schupke

A97347-4 *Tropheus* sp. Wampembe; Population 8.18
Tropheus "Wampembe"
Near Wampempe village, Tanzania, W, B, 10-12 cm

photo: P. Schupke

A97347-4 *Tropheus* sp. Wampembe; Population 8.18
Tropheus "Wampembe"
Near Wampempe village, Tanzania, W, B, 10-12 cm

photo: P. Schupke

A97347-4 *Tropheus* sp. Wampembe; Population 8.18
Tropheus "Wampembe"
Near Wampempe village, Tanzania, W, B, 10-12 cm

photo: P. Schupke

A97348 *Tropheus* sp. Hinde B; Population 8.19

Near Hinde B village, Tanzania, W, 10-12 cm

drawing: P. Schupke

A97348-4 *Tropheus* sp. Hinde B; Population 8.19

Near Hinde B village, Tanzania, W, 10-12 cm

photo: A. Konings

A97349 *Tropheus* sp. Namansi I; Population 8.20
Tropheus "Namansi", Red Namansi
Near Namansi village, Tanzania, W, B, 10-12 cm

drawing: P. Schupke

A97349-4 *Tropheus* sp. Namansi I; Population 8.20
Tropheus "Namansi", Red Namansi
Near Namansi village, Tanzania, W, B, 10-12 cm

photo: P. Schupke

A97349-4 *Tropheus* sp. Namansi I; Population 8.20
Tropheus "Namansi", Red Namansi
Near Namansi village, Tanzania, W, B, 10-12 cm

photo: P. Schupke

A97349-4 *Tropheus* sp. Namansi I; Population 8.20
Tropheus "Namansi", Red Namansi
Near Namansi village, Tanzania, W, B, 10-12 cm

photo: P. Schupke

A97349-4 *Tropheus* sp. Namansi I; Population 8.20
Tropheus "Namansi", Red Namansi
Near Namansi village, Tanzania, W, B, 10-12 cm

photo: P. Schupke

A97350 *Tropheus* sp. Mtosi I; Population 8.21

Mtosi, Tanzania, W, 10-12 cm

drawing: P. Schupke

A97350-4 *Tropheus* sp. Mtosi I; Population 8.21

Mtosi, Tanzania, W, 10-12 cm

photo: A. Konings

A97351 *Tropheus* sp. Kisambali; Population 8.22

Kisambali, Tanzania, W, 10-12 cm

drawing: P. Schupke

A97351-4 *Tropheus* sp. Kisambali; Population 8.22

Kisambali, Tanzania, W, 10-12 cm

photo: A. Konings

A97352 *Tropheus* sp. Namansi II; Population 9.0
Tropheus "Fiery Fry"
Near Namansi village, Tanzania, W, B, 10-12 cm

drawing: P. Schupke

A97352-4 *Tropheus* sp. Namansi II; Population 9.0
Tropheus "Fiery Fry"
Near Namansi village, Tanzania, W, B, 10-12 cm

photo: P. Schupke

A97352-4 *Tropheus* sp. Namansi II; Population 9.0
Tropheus "Fiery Fry"
Near Namansi village, Tanzania, W, B, 10-12 cm

photo: P. Schupke

A97352-2 *Tropheus* sp. Namansi II; Population 9.0
Tropheus "Fiery Fry"
Near Namansi village, Tanzania, W, B, 10-12 cm

photo: P. Schupke

A97352-2 *Tropheus* sp. Namansi II; Population 9.0
Tropheus "Fiery Fry"
Near Namansi village, Tanzania, W, B, 10-12 cm

photo: P. Schupke

A97353 *Tropheus* sp. Mtosi I; Population 9.1
Tropheus "Mtosi"
Near Mtosi, Tanzania, W, B, 10-12 cm

drawing: P. Schupke

A97353 *Tropheus* sp. Mtosi I; Population 9.1
Tropheus "Mtosi"
Near Mtosi, Tanzania, W, B, 10-12 cm

drawing: P. Schupke

A97353-4 sp. Mtosi I; Population 9.1
Tropheus "Mtosi"
Near Mtosi, Tanzania, W, B, 10-12 cm

photo: A. Konings

A97354   *Tropheus* sp. Ulwile; Population 9.2
Tropheus "Ulwile"
Ulwile island, Tanzania, W, B, 10-12 cm

   drawing: P. Schupke

A97354-4 *Tropheus* sp. Ulwile; Population 9.2
Tropheus "Ulwile"
Ulwile island, Tanzania, W, B, 10-12 cm

photo: P. Schupke

A97354   *Tropheus* sp. Ulwile; Population 9.2
Tropheus "Ulwile"
Ulwile island, Tanzania, W, B, 10-12 cm

drawing: P. Schupke

A97354-4 *Tropheus* sp. Ulwile; Population 9.2
Tropheus "Ulwile"
Ulwile island, Tanzania, W, B, 10-12 cm

photo: P. Schupke

A97355   *Tropheus* sp. Kipili; Population 9.3
Tropheus "Kipili", Wasp Moorii
Near Kipili, Tanzania, W, B, 10-12 cm

drawing: P. Schupke

A97355-4 *Tropheus* sp. Kipili; Population 9.3
Tropheus "Kipili", Wasp Moorii
Near Kipili, Tanzania, W, B, 10-12 cm

photo: P. Schupke

A97355   *Tropheus* sp. Kipili; Population 9.3
Tropheus "Kipili", Wasp Moorii
Near Kipili, Tanzania, W, B, 10-12 cm

drawing: P. Schupke

A97355-4 *Tropheus* sp. Kipili; Population 9.3
Tropheus "Kipili", Wasp Moorii
Near Kipili, Tanzania, W, B, 10-12 cm

photo: P. Schupke

© Verlag A.C.S. GmbH

A97355-4 *Tropheus* sp. Kipili; Population 9.3
Tropheus "Kipili", Wasp Moorii
Near Kipili, Tanzania, W, B, 10-12 cm

photo: P. Schupke

A97355-2 *Tropheus* sp. Kipili; Population 9.3
Tropheus "Kipili", Wasp Moorii
Near Kipili, Tanzania, W, B, 10-12 cm

photo: P. Schupke

A97356 *Tropheus* sp. Kampemba; Population 9.4
Tropheus "Kampemba"
Cape Kampemba, Tanzania, W, B, 10-12 cm

drawing: P. Schupke

A97356 *Tropheus* sp. Kampemba; Population 9.4
Tropheus "Kampemba"
Cape Kampemba, Tanzania, W, B, 10-12 cm

drawing: P. Schupke

A97356-4 *Tropheus* sp. Kampemba; Population 9.4
Tropheus "Kampemba"
Cape Kampemba, Tanzania, W, B, 10-12 cm

photo: P. Schupke

A97356-4 *Tropheus* sp. Kampemba; Population 9.4
Tropheus "Kampemba"
Cape Kampemba, Tanzania, W, B, 10-12 cm

photo: P. Schupke

A97357 *Tropheus* sp. Korongwe; Population 9.5
Tropheus "Mpimbwe", Tropheus "Dahabu", T. "Msalaba"
South of Cape Mpimbwe, Tanzania, W, B, 10-12 cm

drawing: P. Schupke

A97357 *Tropheus* sp. Korongwe; Population 9.5
Tropheus "Mpimbwe", Tropheus "Dahabu", T. "Msalaba"
South of Cape Mpimbwe, Tanzania, W, B, 10-12 cm

drawing: P. Schupke

A97357-4 *Tropheus* sp. Korongwe; Population 9.5
Tropheus "Mpimbwe", Tropheus "Dahabu", T. "Msalaba"
South of Cape Mpimbwe, Tanzania, W, B, 10-12 cm

photo: P. Schupke

A97358 *Tropheus* sp. Mpimbwe; Population 9.6
Tropheus "Mpimbwe", Tropheus "Dahabu", T. "Msalaba"
Cape Mpimbwe, Tanzania, W, B, 10-12 cm

drawing: P. Schupke

A97358 *Tropheus* sp. Mpimbwe; Population 9.6
Tropheus "Mpimbwe", Tropheus "Dahabu", T. "Msalaba"
Cape Mpimbwe, Tanzania, W, B, 10-12 cm

drawing: P. Schupke

A97358-4 *Tropheus* sp. Mpimbwe; Population 9.6
Tropheus "Mpimbwe", Tropheus "Dahabu", T. "Msalaba"
Cape Mpimbwe, Tanzania, W, B, 10-12 cm

photo: P. Schupke

A97358-4 *Tropheus* sp. Mpimbwe; Population 9.6
Tropheus "Mpimbwe", Tropheus "Dahabu", T. "Msalaba"
Cape Mpimbwe, Tanzania, W, B, 10-12 cm

photo: P. Schupke

A97358-4 *Tropheus* sp. Mpimbwe; Population 9.6
Tropheus "Mpimbwe", Tropheus "Dahabu", T. "Msalaba"
Cape Mpimbwe, Tanzania, W, B, 10-12 cm

photo: P. Schupke

A97358-4 *Tropheus* sp. Mpimbwe; Population 9.6
Tropheus "Mpimbwe", Tropheus "Dahabu", T. "Msalaba"
Cape Mpimbwe, Tanzania, W, B, 10-12 cm

photo: P. Schupke

A97358-3 *Tropheus* sp. Mpimbwe; Population 9.6
Tropheus "Mpimbwe", Tropheus "Dahabu", T. "Msalaba"
Cape Mpimbwe, Tanzania, W, B, 10-12 cm

photo: P. Schupke

A97359 *Tropheus* sp. Kabwe; Population 9.7
Tropheus "Kashekezi", Tropheus "Golden Kushangaza"
Near Kabwe, Tanzania, W, B, 10-12 cm

drawing: P. Schupke

A97360 *Tropheus* sp. Kabwe; Population 9.7, Mutant
Tropheus "Kashekezi", Tropheus "Golden Kushangaza"
Near Kabwe, Tanzania, W, B, 10-12 cm

drawing: P. Schupke

A97359-4 *Tropheus* sp. Kabwe; Population 9.7
Tropheus "Kashekezi", Tropheus "Golden Kushangaza"
Near Kabwe, Tanzania, W, B, 10-12 cm

photo: P. Schupke

A97359-4 *Tropheus* sp. Kabwe; Population 9.7
Tropheus "Kashekezi", Tropheus "Golden Kushangaza"
Near Kabwe, Tanzania, W, B, 10-12 cm

photo: P. Schupke

A97359-3 *Tropheus* sp. Kabwe; Population 9.7
Tropheus "Kashekezi", Tropheus "Golden Kushangaza"
Near Kabwe, Tanzania, W, B, 10-12 cm

photo: P. Schupke

A97360 *Tropheus* sp. Kabwe; Population 9.7, Mutant
Tropheus "Kashekezi", Tropheus "Golden Kushangaza"
Near Kabwe, Tanzania, W, B, 10-12 cm

photo: P. Schupke

A97361 *Tropheus* sp. Kalila; Population 9.8
Tropheus "Kalila Red Eye", Tropheus "Mkombe", T. "Karema"
South of Mkombe to Karema, Tanzania, W, B, 10-12 cm

drawing: P. Schupke

A97361 *Tropheus* sp. Kalila; Population 9.8
Tropheus "Kalila Red Eye", Tropheus "Mkombe", T. "Karema"
South of Mkombe to Karema, Tanzania, W, B, 10-12 cm

drawing: P. Schupke

A97361-4 *Tropheus* sp. Kalila; Population 9.8
Tropheus "Kalila Red Eye", Tropheus "Mkombe", T. "Karema"
South of Mkombe to Karema, Tanzania, W, B, 10-12 cm

photo: A. Konings

A97361-4 *Tropheus* sp. Kalila; Population 9.8
Tropheus "Kalila Red Eye", Tropheus "Mkombe", T. "Karema"
South of Mkombe to Karema, Tanzania, W, B, 10-12 cm

photo: L. DeMason

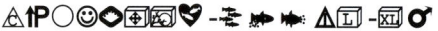

A97362 *Tropheus duboisi* MARLIER, 1959; Population 10.1
T. duboisi "White Band", White Band Duboisi, Bemba Duboisi
Cape Munene, D. R. Congo, W, B, 12-15 cm

drawing: P. Schupke

A97362-5 *Tropheus duboisi* MARLIER, 1959; Population 10.1
T. duboisi "White Band", White Band Duboisi, Bemba Duboisi
Cape Munene, D. R. Congo, W, B, 12-15 cm

photo: Archiv A.C.S.

A97362-4 *Tropheus duboisi* MARLIER, 1959; Population 10.1
T. duboisi "White Band", White Band Duboisi, Bemba Duboisi
Cape Munene, D. R. Congo, W, B, 12-15 cm

photo: E. Schraml

A97362-2 *Tropheus duboisi* MARLIER, 1959; Population 10.1
T. duboisi "White Band", White Band Duboisi, Bemba Duboisi
Cape Munene, D. R. Congo, W, B, 12-15 cm

photo: F. Teigler/Archiv A.C.S.

A97363 *Tropheus* cf. *duboisi;* Population 10.2
T. duboisi "Yellow Band", Yellow Band Duboisi, Kigoma Duboisi
Nyanza Lac to the edelta of Malagarasi river, Burundi/Tanzania, W, B, 12-15 cm

drawing: P. Schupke

A97363-1 *Tropheus* cf. *duboisi;* Population 10.2
T. duboisi "Yellow Band", Yellow Band Duboisi, Kigoma Duboisi
Nyanza Lac to the edelta of Malagarasi river, Burundi/Tanzania, W, B, 12-15 cm

photo: P. Schupke

A97363-5 *Tropheus* cf. *duboisi;* Population 10.2
T. duboisi "Yellow Band", Yellow Band Duboisi, Kigoma Duboisi
Nyanza Lac to the edelta of Malagarasi river, Burundi/Tanzania, W, B, 12-15 cm

photo: P. Schupke

A97363-5 *Tropheus* cf. *duboisi;* Population 10.2
T. duboisi "Yellow Band", Yellow Band Duboisi, Kigoma Duboisi
Nyanza Lac to the edelta of Malagarasi river, Burundi/Tanzania, W, B, 12-15 cm

photo: P. Schupke

A97364 *Tropheus* cf. *duboisi;* Population 10.3
T. duboisi "Broad Band", Broad Band Duboisi, T. duboisi "Maswa"
South of Lugufu river to Cape Kabogo, Tanzania, W, B, 12-15 cm

drawing: P. Schupke

A97364-4 *Tropheus* cf. *duboisi;* Population 10.3
T. duboisi "Broad Band", Broad Band Duboisi, T. duboisi "Maswa"
South of Lugufu river to Cape Kabogo, Tanzania, W, B, 12-15 cm

photo: P. Schupke

A97364-3 *Tropheus* cf. *duboisi;* Population 10.3
T. duboisi "Broad Band", Broad Band Duboisi, T. duboisi "Maswa"
South of Lugufu river to Cape Kabogo, Tanzania, W, B, 12-15 cm

photo: P. Schupke

A97364-5 *Tropheus* cf. *duboisi;* Population 10.3
T. duboisi "Broad Band", Broad Band Duboisi, T. duboisi "Maswa"
South of Lugufu river to Cape Kabogo, Tanzania, W, B, 12-15 cm

photo: P. Schupke

A97365 *Tropheus* cf. *duboisi;* Population 10.4
Tropheus duboisi "Karilani", Karilani Duboisi
Magambo village and Karilani island, Tanzania, W, B, 12-15 cm

drawing: P. Schupke

A97365-4 *Tropheus* cf. *duboisi;* Population 10.4
Tropheus duboisi "Karilani", Karilani Duboisi
Magambo village and Karilani island, Tanzania, W, B, 12-15 cm

photo: A. Konings

A97366-3 *Tropheus* cf. *duboisi*
Black Duboisi
Origin unknown, B, 12-15 cm

photo: Richter/Archiv A.C.S.

A97367 *Tropheus* sp. Ikola; Population 11.1
Tropheus sp. "Ikola", Kaiser Moorii
North of Ikola village, Tanzania, W, B, 10-12 cm

drawing: P. Schupke

A97367-4 *Tropheus* sp. Ikola; Population 11.1
Tropheus sp. "Ikola", Kaiser Moorii
North of Ikola village, Tanzania, W, B, 10-12 cm

photo: P. Schupke

A97367-4 *Tropheus* sp. Ikola; Population 11.1
Tropheus sp. "Ikola", Kaiser Moorii
North of Ikola village, Tanzania, W, B, 10-12 cm

photo: P. Schupke

A97367-4 *Tropheus* sp. Ikola; Population 11.1
Tropheus sp. "Ikola", Kaiser Moorii
North of Ikola village, Tanzania, W, B, 10-12 cm

photo: P. Schupke

A97367-4 *Tropheus* sp. Ikola; Population 11.1
Tropheus sp. "Ikola", Kaiser Moorii
North of Ikola village, Tanzania, W, B, 10-12 cm

photo: P. Schupke

A97367-4 *Tropheus* sp. Ikola; Population 11.1
Tropheus sp. "Ikola", Kaiser Moorii
North of Ikola village, Tanzania, W, B, 10-12 cm

photo: P. Schupke

A97368-4 Hybrid of Population 11.1 and Population 12.3

photo: P. Schupke

© Verlag A.C.S. GmbH

A97369 *Tropheus* sp. Kibwesa Nord; Population 12.0
Tropheus "Kirschfleck", T. "Cherry Spot", Kirschfleck Moorii
Near Cape Kibwesa, Tanzania, W, B, 10-12 cm

drawing: P. Schupke

A97369-4 *Tropheus* sp. Kibwesa Nord; Population 12.0
Tropheus "Kirschfleck", T. "Cherry Spot", Kirschfleck Moorii
Near Cape Kibwesa, Tanzania, W, B, 10-12 cm

photo: P. Schupke

A97369-4 *Tropheus* sp. Kibwesa Nord; Population 12.0
Tropheus "Kirschfleck", T. "Cherry Spot", Kirschfleck Moorii
Near Cape Kibwesa, Tanzania, W, B, 10-12 cm

photo: P. Schupke

A97370 *Tropheus* sp. Mabilibili; Population 12.1
Tropheus "Kirschfleck", T. "Cherry Spot", Kirschfleck Moorii
Near Cape Kibwesa, Tanzania, W, B, 10-12 cm

drawing: P. Schupke

A97370-4 *Tropheus* sp. Mabilibili; Population 12.1
Tropheus "Kirschfleck", T. "Cherry Spot", Kirschfleck Moorii
Near Cape Kibwesa, Tanzania, W, B, 10-12 cm

photo: P. Schupke

A97370-4 *Tropheus* sp. Mabilibili; Population 12.1
Tropheus "Kirschfleck", T. "Cherry Spot", Kirschfleck Moorii
Near Cape Kibwesa, Tanzania, W, B, 10-12 cm

photo: P. Schupke

A97370-4 *Tropheus* sp. Mabilibili; Population 12.1
Tropheus "Kirschfleck", T. "Cherry Spot", Kirschfleck Moorii
Near Cape Kibwesa, Tanzania, W, B, 10-12 cm

photo: P. Schupke

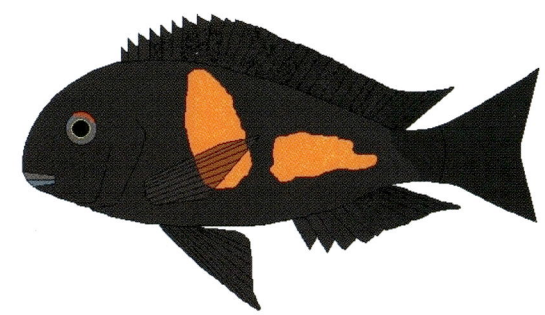

A97371 *Tropheus* sp. Siyeswe; Population 12.2
Tropheus "Kirschfleck", T. "Cherry Spot", Kirschfleck Moorii
Near Siyeswe village, Tanzania, W, B, 10-12 cm

drawing: P. Schupke

A97371 *Tropheus* sp. Siyeswe; Population 12.2
Tropheus "Kirschfleck", T. "Cherry Spot", Kirschfleck Moorii
Near Siyeswe village, Tanzania, W, B, 10-12 cm

photo: P. Schupke

A97371 *Tropheus* sp. Siyeswe; Population 12.2
Tropheus "Kirschfleck", T. "Cherry Spot", Kirschfleck Moorii
Near Siyeswe village, Tanzania, W, B, 10-12 cm

photo: P. Schupke

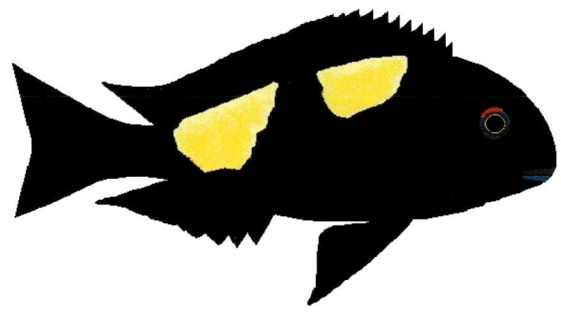

A97372 *Tropheus* sp. Bulu Point; Population 12.3
Tropheus "Kirschfleck", T. "Cherry Spot", Kirschfleck Moorii
Bulu Pnt, Tanzania, W, B, 10-12 cm

drawing: P. Schupke

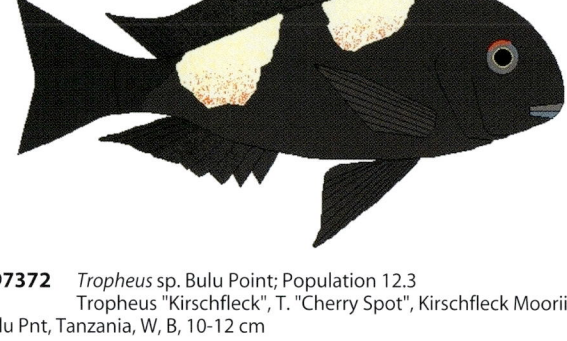

A97372 *Tropheus* sp. Bulu Point; Population 12.3
Tropheus "Kirschfleck", T. "Cherry Spot", Kirschfleck Moorii
Bulu Pnt, Tanzania, W, B, 10-12 cm

drawing: P. Schupke

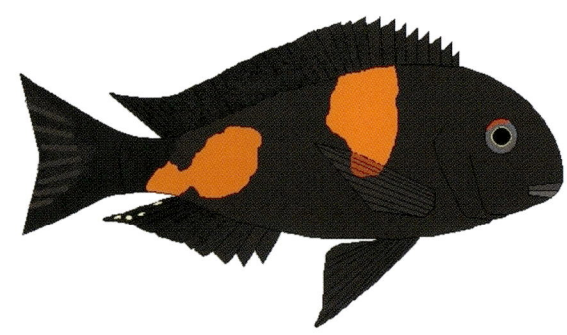

A97372 *Tropheus* sp. Bulu Point; Population 12.3
Tropheus "Kirschfleck", T. "Cherry Spot", Kirschfleck Moorii
Bulu Pnt, Tanzania, W, B, 10-12 cm

drawing: P. Schupke

A97372-4 *Tropheus* sp. Bulu Point; Population 12.3
Tropheus "Kirschfleck", T. "Cherry Spot", Kirschfleck Moorii
Bulu Pnt, Tanzania, W, B, 10-12 cm

photo: P. Schupke

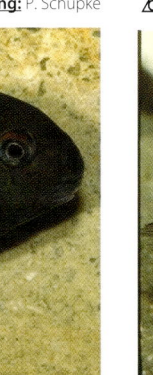

A97372-4 *Tropheus* sp. Bulu Point; Population 12.3
Tropheus "Kirschfleck", T. "Cherry Spot", Kirschfleck Moorii
Bulu Pnt, Tanzania, W, B, 10-12 cm

photo: P. Schupke

A97372-4 *Tropheus* sp. Bulu Point; Population 12.3
Tropheus "Kirschfleck", T. "Cherry Spot", Kirschfleck Moorii
Bulu Pnt, Tanzania, W, B, 10-12 cm

photo: P. Schupke

A97372-4 *Tropheus* sp. Bulu Point; Population 12.3
Tropheus "Kirschfleck", T. "Cherry Spot", Kirschfleck Moorii
Bulu Pnt, Tanzania, W, B, 10-12 cm

photo: P. Schupke

A97372-4 *Tropheus* sp. Bulu Point; Population 12.3
Tropheus "Kirschfleck", T. "Cherry Spot", Kirschfleck Moorii
Bulu Pnt, Tanzania, W, B, 10-12 cm

photo: P. Schupke

A97372-2 *Tropheus* sp. Bulu Point; Population 12.3
Tropheus "Kirschfleck", T. "Cherry Spot", Kirschfleck Moorii
Bulu Pnt, Tanzania, W, B, 10-12 cm

photo: P. Schupke

A97372-3 *Tropheus* sp. Bulu Point; Population 12.3
Tropheus "Kirschfleck", T. "Cherry Spot", Kirschfleck Moorii
Bulu Pnt, Tanzania, W, B, 10-12 cm

photo: P. Schupke

A97373 *Tropheus* sp. Kabezi, Linie 13, Population 13.0

Near Kabezi village, Bureundi, W, 10-12 cm

drawing: P. Schupke

A97374-4 *Tropheus* sp. "Red Belly"

Bulu Point, Tanzania, W, B, 10-12 cm

photo: K. A. Ackerbauer

A97374-4 *Tropheus* sp. "Red Belly"

Bulu Point, Tanzania, W, B, 10-12 cm

photo: K. A. Ackerbauer

A97374-4 *Tropheus* sp. "Red Belly"

Bulu Point, Tanzania, W, B, 10-12 cm

photo: K. A. Ackerbauer

A97374-4 *Tropheus* sp. "Red Belly"

Bulu Point, Tanzania, W, B, 10-12 cm

photo: K. A. Ackerbauer

A97375-4 *Tropheus* sp. "Red Belly"

Sibwesa, Tanzania, W, 10-12 cm

photo: P. Schupke

A97376-4 *Tropheus* sp. "Karilani Red"

Karilani island, Tanzania, W, 10-12 cm

photo: P. Schupke

A97376-4 *Tropheus* sp. "Karilani Red"

Karilani island, Tanzania, W, 10-12 cm

photo: P. Schupke

A97374-4 *Tropheus* sp. "Red Belly"

Bulu Point, Tanzania, W, B, 10-12 cm

photo: K. A. Ackerbauer

A97375-4 *Tropheus* sp. "Red Belly"

Sibwesa, Tanzania, W, 10-12 cm

photo: P. Schupke

A97376-4 *Tropheus* sp. "Karilani Red"

Karilani island, Tanzania, W, 10-12 cm

photo: P. Schupke

A97376-4 *Tropheus* sp. "Karilani Red"

Karilani island, Tanzania, W, 10-12 cm

photo: P. Schupke

© Verlag A.C.S. GmbH

A97377-4 *Tropheus* sp. "New Kirsch"

Origin unknown, W, 10-12 cm

 photo: P. Schupke

A97377-4 *Tropheus* sp. "New Kirsch"

Origin unknown, W, 10-12 cm

⚠↑P○☺◇⊞▨♥ -≋ ➟ ➠ ⚠🗔 -🗙 photo: P. Schupke

A97377-4 *Tropheus* sp. "New Kirsch"

Origin unknown, W, 10-12 cm

⚠↑P○☺◇⊞▨♥ -≋ ➟ ➠ ⚠🗔 -🗙 photo: P. Schupke

A97941-4 *Tropheus* sp. Kalambo; Population 8.12, Mutant
            Tropheus "Kalambo", Lemon Spot Tropheus, Golden Kalambo
South of Kalambo river to Chituta bay, Zambia, W, B, 10-12 cm

⚠↑P○☺◇⊞▨♥ -≋ ➟ ➠ ⚠🗔 -🗙 photo: B. Bender

A97941-4 *Tropheus* sp. Kalambo; Population 8.12, Mutant
            Tropheus "Kalambo", Lemon Spot Tropheus, Golden Kalambo
South of Kalambo river to Chituta bay, Zambia, W, B, 10-12 cm

⚠↑P○☺◇⊞▨♥ -≋ ➟ ➠ ⚠🗔 -🗙 photo: B. Bender

A97941-4 *Tropheus* sp. Kalambo; Population 8.12, Mutant
            Tropheus "Kalambo", Lemon Spot Tropheus, Golden Kalambo
South of Kalambo river to Chituta bay, Zambia, W, B, 10-12 cm

⚠↑P○☺◇⊞▨♥ -≋ ➟ ➠ ⚠🗔 -🗙 photo: B. Bender

   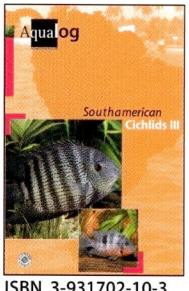 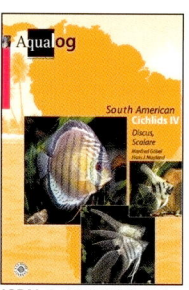 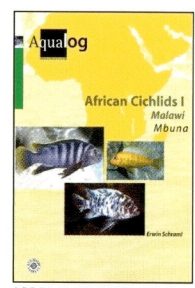
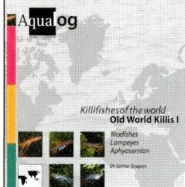 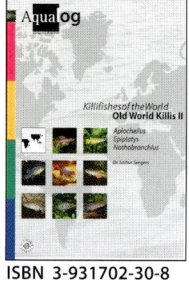  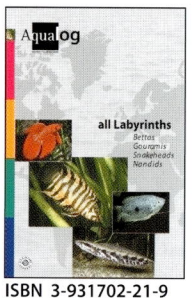  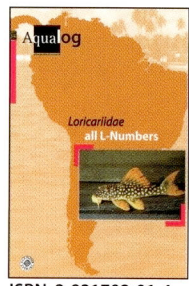
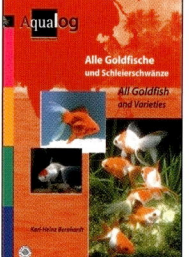    

Cichliden-Spezialisten weltweit
Cichlid Specialists Worldwide

Ostafrikanische Cichliden
K. Ruffert
Herkentruper Str. 23
D-48329 Havixbeck
Tel: 02507- 571425
Email cichlid-power@t-online.de
www.cichlid-power.de

Cichlide Centret
Baekkeskovvej 9
DK-2665 Vallensback Strand
Denmark
Tel: 0045 (-43) -530016
cichlidecentret@cichlidecentret.dk
www.cichlidecentret.com

Afrika Schuppen
Angelika Prüße
Südstrasse 22
D-38170 Dahlum
Tel: 05332 2380
Email fischzucht-pruesse@t-online.de
www.tanga-mala.de

Aqua Planning
Nourneystraße 5-7
D-40822 Mettmann
Deutschland
Tel: 02104 16539

Aquafarm
Westfalenring 6
D-45739 Oer-Erkenschwick
Deutschland
Tel: +49 (0) 2368 692724
Email info@aquafarm.de
www.aquafarm.de

Malawi Tanganjika Shop
Niedermöllern 29
D-06628 Möllern
Deutschland
Tel./Fax: 034463 26346
malawi-tanganjika-shop@t-online.de
www.malawi-tangajika-shop.de

Verduijn Cichlids
Wollefoppenweg 107
2791DL Zevenhuizen
Nederland
0031 (10) 4550253
Email info@verduijncichlids.com
www.verduijncichlids.com

Canadian Rift Lake Cichlid Assoc, Inc.
1166 Gordon Str. Guelph,
Ontario N141H2 Canada
Tel. +1 519 8226130
Fax +1 519 8368899
Email crlca@rogers.com
Website: http://www.crlca.com

Halten Sie Ihr Aqua**log**-Lexikon über Jahre aktuell
*Keep your Aqua**log**-Lexicon up-to-date for years*

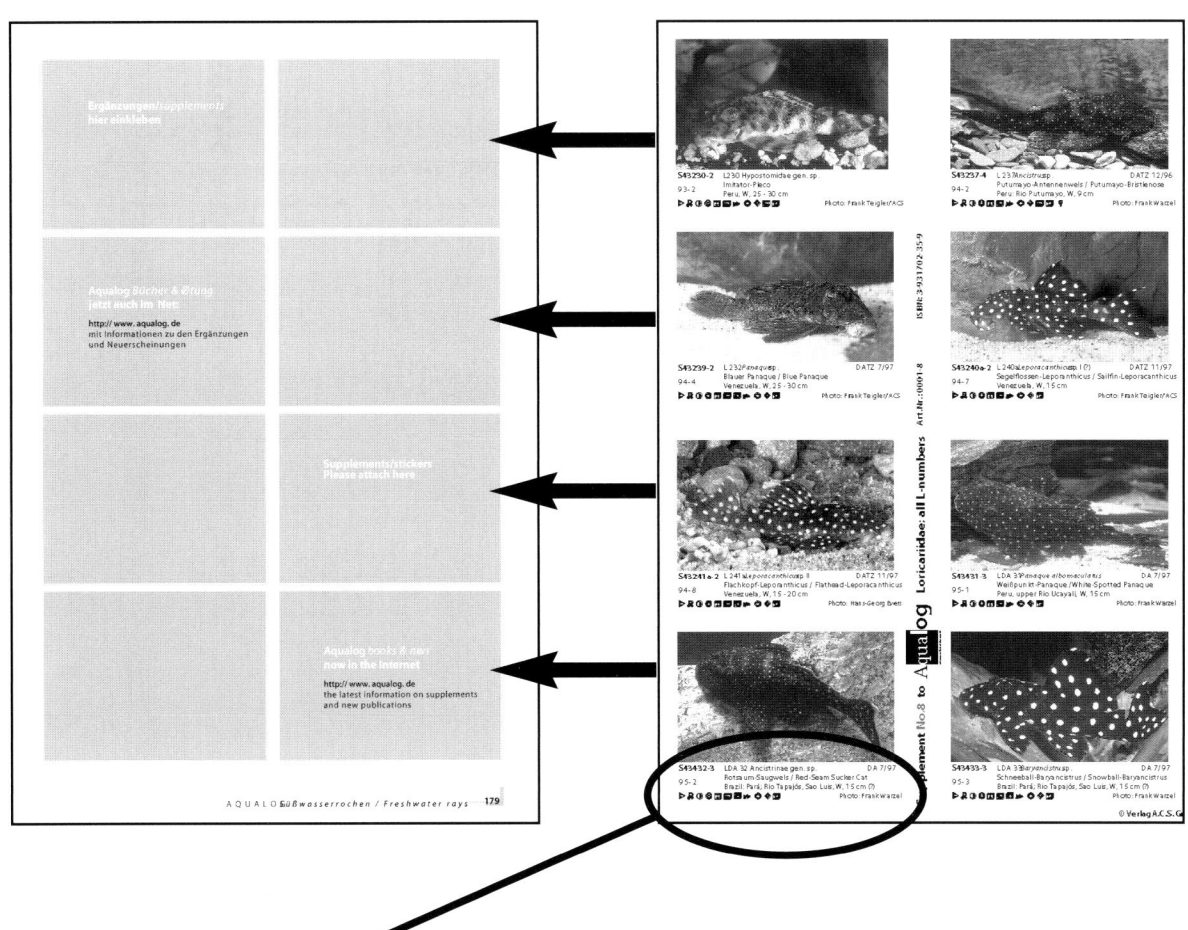

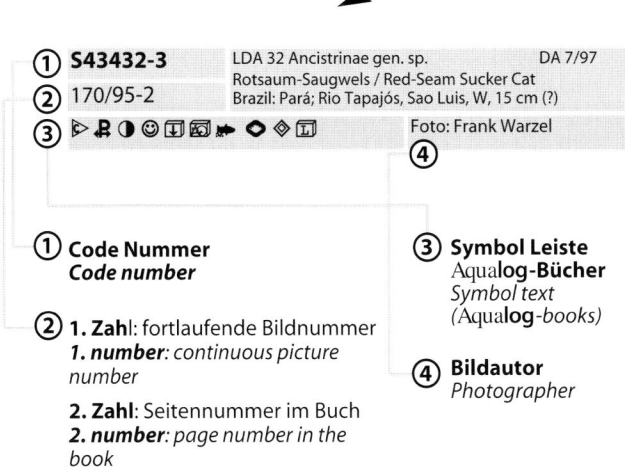

① S43432-3   LDA 32 Ancistrinae gen. sp.   DA 7/97
      Rotsaum-Saugwels / Red-Seam Sucker Cat
② 170/95-2   Brazil: Pará; Rio Tapajós, Sao Luis, W, 15 cm (?)
③ ▷♫◑☺🐟📷🐾 ◇◈🔲   Foto: Frank Warzel
                 ④

① Code Nummer
Code number

② 1. Zahl: fortlaufende Bildnummer
1. number: continuous picture number

2. Zahl: Seitennummer im Buch
2. number: page number in the book

3. Zahl: Bildnummer auf der Seite
(durchlaufend numeriert von 1–8
von oben links nach unten rechts)
3. number: picture number on the page (continuously numbered from 1–8 from the top left corner to bottom right)

③ Symbol Leiste
Aqua**log**-Bücher
*Symbol text
(Aqua**log**-books)*

④ Bildautor
Photographer

Die Flutwelle neuer oder neu-importierter Arten reißt nicht ab. Daher haben wir uns entschlossen, Ergänzungs-bögen mit je acht Einklebebildern zu einem Buch zu erstellen. Lieferbar über den guten Zoofachhandel und den Buchhandel zum Preis von DM 4,80 pro Stück. Viel Freude damit!

The flood of new or newly-imported species doesn´t stop. So we have decided to print supplements with eight stickers each (each supplement contains pictures for a single volume of AQUALOG). They can be ordered at well-equipped pet shops or in any book shop. We hope you enjoy them!

Bitte beachten Sie nebenstehendes Schema, bevor Sie die Bilder einkleben. Die Ergänzungen erscheinen nicht zwangsläufig in der Reihenfolge, in der sie eingeklebt werden, sondern in der Reihenfolge ihrer Verfügbarkeit. Wenn wir z.B. anfangs nur das Bild eines Weibchens als Ergänzung haben, jedoch sicher sind, früher oder später auch das Bild eines Männchens zu bekommen, sollte das Bildkästchen links vom Weibchenbild frei bleiben.

Please follow the scheme given here, before you stick in the pictures. The supplements are not necessarily in the correct order. For example: if we have only the photo of a female, but we are sure to get the photo of the male sooner or later, too, please keep the space to the left of the female free.

Ergänzungen/*supplements*
hier einkleben

Aqualog *Bücher & Zeitung*
jetzt auch im Net:

http:// www. aqualog. de
mit Informationen zu den Ergänzungen
und Neuerscheinungen

Supplements/stickers
Please attach here

Aqualog *books & news*
now in the Internet

http:// www. aqualog. de
the latest information on supplements
and new publications

Ergänzungen/_supplements_
hier einkleben

Aqualog _Bücher & Zeitung_
jetzt auch im Net:

http:// www. aqualog. de
mit Informationen zu den Ergänzungen
und Neuerscheinungen

**Supplements/stickers
Please attach here**

Aqualog _books & news_
now in the Internet

http:// www. aqualog. de
the latest information on supplements
and new publications

Ergänzungen/*supplements*
hier einkleben

Aqualog *Bücher & Zeitung*
jetzt auch im Net:

http:// www. aqualog. de
mit Informationen zu den Ergänzungen
und Neuerscheinungen

Supplements/stickers
Please attach here

Aqualog *books & news*
now in the Internet

http:// www. aqualog. de
the latest information on supplements
and new publications

Ergänzungen/*supplements*
hier einkleben

Aqualog *Bücher & Zeitung*
jetzt auch im Net:

http:// www. aqualog. de
mit Informationen zu den Ergänzungen
und Neuerscheinungen

**Supplements/stickers
Please attach here**

Aqualog *books & news*
now in the Internet

http:// www. aqualog. de
the latest information on supplements
and new publications

Ergänzungen/*supplements*
hier einkleben

Aualog *Bücher & Zeitung*
jetzt auch im Net:

http:// www. aqualog. de
mit Informationen zu den Ergänzungen
und Neuerscheinungen

Supplements/stickers
Please attach here

Aualog *books & news*
now in the Internet

http:// www. aqualog. de
the latest information on supplements
and new publications

Ergänzungen/*supplements*
hier einkleben

Aqualog *Bücher & Zeitung*
jetzt auch im Net:

http:// www. aqualog. de
mit Informationen zu den Ergänzungen
und Neuerscheinungen

Supplements/stickers
Please attach here

Aqualog *books & news*
now in the Internet

http:// www. aqualog. de
the latest information on supplements
and new publications

Ergänzungen/*supplements*
hier einkleben

Aqualog *Bücher & Zeitung*
jetzt auch im Net:

http:// www. aqualog. de
mit Informationen zu den Ergänzungen
und Neuerscheinungen

Supplements/stickers
Please attach here

Aqualog *books & news*
now in the Internet

http:// www. aqualog. de
the latest information on supplements
and new publications

Ergänzungen/*supplements*
hier einkleben

Aqualog *Bücher & Zeitung*
jetzt auch im Net:

http:// www. aqualog. de
mit Informationen zu den Ergänzungen
und Neuerscheinungen

Supplements/stickers
Please attach here

Aqualog *books & news*
now in the Internet

http:// www. aqualog. de
the latest information on supplements
and new publications

Ergänzungen/*supplements*
hier einkleben

Aqualog *Bücher & Zeitung*
jetzt auch im Net:

http:// www. aqualog. de
mit Informationen zu den Ergänzungen
und Neuerscheinungen

Supplements/stickers
Please attach here

Aqualog *books & news*
now in the Internet

http:// www. aqualog. de
the latest information on supplements
and new publications

Index , alphabetisch / alphabetic

Index , alphabetisch / alphabetic

Index , Codenummern / codenumbers

Literaturverzeichnis / Literature cited

BARIC, S. (2000): Impact of Lake Level Fluctuations on Population Structure and Speciation in Rock Dwelling Cichlids from Lake Tanganjika. Dissertation, Insbruck.

BAUER, R.(1991): Tierärztliche Heimtierpraxis; Erkrankungen der Aquarienfische; Paul Parey Verlag

BRICHARD, P. (1978): Fishes of Lake Tanganjika; T.F.H. Publications, Neptune City

BRICHARD, P. (1997): Atlas der Tanganjikacichliden, Band 1; Bede Verlag, Ruhmannsfelden

DATZ- Sonderheft (1998): Tanganjikasee; Verlag Eugen Ulmer, Stuttgart

HERRMANN, H. J. (1990): Die Buntbarsche der Alten Welt, Tanganjikasee, Verlag Eugen Ulmer, Stuttgart

HERRMANN, H. J. (1996): Aqua Lex Katalog, Tanganjikasee; Dähne Verlag, Ettlingen

HERRMANN, H. J. (1997): Tropheus; Dähne Verlag, Ettlingen

HÜCKSTEDT, G. (1973): Aquarienchemie; Kosmos-Verlag, Stuttgart

KONINGS, A. & H. W. Dieckhoff (1992): Geheimnisse des Tanganjikasees, Cichlid Press, El Paso

KONINGS, A. (1988): Tanganjikacichliden; Verduijn Cichlids, Zevenhuizen

KONINGS, A. (1992): Das Cichlidenjahrbuch; Band 2; Cichlid Press, El Paso

KONINGS, A. (1993): Cichliden, artgerecht gepflegt; Cichlid Press, El Paso

KONINGS, A. (1994): Das Cichlidenjahrbuch; Band 4; Cichlid Press, El Paso

KONINGS, A. (1995): Das Cichlidenjahrbuch; Band 5; Cichlid Press, El Paso

KONINGS, A. (1998): Tanganjikacichliden in ihrem natürlichen Lebensraum; Cichlid Press, El Paso

KRAUSE, H. J. (1995): Handbuch Aquarienwasser; Bede Verlag, Ruhmannsfelden

MAYLAND, H. J. (1978): Cichliden und Fischzucht, Aquarienpraxis III, Landbuch Verlag, Hannover

NEERGAARD, S. (1982): Tanganjikacichliden; Kernen Verlag, Stuttgart

REICHENBACH- KLINKE, H. H. (1968): Krankheiten der Aquarienfische. Alfred Kernen Verlag Stuttgart

SCHNEIDEWIND, F. (1996): Das große Buch der Tropheus-Cichliden. Bede Verlag, Ruhmannsfelden

SELZLE, H. (1987): Technische Aquaristik; Eigenverlag?

STAECK, W. & H. Linke (1998): Afrikanische Cichliden II: Buntbarsche aus Ostafrika. Tetra Verlag, Münster

STAECK, W. (1975): Cichliden, Verbreitung, Verhalten, Arten; Engelbert Pfriem Verlag, Wuppertal, Elberfeld

STAECK, W. (1975): Die südlichen Rassen von Tropheus moorii; Aquarienmagazin, Heft 12

STAECK, W. (1977): Cichliden, Verbreitung, Verhalten, Arten; Band 2 (Supplement); Engelbert Pfriem Verlag, Wuppertal, Elberfeld

 **English**

Symbols

Considering the great variety of languages worldwide, we have intentionally decided against detailed textual descriptions, replacing them by international symbols. This way, one can easily obtain the most important facts about the species and its care.
These care symbols always relate to the conditions in the aquarium, not the ones of the country of origin or biotopes.

continent of origin

simply check the letter in front of the code number

A = Africa   E = Europe   N = North America
S = Latin America   X = Asia + Australia

age

the last figure of the code always stands for the age of the fish

1 = very small (fry/small juvenile)
2 = small (juvenile/saleable size)
3 = medium (sub-adult/good saleable size)
4 = large (adult/breeding size)
5 = extra large (fully-grown adult)
6 = exceptionally large (show specimen)

origin

W = wild-caught   B = tank-bred
Z = cultivated form ("man-made" variety)
X = hybrid form

size

... cm = approximate size these fish can reach as adults

sex

♂ male   ♀ female   ♂♀ pair

temperature

◁ 18–22°C (64–72°F) (room temperature)
▷ 22–25°C (72–77°F) (many tropical fish)
△ 24–29°C (75–85°F) (Discus etc.)
▽ 10–22°C (50–72°F) (cold/temperate; e.g. North America/Europe)

pH-value

P pH 6,5–7,2 no special requirement (neutral)
↓P pH 5,8–6,5 prefers soft, lightly acidic water
↑P pH 7,5–8,5 prefers hard, alkaline water

lighting

○ bright, plenty of light / sun
◑ not too bright
◕ very dim

food

☺ omnivorous: dry food, no special requirements
😐 special diet: live food, frozen food
☹ piscivore: feeds on (live) fish
◉ herbivore: requires vegetable food

swimming level

⊞ mid-water/all levels
⊡ upper layer/surface dweller
⊡ lower level/bottom dweller

aquarium decor

▭ just rocks and substrate
▣ rocks and wood, caves
▣ planted aquarium + rocks and wood

behaviour/reproduction

♥ keep a pair or a trio
≋ shoaling fish, do not keep less than 10
🐟 egglayer
🐟 livebearer/viviparous
🐟 mouthbrooder
⬚ cave brooder
🦐 bubblenest builder
● algae eater /glass cleaner (bogwood + green food)
◈ non-aggressive fish, easy to keep (mixed aquarium)
⚠ difficult to keep, read specialist literature beforehand
🛑 warning, extremely difficult, for experienced specialists only
❶ the eggs need a special care
§ protected species, (WA), special license required ("CITES")
~L~ amphibic (needs land part)
<Bw> brackish water (water + additive salt)
~Sw~ marine (lives in the sea)
<~Sw~ juvenil in the sea (later as well in brackish water or fresh water)
~Sw~> juvenil in fresh water (later as well in the sea)
<~Sw~> as well in the sea and in fresh water (changes!)

minimum tank		length	capacity
⸤ss⸥	super-small	20–40 cm	5–20 l
⸤s⸥	small	40–80 cm	40–80 l
⸤m⸥	medium	60–100 cm	80–200 l
⸤L⸥	large	100–200 cm	200–400 l
⸤XL⸥	XL	200–400 cm	400–3 000 l
⸤XXL⸥	XXL	over 400 cm	over 3 000 l

(display aquarium)

inches

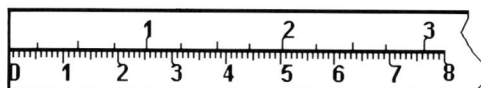

centimetres

Symbole

Um der weltweiten Sprachenvielfalt gerecht zu werden, haben wir bewußt auf ausführlichere Texte verzichtet und ersetzen diese durch leicht einprägsame internationale Symbole, mit deren Hilfe jeder die Eigenschaften und Pflegebedingungen der Fische erkennen kann.

Die angegebenen Pflegesymbole beziehen sich auf die Haltungsbedingungen im Aquarium, nicht auf die Werte im Herkunftsland oder Biotop.

Ursprung

ersehen Sie ganz leicht an dem Buchstaben vor der Code-Nummer

A = Afrika   E = Europa   N = Nordamerika
S = Lateinamerika   X = Asien + Australien

Alter

die letzte Zahl der Code-Nummer steht immer für das Alter des fotografierten Fisches:

1 = small (Baby / Jugendfärbung)
2 = medium (Jungfisch/juvenil/Verkaufsgröße)
3 = large (halbwüchsig/gute Verkaufsgröße)
4 = XL (ausgewachsen/adult)
5 = XXL (Zucht-Tier/breeder)
6 = show (Schau-Tier/show-fish)

Herkunft

W = Wild-Form   B = Nachzucht/bred
Z = Zucht-Form/breeding-form
X = Kreuzungs-Form/cross-bred

Größe

... cm = ungefähre Größe, die dieser Fisch ausgewachsen (adult) erreichen kann.

Geschlecht

♂ männlich   ♀ weiblich   ♂♀ Paar

Temperatur

◁ 18–22°C (64–72°F) (Zimmertemperatur)
▷ 22–25°C (72–77°F) (tropische Fische)
△ 24–29°C (75–85°F) (Discus etc.)
▽ 10–22°C (50–72°F) kalt (Nordamerika/Europa)

pH-Wert

ₚ pH 6,5–7,2 keine besonderen Ansprüche (neutral)
ꟼ pH 5,8–6,5 liebt weiches und leicht saures Wasser
ꟼ pH 7,5–8,5 liebt hartes und alkalisches Wasser

Beleuchtung

○ hell, viel Licht / Sonne
◑ nicht zu hell
◐ fast dunkel

Futter:

☺ Allesfresser, Trockenfutter, keine besonderen Ansprüche
☹ Futter-Spezialist, Lebendfutter, Gefrierfutter
☻ Fisch-Räuber, Futterfische füttern
☻ Pflanzenfresser, Pflanzenkost zufüttern

Schwimmverhalten

⊞ keine besonderen Eigenschaften
⊞ im oberen Bereich/Oberflächen-Fisch
⊞ im unteren Bereich/Boden-Fisch

Aquarium-Einrichtung

▦ nur Bodengrund und Steine etc.
▦ Steine/Wurzeln/Höhlen
▦ Pflanzen-Aquarium + Steine/Wurzeln

Verhalten/Vermehrung

♥ Paarweise oder im Trio halten
≋ Schwarmfisch, nicht unter 10 Exemplaren halten
▰ Eierleger
➢ Lebendgebärer
▰ Maulbrüter
▱ Höhlenbrüter
❦ Schaumnestbauer
◕ Algenvertilger/Scheibenputzer (Wurzeln+Spinat)
◈ leichte Pflege (für entsprechende Gesellschaftsbecken)
⚠ schwierig zu halten, vorher Fachliteratur beachten
🛑 Vorsicht, extrem schwierig, nur für erfahrene Spezialisten
0 die Eier benötigen eine spezielle Behandlung
§ geschützte Art, (WA), „CITES" Sondergenehmigung nötig
~L~ amphibisch (benötigt Landteil)
<Bw> Brackwasser (Wasser + Salzzusatz)
~Sw~ Meerwasser (ständig im Meer lebend)
<~Sw~ juvenil im Meer (später auch im Brack- oder Süßwasser)
~Sw~> juvenil im Süßwasser (später auch im Meer)
<~Sw~> sowohl im Meer als auch im Süßwasser (wechselt!)

Mindest-Becken		Länge	Inhalt
ss	sehr klein / super small	20–40 cm	5–20 l
s	klein / small	40–80 cm	40–80 l
m	mittel / medium	60–100 cm	80–200 l
L	groß / large	100–200 cm	200–400 l
XL	sehr groß / XL	200–400 cm	400–3 000 l
XXL	extrem groß / XXL	über 400 cm	über 3 000 l
			(Schauaquarien)

Inch

Zentimeter